敬 启

尊敬的各位老师：

感谢您多年来对中国政法大学出版社的支持与厚爱，我们将定期举办答谢教师回馈活动，详情见我社网址：www. cuplpress. com 中的教师专区或拨打咨询热线：010 – 58908302。

我们期待各位老师与我们联系

"十一五"国家重点图书出版规划项目·新世纪法学教育丛书

人权法原理

主　　编　　涂显明

副主编　　齐延平

撰稿人　　（以姓氏笔划为序）

齐延平　　孙世彦　　曲相霏

张立伟　　杨春福　　张　翔

周　伟　　班文战　　涂显明

涂　爽　　龚向和　　滕宏庆

中国政法大学出版社

作者简介

徐显明　中国政法大学校长，教授，博士生导师，中国法学会副会长，中国法学会法理学研究会会长，教育部法学教学指导委员会副主任，第十届全国人大法律委员会委员，第十一届全国人大常务委员会委员。主要研究领域为法学理论、法治原理、中外政治法律思潮及人权原理。出版著作多部，发表文章百余篇，代表性作品有：《人民立宪思想探原》、《生存权论》、《人权的体系与分类》、《国际人权法》等。

齐延平　中国政法大学人权与人道主义法研究所教授，博士生导师，山东大学法学院院长，中国法学会法理学研究会秘书长，中国人权研究会理事。主要研究领域为法哲学、宪法学及人权法学。代表性作品有：《人权与法治》、《自由大宪章研究》等。

班文战　中国政法大学人权与人道主义法研究所教授，副所长，硕士生导师，中国人权研究会理事。主要研究领域为人权法和国际法。参加近十部国际法和国际人权法教材的编写，发表多篇相关学术论文。代表性作品有：《中国国家机关对〈公民权利和政治权利国际盟约〉的实施：义务、职责、问题与建议》、《国际人权法在我国人权法制建设中的地位和作用》等。

杨春福　南京大学法学院副院长，教授，博士生导师，中国法学会法理学研究会理事。主要研究领域为法理学、西方法哲学、人权与权利理论及法律的经济分析。代表性作品有：《权利法哲学研究导论》、《自由、权利与法治》、《论人权的法律保护》、《制度、法律与公民权利之保障》、《保障公民权利——中国法治化进程中的价值取向》。

龚向和　东南大学法学院副院长，教授，博士生导师，宪政与人权法研究所执行所长，中国法学会法理学研究会理事、宪法学研究会理事。主要研究领域为宪法与人权法。代表性作品有：《作为人权的社会权——社会权法律问题研究》、《受教育权论》、《自由权与社会权区别主流理论之批判》等。

周 伟 曾为上海交通大学法学院教授,博士生导师,人权法研究中心主任,中国法学会刑事诉讼法研究会常务理事。主要研究领域为刑事司法制度、人权法及人权的宪法保护、港澳台法。代表性作品有:*The Study of Human Rights in the P. R. C*、《保护人身自由条款比较研究》、《论刑事司法权利的宪法保护》等。

孙世彦 中国社会科学院国际法研究中心研究员、国际公法研究室主任、中国社会科学院研究生院法学系教授。主要研究领域为国际人权法、国际法基本理论、人权教育。代表性作品有:《国际人权条约的形式分析》、《论国际人权法下国家的义务》、《人权研究的新进展——评〈欧洲人权法院判例评述〉》等。

曲相霏 山东大学法学院副教授,中国人民大学法学院博士后研究人员。主要研究领域为人权与宪政基本理论。代表性作品有:《自由主义人权主体观批判》、《人权的正当性与良心理论》、《人·公民·世界公民:人权主体的流变与人权的制度保障》等。

张 翔 中国人民大学法学院副教授,中国人民大学法学院博士后。主要研究领域为基本权利、宪法解释以及法学方法论。代表性作品有:《论基本权利的防御权功能》、《基本权利在私法上效力的展开——以当代中国为背景》、《祛魅与自足:政治理论对宪法解释的影响及其限度》等。

徐 爽 中国政法大学人权与人道主义法研究所讲师,博士。主要研究领域为法学理论、宪政与人权。代表性作品有:《稳定的宪法与稳定的秩序》、《断裂的传统:清末废科举对宪政改革的影响》、《思想的歧途——法学方法论中的德、法风格及历史主义倾向》等。

滕宏庆 华南理工大学法学院讲师,博士。主要研究领域为法学理论、人权法学和政府法治。代表性作品有:《行政宪政化界说》等。

张立伟 中央党校政法部讲师,博士。主要研究领域为人权理论、法哲学和法社会学。代表性作品有:《功利主义权利观研究》等。

出版说明

　　"十一五"国家重点图书出版规划项目是由国家新闻出版总署组织出版的国家级重点图书。列入该规划项目的各类选题，是经严格审查选定的，代表了当今中国图书出版的最高水平。

　　中国政法大学出版社作为国家良好出版社，有幸入选承担规划项目中系列法学教材的出版，这是一项光荣而艰巨的时代任务。

　　本系列教材的出版，凝结了众多知名法学家多年来的理论研究成果，全面系统反映了现今法学教学研究的最高水准。它以法学"基本概念、基本原理、基本知识"为主要内容，既注重本学科领域的基础理论和发展动态，又注重理论联系实际满足读者对象的多层次需要；既追求教材的理论深度与学术价值，又追求教材在体系、风格、逻辑上的一致性；它以灵活多样的体例形式阐释教材内容，既加强法学教材的多样化发展，又加强教材对读者学习方法与兴趣的正确引导。它的出版也是中国政法大学出版社多年来对法学教材深入研究与探索的职业体现。

　　中国政法大学出版社长期以来始终以法学教材的品质建设为首任，我们坚信"十一五"国家重点图书出版规划项目的出版，定能以其独具特色的高文化含量与创新性意识成为权威法学教材品牌。

中国政法大学出版社

前　言

人权是人类共同的价值追求，"不知人权、忽视人权或轻蔑人权是公众不幸和政府腐败的唯一根源"。人权研究与人权教育的目的，就在于增进对人权的普遍理解、尊重和保护。

"人权"一词最早出现于古希腊悲剧作家索福克勒斯的作品中，近代人权概念是西方文化的产物，古典自然法理论以自然权利的形式系统地表达了西方的人权概念。人权理念和人权学说成功地参与了近代西方民主国家的政治建设，人权本身已内化为西方民主国家的独特的历史经验和政治传统。进入20世纪以后，亚洲、非洲和拉丁美洲等也都孕育了自己的人权概念，这些人权概念带着不同于近代西方人权概念的鲜明的文化特征。20世纪是人权思想迅速普及与发展的世纪，同时也是各种人权观念激烈冲突与交锋的世纪。世界上的各大文化类型都以自己的方式为人权理论的发展作出了贡献，但人权认识上的分歧与冲突、理解与融合仍是目前国际人权领域面临的大问题。

人权的精神体现在人权的普遍性与多样性的完美结合中。人权的普遍性要求人权应当是世界性的，人权应当超越任何地域性、国别性的具体文化形态而成为全人类共同的道德追求和价值选择。人权研究者必须正视人权的普遍性与人权的多样性。联合国教科文组织在成立"人权哲学原理专门委员会"时曾展望过未来世界的人权状况："人权已经并必须保持其普遍性。我们拥有的所有权利被缓慢地艰难地认识到属于所有人，而不分种族、性别、语言和宗教。"人权的普遍性，是要强调人的尊严与权利不分种族、肤色、性别、经济地位和文化程度而受到同等的尊重与保护。无论人权的享有存在多大的国家与地域的差异性，总是存在着某些无论被承认与否都在一切时间和场合属于全人类的权利，而这样的普遍人权只能通过基于相互尊重、倾听与理解的意愿的跨国界和跨文化的真诚对话来实现。

中国传统文化中富含深厚的人文底蕴和人道主义精神，对人的苦痛和幸福有着普遍而深切的关怀，但中国漫长的历史暴露出的却是人权思想与制度的缺失和匮乏。19 世纪末 20 世纪初中国的人权宪政思想开始萌发，历经半个多世纪的人权运动的兴废变迁，自上世纪 70 年代末开始，中国学者们才重新开始研究探索人权问题。进入 90 年代以后，中国的人权研究日益稳步发展，成立了若干人权研究机构，涌现出大量的研究成果，一些高等院校相继开设了国际人权法或人权理论课程。随着人权研究和人权教育的发展，人权实践也取得了显著的成就。2004 年"国家尊重和保障人权"被载入了中国宪法，这标志着中国进入了一个权利保障的新时代。

人权研究本质上是一项跨学科的事业，人权是哲学、政治学、伦理学、社会学、经济学、历史学、法学、人类学等学科的共同课题。在古典人权思想发展、演变的过程中，思想家们就是把人权当做一个"整体的人"的问题的一部分来加以讨论的。人权实际是社会文明进步的成果和反映。人的各项权利和自由是一个相互依赖、不可分割的整体，而个人权利的实现与否与他身处的国家制度、社会文明程度又有着不可分割的联系。人权的问题来自于人、来自于人的尊严和自我实现；并且，人权的问题本身也是对社会现实的一种反应。它关系到每一个人，也关系到全体人类社会。对每一个人的自由和尊严的侵犯，最终也是对人类社会整体的损害。人权状况的提高，折射出的是整体的社会文明程度的提高，而这就牵涉到经济、政治、社会、文化、宗教、心理等方方面面的问题。在此种情形下，过细的学科划分在探讨全盘性问题上具有极大的局限性。当代的人权研究，与其他领域的社会科学研究一样，在研究论题上日趋综合性；在研究方法上日趋科际性；在研究的组织形式上日趋集体性。要认真地从事人权研究，就必须尽量吸收和掌握来自各个相关学科领域的资料和观点，也只有多学科的共同关注，才可能获致问题的全貌和真相。

人权在形态上可分为两类，一类是观念上的人权，表现为人权的要求、思想、理论；一类是制度性的人权，人权制度至今已有 300 多年的历史。完整的人权理论必须能够阐明谁的权利、哪些权利及如何实现，人权理论因此而对应地必须包括人权主体论、人权内容论和人权救济论。哲学、政治学等学科的人权研究一般仅及于人权的主体论和内容论，而法学意义上的人权研究必然包括人权救济论。由此，法学上的人权理论应当在这三个层面上展开，即人权主体理论、人权内容理论和人权救济理论。这三个层面上的理论又都包含着以下内容：从法理角度对其原理予以分析和从实在法角度对其法律表达予以分析，由此法学意义上的人权研究也可以分为人权法原理研究与人权法律制度研究两个方面，国际人权法、国别人权法案及各部门法中的人权研究就属于后一个方面的研究。

达成对人权的普遍共识，是尊重与保障人权的前提；而达成对人权的普遍共识，有赖于一种全新的文化——即人权文化的形成。人权教育的主要功能之一就是培养人权态度、形成人权文化。由此人权教育也应该分为两类，一类是养成式的人权教育，另一类是系统化的人权教育，或称研究式的人权教育。研究式的人权教育不仅需要包括人权制度与人权救济的内容，更重要的是要对人权法原理予以清晰说明。

在我国，人权研究和人权教育尽管已经取得了显著的成绩，但基本上还处于起步阶段。人权研究是人权教育的前提和基础，人权研究中人权法原理的研究又具有基础性的意义和作用。近几年来，国内已经出版了几部人权法学与国际人权法教材，在中国的人权教育史上留下了可书的一笔，对推动人权研究、人权教育和人权实践发挥了积极的作用。与前述人权法教材相比，本教材具有鲜明的独特性。《人权法原理》一书重在从法理层面论述人权法的基本原理，而不详细论述具体人权的法律保护。长期以来，法学界对人权的研究分散在各个学科之中。法哲学、法理学研究人权的本原，国际法学研究国际人权法规范，而各个部门法学研究相应部门法领域的具体权利保护。这样一种分散式的研究并不利于人权法教学与研究的发展，也无法彰显人权法学在法学中的地位。所以，有必要创立人权法原理这门课程，统摄人权法的基础理论研究，以区别于研究具体人权保护的国际人权法学和各部门人权法学。这与前述那种分散式研究的区别在于：通过研究国际人权法、宪法及各部门法中具体人权的理论基础，打破法理学与部门法学的界限，勾勒出由学理性人权到制度性人权的理论脉络，形成人权保护的总体理论框架。

　　基于上述学科定位，本教材将教学对象定位于高年级的本科生、研究生。对于那些有志于研习人权法的学生，在他们学习法理学、各部门法学和国际法学之后，开设这样一门综合性的课程，有助于其系统地掌握人权法的基本原理，为其深入研究人权法奠定必要的理论基础。

徐显明

2008 年 8 月

目 录

第一章
人权的历史与发展

梳理人权的历史与发展，首先有必要确定考查人权的立场与学习、研究人权史的方法，在此基础上，本章从人权观念和人权制度两个维度，重点梳理了人权在西方的历史与发展、人权在中国的历史与发展和人权国际化的历史与发展。作为人权法的历史渊源，人权史为我们学习、研究人权法奠定了坚实的基础。

与社会科学领域的其他范畴一样，人权是一个在历史中生成的概念。要理解、阐释"人权"这一概念，就必须了解、把握人权在人类社会历史中的形成与演变。不借助人权史，我们无从深入理解、也无法清楚阐释人权这一概念。尽管对任何复杂的现实，简单的"两分法"从本质上来说都是拙劣的，但为了便捷地说明问题，我们不妨将人权分为"作为历史经验的"人权和"作为抽象概念的"人权两个层面。

人权制度与思想的变迁过程——从古代到中世纪、从中世纪到现代、从宗教到世俗、从西方欧美国家的独特经验到世界普遍性的国际标准——决定了人权概念的许多内在特征，也足以解释现代人权较之前的人权究竟发生了哪些变化，以及为何现代社会中人权的普遍化标准与多元化标准屡屡冲突等问题。当我们不仅仅停留于人权的概念层面，而尝试从历史的维度来观察和分析人权领域的诸多问题时，许多理论上的困惑渐渐清晰起来，变得可以理解。正如国内某些人权学者所指出的："首先不要把人权作为一个形而上学的概念来看待，人权没有什么高深莫测的本质，人权仅仅是历史观念和历史实践的具体展开。"[1]从某个意义来说，人权发展、演变的独特历史支撑起了今天的人权概念。

第一节　人权在西方的历史与发展[2]

人权思想萌芽于古希腊、古罗马时代，在中世纪的自然法学说中得以发展，至十七八世纪在启蒙运动中大放异彩，最终形成了一套成熟的"大写的人"的权利体系，并点燃了欧洲和北美大陆的资产阶级革命。资产阶级革命成功以后，

---

〔1〕 南京大学法学院《人权法学》教材编写组编：《人权法学》，科学出版社2005年版，第19页。

〔2〕 本节的写作，部分参考了［美］罗森鲍姆："人权的哲学导言"，沈宗灵译，载沈宗灵、黄枬森主编：《西方人权学说》（下），四川人民出版社1994年版，导论。

人权思想又被写入各国宪法，成为现代文明国家与社会的基石。

无论从思想还是从实践层面来看，西方人权的演变历史总是同自然法传统联系在一起，以至于很多学者将近代人权思想的兴起看做是一次自然法学说的"恢复"与中兴。毫无疑问，人权思想的发展、演变离不开自然法学说这一"大传统"，自然法学说为人权思想的产生提供了历史基础和思想素材，而人权思想最早也正是被放置于自然法学说中才得以确立并得到承认的。从这个角度上看，很多西方的人权学者都坚称，人权作为一种伟大的道德价值信念，最早兴起于犹太－基督教文化传统。

然而，自近代以来，随着人权实践在全世界的逐渐展开和推广，再加上人权问题日益"政治化"，有关人的权利来源以及权利分类、特性等理论问题不断地得到各种非西方国家社会制度、道德规范和文化传统的充实。由此，不仅是人权实践，包括人权思想本身也变得越来越多元化、相对化。非西方国家的学者大多都持有一个共同的看法，认为人权并非西方社会传统的专利，他们声明"所有社会都有人权"。阿拉伯地区的学者列举出《世界人权宣言》和国际人权公约的基本权利，并且将这些权利逐一追溯到《古兰经》经文。中国研究者也试图从儒家学说中发现那些尊重和保护人的权利的观点。比如，他们认为《礼记·礼运》中的大同思想，孟子的性善论、人皆可以为尧舜以及孔子的反对佣葬的思想，都可以代表中国古代传统文化中的有关人权思想的萌芽。[1] 不过，无论当今的人权思想和实践呈现出怎样的多元态势，自然法学说作为其古典根源，对于人权的发展演变始终具有深刻的影响。

一、人权思想的古典根源

（一）古希腊时期的正义观念

哲学家们通常将人权思想回溯到雅典的古典民主和斯多葛派（Stoics）影响下的罗马法学思想，而无论是雅典的政治哲学还是罗马的法学思想，都矗立着一个如果被排除便不能准确理解该时代精神的主题，即"自然"。在古希腊人眼中，所谓哲学家（Sophist）即是那些"论述自然的人"；而他们也以"自然"（physis）和"惯例"（nomos）这两种标准来区分人类社会的各种规则。自然是"长成"（grow）的，而惯例是"约定"（convention）的。例如，人会说话是自然的，而某一特殊的部落在祭祀时使用某种特殊的话语则是约定俗成的。古希腊

---

[1] 也有学者认为，这些"非西方式"的有关人的尊严、平等的讨论可称为人道主义思想，而不能与人权思想混为一谈。因为人权思想是以个人的尊严和自由为特定内核的，表现形式上的相似并不等同于精神实质的一致。

人将自然看做是指引人类社会生活的客观标准。符合自然的当然是正义的（Natural Right）；换言之，人的道德和行为如果受自然法支配，那就是善的（good）。而自然法的首要知识可以通过系统地描述社会上应当发生的行为类型来获得。另外，城邦国家中的法律则是约定的产物，它是基于共同的社会舆论，而非来自自然意义上的知识或智慧。当然，古希腊人也承认法律（实在法）和自然法可以重叠，但仅是偶然的重叠。

在政治上，只有城邦的公民才是自然法的受益人。他们享有选举、提议、裁判、决定战争与否等一系列公民权利，通过参与各种城邦公共生活来发挥他们的作用。不过，如前所述，并不是每一个生活在城邦中的人都可以平等地享受到这些权利，只有公民，也就是非外族的有产成年男子，才有资格成为公民。亚里士多德的名言"人是天生的政治动物"，这里所说的"人"，其实是附条件的，他指的就是城邦公民。因为惟有公民才可能生而就置身于城邦政治共同体中，继而才有机会去建立依附于他、或者他所依附的种种社会关系。所谓权利，其中一个重要的功能就在于形成社会关系。被排除在政治共同体之外，则非公民，更谈不上权利。这一点，古今皆然，在古希腊、古罗马时代的民主制度中，表现尤其明显。

要成为公民，是有"门槛"的。这在今天大多数人看来，显然有违平等原则和民主精神。但在2000多年前的希腊城邦，没有人觉得有什么不妥。因为民主制下的城邦事务，譬如选举、演讲、裁决纠纷，甚至决定战争与否，以上种种皆需全体公民的参与和分担。正如萨拜因所说："希腊人认为，他的公民资格不是拥有什么而是分享什么，这很像是处于一个家庭中成员的地位。"[1] 所谓公民权，不仅仅是一种权利，更是一种基于公民身份产生的义务和责任；而公民，也不仅仅是一种身份，而毋宁说是一种职业。要能称职的话，就必须具备一定的职业资格和条件。因此，城邦公民必须是本族的、成年的男性，而且必须是有财产的。在希腊人看来，只有一个人的个人利益与城邦的公共利益深深地捆绑在一起，并且有足够的智识和判断力，他才能真正有效地参与政治生活。这里有必要再次强调的一点是，城邦时代的希腊人并没有形成个人相对于他人、相对于整体的独立的、排他的权利意识，他们总是从城邦生活共同体这个整体来认识公民的，因而公民所拥有的权利必须首先服从于城邦的善（good）。

柏拉图（Plato，公元前427年~前347年）就是按照这样的思路来构建他的"理想国"的。柏拉图理想的国家以正义为出发点，又以正义为目的地。而所谓国家的正义，即是和谐统一，是国家中的每个人都能各司其职、各守其分。柏拉

---

〔1〕 ［美］萨拜因：《政治学说史》（上册），盛葵阳、崔妙因译，商务印书馆1986年版，第25页。

图将城邦中的人按资质高低分为三等，不同等级的人负有不同的使命。他认为人有三种天性（nature）：理性、激情和欲望。理性使人有获得知识的能力，表现为智慧；激情使人有敏于行动的能力；另外，人还有欲望，如果没有欲望，就不称其为人了。人的三种天性中，理性应该占上风，激情受理性的支配，表现为"勇敢"；欲望受理性的支配，表现为"节制"。人有三种德性（virtue），国家也应该有这三种人：第一种人是有智慧之德的统治者，即"金"质之人；第二种人就是具有勇敢之德的军人，即"银"质之人；第三种人则应该是有节制之德的供养者，也就是我们说的劳动者，是由"铜和铁"打造而成的。按照柏拉图的说法，这三部分人各司其职，统治者把国家治理好，军人把国家保卫好，劳动者把该干的活干好，各个部分就和谐统一了，这个国家就实现正义了。在柏拉图那里，不同等级的人当然应有不同的地位和权利，这些权利都是"等差的"权利。

亚里士多德（Aristotle，公元前384年~前322年）是柏拉图的学生，也是第一个公开批评柏拉图的人。亚里士多德在论述正义时，认为正义意味着某种平等，不过这种平等只适用于同一城邦或者同一等级的自由民内部。在亚氏看来，平等又可分为两类：一是"分配的正义"，即根据每个人的功绩、价值来分配财富、官职、荣誉，如甲的功绩和价值大于乙的3倍，则甲所分配的也应大于乙的3倍；二是"改正（或平均）的正义"，即对任何人都一样看待，仅计算双方利益与损害的平等。这类关系既适用于双方权利、义务的自愿平等的交换关系，也适用于法官对民事、刑事案件的审理，如损害与赔偿的平等、罪过与惩罚的平等。然而，无论怎样的平等，都只是政体内的一种状态。亚氏第一次将良好的政治制度分为君主制、贵族制和民主制三类，他在为民主制辩护的同时还是最倾心于贵族统治。

（二）古罗马人的权利观

然而，随着后城邦时代的来临，在地中海区域，不同民族开始了大规模、深层次的交流融合，种族之间和各种身份团体之间的界限开始被打破，曾独享特权的城邦公民被淹没或稀释于多民族的帝国居民当中。在这种条件下，斯多葛派开始从新的角度审视人，并且对自然法学说做出了贡献。他们将自然视为是普遍的规则体系——既作用于自然界，又作用于人类社会中所有有理性的人之间。斯多葛派学说一方面突破城邦的狭隘的眼界，从人与整个人类和宇宙的关系角度来定义人，首次把人视为一个普遍抽象的类，强调人首先是人类整体的一员，具有共同性；其次才是某一具体国家、城市、族群的成员。另一方面突破社会身份地位的界限，由人的精神特征确定人的价值。从人都有理性和向善的能力等精神素质上，发现了人类的同质性和精神价值的平等。

斯多葛派在政治法律方面的继承人及主要代表西塞罗（Cicero，公元前106

年~前43年）指出，尽管人们在知识、财产、种族、国别等方面是不平等的，但是，所有的人都具有理性，都能够进行学习和思考，都有一种共同的心理素质使他们对光荣与耻辱、善与恶作出相同的判断。在这一点上，他们是非常相近相似的。这是人之超越于禽兽的地方，是人所具有的共同共性。"在种类上，人与人没有区别。"[1] 西塞罗的话标志着西方思想史上人的观念的一个重要变革，它超越了城邦时代政治哲学在不同身份的人之间设立的艰深界限，开始以一种普遍平等、没有根本差别的眼光来看待所有的人。丛日云教授评价说，斯多葛派的人类平等思想为近代人权概念的形成提供了一个关键性的要素。"人权"（human rights）概念由"人"（human）和"权利"（right）两个要素构成，其中"human"指一般的、抽象的人。人权概念形成的一个前提，就是从等级的、身份的人的观念中演化出一般的人的观念。这个前提最初是由斯多葛派提供的。[2]

斯多葛派的平等思想对罗马的哲学和法律都有影响。例如，罗马法学家盖尤斯（Gaius，约117年~180年）在其《法学阶梯》中讲到："每一个由法律和习惯调整的人类社会都遵守行为规则，其中一部分是特别对这一社会本身的，称为公民法（jus civile）。那些由自然理性向人类教导的、由所有人平等遵守的原则，合起来说就称为万民法（jus gentium）。"拉丁文中的 jus 是一个涵义相当丰富的词语。据统计，各类法律辞典或专书对 jus 一词的解释就多达10余种，其中有两种主要涵义是被公认的：其一，（抽象的、总称的）法律、法律体系；其二，权利，尤其指公法上的权利。[3] 这就是说，罗马人的"法律"同时也意味着"权利"，法律和权利是同义的。并且，在罗马法的发展过程中，它不仅包括适用于罗马公民/市民的公民/市民法，还包括适用于罗马人与外国人以及外国人与外国人之间的普遍的万民法。无论是公民法还是万民法，它们除了是"权利"的最初的系统规定和正式表述以外，还带有从"正义"观念中脱胎而来的痕迹。因为，归根结底，它们都是以自然法（jus naturae）为基础的。我们需要注意的是，古希腊罗马人的权利与近现代人权的精神内涵并不是同一回事，不能将二者混淆起来。当然，罗马时期的人权思想的发展在普遍平等的要求中达到顶点：罗马的自然法原理将一种基本的公民身份归于人类，即所有作为世界共同体成员的人都是平等的。从这一点来说，罗马人已经接近了普遍平等权利的门槛了。

---

〔1〕 丛日云："西方政治法律传统与近代人权学说"，载《浙江学刊》2003年第2期。
〔2〕 丛日云："西方政治法律传统与近代人权学说"，载《浙江学刊》2003年第2期。
〔3〕 参见薛波主编：《元照英美法词典》，法律出版社2003年版，jus 词条。

二、中世纪的人权学说

在中世纪，当人权传统变成根源于人的宗教意识时，它获得了一种不同的动力。自然法原理按照神学传统被重新加以解释。中世纪典型的基督教政治哲学认为，人在自然状态下是平等的，世俗的奴隶制度以及经济上的高利贷制度等都是人堕落的结果。基督教倡导的"人的普遍的同胞关系"（universal brotherhood）的信仰推动了人在精神上、人格上的平等；并且，在教徒的心灵上播下了人是与他的国家成员的身份相分离的个体观念，个人与国家之间的关系日益疏离。19世纪30年代～40年代美国新教惟灵派代表人物梭罗（Henry David Thoreau，1817年～1862年）说过的一句话也许能准确地回应这种观念："我们首先是人，然后才是臣民。"中世纪的自然法学说断定，人的存在具有一种不可避免的双重性：人既服从于上帝权力又服从人类权力。作为公民的信徒听从上帝指引，在世俗政府实施邪恶统治时，不惜拒绝忠诚、反抗当局，基督教信仰参与铸造了西方社会公民的不服从传统。在宗教背景下的公民在与上帝的直接联系中找到自己人生的支点，这减弱了他们对世俗社会组织的依赖，逐渐成为与国家相分离、甚至相对抗的成员。[1] 基督教的这一政治价值观对统治者的权力同样构成限制。国王尽管是"受上帝恩典的国王"（rex gratia dei），但仍应服从上帝的法律。英国约翰王在1215年大宪章中所作的让步，本身就说明国王的权力，应像其臣民一样，是受神的规则控制的。

迄至中世纪末期，关于个人与国家的问题日益成为思想家们关注的议题。被恩格斯誉为"中世纪的最后一个诗人和新时代第一个诗人"的但丁（Dante Alighieri，1265年～1321年）在《论世界帝国》中专门讨论了人类自由与世界帝国之间的关系。他说："人类的目的是要建立统一的世界帝国来实现普天下的幸福"，[2] 也就是说，好的国家是以自由为宗旨的。在这样的国家里，人们是能够为了他们自己而生存的，执政官是为了公民的幸福而存在的。需要特别注意的是，但丁在倡言追求现世幸福的过程中，第一次明确提出了"人权"概念。他指出，人类的目的在于追求神圣的幸福；而为了造就普天下的幸福，有必要解决世上所有的国家之间的纷争，实现和平与正义的统治，充分发挥人的智能，使其过上幸福的生活。[3] 同时，但丁强调，"帝国的基石是人权"，帝国"不能做任何违反人权的事"；任何握有帝国权柄的人都无权分割帝国，毁灭帝国"也是一

---

〔1〕 丛日云："西方政治法律传统与近代人权学说"，载《浙江学刊》2003年第2期。

〔2〕 [意] 但丁：《论世界帝国》，朱虹译，商务印书馆1995年版，第76页。

〔3〕 郑杭生、谷春德主编：《人权史话》，北京出版社1995年版，第85页。

种违反人权的行为"。[1]

三、启蒙时代的人权思想

在 17 世纪兴起的资产阶级启蒙运动中，人权理论开始走向系统化、成熟化，它构成了西方近现代人权理论最主要的思想基础。法理学家沈宗灵先生曾经说，根据他的理解，17 ~ 18 世纪启蒙思想家们所讲的"人权"是指"自然权利"；而"自然权利"的概念又来自"自然法"，"自然法"的概念又来自"自然"。这一过程（即从自然到自然法，再到自然权利和人权）在西方思想史中经历了从古希腊到 17 ~ 18 世纪的漫长时期。[2] 这一理解也得到了人权学者夏勇先生的论证。他在其《人权概念起源》中详细阐述了"自然权利"与"人权"的关联：人之为人所拥有的平等、自私、自主、自尊、自卫之类的"自然本性"，因为源于自然，而又为人的理性所支持，被十六七世纪的自然法学家们宣布为自然权利。这种权利出自"本性"、"自然"，为自然法这个超验的权威所支持，就不得为实在法剥夺或践踏。又因为本性是人所共有，表达了人之作为人的基本规定，自然权利或本性权利，就是人权。[3]

有关人的尊严、权利与自由的思想经过霍布斯、格劳秀斯、洛克、卢梭、孟德斯鸠等自然法学家的论证，终于形成了系统化的人权学说。同时，近代人权学说相较古典时期和中世纪的人权思想，其内涵和特征又发生了潜移默化的改变。

（一）近代人权学说是以"一般的"、"抽象的"人的概念为基础的

它抽去了人的所有具体差别，把人仅仅作为人来看待。人权学说是启蒙运动思想结晶的一个分支，而启蒙运动本身是一场西方资产阶级继文艺复兴之后所进行的第二次反对教会神权和封建专制的文化运动，追求政治和学术上的自由，把理性推崇为思想和行为的最高原则。启蒙思想家们说到"人"时，所指的不是一定历史情况下的一定阶级的人，而是"一般的人"。他们试图从"一般的人"中去发现具有普遍意义的永恒的人性，而这其中主要的组成部分便是理性。启蒙思想家们用"天赋人权"的口号来反对神权和君权，在宗教偶像面前，人就是一个站立的、不再匍匐的"类别"。他们总是从"类"的角度来观察人本身，认为人性中有理性，自然中也有理性，顺着这个理性，人类社会和自然就有无穷的"可完善性"（perfectibilité）。就像启蒙思想家对未来社会持有的乐观立场一样，以"普遍人性"为基础的人权学说也是对现实世界的一种积极的、负有使命感

---

〔1〕　［意］但丁：《论世界帝国》，朱虹译，商务印书馆 1995 年版，第 76 页。
〔2〕　沈宗灵："人权思想历史发展的几个理论问题"，载《北京大学学报》1992 年第 2 期。
〔3〕　夏勇：《人权概念起源》，中国政法大学出版社 1992 年版，第 128 页。

的反应与构想。

（二）近代人权学说是以"个体的"、"独立的"人为支点的

如果说近代人权学说中的"人"在上帝面前是一个"类别"，那么，他在面对君主和其他社会成员时，则变成了一个"个体"。古代世界中的人是在城邦、等级、部落、家族中的成员，个人没有与社会整体相分离的权利；他的个人需求被他所在的整体秩序所吞没，他的个人利益也被团体的整体利益所吸收、所决定。中世纪基督教的神圣光辉笼罩下的人是上帝的子民；而到了十七八世纪，经过文艺复兴、启蒙运动和宗教改革的洗礼，人终于从王权和神权的统治下走出来，成为世界的中心。他的无边无际的欲望被认为是"自然本性"而得到公开认可，绝对意义上的独立的个体终于出现；而人权正是个体对抗政府权力侵犯的保护伞。人权学说在个人与国家之间划出了一条界限，将个人生活的一部分视为不受国家权力干预的领地。用现代的词汇来表述，"人权的思想本质上确实具有某种个人主义。"[1]

（三）近代人权学说的内容强调自由、平等与财产权

欧洲和北美从十七八世纪开始进入个人时代，自然法的主旨也从要求正义进而转向了要求自由与平等。古典时期以及中世纪的思想家们讨论自然权利总是在一个大的道德前提下进行的，即是说，他们首先是将人放在他所处的社会或社会群体中，从社会的整体背景来讨论人的自然权利，个人的权利始终要符合社会的善（good），这样的权利才能是合自然的，进而也是正义的。然而，到了近代社会，启蒙思想家们所认识的人，完全可以与他所身处的社会"脱钩"而成为绝对独立的个人，自然也无需以正义作为依凭。人出于本性都在追求他自身的利益，而且仅仅是他自身的利益。追求利益就是本性，服从社会或他人有违自然。罗尔斯曾总结近代的自然权利与古典时期的自然权利之区别正在于"权利优先于善"。尽管启蒙思想家们对于人的自然权利主要应该包括哪些内容持有不同的看法——比如霍布斯认为是生存权、趋利避害之权，而洛克则认为应涵盖生命、自由和追求幸福的权利等——在个人权利优先于整体利益这一点上都是相同的。他们把个人看做是与社会、尤其是与国家相分离的，相对于社会、尤其是国家来说，个人拥有不可剥夺的权利，拥有超乎社会目标和社会利益之上的合理的优先性。列奥·施特劳斯甚至断言自然权利从古典到现代的转变标志着整个社会形态的转换。

诚然，启蒙思想家们对于自然权利学说的改造，不仅仅使自然权利具有了新

---

〔1〕 ［美］杰克·唐纳利：《普遍人权的理论与实践》，王浦劬等译，中国社会科学出版社2001年版，第101页。

的内容和特征，他们的杰出贡献还在于将个人权利和自由的获得同国家结构、社会制度联系起来。天赋人权虽然针对的是个人，是个人生而就有的天赋权利（Natural Rights）；然而，要真正保有并享受到这些天赋（Natural）权利，却必须要依赖一整套的社会制度。启蒙思想家们从"天赋人权"说这一伟大的理论假说进而又推导出另一同样伟大的法律拟制，即"社会契约"论。他们认为，人的尊严与权利与生俱来、不可剥夺，他们结成社会共同体并在其中生活，只是让渡了部分权利于政府；政府和国家的存在，就是为了更好地保护、实现人的种种"自然权利"。在这样的社会共同体中，人和人平等地享有各种权利，其中最重要的便是"生命、自由和财产"；而政府依据"社会契约"的规定实施其职能，在此过程中，它必须限制权力、保障人权，这是政府、法律存在的合法性基础，也是它的目的所在。通过资产阶级启蒙思想家们的系统论证，人权获得了从自然权利向法律权利转变的关键性理论依据。

然而，真正让人权从观念走向实践的，还是发生于欧美主要国家的资产阶级革命。在资产阶级革命时期，兼具理论家和革命家的双重身份的英国平等派，法国的罗伯斯比尔，美国的杰斐逊、潘恩等，吸收了上述自然权利和社会契约的观点，进一步阐发了人权理论并将它引向实践，在民众的参与下建立了代议民主制共和国，创建了规范政府权力、保护人权的宪政制度。英国1679年《人身保护法》、1689年《权利法案》，美国1776年《独立宣言》、1787年宪法及其数条宪法修正案，法国1789年《人权与公民权利宣言》等都是著名的人权文献。它们明确提出了"保护人的权利"这一口号，以宪法或者宪法性文件的形式确立了人权原则，从而使人权从观念层面的"自然权利"、"道德权利"进入了法律。此后，各国宪法都相继确认了人权并将它作为宪法的一项基本原则。人权不仅仅停留在理论和道德层面，而跃变为宪法原则和法律权利，构成了现代文明国家的基础。[1]

四、从人权理念到人权文献

（一）"英国人的自由契约"

在英国，十字军东征无意之中为个人权利对抗王权的胜利作出了贡献。为了支付第三次十字军东征（1189年~1192年）的军费以及英王查理一世的赎金，同时继续维持和法国的长期战事，性格狂暴的约翰王在国内不断征兵收税。他肆无忌惮地滥用国王权力，将贵族的继承税提高了100倍、兵役免除税提高了16倍。沉重的赋税负担引发了国内动荡，心怀不满的贵族联合起来反对国王，他们

---

[1]　参见钟会兵："权利与人权：源流、涵义与区别"，载《甘肃政法学院学报》2004年第4期。

要求实行一种制度以限制和平衡国王的武断专制，要求获得更多的权利和社会影响力。1215 年 6 月 15 日，约翰王在贵族们"兵临城下"的胁迫下签订了一个"贵族权利纲领"，这一纲领又称"男爵条款"。四天后，以此为蓝本的《大宪章》（Magna Carta）诞生了。

《大宪章》的诞生是出于贵族们渴望保护他们自身和他们那个阶级的本能，其目的在于限制王权、保卫贵族利益。撇开宪章中随处使用的修辞，我们会发现这一文献其实就是国王勉强向贵族势力作出让步的一份协议。它的形式像法律契约，其规定的内容大多涉及当时的封建习惯。如其言及的"国家的法律"（law of land），在约翰王时代一般指依决斗来裁决或由神明裁判；《大宪章》规定的权利，作为历史范畴，指的是地方贵族和教会从英王手中争得的种种特权，比如兵役免除税、封地继承税、助钱和年幼继承人财产的监督问题。但是，在《大宪章》的 63 个条款中，也包含了种种维护"自由民"权利的规定。

《大宪章》特别重视对财产权的保护，63 条规定中有 21 条述及财产权利，其核心是禁止国王非法剥夺教会、贵族和自由民的财产。如第 28～31 条规定，国王、官吏如郡长等不得强取任何人的五谷或其他动产，不得强取任何人的马匹或车辆以供运输，不得强取他人的木材以建城堡或作其他私用等。同时，《大宪章》第 14 条规定，非经贵族组成的大会议同意，国王不得征税。这一规定奠定了近代以来"无代表不纳税"原则，成为日后议会制度的理论基础之一。《大宪章》第 13、39 条规定了人身自由和罪刑法定原则，"凡自由民除经其贵族依法判决或遵照国内法律之规定外，不得加以扣留、监禁、没收其财产、褫夺其法律保护权，或被处以放逐、伤害、搜查或逮捕。"《大宪章》第 40、45 条进一步宣称，"我们不会把权利和正义出卖给任何人"，强调自由人"享有同等审判权"，要求"公平听证"，成立独立和无偏见的法庭。第 39 条和第 40 条规定结合在一起，通常被后人解释为案件应依据普通法程序由普通法法庭进行审判，所以，这两条规定成为英国人民反抗国王司法特权的武器。13 世纪 30 年代，有几个触犯法律的人在进行自我辩护时援引《大宪章》的规定，声称"他们是自由人，所以应该接受王国普通法的审判"。

《大宪章》所确立的财产权不受侵犯、人身自由、罪刑法定以及"无代表不纳税"等规则，为个人权利不受王权任意侵犯树立起了制度和法律的屏障。并且，这些权利不仅仅为教士阶层和贵族所独享的，它们也逐渐惠及到"自由民"，所以有人说："《大宪章》所体现的自由，其实是一个共同体的自由，这个共同体不是由这种或那种特殊地位的人所组成，而是指整个王国。"[1]

---

〔1〕 转引自程汉大："大宪章与英国宪法的起源"，载《南京大学法律评论》2003 年秋季号。

在《大宪章》诞生后的 100 年间，它重新颁布了 38 次，历经若干修改，幸运的是，它还是保持着原有的特点。为维护《大宪章》的效力而展开的一系列努力最后演变成一场反抗压迫，要求权利的长期战争，后代们都求诸《大宪章》来保护他们自己受到威胁的权利。

随着时光的流逝，《大宪章》中有关个人权利的保障范围和含义逐渐扩大。13 世纪，英格兰诞生了议会。议会经过斗争，扩大了权利。1344 年，《大宪章》中的"国法"演变为"正当法律程序"（due process of law），并得到英王爱德华三世的认可。他承认自己也要接受国法的约束，他说："不论哪个阶级或阶层的人，未经适当的法律程序，不得被赶出国土或住宅，不得被逮捕、关押，不得被剥夺继承权，不得被处死。"在"国法"发展为"正当法律程序"以后，大陪审团也随之产生，而成为适当法律程序的保障者。到了 17 世纪，努力制止斯图亚特王朝侵犯臣民自由的议会反对派重新发现了《大宪章》，用它发出了振奋人心的反压迫呼声。英格兰人自由宪章的光荣传说由此产生了。[1] 后来，英格兰新兴资产阶级又对《大宪章》赋予新的涵义，作出适应其现实需要的解释。

《大宪章》是一份诞生于英国封建时代的历史文献，它无法超越它那个时代。在最初的年代，《大宪章》并未提出人权问题，也没有述及民主或立宪原则。但它从头到尾给人一种暗示：这个文件是个法律，它居于国王之上，连国王也不得违反。[2]《大宪章》的伟大成就，是它在普通的宪章中体现并重申了一项崇高的原则，那就是国王也必须受到法律的约束，禁止某个人的独裁统治。一位美国学者曾指出，尽管大宪章以其具体性、明确性而著称，但它的重要性在于它宣告了一条基本原则，即有一组法律高于国王之上。用梅特兰和波洛克的话说就是："国王低于法律，而且应该低于法律。""王在法下"，这是在英国、同时也是在当时的世界前所未有的事情。仅仅这一点就足以说明，人们对它的尊重是有理由的。在 1215 年的封建背景消失很久以后，宪章中的这一基本原则历经数百年风雨，日益上升到显要的地位。随着时间的流逝，《大宪章》成为永久的见证，证明王权并不是至高无上的。[3] 在后来的各个时代，当国家由于权力膨胀企图践踏人民的自由与权利的时候，人民总是返回到《大宪章》中去寻找限制、对抗王权的依据。1628 年的《权利请愿书》、1679 年的《人身保护法》和 1689

---

〔1〕［英］温斯顿·丘吉尔：《英语民族史》第 1 卷，薛力敏、林林译，南方出版社 2004 年版，第 203 页。

〔2〕［英］温斯顿·丘吉尔：《英语民族史》第 1 卷，薛力敏、林林译，南方出版社 2004 年版，第 204 页。

〔3〕［英］温斯顿·丘吉尔：《英语民族史》第 1 卷，薛力敏、林林译，南方出版社 2004 年版，第 204 页。

年的《权利法案》，相继把英格兰资产阶级希求的和争得的权利固定下来，资产者继而又把它们提升到某种具有普遍意义的东西。比如，1628 年的《权利请愿书》和 1679 年的《人身保护法》（Habaes Corpus Act）都是直接指向 1215 年的大宪章条款，规定：任何自由人不受逮捕、监禁和非法剥夺人身自由，除非依法接受审判。《大宪章》不仅是"英国人的自由契约"，同时也是它"失去的"美国"殖民地"的政治圣经。在美国，联邦和州宪法都继承、甚至是直接写入了大宪章的条款。

《大宪章》的神话一直延续到现代社会，它甚至对 1948 年联合国大会通过的《世界人权宣言》也产生了重大影响。在消极权利上，《世界人权宣言》第 9 条采纳了《大宪章》第 39 条的内容，宣布："任何人不得任意逮捕、监禁和放逐。"根据《大宪章》第 30、31 条的内容，《世界人权宣言》第 17 条第 2 款规定："任何人的财产不得任意被剥夺。"《世界人权宣言》第 7 条援引了《大宪章》第 40 条的内容："人人有权享受法律保护。"在积极权利上，《世界人权宣言》基本采纳了《大宪章》的内容，并用现代的语言加以表述。

日本学者大野义真对于《大宪章》的评价可谓恰如其分："大宪章的历史的重要性，在于它在英国法制史上开辟了新的一章，以大宪章为标志，根据宪法确立了法的支配这一事实。由于大宪章几次被后世确认，作为英国国法的不变部分占有确定不移的地位，并形成英国人权思想的分水岭……在它的历史的发展的意义上，大宪章成为近代英国中的刑事人权思想的历史的渊源。"[1]

（二）法国人权宣言

法国的 1789 年《人权与公民权利宣言》无疑代表了启蒙时代人权运动的又一里程碑。法国革命在当时及其后的世人眼里，几乎是"激进、彻底"的代名词。法国的思想家和行动者以自然法和自然权利为武器，高举"自由、平等、博爱"的旗帜，对旧制度和旧世界进行了激烈的批判。他们认为，"自然的、不可剥夺的和神圣的"自然权利即人权，是一个超越现存社会制度并且与之对应的范畴，它是良好社会的基础和标准，却向来被忽视和践踏。[2] 法国革命的纲领——1789 年《人权与公民权利宣言》的核心就是用人权为武器，改造旧格局、建设一个新世界。人权宣言在一开篇就写道："不知人权、忽视人权或轻蔑人权，是造成公众不幸和政府腐败的惟一原因，所以，决定把自然的、不可剥夺的和神圣的人权阐明于庄严的宣言之中。"它声称人的自然权利"自由、财产、安全和

〔1〕 ［日］大野义真：《罪刑法定主义》，世界思想社 1982 年版，第 48 页。
〔2〕 陈林林："从自然法到自然权利——历史视野中的西方人权"，载《浙江大学学报（人文社会科学版）》2003 年第 2 期。

反抗压迫"神圣而不可剥夺；它确立了人的言论自由；通过禁止任意逮捕和对被告权利的保护，它改革了法国的刑法。它还声称，法国不是君主的私有财产，它是人民拥有的主权国家，"任何政治结合的目的都在于保存人的自然的和不可动摇的权利。"可以说，法国人权宣言宣告的基本人权、人民主权、分权和法治原则充分体现了近代宪政的基本精神，是启蒙思想家政治纲领的集中体现。其中，自然法思想来自洛克和百科全书派；公意、民主政权的思想来自卢梭；个人反抗专制政权、获得公正审判的观念来自贝卡利亚和伏尔泰；此外，重农学派倡导的"财产权不可侵犯"也被写入了宣言。在当时的雅各宾派看来，宣言确认了每个人的基本权利，因此也是具有普遍适用性的，它扩展了美国革命所确认下来的权利，被当时的历史学家称为"新世纪的信条"。直到1946年法国颁行现行宪法时，仍在序言中宣布："法国人民庄严宣告忠于1789年人权宣言所肯定的，以及为1946年宪法序言所确认并加以补充的各项人权。"

不过，无论宣言有多正确，它也很难轻易地颠覆旧秩序。在它能够真正改变法国社会之前，它必须能在这种恶劣的环境中存活下去。那些拥有特权数百年之久的贵族以及现存政府中的既得利益集团绝不会不经斗争就放弃他们的特权。

五、美国人权历程

之所以要将美国的人权政治单辟一个主题、多着笔墨，乃是因为人权与美国这个当今世界唯一的超级大国的历史与发展有着特别密切的联系。从美国建国、宪法及权利法案的制定、美国内战、重建时期到一战、二战及战后60年代至今，几乎美国史上每一个关键性的时刻，都借助于人权理念的推动。就像施莱辛格所说的那样，美国的政治与社会，是建立在"不可剥夺的"权利宣言之上的；人权始终在美国政治传统中居于核心地位，而有关人权的观念与讨论，也特别能够引起美国人的共鸣。

进入现代社会以来，美国不仅将人权视为国内政治的重要部分，更把人权作为其全球政策的主要议题对外推广；它不但要在国内示范，而且要以国际人权行动向他国施教。用威廉·F. 伯克莱（William F. Buckley）尖刻但又准确的话来说："美国具有周期性的浪漫主义想法，认为它对外国国民的权利负有责任。"[1]从1776年起，美国就自认是这一冥顽不化的世界的人权灯塔，它负有特殊的

---

〔1〕 ［美］杰克·唐纳利：《普遍人权的理论与实践》，王浦劬等译，中国社会科学出版社2001年版，第278～288页。

"国家使命"，就是要为全世界树立一个人权、民主的榜样。[1] 借用詹姆斯·O.
罗伯特森（James O. Robertson）的话，美国应该成为"圣战者，人民的斗士，生
命、自由和追求幸福等基本权利的捍卫者，自由世界和人权的维护者"。不管这
一论调带有多大程度上的浮夸成分，人权、自由、民主始终在美国价值观念和意
识形态中居于核心地位。为此，我们有必要对美国的人权发展历史作一简略的考
察与回顾。

（一）"第一个人权宣言"

早在殖民时期，美国资产者在继承英国的人权政治传统和在北美特殊环境中
争取权利斗争所积累的成果和经验的基础上，初步形成了美国自身的以"生命、
自由和追求幸福"为基本原则的自然权利理论，并以此作为反抗英国殖民、争取
民族独立的思想武器。1776 年 7 月，在独立战争的隆隆炮火声中，由 13 个州合
起来的美利坚合众国独立了。《独立宣言》宣告了一个新的主权国家的诞生，并
且第一次明确地将人权理论作为现代国家存在的合法性基础。

"我们认为这一真理是不言而喻的：人人生而平等，造物主赋予他们若干不
可剥夺的权利，其中包括生命权、自由权和追求幸福的权利。为了保障这些权
利，人类才在他们之间建立政府，而政府之正当权力，是经被治理者的同意而产
生的。当任何形式的政府对这些目标具破坏作用时，人民便有权力改变或废除
它，以建立一个新的政府；其赖以奠基的原则，其组织权力的方式，务使人民认
为唯有这样才最可能获得他们的安全和幸福……"

《独立宣言》是人类第一次以政治宣言的形式提出了资产阶级的人权理论，
并且确立了政府的目的与合法存在在于保护人权。这正如史学家梅里尔詹森所
言："这里，第一次，政治社会正式宣告国家的目的，列举人的某些自然权利，
肯定了革命的权利。"美国革命与美国独立对大西洋彼岸的欧洲国家产生了强烈
的震动，《独立宣言》更是成了法国大革命期间颁布的《人权与公民权利宣言》
的范本。马克思称誉《独立宣言》为世界上"第一个人权宣言"。[2] 法国在
1886 年（即美国独立第 110 周年）时，将自由女神像送给美国以纪念美国革命
对其的推动作用。自由女神右手高举火炬，左手怀抱的正是《独立宣言》。

《独立宣言》以"自然权利"的形式来表达美利坚资产者的人权要求，是美
利坚资产者将同样遭到英国压迫和剥削的其他社会力量联合起来的一面大旗。所
谓"自然权利"，即天赋人权，其概念来自于西方政治法律思想史上一脉相承的

---

[1] 罗纳德·里根总统在 1981 年的就职演说中说："我们必将再度成为自由的楷模和希望的灯塔"。而
　　最近的乔治·W. 布什也在其第二次就任演说中明确表示，美国要做黑暗世界的灯塔。参见崔永禄、
　　孙殿兵、卞建华主编：《美国总统演讲集萃》，天津科学技术出版社 2005 年版。

[2] 《马克思恩格斯全集》第 16 卷，人民出版社 1971 年版，第 20 页。

自然法观念。在美国建国时期影响深远的自然权利学说，其内涵大致有二：一是政治上摆脱英国而独立，享有国家主权；二是经济上挣脱英国的殖民主义桎梏，希冀实现自由放任的经济原则，按美利坚资产者的自然天性，自由竞争、自由贸易、自由市场，积累资本。

《独立宣言》发表 50 周年之际，当年的主要起草者之一杰弗逊已届 83 岁高龄。他特别撰文热情赞颂《独立宣言》的伟大意义："我们的同胞在有了半个世纪的经验和繁荣以后，仍继续赞同我们作出的抉择。对世界来说，愿《独立宣言》、并深信《独立宣言》将唤醒人们挣脱锁链，承担自治的幸福和安全，恢复无限制地行使理性和言论自由的权利。所有的眼睛睁开了、或正在睁开，窥见了人的权利……人类并非生而在肩背上安放着鞍座，也非由少数人受惠神恩而驱使他们，合法地骑在他们身上……"〔1〕《独立宣言》和美国宪法共同构成了美国政制的奠基石。200 多年来，美国政治、法律体系的大厦正是建立在这块基石之上。

（二）契约精神与清教伦理

美国的先民最初是从英格兰各地远涉重洋而来，这使得英属北美殖民地社会从一开始就不属血缘社会，而是地域社会。地域社会易于变革传统观念、创造新的规则。拓殖者在缔造自己国家的过程中，挣脱了血缘的联系，特别强调契约精神。政府与官员的产生，须经被治者的同意；权力运行的目的及规则，皆由"社会契约"约定，且约定的契约必得慎重地履行。康涅狄格（Conneticut）殖民地的缔造者托马斯·胡克曾说，对人民而言，"无他途可循，只能在他们中间形成联合和协议。"他宣称，正如君主"自然没有充分的、完全的权力来通知众多的政治人一样，因此没有人们的同意，我们就不能存在任何形式的对人们的统治"。契约精神在美国政治实践中处处体现，成为限制权力滥用、保障个人自由的潜在规则。

同时，美国立国的道德之本是所谓的清教精神（Puritanism）。清教是西方宗教改革后在英国产生的一个重要的新教教派。受到英国国教的排挤，清教徒从 17 世纪早期开始向新大陆移民。英属北美殖民地的拓殖者大多都是虔诚的清教徒，清教徒的政治观念和道德观念在美国国民特征的发展过程中一直是一种强大的力量。清教精神强调自由平等、民主意识、开拓精神，崇尚个人奋斗、勤俭务实，尤以个人主义为核心，其要义是：个人先于社会而存在。个人是本源，社会是派生的。社会、国家是个人为了保障自己的某种权利或利益而组成的人为的机构。除了个人的目的之外，社会或国家没有任何其他目的。在英属殖民地时期，

---

〔1〕 陆镜生：《美国人权政治》，世界知识出版社 2005 年版，第 171 页。

各种教会誓约和殖民地誓约都充斥着个人主义的理念。《独立宣言》提出的不言而喻的"真理"，开始也是讲个人主义的价值观："人人生而平等，造物主赋予他们某些不可转让的权利，其中包括生命权、自由权以及追求幸福的权利"；建立政府的目的就是"为了保障这些权利"。

美国独立以前，有产者们就拥有殖民地特许状赋予的拓殖者的权利、贸易公司的股东的权利、清教的契约自由和宗教自由等权利、英格兰习惯法规定的权利，加上北美特殊的地理环境和政治文化，使殖民地有产者们有着强烈的个人本位的权利意识。美国独立以后，13 个州依然沿用各州原有的法律。据美国法律史学家乔治·哈斯金斯的看法，这个时期的北美法律的发展过程"是在理性和经验、英格兰传统观念和圣经的规范的基础上进行的综合"。这些法典反映了"清教徒传统的对成文诺言的重要性的信仰"。美国史学家佩里·米勒评价说，这些法典主要是为了防止政府权力的滥用[1] 个人主义、自由竞争、契约意识构成了美国精神的基本特征和主要内容，在美国的主流意识形态中发挥着举足轻重的作用。这样的观念不仅体现在众多的法律与案例中；对于美国的人权政治来说，也是一股持续、强劲的推动力。

比起它的先辈国家，美国不像欧洲那样有自己的政治哲学传统，但是欧洲的政治社会理论却能最先在美国这个"新大陆"试验室开花结果。洛克将权利观教给美国人，斯密教会美国人如何以权利观创造和获得财富。在美国人继承从欧洲大陆漂洋过海载来的"权利"遗产时，他们采取了高度"选择性"的继承。历史证明，美国的人权发展历史就是围绕个人自由和财产权为核心要点不断向前推进和扩展的历史。首先是有产成年白人男子的权利，渐渐地，其他社会群体，如土著民、拉丁语裔人群、黑人、妇女、无产者等等，经过艰苦不懈的数次运动，努力为自己争得权利。

（三）从《联邦宪法》到《权利法案》

美国虽告独立，可是，独立后的日子并不好过。美国人失去了原来在英帝国内进行贸易的好处，还要偿还战争中欠下的内债和外债。更糟糕的是，独立后的13 个殖民地各自为政，各有宪法，在政治上互不相让，在经济上相互拆台[2]为了改变邦联的这种混乱局面，缔造一个强大的联邦政府以维护国家统一和有产者的利益，1787 年 5 月至 9 月间，55 位来自各州的代表在费城召开制宪会议，与会的种植园主、银行家、商人、律师等社会精英经过长达 4 个月的争吵、妥协，终于制定出了《美国宪法》。

---

〔1〕 陆镜生：《美国人权政治：理论和实践的历史考察》，当代世界出版社 2005 年版，第 397～399 页。

〔2〕 任东来主编：《美国宪政历程——影响美国的 25 个司法大案》，中国法制出版社 2005 年版，第 4 页。

《美国宪法》简洁明了，以最短的篇幅最集中地体现了欧洲资产阶级启蒙思想家们的政治哲学理念。制宪者们以"自然法"作为宪法的"高级法"背景，从洛克那里借鉴了"有限政府"的观念、又从孟德斯鸠那里搬来"三权分立"的武器，将这些理论融入美国当时复杂的政治实践经验中，创造出一套旨在维护强大的联邦政府、促成经济繁荣的复合制共和政体。美国宪法首先确立了宪政国家的结构与组织原则，如联邦与各州的关系、分权制衡、司法独立等；同时，它也缔造了一个强有力的联邦政府来约束、联合各州的力量，以服务于"全体人民的利益和幸福"。联邦宪法在条文中分散地规定了个人权利，诸如人身保护权；不得制定任何剥夺公权的法案或者追溯既往的法律、损害契约义务的法律；罪行的审判由陪审团裁定；无论何人，非经两个证人证明其公然的叛国行为，或未经本人在公开法庭认罪，均不得被判叛国罪；各州对其他州的公共法案、记录和司法程序，应给予完全的信赖和尊重；每州公民应享受其他各州公民所有之一切特权及豁免权；合众国政府之任何职位或公职皆不得以任何宗教标准作为任职的必要条件等共 12 项权利。这些权利反映了为保持美国社会秩序和稳定所必要的全社会的共同需求。

应该说，美国宪法从制度设计上，最有效地防止了权力滥用、独裁和腐败的发生。但是，宪法在制定和通过时，"国父"们虽然一直警惕权力滥用和"大多数人的暴政"等危险，对民众的权利却并没有引起同样足够的重视。作为世界近代史上第一部成文宪法，美国宪法却是一部缺乏系统人权条款的宪法。联邦党人杰斐逊在制宪会议期间就曾致信麦迪逊说："现在我告诉你我不喜欢什么：第一，（宪法）缺少权利法案。要以清晰的、毫无诡辩之词规定宗教自由，出版自由，反对常规军，限制垄断，长期地、不间断地实施人身保护法，凡按国法审讯均应有陪审团。"约翰·昆西·亚当斯也承认"制宪会议献给人民的宪法的重大缺点是省略了清晰而明确的权利宣言"。极力推动宪法起草、通过、批准的国会政治家们其实也深知他们鼓吹的宪法本身是不完整的宪法。诚然，合众国宪法虽然分散地列举了一些自由权利，但是却没有包括一个言论自由、出版自由在内的基本而重要的权利清单。

根据宪法批准的程序，合众国宪法至少要有 3/4 的州经由专门代表大会批准才能生效。支持新联邦政府、赞成宪法通过的人，"称自己是联邦党人，而宪法的反对者则被称作反联邦党人。"[1] 联邦党人汉密尔顿（Alexander Hamilton）、麦迪逊（James Madison）和杰伊（John Jay）三人，以"普布利乌斯"（Publi-

---

[1] 转引自［美］赫伯特·J. 斯托林：《反联邦党人赞成什么——宪法反对者的政治思想》，汪庆华译，北京大学出版社 2006 年版，第 14 页。

us）、"马里兰自耕农"（Maryland Farmer）等笔名在报纸上发表了大量鼓吹宪法、建立强大政府的文章，这些文章后来结集成《联邦党人文集》（The Federalists），成为美国政治哲学思想的经典之作。反联邦党人也努力运用新闻媒体动员舆论来反对宪法，他们抨击宪法缺乏保护公民基本权利，尤其是刑事诉讼法中的普通法程序权、良心自由和新闻自由，坚持认为过于强大的中央政府是对个人权利的一种侵犯。同时，各州在宪法批准大会上也陆续提出修正案，经过各州激烈的公民投票，合众国宪法于 1789 年正式生效。同年，美国第一届国会召开，随即通过了麦迪逊提出的宪法第 1~10 条修正案。这个被称为"人权修正案"的法案规定了以下内容：人民有宗教信仰自由，有言论、集会、出版、请愿以及携带武器等权利；同时，法案还规定不得任意侵犯人民的生命、自由和财产。两年后，即1791 年，经 3/4 州批准，这 10 条法案成为美国宪法最初的修正案。《权利法案》首开了美国修宪的先河。从此，成文宪法附加权利法案的模式成了美国人权政治的新创造。

如果说合众国宪法是联邦党人留给美国的遗产，那么权利法案则是反联邦党人的贡献。人权通过修正案的形式进入宪法，成为宪法不可分割的一部分。这样的"人权入宪"运动标志着人权已然构成了文明社会的基础，其历史性意义有二：其一，人权入宪维护和完善了美国的宪政制度。宪法解决了很多问题，经由相关原则和规则确立了一个持久的框架；但是，宪法并没有解决每一件事情，尤其是它所宣称的"保护人民权利和自由"的任务。通过修正案的方式增加公民权利的规定，既维护了现行宪法的稳定，又使得美国宪政制度得到健全。保障个人权利是宪法得以制定、存在的合法性基础，也是宪法的最终目标。近代以来，正是宪法和以宪法为最高规范而建立起来的宪政制度为个人权利提供了制度性保障。其二，采用宪法修正案的方式逐步地增加人民的权利、自由，适应了社会发展的需要。宪法制定之初，制定者们意在缔造一个统一、强大的合众国，他们为美利坚规划了一个主权在民、三权分立、有限政府、司法独立的政治框架。美国取得独立后，政治制度的设计与建立是制宪者们最为关注的问题；而此时的历史阶段、社会条件尚不足以使公民的普遍权利得以实现。说到底，个人权利的实现程度与社会文明的进步程度息息相关，它不可能超越社会的发展阶段。公民权利的获致与扩展，需要随着社会的进步程度逐渐累积、添加，社会发展到哪一步，权利才可能跟进到哪一步。所以，采用宪法修正案的方式将有条件获得的公民权利加以确认、使其渗透进社会机体，这既适应了社会发展的需要、保证了社会发展的历史延续性，又是一个人权不断增长、丰富的过程。

在 200 多年间，美国宪法一共增加了 27 条修正案。公民的基本权利通过宪法和修正案被固定在国家最高法律中，并以三权分立的政府体制和最高法院的违宪审查制为主体建立起人权保障的国家制度。

（四）颜色革命

美国号称是世界上不同肤色、不同种族和不同民族的人群的"大熔炉"，然而，在这个大熔炉中，各种有形、无形的社会等级处处存在，盎格鲁－撒克逊白人男子始终居于优越地位，黑人、土著民、拉丁语裔等少数人群一直在为争取平等待遇和自身权益而不断发起各种"颜色革命"。

从17世纪初开始，从非洲贩运来的黑人奴隶逐渐成为北美殖民地种植园的主要劳动力。独立战争胜利后，南方种植园奴隶主的势力依旧强大。制宪者们在制定宪法时，因为担心废除奴隶制会引发南北分裂，进而采取折中政策允许保留奴隶贸易20年，并以法律形式默认奴隶制的合法化。在选举问题上，联邦宪法第1条第2款规定，众议员按各州人口比例选出。除自由人外，黑奴按3/5人口计算，印第安人则不计入各州人口之内。这项规定实际是对南方奴隶主作出的巨大妥协。南方奴隶主在纳税时，要求不把黑奴计算在内，而在分配代表名额时又要求计算黑奴人数。南北双方经过激烈的讨价还价，最终决定把黑奴按照3/5人口计算。为此，恩格斯曾评价"美国宪法……最先承认人权，同时确认了存在于美国的有色人种奴隶制"。[1]

1808年，宪法规定的保留奴隶贸易20年期限届满。从境外输入奴隶被禁止，但国内市场的奴隶买卖仍然活跃，奴隶制度不仅没能削弱，反而进一步发展起来。到1861年，美国黑奴的数量竟由1790年的70万增加到400万。北方资产阶级和南部奴隶主之间的利益冲突日益加剧，最终导致内战爆发。在战争过程中，为了弘扬北方道义上的优越性，获得黑人以及更多民众的支持，林肯领导的共和党政府于1862年9月颁布《解放黑人奴隶宣言》，宣布南方叛乱州的奴隶彻底解放。战争结束后，国会又接连通过第13、14、15条宪法修正案，废除奴隶制，承认黑人的公民地位，保证黑人的选举权。其中第14条修正案以限制州权的形式对种族平等进行了严格的规定："任何一州，都不得制定或实施限制合众国公民的特权或豁免权的任何法律；不经正当法律程序，不得剥夺任何人的生命、自由或财产；在州管辖范围内，也不得拒绝给予任何人以平等法律保护。"这一条重申平等的修正案在美国人权史上产生了深远影响，有"第二次制宪"之称。

奴隶制虽告废除、宪法修正案也作出了规定，但这并不意味着黑人从此就可以完全享受公民的基本权利了。在南方各州，政府通过采用"祖父条款"等立

---

〔1〕《马克思恩格斯选集》第3卷，人民出版社1972年版，第145～146页。

法手段继续限制黑人的选举权,[1] 种族隔离制度一直延续至 20 世纪 70 年代。黑人在享受公共教育、平等对待等方面展开的反歧视、反压迫斗争一直在艰难地进行。

1941 年 6 月 25 日，罗斯福成立了"公平就业实施委员会"。1945 年，继任的杜鲁门总统延续了罗斯福的政策，为觉醒的黑人提供一定程度的平等机会，努力改善国内的种族关系。他在执政期间，提出了"公平施政"的社会经济纲领，宣称"每一位美国人，都有权指望从我国政府得到公平施政"、"都有机会从我们日益增加的丰裕中得到其公平的一份"。在杜鲁门任期内，美国国会陆续颁布了《1946 年就业法》、《1949 年全国可承受住宅法》、《1950 年公平劳动标准法》等法案，继续推行保证美国人"最大程度就业"，改善中产阶层及城市平民住房条件，提高工人最低工资，创办养老保险、失业保险体系和全国医疗保险计划等社会改革措施。

杜鲁门执政期间，美国民权运动继续高涨，特别是长期以来深受白人种族主义迫害的黑人群体更是要求政府承担起消除种族歧视和隔离的国家义务。杜鲁门相信维护民权"对国家安全、对自由制度的继续存在至关重要"，同时他也深知黑人选票对他的重要性，于 1946 年 12 月发布行政命令成立了美国历史上第一个总统"民权委员会"。民权委员会受命调查当时美国黑人的生存处境，并发表了调查报告。报告如实地披露了美国的种族歧视和现实生活中的不平等，称美国黑人是私刑和警察暴力的目标，黑人在军队和社会生活中处处被隔离，被禁止从事若干职业，在教育、住房、医疗等基本生活保障方面均无平等可言。针对上述情况，报告建议：在国会设立联席民权委员会，在行政部门设立常设民权委员会；对私人或政府职员违反民权法案者从重惩罚；宣布警察暴力为非法；宣布私刑为重罪；废除人头税；禁止州际运输中的种族隔离；设立公平就业实施委员会；在公立学校取消歧视和隔离；对犯有种族歧视的任何政府机构停止财政资助。民权报告还提出了"美国人民历史上的民权目标"，宣称美国生活方式是建立在四大自由的基础上，所有自由和权利都反映了美国政治和文化传统的中心主题，即"个人的重要性"。美国宪法的制定者们在权利法案中设置了捍卫个人自由不受非法侵害的屏障，人民应该依靠这些手段维护自身的权益。同时，政府更有责任

---

[1]　所谓"祖父条款"（grandfather clause），指的是 1895 年~1910 年美国南部 7 个州制定的旨在剥夺美国黑人选举权的法律条款。该条款规定，凡在 1866 年或 1867 年以前享有选举权者及其直系后裔，其选举权可不受教育、财产或纳税等要求的限制。由于以前的奴隶在 1870 年通过宪法第 15 条修正案以前无选举权，因而黑人在事实上被排斥于选举之外，而许多陷入穷困和未受教育的白人也被限制了选举权。据统计，经过祖父条款的"过滤"，南方选民的数量减少了 1/3，而黑人选民减少了 2/3。

通过国家行为来解放人们的思想，保障和扩大私人生活的自由领域。报告说："美国人民的民权应通过民主的、宪政的政府的正常程序得到迅速和有效的保障……使人民的日常生活更加符合美国自由的遗产。"民权委员会的报告立即引起了杜鲁门的积极回应，他在次年的国情咨文中明确提出"保护民权是权力来自人民同意的每一政府的责任"，并且他还提出、实施了具体的减少种族歧视、打破肤色界限的政策。[1] 20 世纪 50 年代是美国黑人社会地位得到显著改善的时期。

印第安人原本是北美大陆的土著居民，然而长期以来，印第安人在美国一直处于"劣等公民"的境地，并不能真正享受到公民的基本权利，直到 1924 年国会才通过法律给予印第安人合众国公民的地位。他们和黑人一样，被圈在贫困、落后的保留地，[2] 患病率和死亡率为全国之首，受教育机会、居住条件、就业机会也是全国最差的。就在全美黑人民权运动开展得如火如荼的同时，印第安人也积极提出了争取"红色权力"的口号。他们要求政府偿还非法占有的土地、改善印第安人的住房和医疗条件、在大学课程中设置"土著美国人"课程、优先雇用印第安人。在 20 世纪 60 年代，印第安人多次组织静坐、示威、游行，甚至武装自治等活动，重新唤起了少数族裔人群的民族自尊心和文化自豪感。1965 年，约翰逊总统成立"全国印第安人机会委员会"，通过一系列立法、新政、拨款等措施给予印第安人全面援助。

（五）"奇卡诺"运动

在 20 世纪 50 年代的移民浪潮中，大约有 400 万讲西班牙语的拉丁美洲移民涌进美国，其中大约一半的拉美裔美国人来自于墨西哥，另外一半来自波多黎各、萨尔瓦多、多米尼加和哥伦比亚等国。他们主要分布在美国西南部各州，讲西班牙语和葡萄牙语，所以这部分移民通常被称为拉丁语裔人或者拉丁美洲移民（Hispanics）。到 60 年代，拉丁美洲移民在美国出生的后代日益增多，逐渐发展成美国第二大族群，他们自称"奇卡诺"（Chicano）。"奇卡诺族"既非传统意义上的白人，也不是有色人种，但由于他们先辈的移民身份在美国仍不能被认为是正统而备受歧视。60 年代，大批的"奇卡诺"青年发起了"奇卡诺"运动（Chicano Movement），要求政府、欧裔白人消除对他们的社会歧视和不公正对待，

---

[1] 陆镜生：《美国人权政治：理论和实践的历史考察》，当代世界出版社 2005 年版。

[2] 美国现有 562 个印第安部落（tribal nations），分散在美国本土 48 个州和阿拉斯加州，印第安保留地总面积约为 2240 万公顷。规模最大的 12 个印第安部落为：切罗基族（Cherokee）、纳瓦霍族（Navajo）、苏族（Sioux）、齐佩瓦族（Chippewa）、乔克托族（Choctaw）、普韦布洛族（Pueblo）、阿帕齐族（Apache）、易洛魁族（Iroquois）、拉姆毕族（Lumbee）、克里克族（Creek）、布莱克福德族（Blackfoot）、奇克索族（Chickasaw）。

并在族群中唤起"奇卡诺"自豪感。他们针对黑人运动倡导的"黑色权力"、印第安人呼吁的"红色权力",主张"棕色权力",这使得美国国内风起云涌的各种运动呈现成五彩斑斓的景象。

各种族裔、"各色"运动以及各类利益团体存在于美国社会内部,彼此融合,给美国的政治、文化、艺术、社会生活,甚至是语言等各方面都带来了深刻的影响。[1] 目前,美国的人口来自全球各地,囊括了美洲土著人、白人、黑人、拉丁语裔移民、亚裔人等几乎世界各个民族的人群,他们的平等共处增大了社会内部的包容度和宽松度,使美国真正成为了一个"民族大熔炉"。

六、人权在当代世界的发展

人权发展到今天,经过了全世界不同地区、不同国家、不同历史时期以及不同社会文化背景下的实践,终于获得了一个"所有人民和所有国家努力实现的共同标准",被写进了《国际人权宪章》及相关国际条约和宣言。尽管世界各国的政府和人民对人权标准以及人权标准的实现手段还存有不同的认识,但基本上都承认和尊重国际人权文书所列举的"人权一览表"(Bills of Human Rights):"人人生而自由","有权享有生命、自由和人身安全","在尊严和权利上一律平等";同时,现代文明国家都有义务"使人权受法治的保障",有义务"促进对人权和基本自由的普遍尊重和遵行"。

（一）人权、人性与政治社会

人权在当代世界,作为一个人"仅仅因为是人"就应享有的权利,终于成为了一个全世界所有人民和国家的共同认识和共同选择。这期间,经历了人类社会历史上反复的战争、灾难以及革命、抗争的过程。无论不同历史文化背景下的人们对"人权"概念存在着多少种不同的理解,人权,作为一种代表着人类尊严和人道主义倾向的基本道德观念,正日益成为全世界人民普遍接受的价值观和"通用词汇"。同时,人权还不仅仅是一种道德哲学和价值观念,它要求特定类型的制度和实践活动,真正实现每个人自由发展的理想——即各种权利的实施与保护。人权是一种旨在通过制度化的基本权利实现有关人的尊严和潜能的特定观念的社会活动。由此,在道德观念和政治现实之间存在着一种建构性的相互作用,在个人和国家之间也存在着建构性的相互作用。这两种相互作用都是通过人权的实践形成的。一个时代占主流的政治哲学、道德观念可以很大程度地影响那

---

〔1〕 宪法允许公民结社、集会的自由,美国国内现存众多的利益集团,如反对堕胎的"全国生命权利委员会"、主张取消最低工资法的"全国工作权利委员会"、反对高赋税的全国纳税者同盟、号称全国最老最大的纳税者组织、反对枪支管制的"美国持枪者协会"等,这些组织通过对政府的批评以及其他各种活动,在一定程度上遏制了政府的强权。

一时代国家的政治制度的选择。历史上可见的，比如自然法学说、社会契约理论之于英、美等近代国家的兴起。而对于国家权力、国家行为的限制则明显是由人性和以人性为基础的权利确定的。近现代以来，人权正日益成为衡量一个国家政府存在以及统治合法的尺度和标准，影响并塑造了国家的政治制度和法律制度。换言之，人权确立了一个合法的政府必须在其中活动的框架。

反过来讲，一个人的人权的实现，也受到他所生活于其中的国家、社会的影响。或许不是每个人都有机会成为统治者，但一个人越是脱离公共生活，就越难获得全面发展。凡人想要过一种称得上是人的生活，他就必须是组成社会团体的一分子。所以，当他置身于特定的社会活动结构中谋求自身的生存与发展时，他就不可避免地受到主流道德观念、意识形态、社会制度和风俗习惯的影响。人性是生而有之的，但并不是与世隔绝、绝对不变的，笼统地讲，人性是个人行为与社会习俗的共同产物。所以，一个人所能实现的权利和自由的程度，决定了他作为一个具体的个人所能达到的高度；而这个权利和自由的实现程度的边界，又是被他所在的国家和社会制度所划定的。

由此可见，人权、人性和政治社会三者之间的关系是相互影响的。人权形成了政治社会，进而形成了人，进而有实现人性的可能性。这种可能性首先为这些权利提供了基础。"人性"为人权奠定基础，它把"自然的、社会的、历史的和道德的因素结合到了一起；它有客观历史过程规定，但是不完全由这一过程决定"。[1]

（二）　三代人权的划分

回顾了人权在近现代社会的发展，我们不妨借用法国法学家卡雷尔·瓦萨克（Karel Vasek）提出的"三代人权"论来对这一段发展历史作一小结。[2] 所谓"三代人权"，第一代人权指以"自由权"为核心的公民权与政治权，其主题是以个人的自由权对抗公权力的干涉，具体包括：平等权、人身自由、财产自由、思想自由权等，这一代人权兴起于启蒙运动，在自由资本主义时期达到了顶峰。那么第二代人权指以"平等权"为核心的经济、社会和文化权利。如果说第一代人权属于"消极权利"，那么第二代人权则是"积极权利"，它尤为社会主义者所重视，要求国家在尊重个人自由的基础上采取积极行动，保障公民平等地享有劳动权、物质帮助权、受教育权、参政权等，促进人的全面发展。第三代人权，是以"发展权"为核心的作为国家、民族集体享有的独立权、生存和发展

---

〔1〕　［美］杰克·唐纳利：《普遍人权的理论与实践》，王浦劬等译，中国社会科学出版社2001年版，第15页。

〔2〕　《联合国教科文组织信使》（The UNESCO Courier），1977年，第29～32页。

权利。第三代人权的兴起，反映了后殖民时代新兴国家和民族要求独立、维护和平、保护环境以及寻求发展的呼声。它不仅着眼于人的"个体"权利，而且关涉到人的"群体"共同生存、发展所依赖的和平权、环境权与发展权，所以又被学者称为"连带权利"（solidarity right）。

三代人权的划分，侧重于权利内容在不同历史阶段的时代性和差异性。从"自由—平等—发展"这一不断向前推进的"代际演进"，我们可以大致看到近代以来人权主体不断扩展、人权内容不断丰富、人权实践不断深化的历史脉络。近代人权的最早倡导者是资产阶级启蒙思想家，他们以人权为思想武器要求争得政治上的主导地位，当这一目的实现后，人权自然地进入了政权。此时，人权的"革命性"便告终结，而成为维护资产阶级国家政权的正统根据。随着国家财富的积累、选举权的逐步扩大和工人阶级人数的不断增多，对于经济和社会正义的要求逐步汇入了政治主流，在欧洲尤其如此。而且这些要求越来越被看做是争取工人权利的要求，到 19 世纪末和 20 世纪初，民主国家中劳资之间的斗争越来越多地被看做是普通人的权利，尤其是工人的权利与财产权之间的斗争。这种斗争转而表现为经济和社会权利与公民和政治权利之间的斗争。[1] 及至第二次世界大战以后，原有的殖民地纷纷独立，成立新兴国家。它们相对于其宗主国来说，在人权领域面临的是自身的新问题：民族独立、民众生计以及环境的保护。因此，在这些新兴国家以及第三世界国家中，政府和执政党所关注的，更多的是民族、民生而非西方发达国家所重视的民主问题。"第三代人权"的提出正是代表了这些国家的呼声。

透过人权自近代以来的代际变迁，我们不难发现：人权在现代社会越是发展，其内容越丰富、其权利边界越模糊，它既融进了西方国家的人权思想、又吸收了马克思主义的人权思想，同时还兼具各国的本土化经验，成为一个欧美国家和第三世界国家相互合作、乃至斗争妥协的产物。事实上，每一个社会、每一个时代所倡导的人权主题都是这个社会、这个时代的人自我实现的道德预言。人权的发展过程折射的正是人类社会日益文明进步的进程。人权是推动社会进步的杠杆之一。

尽管学界对于三代人权的划分法颇多争议，比如此种理论上的"断代"与人权演进的历史实践是有出入的。特别是"三代人权"论的划分依据大部分来自欧美国家的人权经验，简化了非西方国家的人权实践，"误置"了非西方国家面临的人权问题，因而遭到非西方国家人权学者的批评。不过，这种以欧美国家

---

〔1〕 ［美］杰克·唐纳利：《普遍人权的理论与实践》，王浦劬等译，中国社会科学出版社 2001 年版，第 28 页。

人权经验为基础而划分的人权体系还是体现了具有普遍性的人权价值。说到底，人权本身不是目的，无论人权体系作何划分，或者人权发展呈现出怎样的多元特征，它最终还是为了实现人的价值。康德所言的"每一个人都应当被视作目的而非手段"的论断表达了人权最深层次的精神意蕴。

（三）当代世界人权体制模式及未来

依据社会制度的标准，当代国际社会主要存在着三种较为典型的人权体制模式：

1. 资本主义性质的人权体制。西方资本主义国家最早确立起现代意义的人权体制，一度被视为人类保障人权的唯一模式。其体制要点大致包括：天赋人权的价值基点，人民主权观和政府限权观，代议制政府体制，国家权力的分立和相互制约平衡，人权保障的法制化。受社会制度的限制和文化传统的影响，西方人权体制重视对私有财产权和个人公民权利的保障，而集体权利和经济、社会与文化权利则被排斥在保障范畴的边缘。

2. 社会主义性质的人权体制。社会主义人权体制是继资本主义人权体制之后一次最具价值的体制创新，其理论依据源于马克思主义人权学说，体制要点包括：人权是历史的和社会发展的产物，人民当家做主是人权体制的基本原则，人民民主政府，人民参政议政，人民代表制度，对人权的政治、经济、社会诸方面的全方位保障，集体权优先于个人权，生存权和发展权优先于自由权和公民权。

3. 发展中国家民族主义性质人权体制。发展中国家的人权体制是一种混合型的体制模式，它以自身民族主义观念为价值基点，糅合和吸纳了资本主义与社会主义的体制要素而形成自身特色。严格说来，发展中国家的人权体制没有一种统一的模式，不同国家有着不同的体制差异。然而，努力充分实现人权、改善和提高个人的权利是这些国家的共同目标。从现实状况来看，在许多发展中或极度贫困的国家中，人权并没有得到足够的尊重，人权的国家保障是非常脆弱的。

人权是保护人的尊严的一个最合适的机制。我们必须要意识到，牺牲人权并不是发展的必要条件。无条件地尊重人权决不会最终损害人类社会，因为人权的含义是同我们作为社会存在的自我实现不可分地结合的，而人权本身就是决定正义方案的首要原则。国家必须把每个人看做道德上和政治上平等的人；它也许无法确保每个人平等地享有社会资源，但是它必须同等地关心和尊重每个人。[1]

---

〔1〕［美］杰克·唐纳利：《普遍人权的理论与实践》，王浦劬等译，中国社会科学出版社2001年版，第74页。

第二节　人权在中国的历史与发展

一、近代中国人权概念的起源

把"人"与"权"两个汉字合而集为现今人所能解的多学科综合用词"人权"，该历史起于何时？是谁最早完成了汉字词汇史上的这一伟大创造？这两个问题是迄今中国人权研究史上的两个盲点。

本世纪初主持中国法律改革的法学家沈家本先生曾说："今日法律之名词，其学说之最新者，大抵出自西方而译自东国。"[1] 人权一词，在中国典籍上遍寻无着，其属舶来品当是无疑。其时中国的法律改革与法学更新，几乎无一不是效法日本。正像当初中国的唐律和中华法文化影响日本的《大宝律令》一样，明治维新后的日本的法和法律用语成了当时中国法和法文化的样板。

近百年前出现这样的"汉学反输"状况是有其历史原因的。一方面，中国的鸦片战争失败后日本民族受到的震动比我族更大，在我们的主流意识思考如何保袭大统的时候，日本民族已思考下一个被西方征服的东方国家该是谁了，故而有了一大批首先觉醒了的知识分子大胆地提出"文化优劣"和"文化进化"的问题，提出要抛弃汉学而转而学习"兰学"，[2] 汉学经千余年间在日本所形成的崇高地位突然间受到了举国怀疑，在明治维新前的一段时间内，言西学者为人所崇，而研习汉学者则为人所鄙。儒家文化在维新之前遭到了无情的贬斥。那些懂汉学径而去荷兰再转而知道有比荷兰更先进的英国、法国、德国的知识分子在把学到的西方制度带回日本后，在向国人传播遇到语言障碍时又不得不再借用汉字构造专门用语以扬达其思想。这批知识人首先是汉学家，其次才是西学家。[3] 他们设计了维新变法的整套制度，同时也由他们完成了西学东渐及西方思想东方化的过程。然而，东方的小国在采用了西方的各种制度之后对待东方的大国该会是怎样的呢？对古老难变的中国是一如既往地以仰视之态待之，还是也像英国那样以炮舰一试高低？这时福泽谕吉《文明论概略》一书中所表述的"与其做殖民国，不如做宗主国"的思想被日本军事官僚所采纳，从此日本开始走上军国主

---

〔1〕 （清）沈家本：《沈寄簃先生遗书・寄簃文存》卷四。

〔2〕 日本人接触的较早的西方文明是荷兰人在与之经商过程中带人的宗教和器物技术，因之，对荷兰的了解构成了当时日本对西方的基本概括，"兰学"也就成为日本西方文明的代词。

〔3〕 如津田真道、西周助、加藤弘之、中江兆民、箕作麟祥等人。参见〔日〕色川大吉：《明治的文化》，郑民钦译，吉林人民出版社 1991 年版。

义的道路，它给亚洲各国人民所制造的灾难，最早即源于这位有"东方伏尔泰"之称的福泽谕吉的思想。他一生的 60 多种著述中，[1] 对日本政治及至亚洲文明影响最大的即是其以文明的名义证成的侵略思想，所以他是日本军国主义的始作俑者。1894 年的甲午之战，对日本来说，是一次政治、军事、经济、文化成败与否的全面检验。如果海战失败，日本或许会走向另一条路，其觊觎中国乃至亚洲的野心定能有所收敛，但是结果却是相反，日本当时朝野都认为，"日清战争"的胜利，是新制度对旧制度的胜利，是西学对儒学的胜利，从此地处东方的日本不再以东方为荣，反以西方身份分享瓜分中国的成果。日本民族脱离亚洲和蔑视中国的心理是以 1895 年炸沉中国北洋水师的所有舰只为起端的。是年 4 月 17 日《马关条约》在日本下关签订，该条约是日本近代史上第一个对外胜利的标志，条约签订地的"春帆楼"从此成了日本对中国骄傲的象征。代表清廷赴日签约的李鸿章不但身体上被日本浪人用枪击伤，其名从此也被永远钉在了这幢楼前的历史耻辱柱上。[2] 需要作出特别说明的是，在维新后至甲午之战的这二十几年里，日本先后公布了民事诉讼法、民法典、商法典及刑法案，[3] 但一直没有提出官方的宪法案。前几个法均是以拿破仑法典为蓝本并在法国人的帮助下起草的，而宪法案，日本政府既不允外人插手帮助也不以法国宪法为临摹，而是在政治与军事有了对内对外的胜利事实之后需要作出记载时，结合当时日本君主存在的事实，在伊藤博文有意识地赴欧洲对君主立宪国家考查后效法普鲁士宪法制定出来的。当 1889 年 2 月 11 日日本纪元节发布《大日本帝国宪法》的时候，[4] 维新以后所取得的所有成果才算最终被固定下来了。这样，日本在东方不但独得军事及经济优势，政治和制度上也最终在亚洲率先完成了从封建向近代的过渡。这时候的东洋，在从日本获得启发的中国维新改良派眼里几乎与西洋一样，即是先进的等义，因之由东而来的几乎一切名词术语几近全部为我拿来，这就是沈家本先生所云"大抵出自西方而译自东国"的首位原因。对日本所译法律概念我们实行拿来主义的原因还有当时中国译才缺乏的一面。诚如梁启超先生所言："当时举国人士，能知欧美政治大原者，既无几人，且掣肘百端，求此失彼，而其主动者，亦未能游西域读西书。"[5] 汉译第一部西方法学著作为美国人

---

[1] 参见"福泽谕吉自传"，载《福泽谕吉全集》第 1 卷，岩波书店 1958 年版。

[2] 笔者 1997 年 7 月 18 日观览该楼时，见内有伊藤博文与李鸿章各率一方进行谈判的腊塑。楼前有斜上坡路，被命名为"李鸿章道"。笔者视这条路为民族耻辱路。未知在异域中还有无以中国人的名字命名的其他路？

[3] 参见 [日] 大竹秀男、牧英正：《日本法制史》，青林书院 1975 年版，第 292～328 页。

[4] 参见 [日] 清水伸：《明治宪法制定史》，原书房 1974 年版，序章。

[5] 梁启超："戊戌政变记·南海康先生传"，载《梁启超文选》（上），中国广播电视出版社 1992 年版，第 296 页。

伯驾（Peter Parker）和中国人袁德辉将瑞典法学家瓦特尔（Vattel，旧译滑达尔）所著《国际法》中某些段落译集后重新定名的《各国律例》，是年为 1840 年。20 年后，惠顿（H. Wheaton）的《International Law》被译为《万国公法》，译者丁韪良（W. A. P. Martin）仍为美国人。[1] 至明治维新之前，汉译的诸多著作是日本了解西方的窗口，[2] 但译者大多为英国人和美国人，中国了解欧美的人此时比日本人为多但形不成潮流。明治维新后的情况却不同了，日本归国了一大批通晓数国语言的法学家和翻译人才，并邀西方法学家赴日帮助起草法律，但他们要把西方法律意识普及于国民必借用举国皆识的汉字，因之汉译法律概念必成蔚为大观，此时不独《英和字汇》（1873 年出版）和《勺工丁又夕——大辞书和译字汇》（1888 年出版）相继刊出，就连法律专用辞书也随之问世。在日本法学史和翻译史上占有重要地位的《法词译集》（1881 年公刊）[3] 及《佛和法律字汇》（1886 年出版）就是这时推出的。这一时期日本了解西方的人比中国为多且已形成潮流。这样，明治维新前的日本通过中国及汉译了解西方的状况，一下子颠倒为明治维新后中国通过日本及日式汉译了解西方。中国当时对西方的无知及译才难觅加之日本已将西方法律术语汉字化能径为我用，直接导致了中国此时法学与法律的"全盘东化"。"全盘东化"的结果引生出立法的日本化——不独《钦定宪法大纲》全面抄袭日本明治宪法，就连起草前的派五大员出洋也如同当年的伊藤博文赴欧考察一样，选聘立法顾问及起草法律也惟日本人而用，[4] 此点不同于日本当时的先以法国为主后以德国为主；法律概念的日本化——据实藤惠秀在《中国人留学日本史》一书中的统计，日译汉字概念反输中国并为中国所接受者共 784 个，[5] 甚至有人认为那一时期中国的新词汇有 3/4 源于日本，[6] 其中主要部分为政治、法律及经济术语。留学英国海军学校并精通西方政理又以

〔1〕 参见李贵连主编：《二十世纪初期的中国法学》，北京大学出版社 1998 年版，第 9~11 页。丁韪良曾任京师大学堂的"西学总教习"，中国的公法教育也起自该人，参见［法］巴斯蒂："京师大学堂的科学教育"，载《历史研究》1998 年第 5 期。

〔2〕 《海国图志》，为美国人高理文（国裨治文）编集，林则徐命人翻译，由魏源于 1842 年出版，日本人垣谷世弘、箕作阮甫于 1845 年译为日文出版。《瀛环志略》，徐松龛编集，于 1848 年出版，日人箕作阮甫于 1861 年译为日文出版。《地理全书》，英人慕维廉著为汉文，日人垣谷世弘于 1859 年译为日文出版。"A Circle of Knowledge"于 1856 年被汉译为《智环启蒙》，日人柳川春三于 1866 年译为日文出版。《英国志》，英人慕维廉所著 8 卷本汉文英国史，于 1856 年于中国出版，于 1861 年被日人青木周弼等译为日文出版。

〔3〕 这被日本学界认为是最早的日译法学辞书。参见［日］宫坂宏："法词译集"，载《明治法制史政治史诸问题》，富山正文出版社 1977 年版，第 485~487 页。

〔4〕 参见［日］岛田正郎：《清末近代法典的编纂》，创文社 1980 年版，第 26~27 页。

〔5〕 参见《明治法制史政治史诸问题》，富山正文出版社 1977 年版，第 500 页。

〔6〕 ［美］费正清、刘广京编：《剑桥中国晚清史》（下卷），中国社会科学出版社 1993 年版，第 420 页。

译文信、达、雅留名于世的严复，在翻译西方名著时也不得不借助日语中的汉语，其《法意》中所译"三权分立"及"立法权"、"行政权"、"司法权"等概念即是借助了日式汉字用法。[1] 现今在我国立法及法学用词上须臾不可或缺的"宪法"、"政体"、"民权"、"人权"、"议会"、"行政"、"法学"、"法庭"、"刑法"、"民法"、"商法"、"债权"、"债务"、"物权"、"所有权"、"治外法权"、"警察"、"代理"、"议员"、"判决"、"保释"、"不动产"、"辩护"、"议案"、"司法"、"拘留"、"公证"、"法人"、"政治"、"经济"、"故意"、"协定"、"领土"、"时效"、"自由"、"法理学"、"法哲学"、"法律"等概念已公认为系日本法学家所造。[2] 本文无意对上述所有概念的形成作全面考查，但对"宪法"及"人权"却不能不作推究。

"宪"字起自我国先秦古典殆无别议，但近代意义上的宪法概念是如何产生的，在学说史上却未有一明晰说法。而不明确宪法何时成为需要，便不会明确人权为何成为必需。有关宪法的观念和知识首为东方人所知，始自美国人裨治文以汉语写成的上下两卷本《联邦志略》。该书成于1861年，同年在日本由箕作阮甫加训点后由"万屋"书店翻刻出版。此书在介绍美国宪法时以"政体"[3] 概念译之，这是近代中国和日本对宪法的最初了解。其所述"Constitution"共7条曰：立法权柄（日译：立法权）、行法权柄（日译：行政权）、审判总权（日译：国之司法权）、邦会（日译：州议会）、政体（日译：宪法）等。[4] 日本明治维新时被称为推动日本社会转型的五大古典：津田真道的《泰西国法论》、西周助的《万国公法》、加藤弘之的《立宪政体论》、神田孝平的《性法略》及福泽谕吉的《西洋事情》分别皆述到了西洋宪法。根据宪法的刚性难变的特点，《联邦志略》也译其为"世守成规"；福泽谕吉则根据英美成例宪法的特点将其译为"律例"、"定律"、"国律"；加藤弘之又根据法国制度将之译为"国宪"；津田真道依荷兰制度译其为"根本律法"、"国纲"、"国制"、"制度"、"朝宪"；还有人将其译为"政规"、"典则"、"根源律典"、"建国法"等。直至明治六年（1873年）箕作麟祥翻译《法兰西六法》时，学界才将各译法基本统一于"宪法"。明治十五年3月3日（1882年），天皇发布诏敕，肯定了伊藤博文渡欧考查所记事项第一项中出现的"宪法"一项，嗣后作为法律与法学专用概念才定

---

〔1〕 参见［日］铃木修次：《日本汉语和中国》，中央公论社1981年版，第39～45页。

〔2〕 参见《明治法制史政治史诸问题》，富山正文出版社1977年版，第500页。

〔3〕 "政体"一词，出自《后汉书·光武帝纪下》："虽身济大业，兢兢如不及，故能明慎政体，总揽权纲，量时度力，举无过事"。此时政体的含义可解释为政治的方法。

〔4〕 ［日］清水伸：《明治宪法制定史》，原书房1974年版，第119～123页。

于一称。[1] 此时宪法之意被界定为"治国之基础及政体之大纲"、[2]"是其他一切法律的本源，其所载可分为两大纲目，甲为国家与住民彼此权义之规定，乙为国制即建国之法则"、[3]"是根本律法，是国之至高律法，依之可定一国之制度"。[4] 此时宪法之解已不同于我国典籍《尚书》中"先王成宪"及《国语》中"赏善罚奸，国之成宪"所指之典章制度，也不同于《汉书·萧望之传》中"作宪垂法，为无穷之规"之泛称的法令法规，而成为有其特定内涵的法律专用概念，现今我们对它的理解也大致本于此时对它的界定。由此我们断定，现代意义上的"宪法"一词，首为日本人所造。而中国人是谁最早将其译介给我族的呢？考戊戌变法前后各种资料，知最早系统论证"变法"的当是 1896 年于上海任《时务报》主笔的梁启超，其系列政论文《变法通议》之尾有中国倡法学研究之第一音："乃以如此之国势，如此之政体，如此之人心风俗，犹嚣嚣然自居于中国而夷狄人，无怪乎西人以我为三等野番之国，谓天地间不容有此等人也。故今日非发明法律之学，不足以自存矣。"日本学者认为梁任公此时所言之"政体"及"法律"即已有"宪法"之意。[5] 但真正以汉字概念直言"宪法"的却不是梁而是为梁公之师的康有为。因为康之长女康同薇通晓日语，所以康南海先生有条件通过日译而直接采用在当时日本有临时宪法性质的《政体书》及各种日译汉字概念。[6] 其戊戌上半年为德宗皇帝专写的《日本政变考》，以编年体形式介绍了日本从明治维新起到国会开设时止的全部政治法律活动，而对日本的《政体书》及日本当时三权鼎立状况的介绍则几乎是全录。同年 6 月他在《请定立宪开国会折》的奏文中提出："臣窃闻，东西各国之强，皆以立宪法开国会之故。国会者，君与国民共议一国之政法也。盖自三权鼎立之说出，以国会立法，以法官司法，以政府行政，而入主总之，立定宪法，同受治焉。"此处之所谓"宪法"及其他相关概念如"国会"、"立法"、"司法"、"行政"、"三权鼎立"等皆为中国人在近现代意义上之首用，因之可以说，康有为是我国借用日本汉字"宪法"概念的第一人。梁启超曾评价康有为在近代中国历史上的地位："若夫

---

〔1〕 参见［日］清水伸：《明治宪法制度史》，原书房 1974 年版，第 110 页。
〔2〕 ［日］铃木修次：《日本汉语和中国》，中央公论社 1981 年版，第 14 页。
〔3〕 ［日］津田真道：《泰西国法论》第 4 卷，载《明治文化全集》第 13 卷法律篇，日本评论社 1929 年版。
〔4〕 ［日］津田真道：《泰西国法论》第 4 卷，载《明治文化全集》第 13 卷法律篇，日本评论社 1929 年版。
〔5〕 参见［日］铃木修次：《日本汉语与中国》，中央公论社 1981 年版，第 30 页。
〔6〕 此时康有为所购日书约 60 余种，多与政治、法律有关，其《日本政变考》即以手头之书为资料写成，见其《日本书目志》卷五。

业。"[1] 又在论及其开先河的贡献时说："先生以为欲维新中国，必以立宪法、改官制、定权限为第一义。"[2] 这一评价，在今日之世纪末看来已经言中，言中国之宪政必自康有为维新中国宪法始。

西方宪法的历史，曾以两个源头分流，一是美国式的先分权后人权，二是法国式的先人权后分权，但无论哪种模式，最终都以保障和实现人权为归宗。日本宪法的产生，先是受福泽谕吉《西洋事情》中对美国宪法描绘的影响，因而在维新之后先制《政体书》以代宪法，此时对"政体"的理解就是对宪法的理解。其后转而模学法、德宪法，并认为德国宪法更近似于日本情势，但在模仿过程中又有自己的独创，这就是既不同于美国的把权利法案附于宪后，也不同于法国的把人权条款置于宪前，而是把"臣民的权利"放于宪中，使之占有专门一章。这种模式已成为日本立宪的传统，其战后宪法亦承袭不改。这种方式同时影响到了中国，从清末预备立宪至我国现行宪法，其形式结构可以说一承于 1889 年的《大日本帝国宪法》。

"臣民的权利"一词，是日本"宪法之父"伊藤博文的一大发明。从著名兰学学者津田真道译《泰西国法论》中首次使用"住民的本权"到最后成为法定的"臣民的权利"，其间 30 年整的一段时间内曾有四大变化，该变化基本载明了"人权"概念汉字发生的历程。

日本明治维新前夜在知识人及幕府官僚中口诵能详的"五科口诀"中，[3]《泰西国法论》一科影响最大，后世评价该书不独是日本人第一部系统了解西方法律的教科书，而且是日本维新变法的政治指南。该书作者津田真道曾留学荷兰四年，归国后将其在拉丁大学听课时所记笔记整理成书，该书的许多初译汉字法学概念构成了嗣后日本汉译法学术语的基础。如其在该书的"凡例"部分首译"法学"一词，其解释为："法学者，法律之学。"他提供的一则很可贵的资料是，拉丁大学 1865 年共有学生 512 人，而学法律的就有 283 人，也纳大学 1866年有学生 2 614 人，法学的学生就有 912 人，是时西方大学已分文科、教科、数

〔1〕 梁启超："戊戌政变记·南海康先生传"，载《梁启超文选》（上），中国广播电视出版社 1992 年版，第 291 页、第 319～320 页。

〔2〕 梁启超："戊戌政变记·南海康先生传"，载《梁启超文选》（上），中国广播电视出版社 1992 年版，第 291 页、第 319～320 页。

〔3〕 所谓五科学指"性法学"、"万国公法"、"国法学"、"制产学"、"政表学"。"Natuurregt"，神田孝平译之为"性法学"，即今之法理学。"Volkenregt"，西周助译之为"万国公法"，即今之国际法。"Staatsregt"，津田真一郎译之为"国法学"，即今之宪法。"Staathuishoudkunde"，无名氏译之为"制产学"，即今之经济学。"Statlstlek"，津田真一郎译之为"政表学"，即今之统计学。参见〔日〕大久保利谦：《幕府维新之洋学》，吉川弘文馆 1986 年版，第 395～396 页。

物科、医科及法科共 5 科，学生比例大致是其余四科之和才抵上法科，法学此时已成显学。其对荷兰语"regt"一词的翻译在译史上有划时代的意义：regt 是"义"的对应概念，应译为"权"。例如负债之人有偿还之"义"，而出借之人有催其偿还之"权"。由于法学中此意尤多，故法学亦应译为"权学"。[1] 此外特别值得一提的是，该书的《泰西法学要领》第六节中直接用"权利"两字表达法律上的意义，其文曰："古昔彼土（指西方——引注）有人奴，对其生杀予夺之权全操于主人。而其无丝毫权利，与禽兽草木相同，唯系主人所持之一物耳。"[2] 此处之权利，极有可能是日本学者首次之译，因为它的出现，比箕作麟祥明治二年（1869 年）全面翻译法国六法时"苦苦推敲"[3] 汉字译词要早两年。在此解的基础上，他在正文中涉及到公民的权利的时候，即以"住民的本权"来表述，其自我所作的限定为"相对于国家所具有的通权"，"国家之法律对其应予揭记与保护"。尤为可贵的是，该书首次使用了"基本权"的概念，其文为："如果为了公共及国家公益，住民的基本权可因事以让及可受法律之限制。"[4] 可以断定，日本现今宪法中出现的"基本权"概念即以此为原生。在《泰西国法论》一书成书前的 1862 年，津田真道在拉丁大学所作的毕西林教授讲课的笔记中曾将 regt 译为"本分"，并作了"天然的本分"与"民人的本分"之分，[5] 日本著名翻译理论家柳父章认为，津田真道可能是把"natuurregt"（自然法）在通过 regt 等同于英文 right 后误解为"natural right"（自然权），故而将其译为天然的本分。同样，可能是把"volken"误解为民人，故有"民人的本分"之译。[6] 前后仅 6 年的时间，涉及 regt——英文之 right 在津田真道那里译法竟达数个之多，可以想见，权利及人权概念在最初的汉字表述上是如何之艰难。本分之"本"在 6 年后被保留下来，新译中又附一"权"字，故而重组为"住民的本权"。"本权"、"权利"、"基本权"是明治维新前日本对权利的基本表达形式。

《泰西国法论》一书在权利概念问题上最引人注目之处还在于，它是汉字"人权"概念最早被表达出来的著作。日本著名史学家大久保利谦在对该书的稿本和刊本的比较中发现，该书 29 目当中，不同之处多达 13 目。稿本中的"身权"，在刊本中改为"人权"，稿本中的"国民之权"，在刊本中改为"民

〔1〕 ［日］津田真道："泰西国法论·泰西法学要领"第二、五节，载《幕府维新之洋学》，吉川弘文馆 1986 年版，第 173～175 页。
〔2〕 ［日］津田真道：《泰西国法论·泰西法学要领》第六节，载《幕府维新之洋学》。
〔3〕 ［日］实藤惠秀：《中国人留学日本史》，谭汝梅、林启彦译，三联书店 1983 年版，第 281～282 页。
〔4〕 ［日］清水伸：《明治宪法制定史》（上卷），原书房 1974 年出版，第 140 页。
〔5〕 ［日］柳父章：《翻译语成立事情》，岩波书店 1982 年版，第 152～153 页。
〔6〕 ［日］柳父章：《翻译语成立事情》，岩波书店 1982 年版，第 152～153 页。

权"[1]　其余改动姑且不论，单言"人权"与"民权"两概念的形成，在东方宪政与人权史上其首创之价值即足以使人权学家感到震撼和兴奋不已了。津田真道在本书第二卷中一连列了12项住民对国家所具有的本权：其一，自身自主之权；其二，住居不受侵犯之权；其三，行事自在之权（今译自由权）；其四，建社会合之权（今译结社自由）；其五，思、言、写自在之权（今译思想、言论、创作自由）；其六，任意信教及行法礼之权（今译信仰自由）；其七，尊重书札秘密之权（今译通信自由）；其八，对所有物的自在之权（今译所有权之自由）；其九，法律上万人同一之权（今译法律上之平等权）；其十，课税以家产贫富为标准之权；其十一，请愿之权；其十二，与国家所结之契约而使之守之之权[2]。以上这12项权利，是迄今我们所能见到的体系化了的人权在东方的最初表述。有必要指出的是，该书虽首次使用了"人权"概念，但其使用的意义仅限于与人身相关的权利，即是相对于物权的人身权，还非今日意义上之人权。其所使用的民权，乃"国民之权"或"住民本权"的简称，以作者自我所作的限定，民权系相对于国权而言的权利，是人成为国民或住民后对国家而言的通权、例权，在含义上已带有政治性，其所列12项内容即是民权的体系。

津田真道是"民权"、"人权"概念的创造人，但将这两个概念普及于社会的却不是他。近代日本法学泰斗、有法理学开山鼻祖地位的穗积陈重在释"民权"之意时写道：明治三年（1870年），日本在制度局内设民法编纂会，由江藤新平任会长，其命留法博士箕作麟祥译法国民法以作参照。箕作氏此间将"Droit civil"一词译为"民权"，众会员见该词后颇多争论，箕作博士口才极佳，其愈辩说愈引发争议，无奈，江藤会长出面仲裁，谓，姑且将该词放置，他日其必有活用之时，后该词终获会议通过。江藤氏这句含蓄深远的话，不期两年后即被勃起的民权论与民权运动所应验[3]。该运动前后历20年，是日本历史上首次自下而上的民主运动，参加者以平民为主，甚至还有初识书文的农民。迄今保留下来的数十篇争民权与论民权与自由的文献，今日都有不忍卒读之感，文献中所阐发的权利原理，于今仍闪烁着光辉，可以说，这些文献是西方制度文明射向东方被折照了的最耀眼的光柱。明治四年（1871年）中村敬宇的《自由之理》，全面介绍了英国约翰·密尔的自由理论；明治三年（1870年）加藤弘之的《真政大意》揭示了立宪国家权力与权利关系的原理；明治六年（1873年）小幡笃次郎的《上木自由论》系统论述了美国的政治哲学；明治七年（1874年）宇喜田小十郎

---

〔1〕　［日］大久保利谦：《幕府维新之洋学》，吉川弘文馆1986年版，第200～202页。

〔2〕　［日］津田真道：《泰西国法论》第4卷，载《明治文化全集》第13卷法律篇，日本评论社1929年版。

〔3〕　参见［日］穗积陈重：《法窗夜话》，岩波书店1997年版，第214～215页。

的《民权夜话》将权利、自由、义务等基本概念作了启蒙式的全面介绍；明治八年（1875 年）何礼之的《万法精理》以译介方式论述了孟德斯鸠的理论；明治十年（1877 年）儿岛彰二的《民权问题》以俗解方式从民权家和反对者双方立场上对民权含义作了解释；明治十二年（1879 年）植木枝盛的《民权自由论》将民权家的全部观点作了普及性论说，书后甚至附上了供农民上口的《民权田舍歌》；同年福本巴的《普通民权论》以斯宾诺莎的学说论证了立即在国内行宪的必要性；明治十三年（1880 年）外山正一的《民权辩惑》将人们对民权的疑问逐一作了解释；明治十四年（1881 年）松岛刚的《社会平权论》论证了人与人之间的同权原理；明治二十四年（1891 年）高桥达郎的《泰西民权论》将欧美的权利制度及权利规范作了荟萃。其他涉及民权的著作还有广津弘信的《自主之权》、黑田行元的《权利民法大意》、竹中邦香的《民权大意》、高田义甫的《自由谭》、菊池纯的《民权讲义略解》、尾崎行雄的《权理提纲》、上西升平的《民权新论》、丹羽纯一郎的《通俗日本民权真论》和《通俗日本民权精理》、三宅虎太的《民权论编》、植木枝盛的《言论自由论》、村上一英的《通俗爱国民权论》、长沼之人的《日本民权振兴史》、太田松次郎的《自由权理论》、长东宗太郎的《民权家必读主权论纂》、野田种太郎的《新闻演说自由论》、馆野芳之介的《自由东道》、大井宪太郎的《自由略论》等[1]。通览和细阅这些篇章，可以知道，近代人权的所有子族几乎都被民权家们提出来了。诸如绝对权利、相对自由、追求幸福、抵抗权、新闻权、出版自由、契约自由、言论自由、政治自由、权利平等、义务法定、主权在民、人身自由、人格权利、代议政治、议会选举、宪法民定等，这些概念和由它们所凝结的权利原理都是这场运动产下的娇儿，这些宝贵的文献也就成了后来中国渡日学人和政治家撷取西方文化以用于中国的第一手资料。

这场运动还有一个了不起的历史性贡献即是"天赋人权论"的诞生。据现代日本著名宪法学家佐藤幸治的考据，最早表达"天赋人权"的文献是明治六年（1873 年）由青木周藏（1844 年～1914 年）依据木户孝允（1834 年～1877 年）嘱托执笔而成的《大日本政规》，这其中有"保护各人固有的天赋的权利"的内容。[2] 但是，把"天赋人权"作为一个完整概念予以表述的却是通晓英、法两国文字的加藤弘之。其在所著《国体新论》（1875 年）中首次把"natural right"（自然权）译为"天赋人权"。他的稍前的另一部著作《真正大意》中已表露出其对卢梭关于人生而平等，生而具有追求幸福、自由及取得财产权利的思

---

〔1〕 明治文化研究会编：《明治文化全集》第 2 卷，自由民权篇。
〔2〕 〔日〕阿部照哉等：《基本的人权的历史》，有斐阁 1987 年版，第 123 页。

想的赞同。由是，加藤被尊为日本"天赋人权"说之首倡者[1]。

"天赋人权"说既出之初，学界并无多大反应，因为通晓法文及英文的多数学者都已在滞欧过程中有所知悟。该说成为社会关注的热点，因于发明了此说而又作自我否定的加藤的另一名篇《人权新论》。该文刊于明治十五年（1882 年），文中最著名的观点是"席卷欧洲又波及我东方的天赋人权主义决无实存可取的证据，其从始至今完全是学者妄想出来的东西"[2]。作者作此判断的根据是刚行世不久的达尔文的进化论，所以加藤在该文正文之前以洒脱飘逸的秀笔写了"优胜劣败是天理矣"这几个表明观点的字。文中所引主论据即是后来严复先生所译之"物竞天择"。其所证之权利均来自国家，这就是他"人权新说"所得出的结论。

使这位东京帝国大学创建人是时已任该校总理的加藤先生始料不及的是，他的"天赋人权妄想说"一出就石惊千浪，自由民权运动一下子处于进退维谷之境。赞同者认为人权已如穷途末路，应把争人权的运动让位于社会自然进化。而反对者则以为天演论不适合于社会，只适合于自然界，人权仍是天赋之权。自由党人最杰出的代表马场辰猪（1850 年~1888 年）及植木枝盛（1857 年~1892年）是加藤学说的强烈反对者。他们紧随加藤文之后于同年发表的《天赋人权论》及《天赋人权辩》把天赋人权理论推入了一个新的阶段，此二人也被后世誉为日本人权史上最耀眼的两颗明星。凡言人权史，该二人是必褒之人[3]。他们对人权观念在日本民间的普及有着筚路蓝缕之功，自由民权运动也以造就了两位人权山林的开启者而遑论成就。特别是植木枝盛在论证天赋人权过程中提出的宪法私案，后世评价它是最彻底的人权法案。案中抵抗权、革命权、任官权、脱离国籍自由、废除死刑等内容为时人瞠目不已。因"教科书诉讼"而闻名于世的日本近现代史专家家永三郎评价："植木枝盛的宪法构想和人权意识在日本历史上是空前绝后的"、"特别是他的抵抗权的思想是日本最早知道的人权保障的方法"[4]。天赋人权学说以涌现了像"五日市宪法草案"那样的大量私拟宪法和人权法案为最高结晶，这预示着人权观念在"天赋"与"国赋"的斗争中已在民众中得到普及。根据人权原理，私人有权就国家问题发表言论和意见，所以私拟宪法是实现人权的一种表现，由此日本开始在近代形成个人起草法案的传统，该传统延续至今，包括二战结束后日本重新起草宪法，也有许多私案同时提出。

---

[1] 参见 [日] 藤本英雄等编：《法律学小辞典》，有斐阁 1979 年版，第 698 页。

[2] [日] 加藤弘之："人权新说"，载《明治文化全集》第 2 卷《自由民权篇》，日本评论新社 1955 年版，第 357 页。

[3] 此二人再加后来的中江兆民，被史界称为"自由民权运动三大理论家"。

[4] [日] 家永三郎："自由民权运动和人民要求之宪法构想特色"，载《读本：宪法的 100 年》（1），作品社 1997 年版，第 84~85 页。

但值得指出的是，日本明治初期出现"人权"概念，却在《大日本帝国宪法》——即明治宪法中最终未使用"人权"一词，"人权"的概念直至二战之后新厘定的《日本国宪法》——即新宪法中才第一次出现，这不能不说是人权汉字概念史上的一大缺憾。明治宪法中所使用的术语是"臣民的权利"。立法上的这种定型，一方面表明自由民权意义上的人权最终走向失败，另一方面也说明自由民权运动在开始时对个人权利的漠视和对众人关爱国家权利的重视最终为国家所利用，民权在与国权比较的时候，不得不退为第二位，这就是人权在东方专制国家中的必然下场。日本最早的马克思主义经济学家河上肇在评价东西方"天赋人权"的差别时曾精辟地指出："在西方是天赋人权，而民赋国权，在日本则正好相反，是天赋国权，国赋人权。"[1] 这一判断可谓一语中的，当人权最后是被国权来证明的时候，其根据是操于国家，自即成国权之手段，便是不言而喻的。所以"天赋"观尽管有启蒙意义，但当它最终不是为人权服务时，其性质已发生了变化。

从"身权"到"住民的本权"、到"基本权"、再到"民权"、最后被表达为"人权"和"天赋人权"，西方自然权的汉译在东方经历了上述变化。今人在评价"天赋人权"一词时，如果能对上述演变的历史作一了解，或许不会责难昔人的错误。[2] 植木枝盛在《天赋人权辩》中特地解释其所谓天不是指神而是指自然，"天赋"之意义在于表明在天之下民有与君相同的权利，由此否定了君为天子民为庶人的对天不平等观念。[3] 加藤弘之所故意标出的"优胜劣败是天理"之"天"，更是指自然规律。福泽谕吉《劝学篇》中开篇明言："天不造人上之人，也不造人下之人"，以东方特有的天的观念表达了卢梭的"人人生而平等"的思想，这被称为"东方的平等观"。在日本大分县中津市车站前，福泽谕吉故居所矗之福泽巨像座基石上就雕刻着上述两句话。天的观念，可以说是东方民族最易接受的、最能贴切表达西方平等观的崇高词汇，是它联结了西方的平等思想与东方打破特权的要求。没有"天"的观念，平等、自由与人权的意识在东方就无法深入人心。从文化融通意义上讲，"天赋人权"的汉译确是一个伟大的创造，不兼具两种文化修养的人是发明不出这个光辉的词汇的。

二、中国的人权启蒙与历史上的人权运动

梁启超在《南海康先生传》中对中国民权首倡有如下表述："中国倡民权者

---

〔1〕 转引自［日］森一贯："'天赋人权'与'优胜劣败'"，载［日］山中永之佑编：《日本近代国家的法构造》，木铎社1983年版，第452页。

〔2〕 参见夏勇：《人权概念起源》，中国政法大学出版社1992年版，第161～162页。

〔3〕 ［日］山下英二：《人权的历史和展望》，法律文化社1974年版，第151～152页。

以先生为首（知之者虽或多，而倡之者殆首先生），然其言实施政策，则注重君权。以中国积数千年之习惯，且民智未开，骤予以权，固自不易；况以君权积久如许之势力，苟得贤君相，因而用之，风行雷厉，以治百事，必有事半而功倍者。故先生之议，谓当以君主之法，行民权之意。"[1] 若依梁启超此说，则知康有为是中国倡言民权的第一人。梁氏此说大概本于康有为 1891 年完成的《实理公法全书》。康氏在该书中有"人各合（应为分）天地原质以为人"、"人各具一魂"、"人有自主之权"[2] 等语，这被梁启超认为是中国最早的"民权"表达。但康有为真正明确无误地论证民权与人权却是此后 11 年写就的《大同书》，书中有"欲去家乎，但使大明天赋人权之义，男女平等皆独立，故全世界人，欲去家界之累乎，在明男女平等，各有独立之权始矣，此天予人之权矣。全世界人，欲去私产之害乎，在明男女平等，各自独立始矣，此天予人之权也。全世界人，欲去国之争乎，在明男女平等，各自独立始矣，此天予人之权也。全世界人，欲去种界之争乎，在明男女平等，各自独立始矣，此天予人之权也。全世界人，欲至大同之世，太平之境也，在明男女平等，各自独立始矣，此天予人之权也。"[3] 该书中还有权利为天权，让权为失天职的思想："人者，天之所生也，有是身体，即有其权利，侵权者，谓之侵天权，让权者谓之失天职。"那么如果不是让权利而是侵权利呢？康有为认为："人人有天授之权，即人人有天授自由之权。故凡为人者，学问可以自学，言语可以自发，游观可以自如，宴飨可以自乐，交往可以自主，此人之公有之权利也。禁人者，谓之夺人权、背天理矣。"康有为的天赋人权观基本成"人为天生"——"天生之人为天民"——"天民之权为天权"的三段模式。其上述思想形成于 1902 年，此时中国的民权意识与人权观念已蔚成风潮。康氏的天赋人权观与其说是中国民权首倡，莫不如说是民权风尚影响下的产物。其实，中国人中最早表示接受民权及天赋人权思想的应是留学英国尔后居香港任律师的何启和胡礼垣。他们在作于 1887 年至 1889 年间的《新政真诠》一书中有如下观点："权者乃天之所为，非人之所立也。天既赋人以性命，则必畀以顾性命之权；天既备人以百物，则必与以保其身家之权……讨曰天讨，伐曰天伐，秩曰天秩，位曰天位，一切皆本之于天。然天不自为也，以其权付之于天。"[4] 他们又说："各行其是，是谓自主。自主之权，赋之于天，君相无所加，编氓亦无所损；庸愚非不足，圣智亦非有余。人若非作恶犯科，则此权必无可夺

〔1〕 梁启超：《饮冰室合集·戊戌政变记·南海康先生传》。
〔2〕 康有为著，楼宇烈整理：《康子内外篇（外六种）》，中华书局 1988 年版，第 33 页。
〔3〕 康有为：《大同书》，古籍出版社 1956 年版，第 252～253 页。
〔4〕 （清）何启、胡礼垣：《新政真诠·劝学篇·书后》。

之理。"[1] 上述文字，是迄今我们所能见到的中国最早的天赋人权论。两段话中，前段分析了权之来源——天及权之本属——民，后段话中以简约传统之词，揭示了贵者不多而氓者不少的人人平等观，及此权非以人之侵法行为不受剥夺的权利界限原理和权利得受法律保护的原则。《新政真诠》一书是近代中国对民主与人权进行追求的开山之作，对晚清的政治改良和法律变革产生过重大影响。该书表达的"人人有权，其国必兴；人人无权，其国必废"的观点及"中国之所以不能雄强，华民之所以无业可安……皆惟中国之民失基权之故"[2] 的判断在当时皆有振聋发聩之功效，可谓之中国催醒民权意识之号角。郑观应是继何、胡稍后的又一位民权思想的倡导者。他在 1892 年所著的《盛世危言·原君》文后曾附日本学者深山虎太郎所写的《民权共治君权三篇》一文。该附文篇头曰："民受生于天，天赋之能力，使之博硕大，以遂厥生，于是有民权矣。民权者，君不能夺之臣，父不能夺之子，兄不能夺之弟，夫不能夺之妇，是犹水之于鱼，养气之于鸟兽，土壤之于草木。故其在一人，保斯权而不失，是为全天。"[3] 郑氏附该文于己文之后已表明他完全赞同所附之文表达的思想，为引起人们的重视，他又作评为："识见高远，发挥透辟，足以起痼振聋，为救时良药。"郑观应所附该文是迄今我们能见到的中国最早的直接引用日本学者天赋人权思想的文章，郑氏所作评语说明了中国民权及天赋人权的思想在维新派那里直接导源于日本的事实。在近世权利思想传播上有普及之功的梁启超于《三十自述》一文中曾忆："戊戌九月至日本，十月与横滨商界诸同志谋设《清议报》，自此居日本东京者一年，稍能读东文，思想为之一变。"[4] 10 年之后，他补充说："自居东以来，广搜日本书而读之，若行山阴道上，应接不暇，脑质为之改易，思想言论与前者若出两人。"[5] 梁氏这一回忆告诉人们的是，他在 1899 年之后关于民权的诸多精辟之论亦直接来源于日本。其对天赋人权思想的表达是："天生人而赋之以权利，且赋之以扩充此权利之智识，保护此权利之能力，故听民之自由焉，自治焉，则群治必蒸蒸日上；有桎梏之者、戕贼之者，始焉窒其生机，继焉失其本性，而人道乃几乎息矣。"[6] 他最有名的权利之于人何其重要的名言是："自由者，权利之表征也。凡人所以为人者，有两大要件，一曰生命，二曰权利。二

〔1〕 （清）何启、胡礼垣：《新政真诠·劝学篇·书后》。
〔2〕 （清）何启、胡礼垣：《新政真诠·劝学篇·书后》。
〔3〕 郑观应：《郑观应集》（上册），上海人民出版社 1988 年版，第 334 页。
〔4〕 梁启超：《饮冰室合集·饮冰室文集之十一》。
〔5〕 梁启超：《饮冰室合集·饮冰室文集之二十二》。
〔6〕 梁启超：《饮冰室合集·新民说·论进步》。

者缺一，时乃非人。故自由者亦精神是之生命也。"〔1〕 他直接使用人权概念的判断是："故文明国得享用自由也，其权非操诸官吏，而常采诸国民。中国则不然，今所以幸得此习俗之自由者，悻官吏之不禁耳；一旦有禁之者，则其自由可以忽消灭而无复踪影。而官吏所以不禁者，亦非尊重人权而不敢禁也，不过其政术拙劣，其事务废弛，无暇及此云耳。……若夫思想自由，为凡事自由之母……"〔2〕 解读梁启超这段文字，可以知道他已完全领悟了自由、限制与人权关系的原理。他关于权利的另一精辟之见是："国家，譬犹树也；权利思想，譬犹根也；……为政治家者，勿以摧压权利思想为第一义；为教育家者，以养成权利思想为第一义；为私人者，无论士焉、农焉、工焉、商焉、男焉、女焉，各自坚持权利思想为第一义。"〔3〕 在这里，梁启超只差一点就要喊出"权利至上"了。比郑观应、梁启超稍早了解日本的黄遵宪在介绍日本明治维新成功经验时，曾以"公国是，伸民权"〔4〕 六个字作概括。在同一书里，黄氏首次对法治作了揭示："人无论尊卑，事无论大小，悉予以权，以使之无抑，复立之限，以使之无纵，胥全国上下同受制于法律之中。"〔5〕 他第一次对自由作了界定："自由者不为人所拘束之义也，其意为人各有身，身各自由，为上者不能压抑之，束缚之也。"〔6〕 黄氏先后滞日、美生活达 8 年之久，他是中国最早、最全面、最权威介绍日本变法自强情况的人。在对中国传播民权与人权的东西两条管道中，虽以东瀛管道为主，但自有了严复等留学英国的官费留学生及容闳等留学美国耶鲁大学的首批非官费留学生之后，由他们筑起的西方管道对人权观念的播扬或许比东方管道更正宗和更本色。但也正因为他们的理论更具西方色彩而愈难合国情，以至效果比东方管道传输进来的更难为人所接受。为什么留学欧美而归国成事的知识分子大都在激进一番之后至后期渐趋保守？原因之一即是，理论上的伟大与事实上的难行使他们不得不把所崇尚的西方文化从圭臬位置降到工具位置。不是说西方的权利文化或民主制度已被他们发现了什么缺陷，而是在他们拿之苦斗一番败下阵来之后才知其并非穿透中国厚盾的利矛，因而不得不将其收拾入库。像改良派的严复、至晚些时候完全美国化了的胡适等莫不如此。严复表达的天赋人权观是："夫自由一言，其中国历古圣贤之所深畏，而从未尝立以为教者也。彼西人之言曰：唯天生民，各具赋禀，得自由者乃为全受，故人人各得自由，国国各得自由，第务令毋相侵

〔1〕 梁启超：《饮冰室合集·十种德性相反相成义·自由与制裁》。
〔2〕 梁启超：《饮冰室合集·十种德性相反相成义·自由与制裁》。
〔3〕 梁启超：《饮冰室合集·新民说·论权利思想》。
〔4〕 （清）黄遵宪：《日本国志》卷三十七《礼俗志》四。
〔5〕 （清）黄遵宪：《日本国志》卷三《国统志》三。
〔6〕 （清）黄遵宪：《日本国志》卷三十七《礼俗志》四。

损而已。侵人自由者，斯为逆天理，贼人道，其杀人伤人及盗蚀人财物，皆侵人自由之极致也。故侵人自由，虽国君不能，而其刑禁章条，要皆为此设耳。"[1]严复可谓是中国少见的博通古今又会稽中外且文理皆通的政治法律思想的"两性人"，其观点的突出特色即是从民主到改良再到保守的天堂、人间、地狱式的原点复归。他在译介西学时所迸发出的思想火花后来几乎都被他自己泼出去的不再复收之水所熄灭。所以当社会以他所揭橥之人权及民主科学大纛而呐喊勇进时，他竟背反自悔而反对革命，以至堕落为"筹安会六君子"之一。严复的思想轨迹几乎是近代中国觉醒了的一代先智们思想演进的一个缩影，也是把人权从桀骜不驯的烈马最后变为驯顺的羔羊的悲剧。在保住封建专制恶势力的前提下试图让人权与君上大权共存并希冀君权保护人权，其求无异于与虎谋皮。

如果说戊戌变法之前，维新志士对人权的继受和播扬还只是中国社会形成人权观念最基础的铺垫的话，那么变法失败喋血成壮之后由民主派要求彻底摧毁专制制度的斗争则已使人权形成思潮。资产阶级民主派所理解的人权已与维新派有了根本的区别。1903 年，柳亚子因"读卢梭《民约论》，倡天赋人权之说，雅慕其人，更名曰人权，字亚卢"[2] 在人权思想的倾慕上如此激进者，终本世纪再无第二人。"柳人权"，此名无论为人所称还是署后为人所读皆有增进称者、阅者人权意识之效。"柳亚卢"，该名则更表明亚子先生立定成中国卢梭之大志，大有孟轲追继至圣而终成亚圣之势。由此一例可知，人权口号在当时民主派人士中已成风靡追逐状。邹容、陈天华、秋瑾等革命志士无一不在其书文中疾呼人权。俟至孙中山先生定建国大纲而使在日本时首提之"民权主义"变为人民之九种权利，[3] 人权才随临时约法而最终定型化。人权观念在资产阶级民主派那里的形成和演变过程基本也就是他们进行中国历史上唯一一次资产阶级革命的过程。所要特别一提的一次人权立法，是比《中华民国临时约法》早近 4 个月的《中华民国鄂州临时约法草案》，[4] 它才是中国历史上第一个资产阶级性质的宪法草案，是它首次规定了"人民"的权利，且其体系、内容及表述甚至名称都与后来的《中华民国临时约法》别无二致，甚至可以说，在人权问题上，民国临时约法不过是鄂州临时约法的翻版。从人权史的角度来看，鄂州临时约法是中国民主派人权观念的最早的法律结晶，同时它又是民国时期人权思想与运动的制度渊源。

在人权观念升华为制度以后，人权意识的变化和对人权现实的追求是以人权

---

[1] 严复："论世变之亟"，载《严复集》第 1 册，中华书局 1986 年版，第 2～3 页。
[2] 《柳亚子文集·自传·年谱·日记》，上海人民出版社 1986 年版，第 8 页。
[3] 即四个政权：选举、罢免、创制、复决与五个治权：立法权、行政权、司法权、监察权、考试权。
[4] 参见《湖北军政府文献资料汇编》，武汉大学出版社 1986 年版，第 40～44 页。

运动的方式表现的。下述五次人权运动对我们研究人权概念和人权制度与事实都是不能不提及的，这就是"新文化运动"、"省宪运动"、"人权运动"、"民权保障运动"、"冤狱赔偿运动"。

（一）"新文化运动"

中国近世的改革，大致遵循着从器物技术到政治制度再到文化意识这样一种递嬗规律。中国落后的原因最初被归结为技术的落后，所以有"师夷长技"的学习西方，这是从鸦片战争失败中领悟到的道理。后来发现根本的问题不在器物而在制度，制度腐败，器物再好也会败下阵来。北洋水师的舰船吨位曾高于日本，两国海军将领都是一师之徒，且中方还有洋人顾问，但海战以中方惨败而告终。"日清战争"和10年后在中国领土上进行的"日俄战争"，被人理解为是"新制度对旧制度的胜利"。武昌首义成功之后，新制度突兀地矗立于旧土壤之上，其结果像贫瘠高坡上的迎风幼苗，任各种势力摇来荡去，虽勉强能活下来，却无时不在奄奄一息之中。诚如陈独秀所讥评的那样："旧人骂约法，是骂它束缚政府太过，新人骂约法，是骂它束缚人民太过。但事实上看起来，违法的违法，贪赃的贪赃，做皇帝的做皇帝，复辟的复辟，解散国会的解散国会。约法不曾把他们束缚得住。"[1] 有制度而无遵奉，这已形成中国有约法以来人们对待法律的传统。究其原因是什么呢？终于有人发现原来不能存活制度的因素是文化，制度与文化应当同步改革，这好比车之两轮，如果制度之轮是圆的，而文化之轮是方的，这驾马车仍不能行走。或者另换一比，制度之车是新的，文化之路是破旧不堪的，这套车仍难行于其上。这就是人们从新制度不受尊重中发现的奥秘，于是便有了新文化运动的诉求。新文化运动的旗手是陈独秀。他在1915年《敬告青年》一文中说："近代欧洲之所以优越他族者，科学之兴，其功不在人权说下，若舟车之有两轮焉。"[2] 由此比附句式分析，陈独秀此时认为人权第一而科学第二，故他又以相同句法重申："国人而欲脱蒙昧时代，羞为浅化之民也，则急起直追，当以科学与人权并重。"[3] 陈独秀是对法兰西文化情有独钟之人，他在评价《人权与公民权利宣言》时说："人类之得以为人，不至永沦奴籍者，非法兰西人之赐而谁耶？"[4] 由是，他以自己所理解的法国标准界定人权："思想言论之自由，谋个性之发展也。法律之前，个人平等也。个人之自由权利，载诸宪章，国法不得而剥夺之，所谓人权是也。"[5] 新文化运动如果以《敬告青年》

---

〔1〕　陈独秀：《独秀文存》第3册，安徽人民出版社1987年版，第85页。
〔2〕　陈独秀：《独秀文存》第1册，安徽人民出版社1987年版，第9页。
〔3〕　陈独秀：《独秀文存》第1册，安徽人民出版社1987年版，第9页。
〔4〕　陈独秀：《独秀文存》第1册，安徽人民出版社1987年版，第11页。
〔5〕　陈独秀：《独秀文存》第1册，安徽人民出版社1987年版，第28页。

一文为起始的话，则所谓新文化实以科技文化与权利文化为主要内容，这两大文化是近代物理学和拿破仑法典产生后在世界范围内形成的两大文化主流，中国的知识分子在当时已切准了世界进步的主脉。但是遗憾的是，4 年以后的陈先生未能将人权大旗举到底，他在《〈新青年〉罪案之答辩书》中重新表达他的文化观是"拥护那德莫克拉西和赛因斯两位先生"。[1] 不少人认为陈独秀是把民主与人权当做一回事。[2] 其实可能是一种误解，因为从他 4 年前给人权下的定义来看，他已彻悟了人权的真谛。又从他主持《新青年》所坚持的争取人格独立和主张各种自由的原则来看，他实际上也是在倡导一种权利文化。他在提法上的变化，恰恰说明他对人权认识的更加深刻，因为人权只有在民主的政治秩序中才可能被保全，有民主才可有人权。民主既是人权的制度根据，同时又是人权的形式外壳，不以人权为内容的民主就不是道德所能肯定的民主，因而它必定是虚假的民主；而不能以民主制度作保障的人权也注定是实现不了的人权。所以说到底，如果用制度来概括人权的话，民主则是最恰如其分的。陈独秀注重民主，可能代表了当时最高水平的人权观念。如果说新文化运动中有什么缺陷的话，那就是陈独秀忽略了人权和民主只有在法治状态下才能实现的史训，这一点倒是 70 年后我们所要认真反思的。为什么提倡民主的人不提倡法治？像陈独秀。为什么提倡法治的人，反而反对民主？像梁启超。假若陈独秀在拥护"德先生"和"赛先生"的同时也始终如一地爱戴"瑞女士"（Right）和"茹女士"（Rule of Law），新文化运动或许对今天更有历史意义，至少在人权和法治问题上我们不必从上世纪90 年代开始补课。

（二）"省宪运动"

新文化运动的思想启蒙催生了一株以"人民立宪"来保障人权实践的嫩芽，这就是"省宪运动"。中国早期的人权观念在"省宪运动"中获得了进一步的发展。"省宪运动"始自"自治运动"，以 1920 年湖南通电全国宣布自治为运动之始。自治运动企求的最高成果是产生一部反映一省民意的"省宪法"，然后在宪政之下达到自治。毛泽东曾是这场自治运动的领袖，这期间他先后写有自治与省宪方面的文章 24 篇，[3] 其中多数篇目是表达他的法律观和人权观的。这场运动不但促使毛泽东同志完成了从无政府主义向马克思主义的转变，而且训练了他驾驭政治运动和动手起草法律与评价法律的政治家的素养。这年 10 月 5 日，他发表了他一生中题目用字最多的一篇文章：《由"湖南革命政府"召集"湖南人民

---

〔1〕 陈独秀：《独秀文存》第 1 册，安徽人民出版社 1987 年版，第 242 页。

〔2〕 参见朱义禄、张劲：《中国近现代政治思潮研究》，上海社会科学院出版社 1998 年版，第 196 页。另见王人博：《宪政文化与近代中国》，法律出版社 1997 年版，第 410 页。

〔3〕 参见徐显明：《人民立宪思想探原》，山东大学出版社 1999 年版，第 49 页。

宪法会议"制定"湖南宪法"以建设"新湖南"之建议》。[1] 该文可谓之其宪政人权思想之大纲，也是他动手起草的第一个宪法性文件。10 月 9 日他又口头发表了《湖南人民宪法会议选举法要点》共 8 条，他主张用直接的、普遍的、无记名的、亲临现场的办法进行选举，表达了他成熟和完整的普选权思想。俟《湖南省宪法草案》被包办制定出来后，他感到受到了极大的愚弄，遂于 1921 年 4 月 25、26、27 日连续 3 天发表《省宪法草案的最大缺点》（一）、（二）、（三），该 3 文是毛泽东一生中表达人权观最系统化的一个时期。"人民立宪"的观点提出于此时，建立"人民代表会议"及其后的人民代表大会制度的思想亦滥觞于此时，"财产权是根本权"的思想、"劳动权是宪法权"的思想、"职业自由权"的思想、"言论、出版、集会、游行、示威、人身、思想、书信、宗教、婚姻皆自由"的思想等也都是该时期其以体系化的方式提出的。特别难能可贵的是，在当时中国对 1919 年魏玛宪法尚缺乏系统介绍的情况下，他竟能把魏玛宪法中首次出现的"生存权"制度作为分析宪法有无缺陷的重要入口。他说："规定人民有求得正当职业的自由权，就是将人民的生存权规定于宪法，求得宪法的保障。"[2] 令人惊奇不已的是，他在这时已感悟到了生存权是首要的人权的基本属性，由此我们不能不说毛泽东是中国生存权论证的第一人。省宪运动后来失败了，作为这场运动领袖的毛泽东也在批判完湖南省宪法草案的缺点后把注意力转向了其他，但这场运动中他提出的人权观点和宪政思想却为以后中国共产党人的人权理论与实践做好了铺垫。这场运动在中国人权史上占有独特的地位。

（三）"人权运动"

"省宪运动"失败了，但更大规模的"人权运动"却继之而起，反人权的现实成为推动人权理论和人权观念发展的巨大动力。"人权运动"是中国现代史上唯一一次以人权为内容的政治运动。它起自于 20 年代末结之于 30 年代初，是由大学教授们发起要求立宪及以宪保权和进行政治改革的一场政治运动。"人权运动"集中反映了"人权派"对国家改造的整体性设想。对该人权运动，应多着笔墨予以研究。

"五四"运动之后，中国处于动荡变革时期，社会政治势力和文化阵营都处在急剧的分化中。一些留学欧美归来的大学教授以聚餐会形式组成一些社会团体，一面宴吃，一面议论政治或文化。胡适、徐志摩等人组织了他们的聚餐会，时间是 1923 年底。1924 年，人数渐多，徐志摩的父亲徐申如与其友黄子美二人垫出一笔钱，在北京松树胡同 7 号租了一所房子，成立了一个俱乐部，并挂出牌

---

〔1〕　参见 1920 年 10 月 5 日《大公报》（长沙）。

〔2〕　毛泽东："省宪法草案的最大缺点（二）"，载《大公报》1921 年 4 月 26 日。

子，这就是新月社。十月革命以后，马克思主义传至中国，苏联的文学势力也进入中国，南方上海的左派力量扩大。新月社的同仁感到需要加以抵制，计划办杂志开书店。1927 年春，他们开设了由胡适任董事长、余上沅任经理及编辑部主任的新月书店。《新月》实际上是新月社同仁为抵制左派势力而创办的刊物。月刊的编辑和撰稿人员大多也是新月社的组成人员。胡适、罗隆基、梁实秋等都具有浓厚的政治兴趣，为不使《新月》骚扰了"不问政治"的徐志摩等人所钟情的文艺女神，他们决定在新月书店内部《新月》之外，再组织名为"平社"的小组织。平社发端于酝酿出版名为《平论》的刊物。创办《平论》的目的是要讨论政治问题，即国家大问题。《平论》后因故未能出版，原拟在《平论》上发表思想或批评的稿件由《新月》承担下来，当时只是一种权宜之用。但此后，《平论》杳无音信，[1] 由是《新月》不得不改变基本上纯文学、文艺性刊物的性质，而成为文学、文艺、政治兼有的综合性刊物。《平论》刊物未办成，平论社的活动却开展起来了。平论社的名字则简化成平社。平社第一次活动是在 1929 年 4 月 21 日，此后的第三次活动胡适打响了人权运动的第一炮——《人权与约法》。此后以平社为组织、以《新月》为载体、以平社参加人员为主体的人权派发动的人权运动轰轰烈烈开展起来了。

平社的活动方式从第四次开始有了明确的形式，即仿效英国费边社（Fabian Society）的活动方式。[2] 每周聚餐一次，每次由一人对某个问题提出报告，然后由众人讨论。并规定讨论的总题为《中国问题》，每人担任一方面，分期提出讨论、合刊为一部书。

第一次世界大战的重要后果，是产生了苏俄社会主义国家。这一现象使世界文化形成了资本主义的民主理论与社会主义的无产阶级专政理论的对峙。20 年代末世界性的经济危机，导致了德国、日本、意大利等国法西斯主义独裁统治的发展和抬头。世界文化思想中又加入了法西斯主义的独裁专制思想，形成三大思想潮流并行的局面。20 世纪初的中国仍处于水深火热之中，经济上的贫穷、落后使中国人民的生存权几至不保。蒋介石名义上统一中国，开始施行"训政"，实则推行独裁专制的法西斯主义，对其他各派思想进行压制和迫害。

1929 年 3 月，即平社成立前 1 个月，国民党三全大会决议确立总理主要遗教"以三民主义、五权宪法、建国方略、建国大纲及地方自治开始实行为训政时期中华民国最高根本法"。[3] 抽去孙中山主要遗教中的《国民党第一次全国代表大

---

〔1〕 参见"编辑后言"，载《新月》第 2 卷第 2 号。

〔2〕 费边社是英国上世纪的一个政治派别，以知识分子为主体，以善于使用迂回和避免决战的战术而常胜的古罗马军队统师费边·马克西穆斯为偶像，主张在政治问题上进行温和改良。

〔3〕 高军等：《中国现代政治思想史资料选辑》（上册），四川人民出版社 1984 年版，第 129 页。

会宣言》，抛弃了 1924 年国民党改组精神的联俄、联共、扶助农工的三大政策。会议又决议追认《训政纲领》，正式宣布军政时期结束，训政时期开始，并通过了《确定训政时期党、政府、人民行使政权、治权之分际及方略案》，规定"由中国国民党独负全责，领导国民党，扶植中华民国之政权、治权。""中国国民党是最高权力机关"，于必要时"得就于人民集会、结社、言论、出版等自由权，在法律范围内加以限制，中国国民须服从、拥护中国国民党、暂行三民主义。"[1] 三全大会确立了国民党"党治"的独裁统治的合法性。1930 年 3 月 26 日，上海各报登出一个专电，说上海特别市党部代表陈德征（时任上海特别市教育局长）在三全大会上提出《严厉处置反革命分子案》，提案大意是责备现有的法统太拘泥于证据，往往使反革命分子漏网，提议：共产党、国家主义者、第三党及一切反三民主义分子均属反革命，对他们"凡经省党部及特别市党部书面证明为反革命分子者，法院或其他法定受理机关应以反革命分子处分之"。针对这一提案，崇尚民主与法治等自由主义思想的胡适便写了一封信给司法院院长王宠惠，问"王博士对此种提议作何感想"。同时胡适又将这封信送给国闻通信社发表，但被当局检查者扣去。几天后，陈德征发表了"不容胡说博士胡说"的评论。[2] 1930 年 4 月 20 日，国民党下达了一道《人权保障令》。《人权保障令》颁布后，安徽大学一个学长，因为语言上顶撞了蒋介石而被拘禁了好几天。后来又有唐山两益成商号的经理被当地驻军一五二旅指为收买枪支而拘去拷打监禁等侵害人权之事。

　　人权无保障及专制独裁的现实，加上这几件事的发生，使平社的成员们"忍不住"了。于是由胡适率先向国民党发难，并因国民党大谈人权保障，却又恣意蹂躏人权，而选中以"人权"为论题。"人权"论题的提出，使平社成员在以后的人权运动中，被称为与国民党、共产党并行的"人权派"，他们代表的政治思想则成为与法西斯主义、社会主义并列的"人权"思想。

　　《新月》第 2 卷第 2 号至第 9 号上，胡适发表了《人权与约法》、《知难，行亦不易——孙中山先生的"行易知难"说述评》、《我们什么时候才可有宪法》、《新文化运动与国民党》、《人权与约法的讨论》等文章。与胡适相呼应的还有罗隆基的《专家政治》、《论人权》、《告压迫言论自由者》、《我对党务上的"尽情批评"》，梁实秋的《论思想统一》、《孙中山先生论自由》、《资产与法律》（译作）、黄肇年的《共产主义的历史的评价》（译作），《苏俄统治下之国民自由》，刘英士的《社会主义之基础知识》，潘光旦的《说才丁两旺》等，其中部分文章

---

〔1〕　高军等：《中国现代政治思想史资料选辑》（上册），四川人民出版社 1984 年版，第 129 页。

〔2〕　胡适："人权与约法"，载《新月》第 2 卷第 2 号。

由胡适选编成《人权论集》一书。[1] 这些文章指斥国民党统治下人权无保障的现实，其观点可分为以下五个方面：

1. 人权与宪法、法治的关系。人权派认为，人权只有在法治确立之下才能得到保障，法治的确定首先要制定宪法，宪法是法治的基础，因之宪法是人权保障的前提。人权的保障除了依赖宪法规定外，还必须有相应的救济手段。宪法也是宪政的基础和起点，宪政是一个过程，而不是一个点。宪法是宪政的一种工具，有了这种工具，政府人民都受宪法的限制，政府依据宪法统治国家，人民依据宪法得到保障。有逾越法定范围的，人民可以起诉、监察院可以纠弹、司法院可以控诉。宪法有疑问，随时应有解释的机关；宪法若不能适应新的情势或新的需要，应有修正的机关与手续。修正的机关和手续应受人民与舆论的监督，"如守财奴的保护其财产，如情人的保护其爱情。"[2] 党也应该遵守宪法，受宪法的约束，否则党就成为特权阶层，法治就不成其为法治。党与遵守宪法并不相冲突，宪法可以成为党的纲领和主张的载体，宪法可以实现党的宗旨。[3] 国民党应该觉悟宪法的必要，参加约法运动，否则国民的自由便没有保障，国民党便只能受武人军阀的摧残与支配。宪法与训政不矛盾，训政必须依靠宪法才能真正完成。训政之下须有宪法，宪法规定人民有参政能力，人民参政的过程本身就是一种最好的训政。[4] "民治制度的本身就是一种教育"，"民治制度本身便是最好的政治训练"，"宪政之治正是唯一的入塾读书"，"唯其不会入塾读书，故急须读书也"。[5] 宪法的主要目的不仅仅在于规定人民的权利，更重要的是规定政府各机关的权限。[6] 只有政府和党遵守宪法和法律，才能去要求公民遵守宪法和法律，因之政府官吏和党员知法、懂法、守法、护法是实行宪政和法治的首要问题。[7] 法治有以下三层意思：其一，法治的真义是执政者的守法。其二，法治的重要条件不止在国家的基本大法上承认人民权利至上的原则，而在原则施行上要有审慎周详的细则。法治要注重"法定的手续"。其三，在法治的国家，一切罪案要法律上有详确定义、肯定的范围，亦即罪刑法定。[8]

2. 关于什么是人权。人权是做人所必需的一些条件。人权是先于国家、先于法律而存在的，人权具有时间性、空间性，人权的范围十分广泛。人权派认

〔1〕 《人权论集》，上海新月书店1930年版。
〔2〕 胡适："《人权与约法》的讨论"，载《新月》第2卷第4号。
〔3〕 胡适："我们什么时候才可有宪法——对于建国大纲的疑问"，载《新月》第2卷第4号。
〔4〕 胡适："我们什么时候才可有宪法——对于建国大纲的疑问"，载《新月》第2卷第4号。
〔5〕 胡适："我们什么时候才可有宪法——对于建国大纲的疑问"，载《新月》第2卷第4号。
〔6〕 胡适："我们什么时候才可有宪法——对于建国大纲的疑问"，载《新月》第2卷第4号。
〔7〕 胡适："我们什么时候才可有宪法——对于建国大纲的疑问"，载《新月》第2卷第4号。
〔8〕 罗隆基："什么是法治"，载《新月》第3卷第11号。

为，他们所说的人权不同于西方的人权，其人权的理论基础既不是建立在神学和自然法基础之上，又不是建立在功利主义基础之上。其人权的理论基础是实用主义，是人之为人的必要条件，亦即人的生命和生存的需要。人权和民权不同，人权包含民权，民权是宪法或法律上规定的权利即法定的权利，人权除了包含法定的权利外，还包括那些未规定在法律里，而又为人之生存即做人所必需的应然的权利。[1]

（1）人权的概念。人权派认为，人权就是一些做人的"权"，人权是做人的那些必要条件。[2]凡对于下列之点有必要功用的，都是做人的必要条件，都是人权："①维持生命；②发展个性，培养人格；③达到人群最大多数的最大幸福的目的。"[3]人权派对于人权的观点，可能受美国独立宣言中关于生命权、自由权、安全权、追求幸福权宣告的启发，但是他们的人权学说又不同于西方的天赋人权说以及人权的功利说，而是独创了人权的"条件说"，这些条件就是做人的必要条件，即人之为人的条件。

（2）人权的要素——时间性和空间性。人权是人的生命中的一些必要的条件，即也是人的生活上的一些必要的条件。而人的生活上的要求是随时随地不同的。在某个时代或某地点，人们生活上的条件，某几项已经具备了，某几项依然缺乏，人们要求的内容和奋斗的趋向，不能不受环境的支配。所以说，人权有时间性和空间性。他们主张的人权，绝对不是抄袭欧美人的陈物，这也是由人权的空间性决定的。[4]

（3）人权与国家、法律的关系。人权是先于国家和法律而存在的，国家和法律的功用与目的在于保障人权。

人权与国家的关系。国家的存在在于其功用，其功用失掉了，那么它存在的理由就同时失掉了。国家的功用就在于保障人权，就在于保障国民做人的那些必要的条件。什么时候个人的做人的必要条件失去了保障，国家在个人方面就失去了它的功用，同时个人对国家也就失去了服从的义务。国家存在的价值，完全以它功用的效能大小为转移。人民对国家服从的重要的条件，就在于保障人权，保障人民生命上那些必须的条件，什么时候国家这个功用失掉了，人民对国家服从的义务就告终了。国家失去功用的理由，最大的是国家为某私人或某家庭或某部分人集合的团体所占据。它的功用改变了它的本性，它就成了某个人或某家庭或某私人团体的国家。它就变成了某个人或某家庭或某私人团体蹂躏大多数国民人

---

〔1〕　罗隆基："论人权"，载《新月》第2卷第5号。
〔2〕　罗隆基："论人权"，载《新月》第2卷第5号。
〔3〕　罗隆基："论人权"，载《新月》第2卷第5号。
〔4〕　罗隆基："论人权"，载《新月》第2卷第5号。

权的工具。人权为先国家而存在之权，非法律赋予之权，国家是人的工具，人不是国家的工具。我们要国家，是要利用这副工具达到我们人类的几种目的。国家是人产生出来的，人不是国家产生出来的。产生国家就是人的权，有了国家，订立国家的法律，法律又是人制造出来的，人不是法律产生出来的，制定法律又是人的权，人权先国家存在就是这个意义。人权派认定人权先于国家先于法律而存在，意谓先承认人类生活上必须的条件，而后才谈得上国家，谈得上法律。人要做国民，人更要做人。社会是国家这团体以上的，社会上人类组织不只国家一种。人的义务，要在社会上做人，不止在国家做民。国家承认我们在社会上做人的必须的条件，就是承认人权。[1] 罗隆基的人权理论根植于社会而不是国家，将社会、人与国家、公民两对范畴相较来论证人权的地位为我们研究人权提供了新的思路。

人权与法律的关系。法律是为保障人权而产生的。该结论既说明了法律对于人权的价值，又说明了法律的来源。法律的根本作用在于保障人权。"法律是人民共同意志的表现"，卢梭这句话应是民治国家法律的根本原则。只有人民自己制定的法律，人民才有服从的责任，这是人权的原则之一。法律的目的在于谋最大多数人的最大幸福，只有人民本身，才知道他们本身的幸福是什么，才肯为他们本身谋幸福。谋取幸福本身，这又是人权原则之一。所以说人民制定法律就是人权，法律不过是人权的产物。人权与法律关系的结论就是：法律保障人权，人权产生法律。二者关系上更重要的一点是革命的人权，即对压迫的反抗的权利。人权可以产生法律，纸上的法律不一定能够保障人权。宪法保障人权，宪法亦依赖人权的保障。到了人民所要的法律不能产生，或者产生的法律失去效力的危险的时候，人们就得运用革命人权。革命人权保障其他人权，是历史上屡见不鲜的事实。一切的人权都可以被人侵略、被人蹂躏、被人剥夺，只有革命的人权是永远在人民手里，这自然是人权最后的屏障。

（4）人权的内容与条件。人权派认为，在中国现状之下所缺乏的做人的必要的条件，即为目前所必争的人权。假使仿照英国大宪章的办法，那么目前中国恐怕列举3000条也不算多。暂时提出的35条（实际上只有34条）拟为"做国内拥护人权的人的参考"。[2] 这34条主要包括以下几种人权：法律面前人人平等，参政，私有财产拥有，劳动，生命，接受救济，司法独立，法律正当程序，法律不溯既往，人格，尊严，接受教育，思想言论自由等。

3. 关于思想、言论自由。人权派认为思想言论自由是最重要的人权。言论

---

〔1〕 罗隆基："'人权'释疑"，载《新月》第3卷第10号，《讨论》栏。
〔2〕 罗隆基："论人权"，载《新月》第2卷第5号。

自由之所以成为人权，根本原因是它的功用。它是做人所必须的条件。[1] 是人就有思想，有思想就要表现他的思想，要表现他的思想，他非要说话不可，他要说自己要说的话，说他要说的话就是发展个性，培养人格的道路。这是"成至善之我"的门径。有了言论自由，才可以把思想贡献给人群。这是人对社会的责任，是人群达到至善的道路，是人群最大多数享受最大幸福的道路。

言论自由就是"有什么言，出什么言，有什么论，发什么论的意思，言论本身绝对不受何种干涉"。[2] 用命令禁止言论，是非法的行动，是违背言论自由原则的。即使立法机关、司法机关用法律的招牌来范围言论，也是违背言论自由原则的。言论自由就是指法律不得干涉言论而言的。言论的本身是绝对不受法律限制的。法律不能干涉言论，只能迫言论者负言论的责任而已。言论自由不应有度量或多少的限制。[3] 压迫言论自由的危险比言论自由的危险更危险。真正好的主张及学说，不怕对方的攻击，不怕批评和讨论，取缔他人的言论自由，适见庸人自扰。对方的攻击，果能中的，取缔他人的言论自由，是见敌而怯。适足以示弱，适足以速亡。

思想自由是一切思想的自由，是绝对的自由，不能说一些种类的思想可以绝对的自由，而另一些种类的思想是相对的自由。[4] 思想不能统一，也不必统一，因而思想必须是也必然是自由的。思想之所以不能统一是因为：各人有各人的遗传、环境、教育，所以没有两个人的思想是相同的。思想是独立的，思想只对自己的理智负责，只对真理负责。别种自由可以被剥夺净尽，惟有思想自由是永远光芒万丈的，思想本身是无法扑灭的。近代学术注重专门，在学术日趋繁杂的时候而欲思想统一，当得起一切思想的中心思想是没有的。国家的统一，是基于民意的真正的统一，不是慑于威力的暂时容忍的结合。我们应该欢迎所有的不同的思想都有让我们认识的机会。哪一种思想能在学理上、事实上证明于国家最有利益，哪一种思想便是最合适的，因此思想是不必统一的。[5] 思想是自由的，但果真要进行思想统一，无非采取以下三种手段：

（1）从教育机关入手。人在幼稚的时候，大脑是一块白板，把某套主张和偏见灌输进去便会有先入为主的效力。除了少数思索力强的人外，大多数的人很容易渐渐被熏陶成为机械式的没有单独思想力的庸众。这样的人长成之后，会喊口号、会贴标语、会不求甚解地说一大串时髦的名词，但不会想、不会怀疑、不

---

〔1〕 罗隆基："论人权"，载《新月》第2卷第5号。
〔2〕 罗隆基："告压迫言论自由者"，载《新月》第2卷第6、7号合刊。
〔3〕 罗隆基："告压迫言论自由者"，载《新月》第2卷第6、7号合刊。
〔4〕 罗隆基："汪精卫论思想统一"，载《新月》第2卷第12号。
〔5〕 梁实秋："论思想统一"，载《新月》第2卷第3号。

会创作；这样的人容易指挥，宜于做安分守己的老百姓，但没有判断是非的批评力。这样武断的教育，不是"思想统一"，只是愚民政策，只能是强奸民意。教育的目的是在启发人的智慧，使他有灵活的思想力，适应环境的本领。力求思想统一而利用教育机关，可以产生很显著的效力，然而结果是不健全的。

（2）从宣传方面着手。以空空洞洞的名词不断地映现在民众眼前，使民众感受一种催眠的力量，不知不觉形成支配舆论的势力，这便是宣传。对于没有多少知识的人，宣传是有功效的，可以使得他精神上受麻醉，不知不觉地受宣传的支配。但"用宣传来诱惑人，虽然可以产生很显近的效果，但结果并不能造成思想统一。""只能造成群众的盲从。"宣传，根本不需要人加以思索，只要造成一种紧张的气氛，使人糊里糊涂地跟着走，所以宣传并不能造成思想统一。[1]

（3）采用政治的、经济的手段来排除异己。这是消极的办法，消极地排除"思想统一"的障碍。凡是有独自的不同的思想的人，分别地加以杀戮、放逐、囚禁，更刻毒的方法还有，如对于思想不同的人，设法使其不能得到相当职业，使其非在思想上投降便不能维持生活，这样一来，一般人为了生活问题只能在外表上做出思想统一的样子。[2]

这三种方法，都不能造成真正的思想统一，只能在外表上勉强做出清一色的样子，结果必定是把全国的人民驱到三类人里面去：第一类是真有思想的人，决不附和思想统一的学说，这种人到了万不得已的时候，只得退隐韬晦著书立说，或竟激愤而提倡革命。第二类是受过教育而没有勇气的人，口是心非地趋炎附势。这类人是投机分子，是小人。第三类是根本没有思想的人，头脑简单，只知道盲从。妨碍人民思想自由的有两种人：第一种是当局者滥用威权，侵犯人民言论、出版自由，不准人民批评，强迫人民信仰一种主义；第二种是热狂的宣传家，用谩骂的文字攻击异己，用诬蔑的手段陷害异己，夸大地宣扬自己的主张。两者都妨害人的思想自由。要有思想自由，必先要使人民有充分的、安然的研究机会。各种主义的信仰者都有充分的出版言论自由，人民才有求知的机会和选择的余地，才能有自由的思想。

4. 关于什么是自由。自由两字是指自己自主地发展。自由的秘诀是勇气，对他所知为错误的事情缄默不言，这样的人，不算自由。[3] 革命的目的在于争取少数的垄断的政治自由而还之于大多数。但革命只是要拿回我们的自由，并不主张剥夺他人的自由。革命是求公平，不是求报复。[4] 自由的范围包括生命、

---

〔1〕　梁实秋："论思想统一"，载《新月》第2卷第3号。
〔2〕　梁实秋："论思想统一"，载《新月》第2卷第3号。
〔3〕　［英］拉斯基："服从的危险"，罗隆基译，载《新月》第3卷第5、6号合刊。
〔4〕　罗隆基："汪精卫论思想统一"，载《新月》第2卷第12号。

财产、契约、言论、集会、信仰、家庭生活等，国民自由就是这些自由的总称。[1] 个人自由与国家并非是绝对不相容的，团体缺乏团结力，并不完全是由于个人自由充分的缘故，而是另有政治、经济、社会、地理、历史、种族的原因。人民要求思想言论自由、身体、生命等的自由，在特定情况下，可以牺牲自由贡献给国家。但和平时期，强迫人民牺牲他们的自由，而自由牺牲之后就不一定有团体自由，"十个奴隶加起来不是一个自由人"。个人的自由与国家的自由并不是相冲突的。国家在国际关系上应该有它的自由，个人在国家团体里应该保存他的自由。国民要合作、要互助、要团结，然后国家才可以在国际上站得住，国家才可以有自由。一个自由的国家可以保障个人的自由，个人无自由，这样的国家是不值得爱护的。中国，在国际上应争国家的自由，国内，应用法律来范围政府的行动，规定执政人员的职权，以保障并增加个人的自由。[2] 争个人的自由，便是为国家争自由；争个人的人格，便是为国家争人权。自由平等的国家不是一群奴才建造得起来的。[3]

5. 关于民主政治、党治、专家政治。20 世纪的政治重行政，因为 20 世纪政治上所做的事大半是科学上的事，而且行政本身也成为一门科学。20 世纪的行政人员要有专门智识即 20 世纪的政治是专家政治。专家政治的实现首要的是除去武人政治和分赃政治，然后实行选举制和考试制度。[4]

一个有政治信仰、政治主张的团体，根据信仰及主张来夺取政权，最后取得政权，因以掌握政府，主持国事，这就是党治。当时国民党的"党权高于一切"、"党外无党"，这不是党治，而是一党独裁。一党独裁与民主政治不能相提并论，与民权理论不能相提并论。在一党独裁、党外无党和党权高于一切的政局下，政权无法由人民掌握，人的直接选举、创议、复决、罢免的目的也达不到。[5] 党治是"以党治国"而不是"以党员治国"。考试时不应先考党义，在官吏的任用上不能先任党员，裁减官吏上不能先裁非党员，只可以能力为准，不能排斥非党员于政治之外。国民党借党治的招牌来努力做党化吏治的工作，党员治国是政治思想上的倒车，是文官制度上的反动，是整治中国吏治的死路，是国民党以党义治国策略上的自杀。[6] 政党，本来是与民主政治交相为用，相进并

---

〔1〕 黄肇年："苏俄统治下之国民自由"，载《新月》第 2 卷第 6、7 号合刊。
〔2〕 于季："两句不通的格言"，载《新月》第 3 卷第 2 号。
〔3〕 胡适："介绍我自己的思想"，载《新月》第 3 卷第 4 号。
〔4〕 罗隆基："专家政治"，载《新月》第 2 卷第 2 号。
〔5〕 罗隆基："我对党务上的'尽情批评'"，载《新月》第 2 卷第 8 号。
〔6〕 罗隆基："专家政治"，载《新月》第 2 卷第 2 号。

行的，而在国民党的"党治"下，"党内无派，党外无党"势必与民主政治相悖[1]。"党治"与国家的性质和目的相违背。"党在国上"，国既然成为党人的国，党又非全国人的党，非党员国民的地位无法处措。"党在国上"势必成了"党天下"。"党在国上"，国家成了一党达到目的的工具，这与国家是国民全体达到公共目的的工具的性质相违背。"党在国上"、"党权高于国权"的"党治"是独裁制度，不是平民政治（民主政治）。独裁制度不是达到国家目的的方法。国家的功用是保护国民的权利，国民权利的安全程度以国民自身保护权利的机会多少为准。政治的实质是谁的政权失掉了，谁的一切权利的保障就破坏了。只有我们自己才可以做我们权利的评判员，只有我们自己才是我们权利的忠实的卫兵。这是反对独裁专制的理论[2]。国民党拿独裁的"党治"作为"暂时"与"过渡"或"训政时期"之权宜之用，也是错误的[3]。政治失败，党员失德，是一党专制自然的结果。在一党专制下，人民没有组织和言论的自由，人民没有监督指摘当局及党员的机会。独裁政治的结果，自然是专政者的腐化。政治日趋腐化，人民日趋叛离，"党治"在内政上实则是以党乱国；在外交上实则是以党亡国[4]。党治是国民精神团结上的一大障碍。"党国"二字在人民的国家观念上，发生了一个极左的隔膜。普通人民的心理，以为国家既不许非党员的人们来过问，就置之不问，采取"让他们去"、"看他们办"的袖手旁观的态度[5]。取消党治的方法有二：一是组织超党派的政府，并附之以政制革新；二是一切地方党部操纵政治的局面应严行改革[6]。法西斯就是从党至上发展为国家至上，最后至元首至上的。人权派对"党治"的论述，表明了他们对"党治"发展为法西斯的担忧。

人权派发动的人权运动，以只开花不结果告终。这场运动是在世界范围内法西斯主义抬头、国内法西斯主义横行的历史条件下形成并发起的。人权，作为法西斯主义的大敌，人权派能够举起这面大旗，是有其绝大勇气的，尤其对于几个政治意志软弱的知识分子来说，更是难能可贵，而此后以知识分子为主体发起的政治运动，再也没有出现过如此声势。人权派批评国民党、辩难孙中山学说，可以说是中国自由主义知识分子天性的暴露，同时也说出了一些在野知识分子或从政知识分子（如王宠惠、蒋梦麟）及国民党内部开明派（如蔡元培）想说而没

---

〔1〕 罗隆基："专家政治"，载《新月》第2卷第2号。

〔2〕 罗隆基："专家政治"，载《新月》第2卷第2号。

〔3〕 罗隆基："专家政治"，载《新月》第2卷第2号。

〔4〕 罗隆基："告日本国民和中国的当局"，载《新月》第3卷第12号。

〔5〕 罗隆基："对训政时期约法的批评"，载《新月》第3卷第8号。

〔6〕 鲁参："约法与宪法"，载《新月》第3卷第5、6号合刊。

有说，或不便、不敢说的话。人权派在人权运动中揭露国民党政府的弊端，客观上使国民党的法西斯气焰有所收敛，国民党政府对人权派的压制，恰恰说明了人权派触及了国民党的痛处。人权派矛头主要指向当政的国民党，对在野的共产党的反对和攻击，是人权运动的次要方面，是由国民党和共产党当时所处的政治地位不同决定的。指斥国民党弊端有利于当时共产党领导的工农革命运动，他们对中共的态度，我们则认为是当时人权派向当政的国民党争人权、争法治不得已而为之的策略。

人权派发动的人权运动，可以说是中国历史上唯一的一次真正的人权运动，也是中国历史上最有价值的一次人权思想的启蒙运动。人权派提出的关于人权、法治、宪政、训政、民主政治、思想言论自由、自由的理论以及关于经济、教育、人口、财政等各方面的改革设想，现在来看未必十分正确，但在当时的中国的确是一种由中国人独立思考、因而具有本土特色的最高水平的人权理论，其价值不独在当时，即使在今天也仍有极大的借鉴意义。

（四）"民权保障运动"

继人权运动之后中国历史上又出现了一次以特定人权救助为特征的人权实践活动，即"民权保障运动"。它的主要特点是组织性、合法性、特定性和救济性。其组织性的表现在于民权保障运动是由宋庆龄组织的"中国民权保障同盟"领导实施的。1932 年 12 月 18 日，宋庆龄与蔡元培、杨杏佛等发表宣言，发起组织了该同盟。同盟于 29 日成立后，宋担任主席。该同盟的宗旨为："以唤起民众努力于民权之保障"[1] 由此，该民权保障运动全置于同盟的领导之下。其合法性表现在非以暴力方式而以呼请、抗议、致信、通电、视察、面求等方式进行。其特定性表现在其所进行的人权保障活动均以对政治犯的释放要求为目的。其宗旨第一项中说："为国内政治犯之释放与一切酷刑及蹂躏民权之拘禁杀戮之废除而奋斗。本同盟首先致力于大多数无名与不为社会注意之狱囚。"[2] 倘废除之目的无法达到，至少也要"予国内政治犯以法律及其他之援助，并调查监狱状况，刊布关于国内压迫民权之事实，以唤起社会之公意"[3] 除上述特定救助活动外，同盟还主张"协助为结社集会自由、言论自由、出版自由诸民权努力之一切奋斗"[4] 其救济性表现为自同盟成立至半年后因杨杏佛被暗杀停止活动时止，先后对涉嫌共产党活动而被捕入狱的第三国际远东负责人、泛太平洋产业同盟秘

---

〔1〕《中国民权保障同盟章程》第 2 条，载《中国民权保障同盟》，中国社会科学出版社 1979 年版，第 3 页。

〔2〕《中国民权保障同盟》，中国社会科学出版社 1979 年版，第 3 页。

〔3〕《中国民权保障同盟》，中国社会科学出版社 1979 年版，第 3～4 页。

〔4〕《中国民权保障同盟》，中国社会科学出版社 1979 年版，第 4 页。

书牛兰夫妇、共产党人陈独秀、罗登贤、陈赓、廖承志、著名教授许德珩及著名作家丁玲、潘梓年等进行了狱中救助，也对《江声报》总经理刘煜被执行枪决发表抗议宣言及形成决议案，还曾视察北平监狱以了解政治犯情况而通过报界揭露当局政治迫害之无道。同盟还参与世界反法西斯斗争，抗议德国纳粹对犹太人的迫害。这些抗议和救助活动在当时均有较大影响。民权保障运动与人权运动相比较，其组织性特点是最显著的。虽然民权保障同盟"不是一个政党，它的目的不是领导中国人民大众去作政治与经济的斗争"，[1] 但由于它民权保障的宗旨十分清楚明了，而且有正式的同盟章程，表现出了较强的组织性；且凡赞同同盟之章程者不分国籍、性别及政治信仰上之差别，均可申请加入同盟，而同盟领导人均能用英语对外交流，是一个比政党更有代表性的政治组织，这点是"人权运动"中之"平社"所不可比拟的。其第二个特点是在对人权与民权的理解上，同盟把两个概念作了明确区分。本来人权运动离保障运动相去仅有年余，人权之争又是同盟诸仁曾为关心的，人权概念亦为他们理解，为什么同盟不用人权而用民权？从其活动及表达的宗旨来看，同盟似乎对人权与民权作了如下划分：凡与政治相关之权利，谓之民权，而与政治不涉之权利，谓之人权，故"民权保障"，即专以政治犯受侵之政治权利为保障和救助对象。民权保障运动的这一特点，使它与国民党当局成针锋相对之势，国民党当局对此前的人权运动尚且采用文化围剿及党纪处分和行政压制等方式阻挠其发展，对专以政治人权为保障对象的民权保障运动则是恨之入骨，必置之死地而后快。由于同盟的领导人善于争取国际上的支持，又因于政治犯历来为国际民主人士如著名作家罗曼·罗兰及科学家爱因斯坦等所关注，所以民权保障活动常使专制统治者处于狼狈境地，这就是反动当局对同盟先欲其死的原因，所以他们不惜以暗杀方式以迫使同盟停止活动。民权保障同盟领导人的鲜血，证明了政治权利对于人民而言其重要性更胜于其他权利。

（五）"冤狱赔偿运动"

继民权保障运动之后兴起的是"冤狱赔偿运动"。该运动是30年代中期以法律职业团体为主体发起的旨在消除冤狱和使受冤人获得国家赔偿的人权救济运动。这个法律职业团体就是当时的全国律师协会及各地律师公会。该运动缘起于1931年全国律协第三次代表大会通过之"本会应建议政府对于过误裁判施行国家负责赔偿责任之制度案"。两年后的第五次代表大会又通过了沈钧儒等人合提的"请立法院即颁制冤狱赔偿法案"的提案，但该提案上达立法院后被搁置。

---

[1] 宋庆龄："中国民权保障同盟的任务"，载《中国民权保障同盟》，中国社会科学出版社1979年版，第5页。

1934 年律协第六次代表大会在广州举行，会议决定设立冤狱赔偿特别委员会，以沈钧儒为首。随后又组成了由 41 人为委员的"冤狱赔偿运动委员会"，自此，有效之赔偿运动正式启幕。该委员会确定的冤狱种类有：①过失冤狱，此类冤狱大都由证据不足、侦查不细、审理不周等类原因所致；②故意冤狱，此类冤狱大都因抹煞事实、采证不公、司法贿赂、舞弊枉判所致；③权威冤狱，此类冤狱系指个人操纵、党部指命、权力干预所致。全国律协所办之《法学丛刊》曾于第 3 卷第 3 期出版《冤狱赔偿运动专刊》，以从理论上指导各地律师公会开展运动。上海律师公会是这场运动的主角，律师们分赴报社、电台及影戏院等公众场所发表演讲和发送冤狱赔偿法的宣传品，特别是每年 6 月以端午节所在周为"赔偿运动周"的宣传活动是一年中运动的高潮。委员会认为中国的冤狱多系后两类，所以他们喻屈原之冤为国冤，这一借势历史文化的形式颇得民心，运动获得了社会各界广泛的同情与支持。《申报》评论说："以期实现国家赔偿制度，而使冤狱者得有所救济。此种保障人权之运动，诚最近值得注意之事件。"[1] 冤狱赔偿运动的直接诉求是请定国家赔偿法律。1936 年"五五宪草"中果增加了该内容："凡公务员违法侵害人民之自由或权利者，除依法律惩戒外，应负刑事及民事责任，被害人民就其所受损害，并得依法律向国家请求赔偿。"[2] 以此为据，1937 年 1 月，国民党中政会决定由立法院起草冤狱赔偿法，7 月案成，案名为《无罪被压受刑补偿法》，但该案因抗战爆发被束之高阁。由之，冤狱赔偿运动也自此而自行终止。冤狱赔偿运动产生了两个积极后果：其一，这场运动表明人们对人权的认识已从文化和概念而上升为制度，即这场运动揭示出的人权原理是，凡得不到法律救济的人权还不是制度意义上的人权，如果不以法律强制方式让国家负侵害人权之责，人权仍是字面意义上的。用运动发起者的话说，就是"若无冤狱赔偿制度，则所谓人权保障，仅属粉饰文明"[3]。这种认识是人权观念的一次升华，人权在这个层面上被理解为是制度的和事实的，大凡不以制度予以救济的人权都是虚假的人权，因而人权的制度化概念被提出来了。其二，这场运动产生了中国历史上首部国家赔偿法案，"五五宪草"也因有国家赔偿内容而被评价为除临时约法之外的国民政府制定的最好的一部宪法草案。冤狱赔偿运动无论从政治史的角度还是从宪法史或人权史的角度，其促成人权法案产生的事实都是必予肯定的。当然，就像有宪法未必有宪政或可能出现反宪政一样，有冤狱赔偿法也未必有人权救济与补偿的事实，但这是人权制度化的另一个论题。可以肯定地说，

---

[1]　《申报》1935 年 5 月 16 日。

[2]　《中华民国宪法草案》第 26 条。

[3]　《申报》1936 年 6 月 7 日。

无冤狱赔偿法则肯定不会出现人权救济制度。冤狱赔偿法一方面能够唤起民众救济人权的意识，另一方面，对公权力的滥施无度或可划定一个警示的界限，因而该法虽未正式定出和实施却仍是有开限制公权而救济私权风气之先意义的。

人权的概念从由日本传入至此为止，已经历了与国权相对应的对国家权利一分为二的国权与民权阶段、文化意义上的以实现独立人格和各种自由的从压制和束缚解放出来的道德人权阶段、把人权作为使人成其为人的做人的各种条件阶段、以和平和合法方式对被侵人权予以保障阶段和从法制上追究国家侵害责任的制度人权阶段等五个时期。从观念的人权到概念的人权再到法律的人权再到制度的人权，最后所要达到的是事实的人权。观念的人权和概念的人权是人权的文化基础，法律的人权和制度的人权是人权的事实基础，把前者意义上的人权变为后者意义上的人权才是我们研究人权概念的出发点。

三、当代中国的人权发展

在建国之后相当长的时期内，由于国际、国内背景使然，"人权"曾被作为资本主义的"专利"而遭批判。改革开放后，尤其是上世纪 90 年代以来，人权理论研究重获新生，人权制度建设提上议事日程，以宪法为核心的保障人权的社会主义法律体系逐步完善起来。在 2004 年 3 月召开的第十届全国人民代表大会第二次会议上，第四次宪法修正案以 2863 张赞成票获得通过。中国人民和中国政府用难以想象的高票向世界宣示了坚定不移地推进人权事业和宪政进程的决心。本次宪法修正之所以备受关注，最根本的原因在于我们这次宪法修正导入了一种精神，那就是人权精神。这是历经百余年思考、曲折和磨难后，我们做出的郑重选择，这一选择注定将是影响到中华民族生存方式、中华民族复兴伟业和中华民族精神未来走向的选择。

本次的 14 条宪法修正案，除了国家主席职权的变动和国歌这两条与人权没有直接的联系外，其余 12 条都和人权有关，所以说此次修宪是以人权为精神导向的修正。在 14 条修正案中，"国家尊重和保障人权"是一条关于人权的概括性条款，它的入宪意味着人权的精神和人权的原则进入了宪法。那么，它到底修正了什么？

第一个修正是关于人权主体观的修正。我们现在的宪法用的主体观是公民主体观。在以往的宪法中，我们对所有权利的表述都是公民权利的表述。但是，受一个国家宪法保护和调整的对象仅仅是公民吗？回答显然是否定的。宪法保护的主体应该指向所有的人。我们知道人权体系有古典和现代之分，古典的人权体系是把人和公民分开的，而现在的人权体系，特别是 1948 年《世界人权宣言》产生以后，用的人权概念几乎都是"人人"的概念或者是"所有人"的概念。所以在一个国家的人权主体表述上，就应分成三个层次：第一个层次是"人人"的层次，这个"人"是所有的人，不管是男人还是女人，不管是老人还是年轻人，不管是中国人还是外国人，不管是有国籍的人还是无国籍的人，不管是敌人还是人民。在这个层次上，人权所指向的对象就是以人格为单位而被分配的。只要你是人，你就受到宪法的保护。第二层主体才是公民主体。公民主体只指向本国严格保护的几大领域，比如说政治领域、担任公职的领域、劳动的领域和社会保障的领域等。第三层主体是以种类的特征划分出的作为某一种特殊保护对象的主体。根据这层的特征，我们概括其为弱者群体，如妇女、老人、儿童、身体障碍人等。所以这次人权条款的入宪，我们明确用了"人权"这个词就预示着在权利的主体观上已经发生了根本性的变化。中国的宪法要以"人人"或"所有人"为调整对象。这种修正挑战的是主体的差别观、立法的差别观和权利的二元结构。

第二个修正就是我们所设定的人权体系从封闭走向了开放。宪法中有专门的一章"公民的基本权利和义务"，其中有被宣示出来的基本权利。但宪法宣示之外还有没有其他权利了呢？一个国家在立宪的时候是不是把基本人权全部都穷尽了？迄今为止，尚未有一个国家能做到。美国第一次宪法修正时，仅设人权10条，以后则多次增扩。立宪时不能概括所有的基本权利，这是所有国家在设定人权体系的时候所必须面对的共同局限。但是当我们说国家尊重和保障人权的时候，就预示着一个人权的基本原则被确立下来了，那就是宪法以外还有基本人权。这样，就使我们通过这个人权的总原则而建立一个不断发展和丰富的人权体系成为可能。我国的人权体系也就由一个封闭的体系转化成了一个开放的体系。这就是人权修正条款进入宪法以后，对我们在体系上的一种修正。

第三个修正是关于对人权标准和价值的修正。既然人权体系由封闭走向了开放，那么，人权的标准也就不再是本国单一的尺度了。我们已加入数十个联合国的人权公约，"加入"在法理层面上首先被理解为国家承担了接受国际标准衡量的义务。所以，国际人权标准，除我们声明保留的以外，同时也是我国的国内标准。人权修正条款使国际国内标准走向了统一。标准和价值是表里关系，价值是文化的核心，由此说明，权利文化将成为国家的主流文化。

第四个修正是执政理念的修正。"执政为民"应转化成何种法律判断？保障人权、促进人权的发展、实现人民的权利，是依法治国的本质。政治上的"为民"，应转化为法律上的"为了人民的权利"，立法是表达人民的权利，执法是落实人民的权利，司法是救济人民的权利，法律监督是保障人民的权利。人民的权利，是一切国家机关的工作基础，尊重和保护人民的权利，同时也就是一切国家机关及其工作人员的基本任务。尊重人权的政治才是文明的政治，实现人权的法律才是法治国家所需要的法律。所以，人权修正条款修正了我们的执政理念。

　　第五个修正是对司法理念的修正。过去我们认为没有法律明示的权利，找不到法律依据的权利，在诉讼的时候，诉权就要受到限制。当事人切身感觉到的法益，要求司法给予救助时，若司法上找不到明示的条款，就予以驳回而不予救助。国家尊重和保障人权的条款进入宪法以后，将给我们的司法理念带来新的变化。法律上明定的权利是一类，在法律上没有明示的权利是另一类，在法律之外，公民还有大量的自由和权利。国家尊重和保障人权，就预示着司法要以此作为自己的义务。所以，即使没有法律明示的权利，司法也应当给予保障，这就是对司法权的一种约束，是对司法权明示的一种义务。司法权负有一种对公民的权利予以推定的义务。

第三节　人权国际化的历史与发展

　　人权国际化在广义上是指人权问题超越一个国家的范围，成为国际社会关心的事项；狭义上则是指人权问题成为国际法律规则规定和调整的对象，在国际法中存在着规定和调整人权的原则、规则和机制。因此，国际人权法或人权的国际法是人权国际化的一个核心问题和现象。一般认为，国际人权法的产生是以第二次世界大战结束以后，联合国的成立特别是《世界人权宣言》的通过为标志的。但是，人权国际化的历史要早于国际人权法作为国际法一个分支部门的产生——早在二战以前，在国际法中就已经存在一些有关人权保护的规则和机制。因此，人权国际化可以分为两个大的阶段，即萌芽阶段与正式确立和发展阶段，其分水岭即为第二次世界大战。

一、人权国际化的萌芽阶段

　　严格而言，传统的国际法并不涉及人权问题，一个国家在其内部如何对待自己的国民是其自己主权范围内的事务，其他的国家、国际社会和国际法对此不能过问或干预。但是，即使在第二次世界大战之前，就这一般现象也存在一些例外，即在国际法中有一些极为个别的规则和机制，在有限的程度上关注对某些人的国际保护。但是，这些规则和机制仅仅与人权有关，在目的、宗旨和性质上与现代的国际人权法仍有相当的差异，因此需要一定的分析。以下的内容将简要梳理这些规则和机制的内容，但重点并不在于此，而在于这些规则和机制的起因、动机、性质与后果。人权国际化的萌芽阶段又可以划分为两个时期，即第一次世界大战以前的时期和一次大战到二次大战的国际联盟时期。不过，以下所梳理的国际法中有关人权保护的早期规则，有些属于特定历史时期的现象，有些则经过发展与变化，延续到了一战甚至二战以后，融入到了现代国际人权法中。因此，以上阶段和时期的划分并不是对每一项规则和机制都适用。

（一）禁止奴隶制和奴隶买卖

奴隶制和奴隶买卖在人类历史上很早就已经出现，延续了很长时间，甚至直到今天。在欧洲殖民者到达新大陆需要大量的劳动力之后，奴隶制和奴隶买卖成为一种广泛的国际现象——无数的黑奴从非洲被捕获或购买并贩卖到美洲从事奴隶劳动成为16世纪到18世纪最有利可图的一项商业活动，几乎所有的欧美国家都卷入了奴隶贸易。直到18世纪末，由于奴隶制和奴隶贸易显然有违人性，国际社会才开始了禁奴运动。自1772年开始，英国明确宣布奴隶制为非法，并逐渐将禁止奴隶制和奴隶贸易从其本土扩大到其殖民地，最终于1834年在整个大英帝国范围内加以废除。同时，英国还提出了多项双边和多边措施来完全禁绝国际奴隶贸易。在19世纪，欧洲国家签署了多项国际条约——如1890年的《布鲁塞尔条约》——以禁止奴隶贸易，奴隶和奴隶贸易问题由此被承认为在本质上是国际关注的事项。在国际联盟成立以后，在英国的倡导下，一项《禁奴公约》于1926年获得通过，并于次年生效，在此前几个世纪中参与了奴隶贸易的国家几乎都批准了该公约。这一公约第一次在国际法上对奴隶制下了定义，并于1932年建立了"奴隶制问题专家咨询委员会"以监督公约的实施。《禁奴公约》被称为是"第一项真正的国际人权条约"。[1]

国际法对奴隶制和奴隶买卖的禁止延续到联合国成立以后，后来还扩展到禁止奴役、类似奴隶制的习俗和强迫劳动。《世界人权宣言》第4条规定："任何人不得使为奴隶或奴役；一切形式的奴隶制度和奴隶买卖，均应予以禁止"。联合国大会还于1953年通过了《禁奴公约》的议定书，于1956年通过了《废止奴隶制、奴隶贩卖及类似奴隶制的制度与习俗补充公约》，这两份文书扩大了奴隶制的定义。《公民权利和政治权利国际公约》第8条在《世界人权宣言》第4条的基础上，还禁止强迫役使和强迫或强制劳动。至此，禁止奴隶制和类似行为成为现代国际人权法的核心规则之一。在《禁奴公约》通过80多年后的今天，在世界范围内已经不存在大规模的、成体系的奴隶制和奴隶买卖，但类似奴隶制的制度与习俗依然存在，其中包括买卖儿童、儿童卖淫、儿童色情制品、剥削童工、对女童的性残割、在武装冲突中使用儿童、债务劳役、买卖人口和人体器官、强迫卖淫、种族隔离制度的某些方面以及殖民制度等。[2] 这些方面已经成

---

〔1〕 Paul Sieghart, *The International Dimension of Human Rights*, 1982, p. 13.

〔2〕 联合国人权概况第14号：《当代形式奴隶制》，1991年。

为联合国在人权领域中的一个重点。在 20 世纪初至国际联盟时期通过的有关公约和议定书的基础上，联合国于 1949 年通过了《禁止贩卖人口及取缔意图营利使人卖淫的公约》；于 2000 年通过了《联合国打击跨国有组织犯罪公约关于预防、禁止和惩治贩运人口特别是妇女和儿童行为的补充议定书》；就《儿童权利公约》还于 2000 年通过了两项任择议定书即《关于买卖儿童、儿童卖淫和儿童色情制品问题的任择议定书》和《关于儿童卷入武装冲突问题的任择议定书》；在"以《宪章》为基础的机制"内，则由防止歧视和保护少数小组委员会于 1974 年建立了"奴隶问题工作组"（1988 年重新命名为"当代形式奴隶问题工作组"），由人权委员会于 1990 年任命了一位关于买卖儿童、儿童卖淫和儿童色情制品问题的特别报告员，于 2004 年任命了一位关于买卖人口特别是妇女和儿童问题的特别报告员；在国际劳工组织方面，也有若干公约禁止奴隶制或类似行为，如专门禁绝与奴隶劳动类似的强迫劳动的 1930 年《强迫劳动公约》（第 29 号公约）、1957 年《废止强迫劳动公约》（第 105 号公约），以及专门针对童工问题的 1973 年《准予就业最低年龄公约》（第 138 号公约）和 1999 年《禁止和立即行动消除最有害的童工形式公约》（第 182 号公约）。现在，禁止奴隶制度、奴隶买卖和役使不仅是不可克减的人权，而且成为约束所有国家——无论其是否批准了上述条约——的一项习惯国际法规则。

从禁止奴隶制和奴隶买卖这项人权的国际化过程中，可以总结出两点认识：首先，这是一个人类良知和道德不断战胜功利和贪欲的过程。从古至今，奴隶制及其类似行为的动机均在于赚取利润，但随着对人性和人的尊严的重要性的认识不断加强，也由于工业化使得奴隶劳动不再必要，以英国为首的西方国家终于从 18 世纪开始禁绝这一人类历史上最为丑恶的侵犯人权现象。其次，这一权利从最初的单纯禁止奴隶制和奴隶买卖扩展到现今禁止类似奴隶制的制度与习俗，说明对人性和人的尊严的践踏与攻击有多种形式，制度性的奴隶现象尽管不再大规模存在，但类似的制度和习俗仍以各种变种存在于世界上的各个角落，并涉及对多项人权的侵犯。因此，禁止奴隶制的任务远未完成，国际社会还需要在这方面继续努力。

（二）国际人道法

战争的历史与人类的文明史一样漫长，而某些即使在战争中也应予遵守的规则的历史也与人类法律的历史一样悠久。自 17 世纪初近代国际法诞生以来，战争法就一直是其重要的组成部分，其中就包含了一些属于现代国际人道法萌芽的规则。不过，在很长一段时期内，有关武装冲突中应遵守的规则都是零散的、不成体系的。只是到了 19 世纪，武装冲突法或国际人道法才成为国际法的一个分支，其标志就是 1864 年通过的《改善战地军队伤员境遇的日内瓦公约》。此后，这一法律部门逐渐出现了两个分支，即"日内瓦法"或狭义上的国际人道法和"海牙法"或狭义上的武装冲突法，前者主要关注保护不再参加敌对行动的军事人员如战俘和伤病员以及平民的问题，后者则以 1868 年关于在战争中放弃使用某些爆炸性弹丸的《圣彼得堡宣言》为正式起点，主要关注作战中的方法和手段问题。[1] 就前一个领域，到第二次世界大战爆发为止还制订了一系列的公约，其中最主要的就是有关陆战伤病员和战俘待遇的两个日内瓦公约；就后一个领域，1899 年和 1907 年的两次海牙和平会议以及 20 世纪 20 年代通过的若干项公约和宣言，涉及陆战法规和习惯、禁止毒气、爆炸性子弹、从气球上投射爆炸物等方面，这些文书中的许多至今依然有效。

　　第二次世界大战之后，国际人道法继续发展，其中在"日内瓦法"方面最突出的成就是 1949 年通过的有关保护战争受难者（伤病员、战俘、平民）的日内瓦四公约及其 1977 年通过的两项附加议定书，其中的许多规则已经发展成为习惯国际法；"海牙法"则扩展到保护文化财产、禁止破坏环境、禁止生物和化学武器、禁止使用引起过分伤害或不必要痛苦的作战方法和手段等。目前，"日内瓦法"和"海牙法"之间的区别已经逐渐模糊，两者已经逐渐合称为国际人道法。另外，第二次世界大战以后发展起来的国际刑法——特别是 20 世纪末两个联合国特设刑事法庭建立、《国际刑事法院规约》于 1998 年通过、国际刑事法院于 2003 年建立——又为国际人道法的实施和违法责任的追究提供了强有力的保障。

　　从人权国际化的角度考虑，由国际人道法的发展可以总结出两点认识：首先，国际人道法与国际人权法的价值基础是一样的，都是基于对人的生命、尊严和人性的尊重和保护。这说明即使在国际法这样一个以国家为核心、主要调整国家间关系的法律制度中，即使在战争这样一种最为残酷的人类行为中，依然能够甚至必须考虑对人的保护，并因而限制国家的权力。其次，国际人道法与国际人权法的区别仍然是非常明显的。除了产生时间、适用条件等具体差异以外，两者最大的不同在于各自的规范基础：传统的国际人道法主要关注的是武装冲突中一个交战国如何对待敌国战斗人员和平民，国际人权法主要关注的是一个国家如何对待本国国民。可以说，至少传统的国际人道法还是从保护国家利益的角度出发来考虑保护个人，规定的是一个国家对其他国家而非个人的义务，并因此具有作为传统国际法之根本基础和特征的对等性质，而这些特性是国际人权法基本不具备的。不过，随着 1949 年日内瓦四公约中共同第 3 条以及 1977 年《关于保护非

---

〔1〕 Jean Pictet, *Development and Principles of International Humanitarian Law*, Kluwer Law International, 1985.

国际性武装冲突受难者的附加议定书》（第二议定书）的通过，国际人道法也开始适用于国内武装冲突，并且失去了国家间对等的特征，[1] 价值重心更加倾向于对人的保护，因此与国际人权法的价值取向已经基本一致。实际上，国际人道法与国际人权法已经逐渐融合，国际人道法越来越多地被看做是适用于武装冲突时期的人权法。有人提出，可以将两者纳入一个共同的名称"人性法"（humane law）之内，该法"由确保人之尊重的实现的国际法律规范的总和构成"。[2]

（三）少数者的权利和宗教自由

世界上有不同的人种、宗教和语言，当一个国家中某一个人口群体在数量上少于其他人口且处于非主宰地位，具有不同于其他人口的人种、宗教或语言上的特征并明示地或默示地在保护其文化、传统、宗教或语言方面显示出一种团结的情感时，这一人口群体即构成了人权意义上的少数者。[3] 世界上几乎没有任何国家是由在人种、宗教或语言上单一的人口构成的，因此少数者的问题是一个普遍的、历时已久的问题，在标志近代国际法产生的 1648 年《威斯特伐利亚和约》以前，就已经存在一些有关保护少数者的国际性法律文书，即使在近代国际法和主权原则产生、一国如何对待包括少数者在内的本国国民被确立为国内管辖事务以后，也缔结了一些有关保护少数者的宗教和世俗权利的条约。[4] 在这一时期，对少数者权利的保护尽管已经在一定程度上成为国际关注的事项，但与现代国际人权法中的少数者保护规则和机制相比，仍有几个特点：首先，这些条约和安排基本局限在欧洲，而并不扩及适用于世界的其他区域，因此不具有地理上的普遍性。其次，这些条约和安排的参与一方一般与受到保护的少数者具有人种、宗教或语言上的联系或亲缘性，并且有相对强大的实力保证这些条约和安排的缔结和效力。最后，由于上一个特点，这些条约和安排的目的并不仅着眼于保护少数者本身，而是有一定的国家利益蕴涵其中。

基于少数者问题而产生的矛盾是第一次世界大战爆发的动因之一，因此，战争结束后建立的国际联盟尽管没有明确将保护人权规定为其宗旨之一，但为了防

---

〔1〕 《维也纳条约法公约》第 60 条规定，一方重大违约可以作为条约之终止或停止施行的理由，但该条第 5 款规定"这不适用于各人道性质之条约内所载关于保护人身之各项规定，尤其关于禁止对受此种条约保护之人采取任何方式之报复之规定"。应认为国际人道法和国际人权法均属此种规定。

〔2〕 Jean Pictet, *Development and Principles of International Humanitarian Law*, Kluwer Law International, 1985, p. 3.

〔3〕 防止歧视和保护少数小组委员会任命的特别报告员卡波托尔蒂（Francesco Capotorti）对"少数者"的定义，参见 Francesco Caportorti, Study on the Rights of Persons belonging to Ethnic, Religious and Linguistic Minorities（U. N. Doc. E/CN. 4/Sub. 2/384/Rev. 1），UN Sales No. E. 78. XIV. 1, 1979.

〔4〕 关于国际联盟成立以前有关少数者权利保护的国际性规定和实践，参见 Patrick Thornberry, International Law and the Rights of Minorities, Oxford University Press, 1997, pp. 25 ~ 37.

止再次爆发战争，便相当重视对少数者权利的保护。在《凡尔赛和约》等一系列在 1919 年至 1920 年间签署的和平条约以及此后的双边和多边条约中，[1] 都规定了少数者群体的成员的某些最低权利，包括平等权利、宗教权利和使用自己的语言的权利等，以及相应的实施机制。这些条约都声明其规定构成了国际关注的法律义务而非国内管辖的事项，并处于国际监督之下。国际联盟部分地承担着对这些权利之实施情况的监督，建立了一个少数者委员会来确保相关的国际法义务得到遵守——该委员会至 1938 年为止共处理了约 650 件少数者提出的申诉，常设国际法院也处理过有关少数者权利的案件。[2] 国际联盟时期有关少数者权利保护的制度基本延续了以往实践的特点，但有两点不同：一是其适用的地域范围更加狭窄，仅限于一战后新独立的中东欧国家，甚至没有涉及其他欧洲国家；二是为实施保护少数者的规则规定了一定的机制并发挥了一定的效能。

宗教自由在历史上与少数者权利的保护一直有一定的联系。早在 1555 年的《奥古斯堡和约》和 1648 年的《威斯特伐利亚和约》中，就已经包含了宗教权利平等的规则，尽管其中没有明确提及对少数者的保护。到了 19 世纪，由于奥斯曼帝国以及从该帝国独立的国家中有许多少数者属于宗教上的少数，因此他们的宗教信仰自由在保护少数者的语境之内得到了强调。同样，在第一次世界大战以后，宗教自由和权利也往往是在有关少数者的规则和机制中得到体现和保护，因此，无论是在地域上还是对象上，都不具有普遍性。

第二次世界大战结束以后，对少数者权利的保护成为国际人权法中的一项重要内容，并且与以往规则和机制的缺陷相比，有了重大的突破。首先，少数者的权利被全面纳入人权法体系中，已经不再是和平条约的一部分或为保障和平而定，因此具有了自主重要性。尽管《世界人权宣言》中没有提到少数者权利，但是其后则有多项国际人权文书均涉及了少数者的权利，最典型的就是《公民权利和政治权利国际公约》第 27 条以及联合国大会于 1992 年通过的《在民族或族裔、宗教和语言上属于少数群体的人的权利宣言》。其次，对少数者权利的保护具有了普遍性，不再是仅仅只拘束某些特定国家，而是适用于有关条约或机制覆盖的所有国家。最后，现代国际人权法对少数者提供了全方位的保护：种族灭绝已经被《防止及惩治灭绝种族罪公约》以及《国际刑事法院规约》等规定为一项国际罪行；《公民权利和政治权利国际公约》和 1947 年成立的防止歧视和保护少数小组委员会（1999 年更名为促进和保护人权小组委员会）主要关注少数者

---

[1] 据统计，在国际联盟制度下签订的有关少数者权利保护的条约有 14 个，参见 Patrick Thornberry, International Law and the Rights of Minorities, p. 41.

[2] Manfred Nowak, *Introduction to the International Human Rights Regime*, Brill Academic Pub., 2003, p. 21.

的平等和非歧视问题,《消除一切形式种族歧视国际公约》规定的有关机制也可以用于这一目的;另外,土著人的权利也得到越来越多的重视并被纳入广义上的少数者保护制度中——联合国人权委员会于 2001 年任命了一位关于土著人民人权和基本权利情况的特别报告员、联合国大会于 2007 年通过了《土著人民权利宣言》、国际劳工组织则从自身宗旨和职权的角度于 1989 年通过了《土著和部落人民公约》(第 169 号公约)。但是,目前对少数者权利的国际保护还有一个重大的缺陷,即迄今为止在普遍层次上还没有一项全面规定少数者权利的专门公约,有关少数者权利的国际文书依然以"软法"文书为主。

(四)国际劳工组织的早期实践

国际劳工组织是根据《凡尔赛和约》于 1919 年建立的,其宗旨是改善劳动条件,以在社会正义的基础上,建立世界持久和平。从 1919 年到 1939 年间,国际劳工组织通过了 67 项公约和 66 项建议书,广泛涉及工作时间、工作最低年龄、结社权利、事故和职业病赔偿、健康劳动条件、最低工资、禁止强迫劳动、对劳动妇女的保护等许多与现代人权观念中的经济和社会权利有关的方面,对于改善其适用范围内国家的劳动条件、保护劳工权利起了积极的作用。另外,国际劳动组织还设立了成员国提交报告和有关方提出申诉和控诉的机制(1950 年又设立了调查和调解机制),成为现代国际人权法中实施和监督机制的雏形。国际劳工组织在国际联盟解散以后,作为独立的组织存在,并在联合国成立以后,成为其第一个专门机构,负责劳工、社会等问题。迄今为止,国际劳工组织共通过了 188 项公约和 199 项建议书,覆盖的领域非常广泛,成为经济和社会权利领域(也包括公民权利如结社自由)中国际人权规则的重要组成部分。

国际劳工组织及其劳工标准的发展极其典型地反映了人权国际化的动因和过程。到 19 世纪中叶,西方国家普遍完成了工业化,资本家为了争夺市场竞争优势,采取了各种各样的办法压榨工人的剩余利润。在此条件下,共产主义思潮和运动应运而生,并导致了苏联的建立。19 世纪末至 20 世纪初,某些经济和社会权利得到了国内法的承认,具有了实在法的形态,这些权利之所以迅速地以国际劳工标准的形式国际化,是出于两个原因:一是抵御苏联的社会主义制度的影响,二是为了国家的利益——如果只有一个国家改善其劳动和社会条件,就会增加生产成本,其产品的竞争力就会降低,因此必须有一种国际标准和机制对所有有关国家加以约束。[1]

(五)外国人待遇

在传统的、欧洲中心主义的国际法中,曾经有这样的规则,即一个国家有义

―――――――――

[1] Louis Henkin, *The Rights of Man Today*, *Westview Press*, 1978, p. 92.

务以符合文明或正义的某种最低限度标准来对待外国国民。这样的标准独立于该国对待自己国民的标准。当一个国家违反这些标准侵犯外国国民的权利时，就会产生国际责任，外国国民的国籍国可以进行保护、请求赔偿。但是，这样一种规则基本上没有规定在条约中，而最多是以一种可争辩的习惯国际法规则的形式存在。从现代国际人权法的观点来看，传统国际法中有关外国人待遇的规则存在三个问题：首先，从政治角度来看，当时主张外国人待遇的主要是西方强国，标准主要是它们所理解的文明或正义的最低限度标准，针对的主要是欧美以外的非西方国家——这些国家实际上几乎从未行使过这一理论上存在的权利。这样的情况显然不符合各国拥有主权以及国家平等的现代国际法原则。其次，从法理角度来看，与国家应根据某种最低限度标准对待外国人的义务相对应的主张权利以及由之而来的求偿权利，并不属于所涉及的外国人个人，而属于其国籍国。其逻辑设定是，当个人的权利受到侵害时，这种侵害在国际法上等同于其国籍国受到了侵害。因此，这种权利义务仍是国家之间的关系，在其中个人仍处于客体地位，根据国际法他甚至不能对本国政府取得的赔偿提出权利主张。从这一点来看，尽管有关外国人待遇的制度在客观上可能为个人提供了一定的保护，但其法理与现代国际人权法的基础没有任何共同之处。最后，即使从人权的角度看，这些外国人待遇的最低限度标准也缺乏普遍性，这些标准只适用于外国人，甚至可能高于给予本国人的待遇。基于以上这些原因，在现代国际法中，一般都是根据国内法或国家之间的协议，在平等的基础上，确定外国人的待遇，其根据和基础已经不再是所谓的文明或正义的最低限度标准。而在人权领域中，除了极少数权利如政治权利以及某些经济和社会权利以外，绝大部分人权应一体适用于处于一国管辖权之下的所有个人，而不论其国籍。[1]

(六) 人道主义干涉

在传统国际法中，还曾存在一种所谓的人道主义干涉的制度，即在一个国家残暴地对待其本国国民，其行为如此广泛而严重以至于震惊国际社会的良知时，其他国家可以基于人道主义的原因，合法地对该国使用武力以制止这种残暴行为。这种理论也是西方国家提出来的，而且在 19 世纪的确有过针对奥斯曼帝国的干涉，动因是保护该国境内的非穆斯林免遭残暴待遇。人道主义干涉从来没有规定在任何条约中，而且是否形成为习惯国际法规则也是极为可疑的。从人权角度来看，对人道主义干涉可以形成如下认识：首先，人道主义干涉的理由从表面

---

[1]　例如，《公民权利和政治权利国际公约》建立并负责监督其实施的人权事务委员会称："一般而言，本公约所订各项权利适用于每个人，不论国家间对等原则，亦不论该个人的国籍或无国籍身份。"人权事务委员会第 15 号一般性意见，"外侨的地位"，第 1～2 段，1983 年。

上来看，承认了一国如何对待本国的国民可以是其他国家合法关注的事项，这一点与现代人权观念有相同之处。但是其次，实际发生过的以人道主义为名进行的干涉依然主要是西方强国针对弱国进行的，而且往往是在受迫害的人群与干涉国家有某种联系——如属于同一民族或宗教——时才发生，因此政治利益往往是干涉的主要原因，即使不是惟一的动机。基于这些原因以及人道主义干涉经常被滥用的事实，现代国际法并不承认人道主义干涉的合法性。国际人权法尽管承认一个国家的人权状况是国际社会的合法关注事项，但同样不承认一国对人权的大规模侵犯在国际法上产生了其他国家进行干涉的权利。不过，在冷战结束以后，又有一些国家主张，在发生一国对人权的大规模侵犯时，其他国家有权在未经联合国授权或允许的情况下进行干涉，甚至是武力干涉，这成为当今国际法中最为复杂、争论最多的问题之一。

（七）对人权国际化的萌芽阶段的认识和总结

综上所述，尽管传统的国际法在整体上并不关注一个国家如何对待自己的国民，如何尊重和保护他们的基本权利和自由即人权，但是即使在国际人权法正式诞生以前即第二次世界大战以前，就已经有一些国际法规则和机制从现代人权观念来看，涉及对人的权利的国际保护。对此，路易斯·亨金声称"实际上，无论是国际政治体系还是国际法都从来没有对一个国家之内发生的情况和个人的际遇完全置之不理"[1]。不过，并不能由此认为人权作为一个整体，在这一阶段已经成为国际法的有机组成部分，成为国际社会的合法关注事项。这一阶段中存在的规则和机制，至多只能称为人权国际化的萌芽，与现代的国际人权法的目的、宗旨和性质仍有相当的差异，对此需要有明确的认识。

首先，从总体上来说，对于一个国家内部发生的情况，包括人权状况，其他国家不仅在事实上漠不关心，而且在国际法上也没有任何予以关注的权利或义务。其次，即使存在一些萌芽性的规则和机制，但其中的绝大部分仍然主要出于政治或经济的动机，是为了保护国家的利益和价值，而并不是出于或至少是并不完全出于对普遍意义上的人的生命、尊严、自由与福祉的考虑[2]。再次，这些规则和机制中有一些仍然属于传统的国家间权利和义务关系的范畴，并不赋予个人以权利，特别是个人可以自主主张的权利；即使有这些规则和机制存在，但个人依然是国际法的客体，而只有主权国家是国际法的主体，主张和行使国际法意义上的权利。最后，这些规则和机制并不具有普遍性，往往只对部分国家、部分

---

[1] Louis Henkin, *International Law: Politics and Values*, Springer, 1995, p. 169.

[2] 例如伯根索尔就称，这些先例中可能除了人道主义干涉以外，都不是对作为人的个人的保护。参见 Thomas Buergenthal, "The Evolving International Human Rights System", *American Journal of International Law*, vol. 100, 2006, p. 784.

人适用，经常具有选择性和双重标准的性质。因此，总体而言，尽管从18世纪末到20世纪初，人权作为实在规则已经规定在许多国家的国内法律制度中，也尽管在国际法中已经存在一些有关人权的规则和机制，其中有一些还延续到了第二次世界大战之后，并且在某种程度上、经过某些变化之后，融入到了现代国际人权法之中甚至影响了国际人权法的发展。但是，在近代国际法诞生之后的约300年间，个人仍被挡在国家主权的铁幕之后，国际化的曙光尚未照耀在人权事业上。

二、人权国际化的形成与发展阶段

第二次世界大战是人权国际化的转折点。人权真正国际化、国际人权法发展成为国际法中一个相对完备的法律体系是在第二次世界大战以后。国际人权法的发展大致上经历了三个阶段，即初创阶段、规范设立阶段以及机制设立和运行阶段。以下的内容将简要介绍这些阶段中人权国际化的发展情况。不过，这些阶段并不是按一个阶段结束再开启一个阶段的次序发生的。在国际人权法初创以后的第一个阶段是规范设立阶段，但这一阶段并不是到机制设立阶段就终止，而是一直在发展；同样，机制设立阶段也是一个连续的过程，直到目前还在发展。另外需要指出的是，人权国际化不仅发生在以联合国为代表的普遍层次上，而且还发生在欧洲、美洲和非洲的区域层次上。在这些区域，也都制定了大量的区域性国际人权规则，建立了区域性的、往往是比普遍性机制更强的人权实施和执行机制。但是，区域性人权制度只是人权国际化的一个侧面和表现，其发展规律和特点与普遍层次上的人权国际法趋势并无实质的不同。

（一）国际人权法的起始

在第二次世界大战期间，对轴心国作战的国家就提出，这场战争不仅是为反侵略和解放而战，更是为维护人权而战。1941年1月，美国总统罗斯福就提出，应该有一个建立在四大自由即言论自由、信仰自由、免于恐惧的自由和免于匮乏的自由的基础之上的世界；1941年8月的《大西洋宪章》则称，彻底战胜敌人对保护人民生命安全、自由、独立和宗教自由以及在他们本土和其他国家维护人权和正义是至关重要的；1942年1月1日，26个参战国家的代表在华盛顿签署《联合国家宣言》，其中宣告了基本相同的愿望。

在第二次世界大战即将结束时，由于战争中所发生的惨烈暴行震撼了人类的良知，因此整个国际社会达成了这样的共识，即对人权的侵犯不仅有违人类良知，而且严重威胁国际和平与安全；人权问题不能再完全由国家管辖，而应该由国际法加以规定和调整；在国际法中承认和保护人权，不仅符合国际法目标的进步概念，而且符合国际和平的基本需要。正是基于这样的信念，战后重建国际政治和法律秩序的联合国在其《宪章》中开篇即称："我联合国家人民同兹决心，欲免后世再遭今代人类两度身历惨不堪言之战祸，重申基本人权，人格尊严与价值，以及男女与大小各国平等权利之信念"，从而开创了人权的国际保护的新局面。在《联合国宪章》中，除了序言以外，另有 6 处提到了"人权及基本自由"，其中最为重要的是其第 55 条（寅）项，该项规定联合国应促进"全体人类之人权及基本自由之普遍尊重与遵守，不分种族、性别、语言或宗教"。该条规定主要着眼于作为一个整体的联合国，而第 56 条则以会员国为出发点对第 55 条进行了补充："各会员国担允采取共同及个别行动与本组织合作，以达成第 55 条所载之宗旨。"这是"人权"这一概念首次规定在国际法律文件中。然而，《宪章》中的这些人权条款有若干缺陷：首先，《宪章》没有定义应予尊重与遵守的人权与基本自由的具体内容；其次，《宪章》没有明确规定其会员国尊重与遵守人权与基本自由的具体义务；最后，《宪章》也没有规定任何实施和执行这些人权与基本自由的机制。存在这些缺陷的主要原因在于：首先，在《宪章》通过、联合国成立时，国际社会的首要任务是恢复战后的和平与国际秩序，因此需尽快建立联合国组织，而不可能对人权有详尽的规定；其次，更为重要的是，联合国的创始会员国相信并计划在短时期内通过"国际人权宪章"，对人权的内容和相应的实施机制作出明确、具体的规定。

作为确立"国际人权宪章"的第一步，联合国大会于 1948 年 12 月 10 日以 48 票赞成、0 票反对、8 票弃权通过了《世界人权宣言》，以作为"所有人民和所有国家努力实现的共同标准"。《宣言》包括序言和 30 条实质性规定。在序言中，《宣言》明确指出人权"乃是世界自由、正义与和平的基础"，第 3 条至第 21 条规定了公民和政治权利，第 22 条至第 27 条规定了经济、社会和文化权利。《世界人权宣言》是首次全面、细致地规定和列举人权和基本自由的国际文书，在世界人权历史上具有里程碑的地位。12 月 10 日也因此被定为"世界人权日"。然而，尽管《宣言》具有道德和政治上的极高权威性，但从法律角度而言，《宣言》也有若干缺陷：首先，《宣言》只是联合国大会的决议，因此其本身没有国际法上的拘束力；其次，《宣言》也没有规定任何实施和执行机制。存在这些缺陷的原因在于：联合国和国际社会在起草和通过《宣言》时，都认为《宣言》仅旨在宣示人权和基本自由，而这只是创制"国际人权宪章"的第一步，并希望和相信很快就会走出第二步，即起草和通过一项具有正式法律约束力的国际人权公约，其中将以法律规范的形式更加具体、细致地规定各项权利，并辅之以相应的实施和执行机制。然而事与愿违，这一"国际人权公约"最终未能实现。在很长一段时间内，《世界人权宣言》都是唯一一份全面宣示和列举人权和基本自由的国际文书，因此经过半个多世纪的发展，《宣言》或其中的大部分内容，已经发展成为习惯国际法规则。

（二）国际人权法规范的设立

《联合国宪章》中的人权条款和《世界人权宣言》代表着国际人权法的正式形成。在以这两份文书为标志的初创阶段过后，国际人权法的发展即进入了规范创制阶段。这一阶段国际人权法的主要发展是出现了一系列具有法律约束力的国际人权公约，为人权的国际保护提供了规范基础。

在所有的国际人权条约中，最重要的是通常被称为"国际人权两公约"或"联合国人权两公约"的《经济、社会、文化权利国际公约》与《公民权利和政治权利国际公约》。《联合国宪章》生效后不久，联合国就启动了制订国际人权法律规则的程序。1947 年联合国人权委员会在其第一次会议上讨论了起草和制订"国际人权宪章"的事项。人权委员会建立的起草委员会决定编写两份文书，一份采用宣言的形式，阐述人权的一般原则和标准；另一份采用公约的形式，具体详细地规定各项人权及其实施机制。第一份文书即成为后来由联合国大会通过的《世界人权宣言》。在《宣言》通过后，联合国大会于 1950 年 12 月 4 日通过第 421（V）号决议要求人权委员会制订一项单一的国际人权公约。然而，在该公约起草期间，冷战已经开始，东西方在意识形态、价值观念、政治和社会制度方面的差异也导致在人权领域的激烈争论。西方资本主义国家认为只有公民权利和政治权利才是真正的人权和基本自由，而不承认经济、社会和文化权利的人权性质；即使是少数承认经济、社会和文化权利为人权的国家，也认为这两类人权在性质上存在很大的差别，无法适用同样的实施机制，因此不应规定在同一项公约中。另一方面，社会主义国家和正在兴起的发展中国家则强调经济、社会和文化权利的重要性，认为这些权利与公民权利和政治权利具有同等的价值，因此应被置于同等的地位，规定在同一项公约中；它们还主张公约中应该仅只包括人权规范，而其实施和执行应完全留给各缔约国的主权范围之内，因为国际实施机制如国际性的监督是对一个国家内部事务的不可接受的干预。由于对两类权利的重要性和实施机制存在不同的主张，联合国大会于 1952 年 2 月 5 日通过了第 543（VI）号决议，决定由人权委员会起草两个公约，分别规定公民和政治权利与经济、社会和文化权利，以便联合国大会同时核准。据此，联合国人权委员会开始分别起草《经济、社会、文化权利国际公约》和《公民权利和政治权利国际公约》。1954 年，人权委员会通过经社理事会将这两个公约的草案提交第九届联合国大会审议。此后的 10 余年间，联大第三委员会对这两个公约进行了逐条的审查与修改。1966 年 12 月 16 日，第 21 届联合国大会第 2200A（XXI）号决议以105 票对 0 票通过了这两公约，并开放给各国签字、批准和加入。与《公民权利和政治权利国际公约》同时起草的该公约的《任择议定书》也于同时以 66 票赞成、2 票反对和 38 票弃权获得通过。到 1976 年，35 个国家批准了该两公约——这是两公约生效所要求的批准书或加入书数目，于是《经济、社会、文化权利国际公约》于 1976 年 1 月 3 日生效，《公民权利和政治权利国际公约》于 1976 年 3 月 23 日生效。与《公民权利和政治权利国际公约》生效同日，其《任择议定书》也获得了必要的 10 个国家的批准而生效。此后，联合国大会又于 1989 年 12 月 15 日通过了《旨在废除死刑的公民权利和政治权利国际公约第二项任择议定书》，该议定书于 1991 年 7 月 11 日生效。

《世界人权宣言》、《经济、社会、文化权利国际公约》、《公民权利和政治权利国际公约》及其两项任择议定书构成了通常所说的"国际人权宪章"或"国际人权法案"（英文中均为 International Bill of Human Rights），成为国际人权标准的核心规范。

除了规定所有人的两大类人权的"国际人权宪章"以外，以联合国为代表的国际社会在这一阶段还通过了一系列专门性的国际人权公约，具体地保护某一项人权或数项相互联系的人权，或具体地禁止对人权的某一种侵犯。这些公约主要包括《消除一切形式种族歧视国际公约》、《消除对妇女一切形式歧视公约》、《禁止酷刑和其他残忍、不人道或有辱人格的待遇或处罚公约》、《儿童权利公约》以及《保护所有移徙工人及其家庭成员权利国际公约》等。这些公约与"国际人权两公约"一道构成了最主要也最重要的国际人权公约，提供了国际人权法律标准的主要内容。除了这些公约以外，联合国还通过了其他一些人权公约，如《防止及惩治灭绝种族罪公约》、《妇女政治权利公约》、《关于难民地位的公约》以及《禁止并惩治种族隔离罪行国际公约》等。对部分公约，如《消除对妇女一切形式歧视公约》和《儿童权利公约》等，联合国还通过了数目不等的议定书，对某些程序性或实体性事项做了补充规定。除了这些有法律约束力的公约以外，联合国在过去的几十年间还通过了大量有关人权的宣言、决议、原则、规则、守则等。这些文书尽管没有正式的法律约束力，但也成为除国际人权公约之外，国际人权标准中不可或缺的组成部分。除了联合国本身之外，联合国的某些专门机构如联合国教育、科学和文化组织和国际劳工组织也通过了一定数量的与人权有关的条约。

设立规范是国家人权法发展的必经阶段，该阶段自国际人权法初创时即已开始，在 20 世纪 60 年代至 80 年代达到高峰，现在速度已经减慢，但并没有完全停止。例如在 2006 年，联合国又通过了两项非常重要的人权公约：《残疾人权利公约》和《保护所有人免遭强迫失踪国际公约》。可以认为，随着国际社会对人权的共识不断加深，在今后还会出现新的人权标准，既可能是以有法律约束力的条约的形式，也可能是以宣言或联大决议的形式，或如同以往的做法，先有宣言而后以公约加以正式化和法律化。

（三）国际人权法实施和执行机构的设立

然而，仅仅设立规范并不足以保证这些规范能得到有效的实施和执行——任何一个法律制度都必须有相应的实施和执行机制以保证其规范的实效性。因此，国际人权法发展的第三个阶段就是设立实施和执行机制。联合国人权委员会于1946年设立，但在最初的20余年里，该委员会没有在人权领域采取任何实质性行动而将工作重点放在规范的设立上；同样在此期间，各主要国际人权公约都还没有通过和生效，因此也不存在相应的执行机制。到20世纪70年代，情况发生了转变。一方面，联合国经济及社会理事会于1967年通过第1235号决议，1970年通过第1503号决议，授权人权委员会及其下设的防止歧视和保护少数小组委员会审查大规模侵犯人权的情势。由此创设的"国别机制"自1974年开始运行，至今仍有10个国家列在该机制的审查名单上。此外，在联合国人权系统内还设立了针对世界上所有国家中某一具体人权问题的"主题机制"，至今仍有28个这样的机制在运行。这些机构、程序和机制共同构成了通常所说的"以《宪章》为基础的人权机制"。另一方面，主要人权公约设立的负责监督公约之实施与执行的委员会也于70年代末期开始投入运作，这些机构根据各有关人权公约的规定承担着审查缔约国提交的定期报告、发布一般性建议或意见、审议个人来文、进行调查等不同的职能。这些条约机构及其工作则共同构成了通常所说的"以条约为基础的人权机制"。这些发展标志着国际人权法进入了设立机制的阶段。

设立机制在制度层面上确保了国际人权标准之实施与执行的规范化与程序化。然而，在相当一段时期内，由于国际政治格局与关系的不良影响，这些机制一直没有得到很好的落实、取得理想的效果。直到"冷战"结束以后，随着国际关系的缓和，为实施和执行国际人权标准而设立的机构与机制才开始发挥更为充分、更为积极的作用。1993年召开的维也纳世界人权大会通过的《维也纳宣言和行动纲领》比1968年通过的《德黑兰宣言》更加强调在人权领域的行动，更加强调人权事业的实际进展。例如，国际社会通过大会就早已被提出的在联合国层次上设立一位专门负责人权事务的高级官员的设想达成了共识。1993年12月20日，联大通过了第48/141号决议，创立了联合国人权事务高级专员（简称"人权高专"），成为经联大同意由联合国秘书长任命并在其领导下对联合国人权活动负主要责任的官员。人权高专领导作为联合国秘书处一部分的人权高级专员办公室的工作，1997年9月15日起，原先承担人权方面秘书处职能的联合国人权中心也被并入人权高专办公室。人权高专办公室目前是联合国系统内人权领域的最主要行政机构，担负着广泛的职能。国际人权法在机制方面的最新发展则是在2006年建立了联合国人权理事会，取代此前存在了60年但近年来问题颇多、信誉不佳的人权委员会，作为联合国大会的附属机构，直接向联合国所有会员国负责，成为联合国系统内处理人权问题的主要政治机构。人权理事会除了全面接管人权委员会原先的各种职能以外，还创建了"普遍定期审查"制度，将联合国所有会员国的人权情况都置于审视之下。

国际人权法律机制的建立与运行使得此前创立的国际人权规范获得了实效性，使得这些规范能得到有效的实施和执行，人权得到真正的保护和促进。在这一过程中，这些机制的工作重点也从审查通过国家报告、发布一般性意见和建议、审议个人来文、调查和确认事实、监督和谴责为主的"保护"逐渐转向更加重视以制裁、早期预警、解决冲突、预防性探访和部署以及国际刑事法律制度为手段的"预防"，以更加有力和有效地实现国际人权法律制度的目标。[1]

（四）对人权国际化的认识和总结

综上所述，人权国际化即人权事务超越一个国家的范围，成为国际社会关心的事项和国际法律规则规定和调整的对象，在国际法中包含规定和调整人权的原则、规则和机制等，是一个第二次世界大战结束以后才出现的新现象。纵观人权国际化的整个发展过程，从中能够总结出几个普遍性的认识。

首先，人权成为国际关注的事项，不再是纯属国内管辖的事项。人权从本质上说，主要涉及公共权威与个人之间的关系或者说一个国家如何对待自己的国民的问题。在以往，这一关系完全由各国自己决定，国际法也并不调整和规制国家与本国国民的关系。然而，随着国际人权法的产生，尽管对人权的尊重、保护、促进和保障目前仍然主要是通过国家在国内采取的法律、政治、社会和经济等措施和手段来实现，但这决不等于一个国家在如何对待自己的国民的问题上依然享有绝对的、无限制的权力。世界上几乎所有国家都是联合国会员国，都批准了数目不等的国际人权公约，因此每一个国家在人权领域的行为都要受到相应义务的约束，受到有关机制的监督，任何国家都不能再以主权、内政或管辖权为由排除和拒绝国际社会根据《联合国宪章》、各国际人权公约和有关人权的习惯国际法对其内部人权状况的合法关注。

其次，人权成为具有普遍约束力的规则，不再是仅仅约束个别国家、有歧视性的规则。如前所述，在传统国际法中存在某些与人权有关的规则和制度，如国际联盟时期的少数民族保护制度，仅仅针对某些国家，尤其是在国际关系中处于弱势地位的国家，而不是对国际社会的所有成员都有约束力的规则和制度。而随着现代国际人权法的产生，一方面，以《联合国宪章》和《世界人权宣言》为

---

〔1〕 Manfred Nowak, *Introduction to the International Human Rights Regime*, Brill Academic Publishers, 2003, pp. 27～30.

代表的国际人权制度则对整个国际社会均有适用效力——联合国人权理事会新近创设的"普遍定期审查"制度就是一个证明；另一方面，主要国际人权公约的缔约国数量也表明其中所蕴涵的规则为国际社会所普遍接受，尽管还不是全面的接受；再者，以联合国为代表的国际社会也反复重申人权的普遍性，指出："固然，民族特性和地域特征的意义、以及不同的历史、文化和宗教背景都必须要考虑，但是各个国家，不论其政治、经济和文化体系如何，都有义务促进和保护一切人权和基本自由。"[1] 这一切都说明，国际法中所宣明的人权以及规定这些人权的规则都具有普遍性。

最后，人权逐渐成为国际法的一项主要价值目标，不再是国际事务中的次要事项。实际上，不仅在传统国际法中人权几乎没有任何地位，而且即使在二战结束以后，人权刚刚被承认为是国际关注的事项之时，人权也不是国际法律制度的一个重点领域。[2] 以联合国为代表的国际社会所长期关注的领域最初是国际和平与安全，后来又增加了发展，但人权主要被当做国际社会的一种道德承诺和目标而非主要的价值目标和工作领域。然而，在经过了 60 多年的发展以后，人权在国际法领域中已经实现了"主流化"，成为国际关系和国际法律制度中同和平与安全以及发展相并列的一个主要努力方向。2005 年，时任联合国秘书长科菲·安南发表题为《大自由：实现人人共享的发展、安全和人权》的报告，将人权与安全和发展并列为大自由概念三个彼此密不可分的要素，昭示了人权主流化阶段的到来。而 2006 年联合国人权理事会的设立，也至少从联合国机构设立的层面上凸现了对《联合国宪章》确立的三大宗旨的并重：和平与安全由安全理事会负责，发展由经济和社会理事会负责，人权则不再由经社理事会下设的人权委员会负责，而转由联合国大会设立的人权理事会负责。人权主流化不仅对于国际法律制度和国际关系，而且对整个世界都发生着广泛而深远的影响。在国际领域，国际人权法不仅已经迅速发展成为一个庞大的、复杂的、相对完备的法律体系，而且渗入到国际关系的许多领域，对国际法的许多部门都产生着越来越明显的影响，代表着国际法正在朝向尊重和保障人的价值这一任何法律制度的终极目标迈进。而在国内领域，国际人权法也对各国立法、执法、司法方面，以及更为广泛的政治、经济、社会、文化观念和实践，产生着不可忽视的、不可逆转的作用。

---

[1] 《维也纳宣言和行动纲领》第 1 部分第 5 段，1993 年。

[2] 例如有学者称，"有关人权的现代国际法规则是 20 世纪 40 年代一场寂静的革命的结果，这一场革命在当时几乎不为人所注意。"参见 Louis B. Sohn, "The New International Law: Protection of the Rights of Individuals Rather than States", *The American University Law Review*, Vol. 32, 1982, p. 1.

第 二 章

人权的含义、特征与价值

人权的含义极其丰富，具有道德性、历史性、政治性、阶级性、文化性、法律性多个维度。但是，若要从制度层面理解人权的含义，还须由人权的法律性维度达致。法律意义上的人权，即基本权利，具有不可缺乏性、不可取代性、不可转让性、稳定性、母体性、共似性和相互依赖性。人权的价值表现在人与人的社会关系之中，它是人的利益的度量分界、人关于公共权力评价的道德标准、人和人和谐相处的共同尺度。

第一节　人权的含义

人权的概念，就像博登海默描绘的正义那样，也是一张普洛透斯的脸。似乎人文社会科学的所有学科都可以把它拿来按自己的理解修饰打扮一番，由此有人认为它是一个立体式概念，从不同的角度可获得对其不同的解释。综合性的特点，使人权概念有资格进入所有学科。哲学上的人权，所要回答的是人对社会的主体性问题。在人被终极关怀之后，权利对于人才显出价值，因之在哲学上权利总被待之为手段，只有人才是目的。这时候的人权就自然带有一种道德性，主体与手段的关系如果被颠倒了，受到批判的总是权利而不是人，但道德上总是希望目的性与手段性能在主体身上统一在一起。既然人权具有道德性，那么它就必然带有对己的自利性与对人的互利性双重属性，该两性中的任何一项如果被消除，人权都将是令人讨厌的。这就预示着，如果人权对己是无利的，反而成为社会或国家打压自己的工具，那么人们宁可不要人权。人权的利己性或自私性是人权对于人的首要价值，没有它实现使人成其为人的一般性功能，人权就必然是异化了的东西。同样，人权如果对一人是有利的而对他人是有害的，人权也绝不会得到他人的尊重，对他人的无害性是人权成为社会性权利的基本条件。一个人尊重另一个人，在把他人看做是自己同类的时候，这种尊重还是在道德和人道范围内的；如果这种尊重是通过对他人权利的尊重然后达到对人的尊重，这种尊重就有超越道德的意义，而已进入不得侵和不可侵的法律的领地，这时候对人的尊重已是通过对法律的尊重而被强制进行的。他人的受尊重在这里同时变成了人的道德和法律的双重义务。当然，人们认同这一义务的前提是他人人权对己的无害性，这样，人权对己的有利性和对他人的无害性就统一在一起了。正如恩格斯在《反杜林论》中所说："任何一种所谓的人权都没有超出利己主义的人，没有超出作为市民社会的成员的人，即作为封闭于自身、私人利益、私人任性，同时脱离社会整体的个人的人"，[1]"所谓人权无非是市民社会成员的权利，即脱离了人的本质和共同体的利己主义的人的权利"。[2] 这里的"封闭于自身"，可作完全不依赖他人而能独立存在的人格理解。这种"自身"使市民社会的人与专制社会中的要么依附他人要么被他人所依附的没有一个完整人格的人已然有了能否自立自主的区别。"私人利益"的含义可理解为人权的本质属性，所有权利的基础均为利益，而人权所表达的利益恰是自私自利的个人的利益，离开了这一点，人权就不是人所追求的。"私人任性"的寓意表征的是个人自由，是个人意志不受他人支配的一种随意性。任性的有无是人的意志是否自由的证据，在人权的全部内容中，人对自己权利能够认识到的部分都是通过任性来实现的。"脱离社会整体"是指个人权利与社会权利的对立，统一中的对立是统一的基础，当个人权利与社会权利或国家权利有了不同范围的划分时，个人权利才有成立的可能。在那些无法区分个人与社会的人类社会形态中，个人的利益都通过社会表达，这样的社会便没有个人的存在。人权的上述特征，在恩格斯那里，基本上都是从道德上评价的，所以他的结论的凝炼之语即是：凡是人权都是利己主义的权利。这是最深刻的人学上的结论，人权如果不能获得上述利己性的证明，便无以证实其应然的终极价值。正因为其具有这种利己的同时又无害于他人的道德属性，它才成为人人需要而为法律所力保的东西。

　　人权的概念，也有其历史性的一面。人权的产生是历史的产物，人权的进步是历史演进的结果。每一事物都有其自身的历史，人权的历史性表达的尚不是这种浅性含义，而是说人权是社会发展到相当程度，伴随一定的生产方式而历史地出现的。恩格斯又说："一旦社会的经济进步，把摆脱封建桎梏和通过消除封建不平等来确立权利平等的要求提到日程上来，这种要求就必定迅速地获得更大的规模……"[3] 规模最大化即是普遍性的要求，所以在以一种平等的要求代替过去的不平等权利成为普遍要求时，人权的产生就是自然而然的。以唯物史观解释人权，原始社会中，人们有人权的要求，即有人权的原始的欲求；封建社会中，人们有人权的思想，特别是封建社会的晚期，在人文主义得以复兴之后，神学理

〔1〕《马克思恩格斯全集》第 1 卷，人民出版社 1956 年版，第 328～329 页。
〔2〕《马克思恩格斯全集》第 1 卷，人民出版社 1956 年版，第 328～329 页。
〔3〕《马克思恩格斯选集》第 3 卷，人民出版社 1972 年版，第 145 页。

论与自然主义法学观都系统地阐发了人权理论；但作为人权的制度，即作为对普遍性的要求和普遍形式的肯定却是在资本主义生产方式确立之后。自由的生产方式使人空前地获得了独立与自主，人格上已从封建时代对土地并最终对人的依附中完全解脱出来了，人格的完整性是判断人权是否成为制度的基本标志。也正是从这一根据出发，我们断言封建社会与奴隶社会没有人权，即使那些"天下事无大小皆决于上"的皇权持有者也因人格上的不独立而难成人权主体。皇帝在握有国家一切权力的同时，也吸附了举国所有的人格。他是在被人依附中才最终找到自己的，而一旦失去这些依附，其国将不国，其君将不君，其人也就难成其人。因此，我们坚信在任何人格不独立的社会中都不存在人权，有的只是人们对人权的要求、观念、理论和思想，而作为制度的人权一定是产生于使人格走向独立的商品生产方式之后，这就是人权的历史性给我们留下的结论。人权自身的历史也与生产方式的发展与改变有关，甚至可以说生产方式的变化决定了人权时代的划分。自由资本主义人权体系是以自由权为本位的，这被称为第一代人权。国家资本主义时期，因经济的本质被定位于为了人的生存，国家获得了干预和支配经济的能力，人权体系随而变为生存权本位，这被称为第二代人权。在资本主义生产和发展世界一体化之后，发达国家的发展必以发展中国家资源和市场的被占有和控制为代价，这一生产方式引起了人权主体的民族化和集体化的变化，发展权就成为发达国家进一步发展自己而必须给予发展中国家民族和人民格外尊重的权利，是为第三代人权。人权代的划分，对应的是人类不同的生产力阶段，所以对人权的最终解释还必须是历史性的。

　　人权的概念，显性的特征是其政治性。这一性质具有四种含义：其一，人权的制度性建立，是政治斗争的结果。资产阶级从反对封建特权中取得人权和无产阶级从反对资产阶级的阶级特权中取得人权，用的都是政治斗争的方法。故凡谈争取人权，必谈政治斗争甚至政治革命。其二，人权的对立性权利是国家权力，人权与国权总是处于对立统一之中，国权如何对待人权，便成为人权评价国权的政治标准。一国最理想的状况，是公权力与私权利的和谐一致，两种权利的矛盾值降到最低点的时候，人权状况就是最好的时候，当二者矛盾无以复加的时候，斗争便要爆发。国家权力始终是人权矛盾的对方。国家存在一天，与人权便矛盾一天，在国家消亡的时候，人权与国家的矛盾才可走向消亡。人权与公权的对立性与斗争性决定了人权始终具有政治性。现代社会，人权在被国家工具化、意识形态化和政治化之后，受国家侵害的几率更加提高了，特别是一些善以人权为棒打压他国的军事大国，人权在其意识形态中更是被政治化了的。其三，在人权的救济和保障手段中，本能地有自我救济之一途，即当通过行政的、司法的方式无法得到保障，或曰在法律上穷尽了一切救济手段之后，人权主体可以用抵抗的方式抵制人权的侵压，抵抗权由此也被称为"革命的人权"。由于抵抗总是指向恶政或恶法，其遭受的可能是变本加厉的打压，所谓"压迫深反抗重"，抵抗甚而更激烈，人权的这种反抗性格此时往往被待之为政治性。其四，在人权的体系中，政治权利和公民权利本身就是政治的组成部分，公民对于国家的态度、能动性和参与程度都构成了一国政治的重要内容。人们的政治权利可以改组政府、变更法律、决定政体，这一切又都是政治活动。因此，凡呼吁人权和主张人权主义的，无一不带有政治动机和目的，包括对人权的研究，研究本身自然无法回避研究者的政治观点，而研究的目的，又无一不关怀政治的改良。这些都是由人权的政治性所决定的。

人权的概念，又带有国际性特征。人权的产生，从一开始便是超越国界的。恩格斯断言："由于人们不再生活在像罗马帝国那样的世界帝国中，而是生活在那些相互平等地交往并且处在差不多相同的资产阶级发展阶段的独立国家所组成体系中，所以这种要求就很自然地获得了普遍的、超出个别国家范围性质，而自由和平等也很自然地被宣布为人权"。[1] 这一判断是我们理解人权国际性的理论依据。国际性的含义，一方面是说凡相同生产方式结成的体系的所有国家会有对人权普遍的要求，即人权的普遍性；另一方面是说，由同一生产方式所决定的人权的内容具有相同性。这就是为什么奉行相同价值观的国家实行相同的人权标准的原因。人权的国际性在二战结束后，又获得了新的含义，即人权规范在不同价值观的国家中共同拟定，这就是国际人权法作为国际法重要分支的诞生。同时在人权的保障方式上也由国内法变为国内与国际双法机制，甚至出现了像欧洲人权法院那样的区际跨国人权保护组织和人权委员会这样的联合国下设的专门组织。人权的国际性或曰普遍性目前正遇到的两个问题是：其一，国际间有无共同的人权标准？"最低限度的人权"的理论和"尊严共同性理论"能否为不同文化背景下的各国找到统一的尺度？其二，人道主义干涉和美国的"新干涉主义"的根据是什么？新干涉主义已造成的巨大的战争灾难和死伤，对受害者来说，他们所经历的是否就是他国有组织的大规模的人权侵害？这两个疑问正使干涉论和大面积人权受到侵害形成悖论。

人权的概念，也含有阶级性的属性。马克思曾说："平等地剥削劳动力，是资本的首要的人权。"[2] 这是经典作家对资产阶级人权的批判。恩格斯说："从中世纪的等级转变为现代的阶级的时候起，资产阶级就有它的影子，即无产阶级，经常地和不可避免地伴随着。同样地，资产阶级的平等要求，也有无产阶级

---

〔1〕　恩格斯："反杜林论"，载《马克思恩格斯选集》第3卷，人民出版社1972年版，第145页。
〔2〕　马克思："资本论"，载《马克思恩格斯全集》第23卷，人民出版社1956年版，第324页。

的平等要求伴随着。从消灭阶级特权的资产阶级要求提出的时候起，同时就出现了消灭阶级本身的无产阶级的要求。""无产阶级抓住了资产阶级的话柄；平等应当不仅是表面的，不仅在国家的领域中实行，它还应当是实际的，还应当在社会的、经济的领域中实行。"[1] 人权是阶级的，它由阶级整体性提出，也为阶级平等地分享，阶级既是人权的普遍主体，同时也是主体平等地享有人权的社会障碍。凡实行大规模差别对待的时候，总是以阶级的理由拒绝人权的普遍实现。阶级的存在，使人权主体的普遍性永远是一个不可接近的目标。阶级奉行的原则是统治和压迫，有权的阶级对无权的阶级始终有统治上的垄断权和特权，被统治阶级欲与统治阶级分享有限的人权，只可在有权阶级许可的范围内。阶级的观念，必然导致人的阶级分属与政治身份，在身份有差别的社会中，或在人们的利益是按身份领得的时候，这样的社会便不会有主体的平等，也不会有主体的普遍性，所以人权的价值理想与阶级的观念始终是冲突的。人权的阶级性是实然的，而人权主体在阶级社会中的普遍平等性则是应然的。在两种阶级统治并存的世界中，资产阶级统治下的人权以自由为基础价值，而在无产阶级统治下的人权，则以在社会和经济中实现的平等为基础价值。社会类型的对立也是人权体系内自由与平等的对立。

人权概念中，所表现出的解读差异，还应由文化性作出解释。西方价值观所重视的个人主义早在古希腊哲学和欧几里德几何中就获得了论证，而东方的集体主义必须从封邦建国的家族政治经济中寻找本原。中国独有的"天"的文化在被周围儒家圈国家借用后创出了"天赋人权"概念，而在阿拉伯世界，则人的一切权利均证自"真主"。二战结束后在人权文化观上西方价值观念一直占据上风，但在《世界人权宣言》50周年时，《个人、团体和社会机构在促进和保护公民的人权和基本自由方面的权利和义务宣言》则表明东方价值观念开始受到重视。[2] 人权文化上的差异最终表现为人权的特殊性。在文化特殊这一点上，人权的普遍性原则是无能为力的。特殊性的文化造就了人权世界的斑斓多彩，由此才有人权的对抗、对话和交流。由于文化具有互融性，所以由不同文化而决定的不同的人权正随人权文化的交流而趋相互宽容，但人权文化的特殊性在人权合作中永远不会消失。

人权概念的多棱视角使人们在认识人权本质上可获得由表及里的多层理解，但这些理解还都停留在制度的外围上。制度性的人权，欲获得定义式的理解，还必须回到其法律性上来，所以唯有法律上的人权才是实定化和能够成为事实的人

---

[1] 恩格斯："反杜林论"，载《马克思恩格斯选集》第3卷，人民出版社1956年版，第146页。
[2] 参见徐显明：《中国历史上的法制改革与改革家的法律思想》，山东大学出版社1999年版序。

权，由此不能不对法律意义上的人权作出分析和界定。

综上所述，人权是人的价值的社会承认，是人区别于动物的观念上的、道德上的、政治上的、法律上的标准。它包含着"是人的权利"、"是人作为人的权利"、"是使人成其为人的权利"和"是使人成为有尊严的人的权利"等多个层次。人权中的"人"，可以解释为"自然人"、"人民"、"市民"、"公民"、"国民"、"民族"、"种族"、"集体"甚至法人，它回答的是主体问题。人权中的"权"，可以解释为"自然的权利"、"市民的权利"、"国民的权利"、"人民的权利"、"公民权"、"基本权"、"宪法权"、"公民的基本权利"等，它回答的是人权在所有权利中的地位问题。并不是所有被人享有的权利都是人权，也不是尚未被人享有的权利就不是人权。人权的旗帜刚刚树立起来的时候，还没有资产阶级共和国，这一时期的人权只有观念上的意义和政治斗争上的意义。此前的人权，如果由远及近追寻它的轨迹，只能称其为人权的萌芽、人权的要求、人权的思想和到 18 世纪中期后才形成的人权理论。作为制度意义上的人权，是资产阶级国家建立之后才有的事情。但资产阶级国家形成之后，人权随着其进入法律领域而被分解为两部分：一部分被认为先于国家和高于国家，这部分仍被直呼为人权；另一部分被认为后于国家和基于国家，认为它们是与政治共同体紧密相联的权利，这部分被称为公民权。在西方人权理论中被广泛接受的人权两形态的解释，其定义为："要求维护或者有时要求阐明那些应在法律上受到承认和保护的权利，以便使每个人在个性、精神、道德和其他方面的独立获得最充分与最自由的发展。作为权利，它们被认为是生来就有的个人理性、自由意志的产物，而不是由实在法授予的，也不能被实在法所剥夺或取消。"[1] 尽管资产阶级学者对人权的定义有上百种，其中仅美国的教科书中就有 20 余种，但他们对两形态的划分却是大致相同的。

第二节　人权的特征

法律意义上的人权，在我国自"五四宪法"开始即以"公民的基本权利"予以表现。所谓基本权利，不过是指那些关于人的基于人格而先天既存和后天能够实现的价值在法律上的一般承认。它与人们自己设定关系时明确权利义务的个别承认有着本质的不同。基本权利所直接否定的对立物是特权制度和奴役制度。在人格不独立、机会不平等、表达不自由、起点实行差别的社会便没有基本权

---

〔1〕〔英〕沃克：《牛津法律大辞典》，邓正来等译，光明日报出版社 1988 年版，第 426 页。

利。基本权利中的"基本"在人权制度层面上有如下六方面含义：

第一，基本权利对人的不可缺乏性。人之所以成其为人，原因就在于人是把生命与权利融为一体的动物。离开了后者，人可能连动物也不如。马克思在《〈黑格尔法哲学批判〉导言》中曾把人和人的关系概括为"人就是人的世界，就是国家，社会"。只要是人，就有相同的要求，这就是"获得独立的人格并保证展现人格"。摆脱了他人奴役与束缚的自立了的人才称得上真正社会化了的人，只有这样的人才对国家和社会有迫切的需要。受制于人的人还只是被人作为工具的人，这样的人对国家和社会不是感到需要而是产生排拒。基本权利正是这样一些表明一个人不依附另一个人而人人具有同等人格与尊严的使人得以自立的权利。它是人被获准掌握的而被社会由制度保障普遍认可的区别于动物的标准，它的法定化对任何人都是不可缺乏的。没有基本权利，人将不成其为人。

第二，基本权利的不可取代性。被视为基本权利的权利，每一项都代表着人参与社会生活深度和广度的一个方面，将人从任何一类社会关系中隔离出去，都预示着人的不完整。人参与某类社会关系时被承认的主体价值不能替代参与另一类社会关系时的主体价值。基本权利中的每个单项，都不能用另一个单项来替换。基本权利是构筑一人所享全部权利的基石，抽掉了它，整个权利的大厦都将倾倒。基本权利不像物权可以转换为债权那样具有可更换性，用一项基本权利取代另一项基本权利，等于宣告人在被替代的权利所联系着的社会关系领域内的主体地位被取消。

第三，基本权利的不可转让性。基本权利的不可替代性是对国家而言的，它要求国家不得随意更改公民所享基本权利的种类。基本权利的不可转让性是对公民个人而言的，它要求公民在基本权利面前约束自己的任性，通过自律以珍惜基本权利。公民既不能放弃基本权利，也不能把基本权利转借于他人。人进入社会不是自己选择的结果，集中表现人的社会性的基本权利也就难以成为个人处理的对象。让渡基本权利，无异于自己把自己复归为兽类。基本权利是按人格分配的，即使一人的基本权利转让于另一人，另一人也无法获得法律承认的双份基本权利，这不像财产权易主那样表明获得财产权的人财富增加了。一个人的人格权转让于他人，接受者并不因之而成为两个人。选举权可以代为行使，但却不能说代人投票的人享有两个选举权。在基本权利面前，契约与人的合意变得毫无意义。

第四，基本权利的稳定性。基本权利的绝大多数种类是按时间效力划分出来的永久权和不直接对应义务的绝对权。它与人的人身相始终，在人生命的整个旅程中是稳定不变的。初生幼儿与耄耋老人的生命权具有同等价值，不知尊严为何物的儿童与把尊严视为生命的成人在尊严权上受到同等保护。人从出生至死亡，一些基本权利中的一般基本权如平等权、人格权、尊严权、表现权、信仰权等终身不被剥夺。法律可以剥夺人的生命，却不能剥夺人的尊严与健康，对他人尊严或健康造成危害的人，也不因自己行为的犯罪性而丧失尊严或健康。基本权利的这种稳定性是其他权利所不具有的。基本权利的稳定性还有第二方面的表现，即对于国家立法来说，一旦认定某些权利是人的基本权利，法的修改和废除一般不再对基本权利有效。政府的变易、国家制度的改革、政策方针的调整，基本权利不随之而被取消。基本权利是限制宪法修改而为立法权划定界限的尺度，宪法的刚性主要是靠基本权利的稳定性来体现的。

第五，基本权利的母体性。基本权利具有繁衍其他权利的功能，它在整个权利的大系统内起着中轴的作用，权利内容的充实和丰富都以基本权利的轴心为起始。在以宪法展现权利的方式为标准对权利分类时，基本权利可以分为宣言的权利和包含的权利两类，包含的权利就是从宣言的权利的母体中滋生出来的权利。如根据尊严权，可以推导出维护人的尊严的私生活权；根据信仰自由，可以推导出良心自由；根据政治权，可以推导出参政起码条件的知情权；根据环境权，可以推导出良好生存环境所必需的净水权、净气权、稳静权等；根据财产权，可以推导出追求幸福的自由。基本权利的稳定性并不影响它的内容的丰富和发展，相反，以宣言的方式明示的基本权利越多，越说明基本权利家族的繁荣与稳定。基本权利与其他权利的关系如同宪法与其他法之间的关系，在把宪法当做母法的时候，基本权利就是母权利。

第六，基本权利在当代文明各国具有共似性。能够以保障人权最低限度的实现为文明标准的现代各国，尽管社会制度不同，文化背景和传统有很大的差异，但在人权内容的肯定上却有共同性或相似性。这一点说明的正是恩格斯所指出的人权具有超越个别国界的性质。不管国家制度有多大的本质不同，社会是由人构成的这一点是相同的，共同的人的社会总能找到如何对待人的共同标准。法律文化所产生的继承性和互融性以及它的世界性，观念上的原因在于人所共同需要的对人的价值一视同仁的标准。任何国家都不能以本国的传统或文化的特殊性为理由而把对待动物的方式说成是对待人的标准。人权的共性或普遍性标准在人类共同经历了反对专制统治、反对民族压迫、反对法西斯灭绝种族的暴行三个人权史阶段的血与火的洗炼之后，已化为扎根于现代世界所有民族意识中的共同精神。一国基本权利的肯定和实现程度不再是按该国封闭的标准所能判断到底的事，基本权利的世界性标准开始在国与国的交往中发挥作用。

综上六点，所谓基本权利就是那些对于人和公民不可缺乏的、不可取代的、不可转让的、稳定的、具有母体性的权利。制度意义上的人权指的首先就是由宪法制度保障的，在受到侵害时能得到救济的并能在事实上出现的基本权利。

第 三 章

人权的属性

人权的属性是人权概念的重要内容。从已出版的人权法教材来看，对于人权的性质的认识不尽相同。有的教材认为，人权的性质包括普遍性与特殊性、绝对性与相对性、道德性与法律性、历史性与政治性、文化性与母体性、观念性与制度性。[1] 有的教材认为，人权的属性包括普遍性与特殊性、超政治性与法律性等。[2] 有的教材认为，人权的基本属性包括平等与不歧视、普遍性、特殊性和相对性、相互依赖性和不可分割性。[3]

本章所论述的人权的属性，一方面是基于国际人权法文件中对于人权的性质的表述，例如《维也纳宣言和行动纲领》申明："一切人权均为普遍、不可分割、相互依赖和相互联系的。"另一方面是在总结现有的学术成果的基础上，撷取获得较大共识的部分得出的。因此，本章中人权的属性主要包括人权的普遍性与特殊性、至上性与相对性、相互依赖性与不可分割性。

第一节　人权的普遍性与特殊性

人权的普遍性与特殊性是人权性质中最重要的一对范畴。尤其是人权的普遍性是人权概念之所以在制度上具有革新意义的根本。

一、人权的普遍性是人权概念的重要内涵

自人权概念产生之始，普遍性就内涵于其中了。无论是美国的《独立宣言》，还是被称作是古典人权的正本——法国《人权与公民权利宣言》，对于人权的论述一直就是"人人都享有……"的论述模式。"人人生而平等，造物者赋予他们若干不可剥夺的权利，其中包括生命权、自由权和追求幸福的权利。""在权利方面，人们生来是而且始终是自由平等的。……任何政治结合的目的都在于保护人的自然的和不可动摇的权利。这些权利就是自由、财产、安全和反抗

---

[1] 杨春福主编：《人权法学》，科学出版社 2005 年版。
[2] 李步云主编：《人权法学》，高等教育出版社 2005 年版。
[3] 徐显明主编：《国际人权法》，法律出版社 2004 年版。

压迫。"

　　这种论述模式的建立主要归功于自然法和自然权利理论的贡献。根据自然主义的解释，人的权利并不是被创造出来的，而是被发现的。这种解释使得人权概念得以独立于其他社会历史性因素，而直达人本身。从古希腊的斯多葛主义到罗马共和国的西塞罗均认为，依照永恒不变并普遍适用的自然法则行事的义务及于任何人。自然赋予所有人以正常的理性，所有人在此面前都是平等的，并遵从同样的自然法则。这一自然法理论到了文艺复兴时代在格劳秀斯等人那里发展成为了自然权利理论。这得益于罗马法中的所有权观念和文艺复兴时期的人本主义、个人主义的兴盛。[1] 启蒙思想家们关于自然权利理论的阐述是人权概念和人权理论的基石，尤其是在霍布斯和洛克那里，自然的个人权利概念是政治理论的起点和社会契约的目的，是政治合法性的根源所在。激进的自然权利理论在17世纪英国的平等派和18世纪的潘恩那里作为一种政治革命的要求提了出来。这种"以全体人民的名义提出的普遍主张，实际上常常是代表当时权利遭到剥夺的人们要求少数富有者交出其特权的主张。"[2] 这正是人权概念的革命性之所在。

　　尽管如此，人权概念中的普遍性内涵并非一开始就被充分发掘和展示的。文本中的人权一词，在英文中的表述开始是"rights of man"，而非"human rights"。这也表明了在那个时期人们在人权概念普遍性的认识上存在局限。按照瑞士法学家胜雅律的观点，人权历史按照普遍性概念分为两个阶段：第一个阶段是1948年《世界人权宣言》以前的非普遍人权阶段。这个阶段中无论是从理论上还是实际上，人权都不是普遍的。"非普遍的"就意味着1948年前的人权和自由是随人种、性别、肤色等方面的不同而有区别的。第二个阶段是《世界人权宣言》(1948年) 通过后，在理论上讲，人权是普遍的，人权一词真正以"human rights"来表述。但在他看来，人权的普遍化在理论与实际之间仍有矛盾，普遍性并没有得到充分实现。[3] 人权概念中的普遍性范畴正是由《世界人权宣言》及其后的一些国际人权文件共同确立起来的。1948年的《世界人权宣言》向世界宣布了人权和基本自由的普遍性，并明确指出，这个宣言是"作为所有人民和所有国家努力实现的共同标准，以期每一个人和社会机构经常铭念本宣言，努力通过教诲和教育促进对权利和自由的尊重，并通过国家的和国际的渐进措施，使

---

〔1〕　参见〔美〕R. J. 文森特：《人权与国际关系》，凌迪、黄列译，知识出版社1998年版，第25~31页。

〔2〕　〔英〕L. J. 麦克法兰："人权的理论和实践"，王浦劬译，载沈宗灵、黄枬森主编：《西方人权学说》(下)，四川人民出版社1994年版。

〔3〕　参见〔瑞士〕胜雅律："从有限的人权概念到普遍的人权概念——人权的两个阶段"，王长斌译，载沈宗灵、黄枬森主编：《西方人权学说》，四川人民出版社1994年版。

这些权利和自由在各会员国本身人民及在其管辖下领土的人民中得到普遍和有效的承认和遵行。"《世界人权宣言》在第四届联大获得通过时无反对票这一事实本身就标志着普遍人权理念的确立和人权普遍化运动的开始。[1] 1993年世界人权大会通过的《维也纳宣言和行动纲领》则重申人权的普遍性原则:"所有国家庄严承诺依照《联合国宪章》、有关人权的其他国际文书和国际法履行其促进普遍尊重、遵守和保护所有人的一切人权和基本自由的义务。这些权利和自由的普遍性质不容置疑。"

二、人权的普遍性的含义

人权的普遍性这一范畴,一般认为包含了三个向度:主体的普遍性、内容的普遍性以及价值的普遍性。[2]

主体向度被认为是人权普遍性中最重要的一个方面。关于人权普遍性的阐释主要是围绕主体向度展开。从主体的角度揭示人权的普遍性具有特别的历史意义。主体的普遍既是对人权的要求,也是人权之作为人权的独特价值所在。[3]人权主体普遍性的实质是人权主体的平等,即为人人皆平等地享有各项权利。因此有人说,一部人权运动史首先是一部人权主体不断扩大的历史。[4] 在胜雅律所谓的"人权的非普遍化"阶段,人权的主体理论只是一种有限主体理论。古典人权理论中的有限主体与概念上的普遍性之间存在着内在的矛盾。关于这一矛盾,杰出的政治家、黑人权利的捍卫者亚伯拉罕·林肯给出的解释是:"他们(立国先贤们)并无意制造明显的谎言,即所有的人当时都在真实地享有平等,他们也不准备马上就赋予这种平等。他们只是想昭示这种权利,以便使这种权利的实施能够尽快地跟上来。他们打算为自由社会确立一套为每个人所熟悉的准则和标准,让人们不停地去追寻,让人们不停地去努力,让人们不停地去逼近,尽管不可能臻于完美。"[5] 有学者从契约论的角度对此作出了解释:在人权的这个阶段,人权的主体并非是普遍的,在理论上它就是有限的。在我们看来主体模糊不清的古典人权理论只要用当时流行的契约理论来解释,一切表述上的自相矛盾便都释然了。北美殖民地把洛克的契约思想推及到政治领域后产生了《独立宣言》中所表达的"政治契约"思想,这种思想所设计的契约中的"人人"或

---

〔1〕 徐显明主编:《国际人权法》,法律出版社2004年版,第16页。
〔2〕 齐延平:"论普遍人权",载《文史哲》2002年第3期。
〔3〕 徐显明:"人权的普遍性与人权文化之解析",载《法学评论》1999年第6期。
〔4〕 齐延平:"论普遍人权",载《文史哲》2002年第3期。
〔5〕 参见〔挪威〕A. 艾德:"人权对社会和经济发展的要求",载刘俊海、徐海燕译,载《外国法译评》1997年第4期。

"每个人"等带有普遍性的字眼理所当然仅指参与订立契约的人,而不包括契约之外的人。当时参与订立契约的只是资产阶级和大农场主的代表,妇女、奴隶、黑人、印第安人、无产者等等由于没有代表参与订立契约,所以自然而然是被排除在"人人"之外的。[1]

古典的有限人权主体理论在历史前进的脚步中,逐渐扩展为普遍人权主体观念。尤其是在二战之后,人权主体观上的扩展成为了人类的共识。美国的路易斯·亨金教授认为:"人权是普遍的,它们属于任何社会中的每一个人。人权不分地域、历史、文化、观念、政治制度、经济制度或社会发展阶段。人权之所以称为人权,意味着一切人,根据他们的本性,人人平等享有人权,平等地受到保护——不分性别、种族和年龄,不分出身贵贱、社会阶级、民族本源、人种或部落隶属,不分贫富、职业、才干、品德、宗教、意识形态或其他信仰。"[2] 英国法哲学家米尔恩也认为:"人权概念是这样一种观念:存在某些无论被承认与否都在一切时间和场合属于全体人类的权利。人们仅凭其作为人就享有这些权利,而不论其在国籍、宗教、性别、社会身份、职业、财富、财产或其他种族、文化或社会特性方面的差异。"[3] 在国际人权文件中,同样着重强调了人权普遍性的主体向度。《世界人权宣言》第 1 条:"人人有资格享受本宣言所载的一切权利和自由,不分种族、肤色、性别、语言、政治或其他见解、国籍或社会出身、财产、出生或其他身份等任何区别。"这被认为是人权普遍主体观的权威描述。《公民权利和政治权利国际公约》第 2 条第 1 款相似的规定是:"本公约每一缔约国承担尊重和保证在其领土内和受其管辖的一切个人享有本公约所承认的权利,不分种族、肤色、性别、语言、宗教、政治或其他见解、国籍或社会出身、财产、出生或其他身份等任何区别。"

人权普遍性的内容向度,是指人权所包含的具体内容具有普遍性。这一向度是人权普遍性的实践层面,被唐纳利称作是人权"规范的普遍性"。[4] 人权是一个抽象的概念,人们所实际享有和行使的则是一项项具体的权利,人权的普遍性也包含了这些具体权利的普遍性。而这些具体权利与普遍人权的关联是由一系列国际人权文件所建立的。以《世界人权宣言》、《公民权利和政治权利国际公约》、《经济、社会、文化权利国际公约》等人权文件和公约为主要框架的国际

---

[1] 徐显明、曲相霏:"人权主体界说",载《中国法学》2001 年第 2 期。

[2] [美] 路易斯·亨金:《权利的时代》,信春鹰、吴玉章、李林译,知识出版社 1997 年版,第 3 页。

[3] [英] 米尔恩:《人的权利与人的多样性》,夏勇、张志铭译,中国大百科全书出版社 1995 年版,第 2 页。

[4] [美] 杰克·唐纳利:《普遍人权的理论与实践》,王浦劬等译,中国社会科学出版社 2001 年版,第 21 页。

人权文件既向人们宣示了人权的普遍性，又向人们表明了人权的具体内容。这些文件包括了保护人身安全和人身自由的权利，如禁止种族灭绝、禁止奴隶制、禁止酷刑，每个人都享有免受非人道和有辱人格的对待或监禁的自由，享有法律面前人人平等的权利，享有受公正审判的权利，享有住宅不容侵犯、自由迁徙、婚姻自由以及人格、尊严等权利；这些文件也包括了经济、社会、文化权利，如劳动权、受教育权、接受必要的医疗权、住房权、社会保险与社会保障权、享有文化生活权；这些文件还包括了政治权利与自由，如言论、出版、集会、结社自由以及参与政治的权利。同时，这些文件一再强调了集体人权，如民族自决权、生存权、和平权、发展权、环境权及对自然资源的永久占有和使用权等，并突出了对少数者或社会弱势群体的特别保护，比如对儿童权利、妇女权利、残疾人权利、战俘权利、老年人权利、土著人权利、无国籍人权利的保护等。[1]

这些国际性人权文件和国际公约是国际人权运动的结晶，并指明了世界各国人权发展的大致方向。人们将以《世界人权宣言》、《公民权利和政治权利公约》和《经济社会文化权利公约》为核心，并结合其他国际人权文件内容所确立起来的人权保护的标准体系称之为人权的国际共同标准。[2] 这种共同标准是实现人权国际保护的准绳和尺度，是各国人权立法、人权司法以及其他人权保障措施应努力达到的目标，是人权的共性在国际人权领域的基本表现。[3] 国际共同标准应包括两个方面的内容：一是大多数主权国家普遍接受的，体现在国际人权文书中的有关人权保护的原则，如平等原则、不歧视原则等；二是对应予保护的某些所谓核心权利的普遍认同。[4]

然而，由这些国际人权文件所共同确立的人权标准仍然存在争议。这些国际人权文件中所包含的具体权利内容仍然显得宽泛，从公民权利到政治权利、经济权利、社会权利无所不包，权利概念之间并不统一。即使是"努力实现的共同标准"的《世界人权宣言》，米尔恩教授就认为它暗含着某种特定社会和政治秩序即自由主义民主工业社会中的价值和制度，而忽视了另外一些国家，这使得它经不起理性的辩驳。[5] 他努力寻求一种最低限度的人权。最低限度的人权是建立在人类普遍道德原则的基础上。这种普遍道德原则不仅仅是作用在某个共同体实际道德意义上，而且是适用于一切人类，不拘泥于任何特定的生活方式、特定的

---

〔1〕 齐延平："论普遍人权"，载《文史哲》2002 年第 3 期。
〔2〕 徐显明主编：《国际人权法》，法律出版社 2004 年版，第 18 页。
〔3〕 徐显明主编：《国际人权法》，法律出版社 2004 年版，第 16 页。
〔4〕 徐显明主编：《国际人权法》，法律出版社 2004 年版，第 18 页。
〔5〕 参见 ［英］米尔恩：《人的权利与人的多样性》，夏勇、张志铭译，中国大百科全书出版社 1995 年版，第 3 页。

道德,以及特定的制度、信仰和价值。"普遍道德原则里包含了每个人类成员必须享有的权利,即普遍道德权利。"[1] 他的"最低限度人权"列出了七项具体权利:生命权、公平对待的公正权、获得帮助权、在不受专横干涉这一消极意义上的自由权、诚实对待权、礼貌权以及儿童受照顾权[2]。米尔恩对于"最低限度人权"的哲学论证很大程度上得到了人们的认同,但他所列举的最低限度的人权清单却没有得到类似的赞誉。荷兰法学家范·霍夫也列举了一个核心权利清单:①在法律面前被承认为人的权利;②生命权、足够的食物、衣着、住房、医疗权,以及有限的财产权;③人身安全和保持人的完整的权利,免为奴隶、免受奴役、酷刑的权利,不得被任意剥夺自由的权利,以及免于刑法追溯力和不得仅仅由于无力履行约定义务而被监禁的权利;④免受歧视权;⑤诉诸法庭的权利和公正审判的权利;⑥思想、良心和宗教自由的权利[3]。这些关于最低限度人权或核心权利的列举似乎总是一件费力不讨好的事情,但人们承认这些权利的内容将会随着人类文明的进步而不断扩展。

人权普遍性的价值向度,表现在人们对于人权价值的普遍认同,进而对于人权义务的普遍接受。这一向度是人权普遍性概念的核心。因此,人权和基本自由是一种应当被普遍尊重和遵行的价值,这种价值的存在和实现对于任何国家、种族和民族的任何人是没有区别的,因而它具有普遍的属性。

《维也纳宣言和行动纲领》宣布:一切人权都源于人与生俱来的尊严和价值。人权的普遍性之根源正是在于人权的价值,在于维护、巩固人之为人的基本尊严。普遍人权的理念是建立在人的尊严基础之上的[4]。人们并不是为了生活而需要人权,而是为了一种有尊严的生活而需要人权。这些关于人权的标准确定了可能生活的要求和条件,使人们不再恐惧,不再害怕理性和良知会遭到玷污,对生活抱有希望。对于人权的侵犯就是对于人性的否定。这是人类在经历了血与火的煎熬、人性和尊严屡遭践踏的苦痛之后而得出的结论。

人性为人权奠定基础,它把自然的、社会的、历史的和道德的因素结合到了一起;它由客观历史过程规定,但是并不完全由这一过程决定[5]。由此得出的

---

〔1〕 [英] 米尔恩:《人的权利与人的多样性》,夏勇、张志铭译,中国大百科全书出版社1995年版,第153~154页。

〔2〕 [英] 米尔恩:《人的权利与人的多样性》,夏勇、张志铭译,中国大百科全书出版社1995年版,第153~171页。

〔3〕 [荷] 范·霍夫:"亚洲对人权普遍性概念的挑战——维也纳人权大会之后的思考",载刘楠来等编:《人权的普遍性与特殊性》,社会科学文献出版社1996年版,第22页。

〔4〕 齐延平:《人权与法治》,山东人民出版社2003年版,第34页。

〔5〕 [美] 杰克·唐纳利:《普遍人权的理论与实践》,王浦劬等译,中国社会科学出版社2001年版,第15页。

结论是，人权对于政治社会中的人具有两大制度性普遍价值：一是确立了人与人之间的界限；二是确立了人与公权力之间的界限。前者奠定了现代社会中人与人之间关系的基础，使人们之间和谐相处，相互尊重，共享独立完整的人格。后者奠定了现代社会民主宪政的基础，使得人性不被异化了的政治机构所侵蚀，自由和秩序得以同存。[1] 正是在后者这一意义上，赫尔曼·伯格斯说："人权普遍主义并不在于人权本身具有普遍有效这一事实，而是在于人权思想代表了对于个人和国家之间权力的根本不平等性这一普遍问题的一个回答。"[2]

三、人权的特殊性

人权的特殊性是与人权的普遍性相对应的，在人们对于人权的认识中，二者往往难以割裂。人权的特殊性一般被理解为不同国家和地区由于历史传统、文化、宗教、价值观念、资源和经济等因素的差别，在追求人权充分实现的过程中其具体的方法手段和模式可以是多种多样的。[3] 承认人权的特殊性并不意味着对人权普遍性原则的否认，而是在人权普遍性的前提下，认为人权理论、人权观念与人权制度的多样性是必要的。

在《世界人权宣言》之后，1968 年国际人权会议通过的《德黑兰宣言》、1977 年联合国通过的《关于人权新概念的决议》、1986 年联合国大会通过的《发展权宣言》、1993 年世界人权大会通过的《维也纳宣言和行动纲领》都在申明人权普遍性的同时，表达了对人权特殊性的承认和尊重。

《关于人权新概念的决议》申明，本决议是"基于国际人权合作必须对不同社会的各种问题有深切认识和充分尊重他们的经济、社会、文化现实情况，以及联合国系统内处理人权问题的工作办法应适当考虑到发达国家和发展中国家两者的经验和一般情况的认识"而作出。《维也纳宣言和行动纲领》指出："一切人权均为普遍、不可分割、相互依存、相互联系。国际社会必须站在同样地位上、用同样重视的眼光、以公平、平等的态度全面看待人权。固然，民族特性和地域特征的意义，以及不同的历史、文化和宗教背景都必须要考虑，但是各个国家，不论其政治、经济和文化体系如何，都有义务促进和保护一切人权和基本自由。"这意味着在人权普遍性原则的基础上，作为特殊性因素的历史、文化、宗教等都必须被认真对待。这种关于人权的普遍性与特殊性关系的表述，反映了国际社会就这一问题的不同观点的妥协。

---

〔1〕 参见齐延平：《人权与法治》，山东人民出版社 2003 年版，第 43 页。
〔2〕 转引自莉蒂亚·R. 芭斯塔："宪政民主的反思：反现代和全球化的挑战"，载刘海年等编：《人权与宪政》，中国法制出版社 1999 年版。
〔3〕 徐显明："人权的普遍性与人权文化之解析"，载《法学评论》1999 年第 6 期。

在区域性人权公约和人权文件方面,人权特殊性一再得到表达。1950 年 11 月由欧洲理事会成员在罗马制定的《欧洲人权公约》,没有打算将《世界人权宣言》中的普遍性原则贯彻其中,而是承诺:"作为具有共同思想和具有共同的政治传统、理想、自由与政治遗产的欧洲各国政府,决定采取首要步骤,以便集体施行《世界人权宣言》中所述的某些权利。"公约所规定的权利仅限于具有共同传统的国家的公民来享有。这些权利由具有自由主义民主国家特色的若干主要的宪法性、政治性权利构成。在缔约者们看来,这些权利所体现的共同传统代表着一种其他国家应该努力赶超的优秀标准。[1] 直到十几年后,在这个人权公约的基础上,欧洲国家又陆续颁布了一系列有关个人财产权、受教育权、迁徙自由、废除死刑等内容的议定书和《欧洲社会宪章》,但仍然有别于国际人权公约所确立的公民权利、政治权利以及经济社会文化权利体系。

1981 年由非洲统一组织通过的《非洲人权和民族权宪章》在序言中宣告:"考虑到他们(非洲人民)历史的传统美德和非洲文明的生活价值理应启发他们对人权和民族权概念的思考,并且理应使他们的思考具有自己的特色。"这个宣言进一步强调:"认识到一方面,基本人权源于人类本性,此乃人权国际保护的法律依据,另一方面,要实现和尊重民族权,保障人权实属必需。"因此,《非洲人权和民族权宪章》中以前 18 条规定个人权利,以后 8 条规定民族权利。它将民族权与基本人权紧密联系起来对待,作为集体权利的民族权利应该至少享有与个人权利相等的尊严。这种思想常被认为是具有非洲特色的人权观。[2] 与这种集体价值观相应的是《非洲人权和民族权宪章》对于社会义务的重视。它有一章阐述权利,也有一章阐述义务,"认为每一个人对权利和自由的享有同时也意味着对义务的履行","人人对其家庭和社会、国家和其他合法认定的社区及国际社会负有义务。"这些义务不只是承认他人享有同等权利,而且还包括促进一些重要的目标,如维护家庭的和谐发展、维护民族团结和独立以及维护非洲文化的价值和统一。[3]

对于人权的特殊性、多样性的强调在亚洲更加受到重视。1993 年,为了筹备世界人权大会,亚洲各国的部长和代表在泰国首都曼谷举行会议,通过了《曼谷宣言》。宣言在强调人权的普遍性、客观性和不可选择性的同时,宣称"亚洲国家以其多姿多彩的文化与传统能对世界会议(世界人权大会)做出贡献",并且"认为尽管人权具有普遍性,但应铭记各国和各区域的情况各有特点,并有不

---

〔1〕 参见〔英〕米尔恩:《人的权利与人的多样性》,夏勇、张志铭译,中国大百科全书出版社 1995 年版,第 4 页。
〔2〕 〔英〕R. J. 文森特:《人权与国际关系》,凌迪、黄列译,知识出版社 1998 年版,第 53 页。
〔3〕 〔英〕R. J. 文森特:《人权与国际关系》,凌迪、黄列译,知识出版社 1998 年版,第 54 页。

同的历史、文化和宗教背景，应根据国际规则不断重订的过程来看待人权。"《曼谷宣言》宣告了一种不同于西方的人权理念，被称为"亚洲国家的人权观"。[1] 这种人权理念显然认同人权的普遍性和共同标准，同时也强调文化的差异性，强调历史和传统的不同对于人权观念及其实践的影响作用。亚洲国家在1993 年维也纳世界人权大会上的发言和立场也表明，他们强调人权保护的特殊性和由自己特定的条件所决定的优先选择，"亚洲国家坚持的与普遍性的观念相对的特殊性并不否认人权规范的普遍性，但是强调在实现普遍人权时要考虑各个国家特定的历史背景，给予各个主权国家决定自己的政治制度和人权制度的权利以及保护人权的优先选择的权利。"[2]

四、文化相对主义

人们常常将人权特殊性的观点归之于文化相对主义的影响。文化相对主义是西方式人权观念所遭遇到的最顽强的抵抗。文化相对主义的核心立场在于承认每个民族、国家和社会的文化都有独创性和充分的价值，强调文化的差异性，认为每一种文化都是一个不可重复的独立自在的体系，每一个民族、国家和社会都具有表现于特殊价值体系中的文化传统，它与其他的文化传统和价值标准无法比较，不同的文化在价值上是相等的，并无优劣高低之分。文化相对主义将文化作为一套价值系统和解释工具来防范文化帝国主义的殖民和征服。

在人权问题上，杰克·唐纳利将文化相对主义理论区分为两种不同的倾向：强的文化相对主义与弱的文化相对主义。强的文化相对主义认为，文化是道德权利或规范合法性的主要源泉。而弱的文化相对主义则认为文化是道德权利或规范合法性的重要源泉。强或者弱主要在三个层次上存在差异，包括人权清单内容上的文化相对性、对于个人权利解释中的文化相对性以及实行特定人权的形式中的文化相对性。[3]

强的文化相对主义建立三个相关联的观点之上：首先，它认为道德法规因地而异；其次，它认为要将道德法规置于其文化环境之中才能理解它的不同之处；最后，它认为在某种文化环境中发展和形成的道德要求本身就是其有效性的根

---

〔1〕 参见信春鹰："亚洲国家的人权观"，载李林主编：《当代人权理论与实践》，吉林大学出版社 1996年版，第 340 页以下。

〔2〕 参见信春鹰："亚洲国家的人权观"，载李林主编：《当代人权理论与实践》，吉林大学出版社 1996年版，第 345 页。

〔3〕 [美] 杰克·唐纳利：《普遍人权的理论与实践》，王浦劬等译，中国社会科学出版社 2001 年版，第127 ~128 页。

源。[1] 因此，它反对建立在种族中心主义基础上的文化优越论，从而质疑普遍人权所秉持的普世价值观。西方的普遍人权观念在它看来所展现的无疑是一种种族中心主义与道德沙文主义的心态，完全无视世界之中存在着许许多多不同于现存普世价值观的文明与价值。然而，这种强的文化相对主义势必会认为一切权利的依据仅仅在于文化决定的社会规则，从一种文化之外提出的道德上的权利要求在此文化中是无效的，从而沦入价值虚无主义，颠覆了普遍人权的概念，从而使人权丧失了保障人性尊严的规范性意义与立场。

而弱的文化相对主义在唐纳利看来，主要是在实现人权的形式层次上允许对于普遍人权标准的偏离。[2] 这种弱的文化相对主义与普遍人权是相容的。对于一项具体人权的解释，可能会存在某些争议，这些争议并不影响到其实质意义的一般共识。而文化恰恰可以为解释的选择提供一个合理和可辩护的机制。关于资源稀缺的考虑也要求人权的实现形式和解释上的变化。而一切人权的有效的政治实施都要耗费资源。例如进行选举、提供普遍教育以及使公民受到公正审判等，这些都需要昂贵的成本。社会成本和财政资源的限制使得权利的实现和解释需要进行策略上的选择，这往往又会与文化联系在一起。

单纯地评价文化相对主义与人权普遍性的关系是不恰当的。文化相对主义并不反对人权观念在某种程度上的普遍性，其所反对的毋宁是偏颇的普遍人权观以及狭隘的"反相对主义"心态。因为如此的心态漠视明显的文化异质性以及各个文化体系自有其内在固有价值的事实，强制地以种族中心主义的论调要求各个国家采取同一的普世标准。就此而言，文化相对主义强调各国应当在人权事务上以自身的文化基础、经济条件、社会境况以及历史传统为根据，并且以渐进、对话及合作的方式来落实人权的保障。有时候，文化相对主义可能会被滥用或者被利用，被用来为不完善、不公正，甚至是侵害人权的制度做辩护。而文化的多样性则可以丰富多元世界中的人权观，非西方世界对人权概念的解释证明了这一点。例如，很多伊斯兰学者认为伊斯兰教律法中也体现了人权的基本概念和原则，从《古兰经》的教义中也可以发掘出现代公约和宣言所确立的基本权利。中国的很多学者也试图从中国的儒家文化和传统中寻求关于人权的思想渊源，对人权的基础进行中国式的论证。即使在西方也一直存在着对于人权和权利的不同认识，例如功利主义、历史主义以及社会法学派，它们对于人权的解释就不同于传统的自然法理论。这些关于人权的论证路径不一定行得通，但这些努力不应被

[1] [英] R. J. 文森特：《人权与国际关系》，凌迪、黄列译，知识出版社 1998 年版，第 50 页。
[2] [美] 杰克·唐纳利：《普遍人权的理论与实践》，王浦劬等译，中国社会科学出版社 2001 年版，第128 页。

简单地否定，因为人权理念本身就包容了多元文化的不同生活方式和价值诉求。

五、人权是普遍性与特殊性的统一

关于人权的普遍性与特殊性，在中国语境下人们往往将其归属于一种哲学意义上的辩证关系。自然界和人类社会的任何事物，都有其普遍性，也都有其特殊性，事物的普遍性和特殊性是相互联结的。因此，人权也不外如是。

中国尊重人权普遍性原则，并依据人权普遍性的理念，积极参与国际人权事业，并做出了自己的重要贡献。一方面，表现在中国政府积极加入有关人权问题的国际公约。截至目前，中国已先后加入了 20 多项国际人权公约和议定书，其中包括国际法上通常属于"人道法"领域的 4 个日内瓦公约及 2 个附加议定书。对已经加入的人权公约，中国政府一贯依照规定，定期提交有关公约执行情况的报告，履行自己的责任和义务。另一方面，中国尊重人权普遍性原则，还表现在同世界人民一道，积极参与国际人权保护多种行动。中国代表在联合国人权机构会议上严厉谴责对阿富汗的侵略，主张维护其主权、独立和领土完整；反对伊拉克侵占科威特，主张通过和平协商和对话解决彼此争端；中国一贯反对种族歧视和种族隔离政策，并参与对前南非种族主义政权的制裁；一贯支持南非和纳米比亚人民争取自由与解放的正义斗争；中国始终支持巴勒斯坦和阿拉伯人民的正义斗争，支持巴勒斯坦人返回家园、建立自己的独立国家；中国以建设性态度参与筹办或承办世界性或地区性人权会议。1995 年北京成功地承办了联合国第四次妇女大会和非政府组织妇女论坛，被联合国副秘书长基塔尼赞誉为"联合国妇女史上的一个里程碑"；中国积极参与"维和"行动，为维护和平与安全、制止对人权的侵犯，做出了自己应有的贡献；中国一贯反对任何形式的恐怖主义，积极参与反恐国际合作。截至目前，在现有 12 项国际反恐公约中，中国政府已签署、批准或加入 11 项。这些事实都说明，中国切实履行对《联合国宪章》关于尊重与保护人权的庄严承诺，认真实践人权的普遍性原则。[1]

中国在承认普遍性是国际人权保护的基本原则时，同样主张人权有其特殊性。"人权概念是历史发展的产物，同一定的社会、政治、经济条件，同一个国家特定的历史、文化和观念密切相关。在不同的历史发展时期有不同的权利要求；处于不同发展阶段或具有不同历史传统和文化背景的国家，对人权的理解和实践也会有所差别。"[2] 中国政府在强调尊重人权普遍性原则的同时，也强调普

---

[1]　参见李步云、杨松才："论人权的普遍性与特殊性"，载《环球法律评论》2007 年第 6 期。

[2]　刘华秋 1993 年 6 月 15 日在维也纳世界人权大会上的发言。转引自彼得·范·戴克："人权——价值的普遍性与相对性"，载刘楠来等编：《人权的普遍性与特殊性》，社会科学文献出版社 1996 年版，第 79 页。

遍人权的保护要与各国国情相结合。中国政府反对只承认或片面过分地强调人权的普遍性，而一概否定或极力贬低人权的特殊性。西方一些国家的所谓"人权外交"宣扬"人权无国界"、"国际人权保护绝对高于国家主权"，对南方特别是东方国家搞人权的政治化和意识形态化，从狭隘的国家利益出发奉行人权的"双重标准"政策，以人权问题为借口无理干涉他国内政，在国际舞台上寻找一切机会挑起人权争端，无理指责他国的人权状况。所有这些都不利于人权的国际合作与发展。人权普遍性原则总是通过不同地区和国家的人权实践和形态来实现的。各国由于历史、文化、价值观念、宗教背景、发展水平和社会政治制度的不同，对人权的理解和所面对的人权问题也会有所不同，因而在促进和保护人权的项目的轻重缓急以及方式、方法和形态上势必存在一些差异。这是当今世界的现实，也是正常的。因此，一方面，各国都要努力尊重和实现人权的普遍原则，另一方面，只要是向着充分实现人权的目标迈进，不同地区和国家在具体做法上的特殊性就必须得到充分的尊重。

第二节　人权的其他性质

一、人权的至上性与相对性

人权的至上性和相对性并不是完全对应的两个范畴，实际上它们是处于两个不同层面上的人权的属性。人权的至上性是在道德价值意义上，而人权的相对性则更主要是在人权的实现层面上。人们将人权作为一种理想的标准、理想的生活状态，而它并不否认在现实中的人权并不完善，其实现机制中存在种种制约性因素。而恰恰因为如此，人权概念才有意义。尽管如此，人权的这两种不同性质仍然有着各自认识论上的依据。

（一）人权的至上性

人权的至上性对应的是道德目的论。道德目的论对应着道德权利的理论，它根源自康德的哲学。人因为人性和人的尊严本身而拥有道德权利，不是凭借他们能进入任何特殊秩序或他们要遵循特定的法律制度而拥有权利。按照道德目的论，人权本身就是一种目的，它体现了对个人自由的尊重。道德权利的人权，在价值上体现了这样一个道德律："无论是谁，在任何时候都不应该把自己和他人仅仅当做工具而应永远看做自身就是目的。"[1] 在康德看来，只有将人视作目的才构成绝对的道德律令，它意味着人是一个具有自我价值的自主行为者。人权体

---

〔1〕 ［德］康德：《道德形而上学原理》，沈叔平译，上海人民出版社1980年版，第86页。

现的正是这样的价值观，人是目的，而非手段。人权不需要来自于外部的道德论证，而且它自身构成了政治合法性的根源。

人权的至上性内涵包含了三个层面：对于普遍功利或者集体价值而言，个人权利至上。国家在立法和制定政策过程中，个人权利是至高的目的，功利性考量或其他集体性价值不应当对个人权利造成侵害。功利主义在这一问题上与自然权利理论持有不同的观点。在功利主义者看来，建立在"最大多数人的最大幸福"这一原则基础上的普遍功利是优先于个人权利的，理应成为政府或立法者所追求的目标。其他非西方的文化传统中，例如儒家文化、伊斯兰文化等，也同样强调集体价值对个人价值的优先性。

对于个人的其他利益或价值而言，人权所内含的人性尊严至上。人权是一种特殊的权利，它被认为是"最高等级的道德要求"[1]。在这个意义上，它优先于其他的普通权利以及价值。当人的生命权和某种民法上规定的权利如土地使用权、对一项软件享有的版权等发生冲突时，我们会判定生命权比后者更加重要。因此，我们在法律上将这些权利规定为基本权利，赋予其更高的效力，给予其更严格更高层次的保护。人权也不能被任何其他价值所压倒。例如费因伯格拒绝诉诸较高的价值来克制权利。在他看来，权利表达着对生活中"善"的概念的个人选择。这样的选择不可能是通过参考一组基本价值而以命令的方式下达给人们的。因此，他明确地拒绝以"爱"、"怜悯"或"神圣义务"为理由而克制权利，认为这样做将会再次违背自由主义的康德式基础[2]。

人权的价值至上论，还在于它与权力相对应的意义上。人权相对于公共权力而言，在道德价值上的优先性早在启蒙时期就已经为人们证成。人权是权力的源泉和目的，是权力行使的界限。这正是法治的真谛所在。但当人权超越国家的范畴在国际语境下被讨论时，在人权与主权的关系中，人权的至上性并非是一个绝对的命题。

（二）人权的相对性

人权的相对性在认识论上对应着人权概念的社会性、历史性维度。自然权利思想在启蒙时期后不久就遭遇了批评。《人权和公民权利宣言》墨迹未干，这些批评意见就从四面八方冒了出来[3]。这些批评主要是从权利的社会性和历史性维度来反驳自然权利理论。埃德蒙·柏克认为，关于权利的正确思路应遵循从古代祖先那里继承沿袭下来的规则习俗，而不是形而上学的抽象概念。实际上，柏

---

〔1〕 ［美］杰克·唐纳利：《普遍人权的理论与实践》，王浦劬等译，中国社会科学出版社 2001 年版，第7页。

〔2〕 参见夏勇：《中国民权哲学》，三联书店 2004 年版，第 9 章。

〔3〕 ［英］R. J. 文森特：《人权与国际关系》，凌迪、黄列译，知识出版社 1998 年版，第 35 页。

克所谓的权利是英国人权利观中的那些具体权利，带有时间厚度和历史感。社会成员只需要按照某种既定的方式行事，而没有必要接受不可靠的理性的考验。柏克对自然权利概念可能对社会秩序造成的破坏深具戒心。[1] 马克思对人权的社会性维度的揭示更加深刻，更加意义深远。他指出："权利永远不能超出社会的经济结构以及经济结构所制约的社会的文化发展。"[2] 人权的产生和发展，始终要受到社会经济发展水平的影响和制约，其哲学根源就在于人并不是抽象的存在，而是某个具体的社会中的人。

从社会性、历史性维度来解释人权的相对性，并不构成对前面所说的人权价值至上论的根本反驳。道德目的论意义上的人权的至上性，并不完全否认人权的社会性、历史性，而后者对于人权的现实性状况的解释也不能用来否定人权作为理性状态或标准的意义。毋宁说，这种相对性解释更适用于消解寻求人权的普遍化模式或者一体化的实现路径的做法。

人权的至上性所遭遇到的挑战更集中于实践层面，因此，实践中对人权价值的衡量和相对保护才是人权相对性的真正意涵。在抽象人权论证系统中非常有力的至上性概念，在具体权利语境下会遭遇一系列实践中的困难，甚至可能被虚置。即使是那些对于个人权利极为崇尚的西方法学家也承认这一点。莫里斯·克兰斯顿认为，人权就是"一个人如果没有因此践踏正义而受到严惩，那他就不能被剥夺的某些东西。有些事永远不应该做，有些自由永远不应该遭到侵犯，有些东西是至上至圣的。"但是，他承认要提供一个至上性的明确标准是困难的。[3] 因为，一方面，人权是由一项项具体权利构成。这些具体权利在国际人权法文件中被列举，包括公民权利、政治权利、经济权利、社会权利、文化权利等。这些权利尽管都关涉到人性尊严这一核心价值，但关联度并不完全等同。例如不被奴役的自由权利、免于酷刑的权利、生命权、婚姻自由的权利、拥有财产的权利等。这些权利都是对于人性尊严这一价值的具体化。但这些权利都适用至上性吗？[4] 如果都适用至上性，则如何处理具体权利事务中的相互冲突？另一方面，人权价值并不能总是获得无庸置

---

〔1〕 柏克关于习俗权利的观点，参见 ［英］柏克：《自由与传统》，蒋庆等译，商务印书馆 2001 年版；张立伟："论英国经验主义人权观的形成"，载《人权研究》第 3 卷，山东人民出版社 2003 年版。

〔2〕《马克思恩格斯全集》第 19 卷，人民出版社 1956 年版，第 22 页。

〔3〕 ［英］L. J. 麦克法兰："人权的理论与实践"，王浦劬译，载沈宗灵、黄枬森主编：《西方人权学说》（下），四川人民出版社 1994 年版。

〔4〕 要说明这一点非常困难。克兰斯顿认为，经济权利和社会权利是道德强求性程度不同的权利，所以就要被排斥于至上性观念之外。但他同时又承认，"人们有解救深重灾难的至上义务"，这就不自觉地为拒绝他自己的结论提出了有力的依据。因为穷人，尤其是第三世界的大多数穷人中，深重的灾难主要是出于经济和社会原因而不是公民权和政治权方面的原因。参见 ［英］L. J. 麦克法兰："人权的理论与实践"，王浦劬译，载沈宗灵、黄枬森主编：《西方人权学说》（下），四川人民出版社 1994 年版。

疑的优势，在某些情境下公共利益或普遍功利仍然构成对个人权利的限制性因素。这一点早已被各国立法所证明，例如紧急状态下的国家安全、公共卫生等因素都可能成为限制公民的某种基本权利的理由。

（三）在人权的至上性和相对性之间

如何处理作为人权的具体权利之间以及这些权利与其他价值之间的冲突，仍然是一个难题。有学者指出，基本权利与作为人权核心价值的人性尊严之间是特别法与普通法的关系，前者是后者的具体化。其他基本权利的价值，若相互间或与其他价值相冲突之时，若未涉及人性尊严核心价值之限制，则可以寻求相互调和，以形成合理宪政秩序，因此在这个意义上，人权价值是相对地被保障。如果冲突涉及人性尊严核心价值，则需给予其绝对的保障。[1] 也就是说，作为人权的具体权利之间以及这些权利与其他利益价值之间的冲突，并没有一个一致的标准或方法来获得解决，而需要衡量不同的因素。在这其中，权利必须得到充分的考虑和足够的尊重。

而且，这些基本权利中有些被认为是与人性尊严直接相关，国际人权法上将这些权利称之为"不可克减的权利"。国际人权立法中的"不可克减的权利"就是公认的无论以何种理由、在任何情况下都不得侵犯的权利。例如《公民权利和政治权利国际公约》第4条规定，在社会紧急状态威胁到国家的生命并经正式宣布时，本公约缔约国得采取措施克减其在本公约下所承担的义务（主要是保护人权的义务）。但是，该条同时规定，克减措施不得与该国根据国际法所承担的其他义务相矛盾，不得包含纯粹基于种族、肤色、性别、语言、宗教或社会出身的歧视，而且，不得克减该公约第6、7、8条（第1款和第2款），第11、15、16、18条所规定的权利。这些权利是生命权利、免受酷刑或残忍的、不人道的或侮辱性待遇或刑罚的权利、免为奴隶或被强迫役使的权利、不服从溯及既往的刑事法律的权利、法律面前平等的权利以及思想、良心和宗教信仰自由的权利。1950年《欧洲人权与基本自由公约》也作了相似的规定。这些权利只是我们通常所说的"基本人权"的一部分，但它们无疑是最核心的一部分。[2]

二、人权的相互依赖性与不可分割性

由《世界人权宣言》、《公民权利和政治权利公约》、《经济、社会和文化权利公约》等国际人权文件所宣示的各项人权，构成了一个人权体系。这个人权体

---

〔1〕 参见林佳范："人权价值的绝对与相对：浅论人权教育的'宽容'与'包容'"，载《应用伦理研究通讯》2006年第36期。

〔2〕 夏勇：《中国民权哲学》，三联书店2004年版，第9章。

系被认为是一个不可分割的整体。其中各种权利都互相依存、互相补充、互相促进。对其中一种权利的侵犯往往会影响到其他权利的尊重和享有。任何一项权利被剥夺都可能会导致权利大厦的倾覆。

人权的相互依赖性与不可分割性，在联合国关于人权问题的决议和相关人权文件中得到了一致认可。1948 年的《世界人权宣言》就已确立了权利的相互关联性和不可分割的立场，表现在它没有对人权进行分门别类的阐述，而是笼统地表达它们，目的是强调它们的统一性。[1] 1968 年 5 月 13 日在伊朗首都德黑兰召开的世界人权大会通过的《德黑兰宣言》宣告："人权及基本自由不容分割……"1977 年联合国大会于 12 月 16 号的通过的第 32/130 号决议《关于人权新概念的决议案》强调："深切相信一切人权和基本自由都是相互依赖和不可分割的。"人权的这一性质在 1993 年世界人权会议上所通过的《维也纳宣言和行动纲领》中得到再次重申："一切人权均为普遍、不可分割、相互依赖和相互联系的。"由此可见，各项人权的相互依赖性与不可分割性已经成为一项公认的、并一再得到重申的国际人权法原则。[2]

人权的相互依赖性与不可分割性，实际上是对西方人权学说中一种观点的反驳，即认为只有公民权利和政治权利是人权，而经济、社会和文化权利不属于人权。英国学者莫里斯·克莱斯顿是其中一个代表。他认为，生命、自由和财产这些公民和政治权利是"普遍的、最高的和绝对的道德权利"。但是，经济和社会权利既没有普遍性和实践性，也没有最高的重要性，因而属于"不同的逻辑范畴"。[3] 公民和政治权利优先于其他权利，与其他权利相比更具相关性。这种理论在一定程度上是基于对西方国家的人权历史的发展进程的认识，而且它与西方国家在人权方面的外交政策有某些契合之处。基于种种考虑，西方国家在国际人权保护方面强调对公民自由和政治权利的保护，对于经济社会权利却漠不关心。而相较于发达国家而言，在国际经济秩序中处在相对弱势位置的发展中国家更关注由于贫困和经济的落后而导致人民基本生存权利和尊严受到的威胁，更希望通过对于经济社会权利的保护，来促进本国的发展和人权状况的改善。因此，发展中国家反对发达国家在人权体系中的选择性立场，坚持人权体系的整体性和人权的不可分割性。

在第 47 届联合国人权委员会上，巴西代表团团长鲁本斯·里库贝洛的发言代表了发展中国家在这一问题上的典型立场："事实上，我们在本委员会所面临

〔1〕 郑贤君："论宪法社会基本权的分类与构成"，载《法律科学》2004 年第 2 期。
〔2〕 徐显明主编：《国际人权法》，法律出版社 2004 年版，第 22 页。
〔3〕 ［美］杰克·唐纳利：《普遍人权的理论与实践》，王浦劬等译，中国社会科学出版社 2001 年版，第 31 页。

的任务的真正意义以及纠正令人误解的观点的办法就在于所有人权相互联系这一概念。那些令人误解的看法包括：某些权利较之其他权利更具相关性；有些权利可优先于其他权利；或可以在无视其他权利的情况下只关心特定的一组人权。当联合国于1966年通过两个国际人权公约时，即重视人权的相互联系，因为联合国已洞悉，'只有在创造了使人可以享有其经济、社会及文化权利，正如享有其公民和政治权利一样的条件的情况下，才能实现自由人类享有免于恐惧和匮乏的自由的理想'——这些是在两个公约的序言中所使用的实际措词。仅在两年之后，国际社会在《德黑兰宣言》中承认人权不容分割，若不同时享有经济、社会及文化权利，则公民及政治权利决无实现之日。该宣言进一步宣布，'人权实施方面长久进展之达成，亦有赖于健全有效之国内和国际经济及社会发展政策'。较之集体和个人权利问题更为危险的大约是这样一种错误的观点，认为在不同类别的人权中应设立明晰的分界线，或更糟糕的是设立某种等级次序。这一观点存在的第一个问题是忽视人权不可分割的实质后果，这和人的尊严不容分割一样。这里，我几乎没有必要再重复那些已众所周知的例子，证明不能实现经济、社会及文化权利是如何妨碍充分实现公民和政治权利的，同样，不能享有公民和政治权利也会阻碍实现经济、社会及文化权利。"[1]

正如里库贝洛所言，人权的相互依赖性和不可分割性，不仅反对仅承认公民和政治权利而否认经济、社会和文化权利，同样也不认为仅承认经济、社会和文化权利而消极对待公民和政治权利的做法是正确的。没有经济社会权利的起码保障，政治权利的建设往往是纸上谈兵；而没有政治权利的基本保障，经济社会权利的发展也往往有步入歧途的危险。[2]没有生存权，其他任何人权也无从谈起；没有经济、社会和文化权利，社会的科技进步、经济发展就是一句空话，它必然导致人们无暇去顾及公民和政治权利的享受。没有表达自由，没有政治参与的权利，经济发展也可能后继乏力，发展的成果也可能无法得到公正的分配。克莱斯顿关于公民和政治权利优先于经济和社会权利的理论并没有充足的理由。[3]

人权的相互依赖性和不可分割性不仅存在于公民和政治权利与经济社会和文化权利这两类传统的权利之间，而同样存在于人权的各类权利之间的关系中。对于生命权而言，享有食物权和获得医疗的权利这样的经济和社会权利是必不可少的；言论、思想、宗教的权利保护着个人自主性的领域，这些权利使人们得以参

---

〔1〕 载中国人权网，参见 http://www.humanrights.cn/cn/rqlt/rqll/fzzgjrqg/t20061023_166455.html.

〔2〕 齐延平："论文化交融背景下的人权发展观"，东方文化与人权会议论文，载 http://www.people.com.cn/GB/shizheng/252/9325/9326/20021030/854252.html.

〔3〕 〔美〕杰克·唐纳利：《普遍人权的理论与实践》，王浦劬等译，中国社会科学出版社2001年版，第32~34页。

与公共事务，有能力进行公共活动；工作的权利是人们拥有财产的重要基础，而获得合理劳动报酬的权利又与组织和参加工会的自由密切相关；获得公正审判的权利对于人的自由权等众多权利都至关重要。它还表现在，事实上有些权利无法归入哪一类权利，它兼具不同种类权利的特质和意义。例如财产权，克莱斯顿认为它毫无疑问是属于公民和政治权利的范畴，但它同样是一种经济权利。受教育权被规定在《经济社会和文化权利公约》中，但是鉴于它对人的个性和尊严以及权利能力的实际意义，很多西方学者将其归入公民权利的范畴。

因此，唐纳利提出要超越公民和政治权利与经济社会文化权利这种传统的二分法，来更进一步强调人权的相互依赖性和不可分割的立场。在《维也纳宣言和行动纲领》中，将人权从原来的按种类排列改为按字母顺序排列——公民的（civil）、文化的（cultural）、经济的（economic）、政治的（political）和社会的（social）权利。这一排列具有象征意义，它不仅从形式上打破了自由权与社会权之间的差异，而且也消除了社会权利内部各种权利之间的机械分类，还弥合了不同权利重要程度的区分。这表明，不同国家和地区的人们在对基本权利与人的尊严之间关系的认识上又前进了一步，那种认为人权可以做机械分类的观点已成昨日黄花。更多的人开始趋向于认为，人的尊严的实现是需要不同面向的多重权利合力维护的事情。这一更接近事物本质的认识，无疑为实践中推进各类权利的保护奠定了理性基础。[1] 从根本上讲，所有的基本权利服从于人的尊严，它们共同构成以维护人的尊严为目的的相互关联和不可分割的客观价值秩序。这也是人权的相互依赖性与不可分割性的根源所在。

人权的相互依赖性和不可分割性，并不排除人权发展路径的多样性和人权发展战略的差异性。不同国家甚至是同一国家在不同的历史时期基于自己的社会发展水平以及不同的历史、文化和宗教背景，做出适合自己的人权发展安排。这与人权的上述性质并不矛盾。社会经济发展水平不同，人们面临的人权问题就不一样。西方国家作为人权历史进程中的先行者，已经建立起了比较完善的人权保障制度，但这是在他们工业化完成、社会经济已经获得极大发展的基础上实现的。在工业化的过程中，西方国家为人权的保障和发展储备起了必要的社会资源。而发展中国家由于种种因素的限制，社会经济发展水平较低，社会财富总量尚不丰裕，无力全面推动和发展其人权事业、实现人权体系中的各项权利。对于它们而言，贫穷和落后是对人权最大的危害，因此，发展经济、解决生存权和发展权问题往往是它们最迫切和首要的任务。[2] 以同样的标准要求这些国家选取同样的

---

〔1〕 郑贤君："论宪法社会基本权的分类与构成"，载《法律科学》2004 年第 2 期。

〔2〕 徐显明主编：《国际人权法》，法律出版社 2004 年版，第 22 页。

人权发展模式对它们来说是不公正的。但是，正如联合国大会第 44/129 号决议所强调的，对于一类人权的促进和保护，不应成为国家免除对另一类人权的促进和保护的借口。

第 四 章

人权的主体

人权是每一个生物意义上的人得到尊严保障所必须享有的权利。人权的主体就是每一个生物意义上的具体的人，不仅是人权的享有者和行使者，更是人权产生的根源和人权保障的目的。

人权主体理论在人权理论研究中具有重要地位，因为所有的人权理论都是建立在对人权主体预设的基础之上，人权主体的转换也意味着人权理论的重建。

第一，人权的全部内容都从人权主体出发。人权包括哪些内容，实质上就取决于怎么去看待人。"在给人下一个定义之前，我们能具有人权思想吗？"[1] 所以，人权主体的确定，不是单一的只关系到人权的适用范围问题，不是先确定了人权然后再去寻找有资格享有人权的主体，不是人权主体被动地接受人权。相反，有什么样的人权主体，就对应着什么样的人权体系。人权主体是先于人权而存在的，人权正是人权主体在道德上和法律上所要求的权利，是人权主体决定了人权内容。

第二，对人权的全部研究，不仅均需以如何使主体享有最充分的人权为逻辑起点，也以如何使主体享有最充分的人权为最终目标。人权研究要服从与服务于人权主体，人权的价值只能和必须通过人权主体的满足来体现。成熟的人权理论和科学的人权研究，首要的是对人权主体的研究。

第三，在人权主体与人权内容这两大构成要素中，人权主体不仅决定着人权内容，而且使人权与其他任何类型的权利相区别。进而言之，人权与其他权利的最大区别就在主体的区别：其一，人权的主体只能是人，而其他权利的主体则可以是多种多样的，国家、政府、群体、法人等等都可以成为种种权利的主体，动物的权利、植物的权利、自然的权利等概念也都被提出；其二，人权的主体必须是普遍的，人权的普遍性首先就是人权主体的普遍性，而其他权利不要求主体的普遍性。所以，人权的概念中天然地包含着主体要素。

第四，人权之所以成为人权也只能在人权主体理论中找到说明。人权不能简单地解释为"人享有的或者应当享有的权利"，而应当突出"把人作为人看待"

---

[1] Costas Douzinas, *The End of Human Rights*, Oxford：Hart Publishing Ltd.，2000，p. 186. 中译本参见 [美] 科斯塔斯·杜兹纳：《人权的终结》，郭春发译，江苏人民出版社 2002 年版，第 197 页。

所必须具有的权利这一层含义。人权概念实际上包含了一层"人之为人即应该享有"这种观念或原则，强调的是"人之为人"和"人之只要为人"就应该享有的权利。一言之，人权是从人的存在和保障人的尊严而产生的权利，是"把人作为人看待"所必不可少的权利。[1]

第五，人权主体理论除了在知识论的意义上回答"谁的权利"，从而除了使人类免于在这一问题上的困惑外，还对人权救济和人权保障具有不可替代的实践功能：其一，人权主体与人权内容之间的相关性，使离开人权主体而讨论人权内容与体系成为不可能，而人权内容与体系的缺陷必然导致人权保障的不充分；其二，在经由法律而保障的人权实践中，人权主体必须完成从一般意义上的人到法律上的人的转化，法学立场的人权主体理论为人权主体的这一转化提供智识前提；其三，人权实践的前置性问题是人权的正当性问题，而人权主体的确立正是直接地关联着人权的正当性问题。在人权的具体内容和人权保障制度的研究中，固然并不一定都要基于人权主体的视角，但就人权研究总体而言，不应忽视人权主体与人权内容及人权保障制度的相关性。并且，在某些人权问题上，从人权主体出发的研究视角和研究方法确实可能具有重大的甚至是决定性的意义。

由此，对人权主体的研究大致可以在两个向度上展开，一是对人权主体的哲学辨思，其目的在从哲学、政治学、伦理学等立场上认识人，从而确定人权的内容；二是从历史与现实的实证角度，考察人权主体从一般意义上的人向法律主体的转化，以及此种转化对人权实现的意义和影响，目的在为人权的实现提供法律与制度的保障。

第一节　人权主体及其表现形态

定义"人权主体"是困难的。一般认为，人权的主体即人权的具体享有者和行使者。[2] 本文认为，这样的表述不能区分开人权主体的概念与其他一般权利主体的概念，而人权主体的概念应反映出人权主体的内在于人权并对人权起着决定性作用的特征。本文认为，人权主体是人权的构成要素之一，不仅是人权的具体享有者和行使者，而且是人权产生的根源和保障的目的，承载着人权的观念、价值和原则。

---

〔1〕　夏勇：《人权概念起源》，中国政法大学出版社1992年版，导论。
〔2〕　李步云主编：《人权法学》，高等教育出版社2005年版，第11页。

一、人权主体

（一）人权主体是自然人

人权主体是生物学意义上的自然人。"全部人类历史的第一个前提无疑是有生命的个人的存在"，[1] 有生命的个人即自然人。《世界人权宣言》第 2 条第 1 款规定："人人有资格享受本宣言所载的一切权利和自由，不分种族、肤色、性别、语言、宗教、政治或其他见解、国籍或社会出身、财产、出生或其他身份等任何区别。"这一款规定表明，人权的主体是生物学意义上的自然人。只要在生物学上、在医学上是一个人，就享有人的尊严，就是人权的主体。

在古典人权理论中，人权主体并不是自然人。瑞士法学家胜雅律得出了这样的结论：在古典人权理论中，"人"这个字与它的现代涵义相比较仅具相当有限的意义。这里使用了一种称为"分节法（meristic manner）"的方法。"Meros"是一个古希腊字，意为部分。"Merism"是一个定义的过程，在这一过程中，一个部分过分膨胀，被界定为全体，而其他部分却被暗暗地不着痕迹地从定义中去除。

首先，古典人权主体是理性人、文化人，从而是性别人。Persona 一词就来源于斯多葛哲学，是为显示具备理性的独立实体即人而被使用的，并为康德所继承而确立了伦理上自由的具有承担责任能力的主体。而据科斯塔斯·杜兹纳（Costas Douzinas）分析，"humanitas"一词则首先出现在罗马共和国，是对古希腊中用来表示教育和培育、学术和良好修养的 paideia（教养）一词的意译。[2]理性是西方形而上学的"人"的一个基本特征。因为人有理性，人才成为现代"人"，成为世界的主体，成为自然的主人，成为万物的尺度，成为天赋人权的主体。形而上学的"人"的概念具有理性和教养的内涵。法学教授格扎维埃·马丁（Xavier Martin）在《论人权宣言当中的人》中揭露，1789 年潜在着一种人类学原则，强调"人"是一个理性和文明属性的概念。这种"人"的概念把一般妇女和非欧洲人排除在外。因为女人被认为缺乏理性，所以人权只是男子的特权。法国《人权与公民权利宣言》第 1 条"人们生来是而且始终是自由和平等的"所用的"人"是在排除了妇女的有限意义上使用的，所以当时著名的妇女

---

[1] 《马克思恩格斯选集》第 4 卷，人民出版社 1995 年版，第 532 页。

[2] Costas Douzinas, *The End of Human Rights*, Oxford：Hart Publishing Ltd.，2000. p. 188. 中译本参见［美］科斯塔斯·杜兹纳：《人权的终结》，郭春发译，江苏人民出版社 2002 年版，第 199 页。在拉丁语中，"野蛮的"（barbarous）指外族的或者操其他语言的；"人的"（humanus）指人们熟知及有教养的，两者适成对照。参见［英］凯蒂·索珀：《人道主义与反人道主义》，廖申白、杨清荣译，华夏出版社 1999 年版，第 4 页。

领袖奥兰普·德·古日起草了针锋相对的《女人和女公民权利宣言》。美国在《独立宣言》发表后长达一个半世纪的历史中，妇女一直是作为二等公民存在的。美国宪法第 14 条修正案曾确立了平等权利原则，而 1894 年最高法院竟授权各州可自行界定第 14 条修正案所提及的"人"的涵义是否只限于男子。这样，自 1894 年直至 1971 年，仍然有些州依据最高法院的这一裁决，坚持妇女不是法律上宪法第 14 条修正案所指的"人"。性别歧视文化的影响使近代西方的人权主体自然地排除了妇女。美国直至 1920 年才在宪法第 19 条修正案中给予女性选举权，而法国妇女则直到 1944 年才获得这项权利。起草于 1948 年的《世界人权宣言》在表述人权概念时，终于用"human rights"代替了"rights of man"，妇女作为人权主体的地位才得以正式确立。

其次，古典人权主体是地域人、肤色人、种族人、国籍人。法国"当代犹太人资料中心"的创始人、历史学家莱昂·波里亚克夫（Leon Poliakov）把某些外国人的兽性化追溯到一篇题为《地球的新分类——按照居民的不同类型或种族》的文章。这篇文章为一个名叫朗索瓦·贝尼耶（Francors Bernier）的人所写，发表于 1684 年 4 月 24 日法国期刊《学者杂志》（Journal des Scavans）上。贝尼耶把这些种族区分为白人或日晒后肤色的欧洲人、非洲人（"头发像格里风猎狗"）、黄种人（"他们的小眼睛像猪"）和拉普人（"他们是凶恶的动物"）。数量最多、范围最广的被排除在人权主体之外的群体是英、法、美等殖民国家的海外殖民地和附属国的人民，他们大都分布在亚洲、非洲和拉丁美洲。《独立宣言》并未触及奴隶制，黑人、印第安人都被认为是劣等人而不配享有人权，非欧洲人（及其后裔）如华人、日本人、犹太人、操西班牙语的美国人和墨裔美国人等，有时还包括东欧和南欧人，也受到普遍的排斥与差别。

最后，古典人权主体还是财产人、身份人、政治人。穷人、社会弱者、"革命的敌人"等都被排除在人权主体之外。实际上能享有古典人权的只是英、法、美这几个"富有人权传统"的国家内的欧洲裔的、有产的白人男子。

承认人权的主体是自然人，意味着人权的主体不再是理性人、文化人、性别人、财产人、种族人、国籍人等。承认每一个自然人作为一个生物意义上的人就享有人的尊严、就是人权的主体，这是人权理论中的一个重大进步。

（二）人权主体是个体人

人权主体是作为个体的人。"人们的社会历史始终只是他们的个体发展的历史。"[1] 虽然今天各种文化观都在其传统中挖掘人权资源，但形成观念的人权首先是西方文化的产物，人权主体观也首先在西方文化中产生。

---

〔1〕《马克思恩格斯选集》第 4 卷，人民出版社 1995 年版，第 532 页。

在人权主体的塑造中，个人主义作出了重要贡献。没有个体人的观念，就不可能产生人权的观念。西方文化最显著的特征是重自由和重个体。据钱满素的考察，西方个人主义的源头可以追溯到古典哲学。罗素认为，个人主义源于犬儒学派和斯多葛学派。伊壁鸠鲁学派可能也为个人主义作出了自己的贡献。古希腊哲学从苏格拉底开始已经把研究的重心从自然界转移到人自身，"认识你自己"成为学问的一个主题。而笛卡尔则通过主客体二分将传统的形而上学转变为人类学。至少从 13 世纪开始，作为自由主义基础的个人主义便开始在英国滥觞。对个人主义第一次作出系统的哲学表述的是托马斯·霍布斯，他的学说对近代自由主义的最大贡献就是个人主义，他因此被称道为当代个人主义的创始人、个人主义之父。西方马克思主义政治哲学家麦克佛森认为，尽管霍布斯的结论很难说是自由主义的，但他的基本预设却是高度个人主义的。[1] 霍布斯之后"欧洲的思想史从此目睹了一系列抬高个人的学说，个人自由与个性解放成了像洛克、卢梭、穆勒和康德这样各不相谋的哲学家的共同关注。马克思也不例外，他不仅把个人的存在看做任何人类历史的先决条件，也视之为最终目标。"[2] 个人是构成社会的原子，是一切事物中最根本的实在，是惟一真实的人，是独立自主的以自我利益为行为的原初动力的人，即利己的自爱的人。

在哲学之外，宗教也为西方个人主义的起源和发展作出了巨大的贡献。早期基督教中关于"人的普遍同胞关系"的信仰，已经把人看做是平等的独立的个体，加尔文和路德的宗教改革更推动了个体人观念的形成。宗教根基对"人"或"个人"概念形成的意义是不能低估的，因为上帝对人类的拯救是以个人为单位进行的，"个人拯救的教义给了基督徒一种关于个人的特殊意识"。[3] 如果说文艺复兴较为笼统地彰显了人的尊严，较为鲜明地宣扬了享乐主义，那么宗教改革则在上帝的旗帜下张扬了个人主义。在路德和加尔文那儿，每个人皆可凭其信仰而直面上帝，每个人都应当重新恢复自己的个性和创造性，上帝不仅号召个人通过服务于教会而表明其信仰的虔诚，而且号召个人通过日常生活的工作而表明其虔诚。马丁·路德则通过强调"因信得救"而使宗教更加个人化，拯救完全个人化。他以良心为理由而拒绝按教会的要求收回自己的信仰，实际上就是把他个人的判断置于教会的判断之上。个人良心和个人判断的权利就这样开始了。新教徒通过直接阅读《圣经》作出自己的判断，与上帝建立起直接的联系，这种联系给予个人关于自己权利和责任的强烈意识，由此演变为灵魂的自决权和个

〔1〕　李强：《自由主义》，中国社会科学出版社 1998 年版，第 47 页。
〔2〕　钱满素：《爱默生和中国——对个人主义的反思》，三联书店 1996 年版，第 201 页。
〔3〕　钱满素：《爱默生和中国——对个人主义的反思》，三联书店 1996 年版，第 199 页。

人的神圣性。[1] 所以，宗教改革的本质就是个人主义的张扬。

文艺复兴、宗教改革和启蒙运动所推动的社会领域和哲学领域里的主体性原则或个人中心原则的确立，塑造了作为一切价值目标的、成为整个世界中心的、理性的、个体性的、独立的原子式的"人"。形成了这样的"人"的观念，人权观念的产生就是水到渠成的了。人权明确指向独立于人类整体的个体的人（individual）。无论是《弗吉尼亚人权宣言》、《独立宣言》、《人权与公民权利宣言》，还是《世界人权宣言》，无一例外都是针对个人的。将个人与整体分离，将个人权利置于国家权力之上，保障个人权利免受国家权力的侵害，是西方个人主义人权理论的基本原则。

而缺乏这样的主体观，实际上也是中国传统社会不讲人权的原因之一。西方文化比之东方文化或中国文化更早地孕育出了个体的人。钱穆先生将西方文化归纳为一种商业文化，而中国文化则是典型的农耕文化。[2] 商业文化的特点是因内中不足而向外索取，因此流动进取、崇尚独立自由。农耕文化的特点是自给自足、封闭保守，倡导向内用力、自察自省。西方自古希腊以来商品交换的普遍发展形成了个人所有制的经济结构，推动了个人意识的发展；而中国自西周确立了宗法制及与其紧密结合的分封制，就形成了家国一体，从天子到平民人与人普遍的依附关系。西方文化里的"人"，是与他人分立对抗的、外制的、索取的、利己的、与人争斗的利益主体，是绝对的个体人（individual person）；而中国传统文化里的"人"，则是宗法人伦关系中的义理的人，是内省的、让与的、利他的、与人谐和的道德主体，这个主体容易成为普遍的义务主体，而不大可能成为普遍的权利主体。[3] 西方文化里的"人"不仅独立于群体，而且先于群体和高于群体；而中国传统文化里的"人"，与他人、与自然、与社会、与家族、民族、国家这类整体被认为具有本体意义上的同一性，个人只有在社会关系网络中才有意义，人人都应恪守在群体中的责任和义务，在人群中做人是儒家学说的基本目标。"礼"的作用就在于根据每个人身份地位角色的不同而规定其不同的行为模式。

（三）人权主体是具体的人

人权主体是具体的人。人权观念的形成依赖于抽象的形而上学的人的观念的形成。在自由主义的人权理论中，作为人权主体的人，是一个理性的、个体性的存在，是经济活动中精明的人、政治活动中明智的人、社会生活中独立自主的

---

[1] 钱满素：《爱默生和中国——对个人主义的反思》，三联书店1996年版，第200页。
[2] 钱穆：《中国文化史导论》，三联书店1988年版，弁言第2页。
[3] 夏勇：《人权概念起源》，中国政法大学出版社1992年版，第185页。

人。这样的"经济人"、"政治人"、自足的权利主体，是启蒙所塑造的形而上学的"人"的不同面相。可以说，自由主义是以精英的人作为模型来塑造人权的主体，自由主义的所有人权也都是为精英的人设计的。[1]

但并不是每个具体的人都符合这个抽象的人权主体的特征，真实的具体的人受到形而上学的"人"的压迫。对于与形而上学的抽象的人的特征并不符合的大多数人来说，自由主义所宣告的那些人权，当然也是不可缺乏的、弥足珍贵的，对他们也有着保护和满足的价值。虽然对智力障碍人来说参政权有些缺乏意义，对婴儿来说出版自由有些遥远。但是，这些人权对这些具体的人而言还是不够的。对这样一些与精英的理性主体不相符合的人，商法可以不予考虑，甚至民法和刑法在一定意义上也可以不予考虑，但人权理论和人权法却无论如何不能忽略。人权理论之所以成为人权理论，就因为它不忽略任何一个人。所以，这些具体的人，作为一个生物意义上的自然人，要成为一个尊严有保障的人，究竟应该享有哪些人权，这是人权理论必须认真考虑的问题。

在现实生活中，人权主体总是表现为一个个具体的、感性的、直接经验存在着的个体。每一个人权主体都以个体特殊的方式参与其所属的社会，成为不同于其他人的"这一个"。认识不到人的多样性，便很难真正尊重每一个人，也不可能对人权的内容作出确定，更遑论切实保障人权。为了真正保障人权，人权的主体就不应该是抽象的人，而只能是具体的人。正是这具体的每一个人，作为人权的主体以人权来保障着他／她的尊严，人权理论必须要考虑这些具体的人对人权的具体需要。

二、人权主体的具体表现形态

人权主体的具体表现形态是普遍人权主体的具体化。尤其是特殊人权主体，在社会生活中因各种原因而处于弱势。在普遍人权实现的过程中，对这些特殊人权主体，若不考虑到他们各自的特殊情况而给予特殊的保护，其人权将失去真实性。承认特殊性人权是对人的形式平等的扬弃和对人的实质平等的追求。特殊性人权所派生的特权与作为历史权利的特权有着质的差别：前者仅仅是普遍性人权实现的手段，而后者除了自身再别无目的；前者的权利主体是普遍人权主体中的弱者和障碍人，而后者的主体恰恰是排除了弱者与障碍人之后的社会强者；前者使社会权利的总和增多了，而后者却使社会权利的总和减少了。

在现实生活中，大部分自然人因主观或客观的各种因素，仅凭其自身无法充分或正当地行使其人权，从而成为行使人权时需要来自社会或他人的特殊照顾与

---

[1]　曲相霏："自由主义人权主体观批判"，载《人权研究》第4期。

保护的特殊人权主体。

（一）生理／心理上的特殊人权主体

生理／心理上的特殊人权主体是指因生理／心理原因而导致在享有与行使人权方面具有特殊性的人权主体。如妇女、儿童、老人、身体障碍人（包括身体障碍人、智力障碍人和精神障碍人）等等。

妇女是在人类历史上长期受到歧视的一类群体。人类进入阶级社会就伴随着奴隶主阶级对奴隶的压迫和男性对女性的压迫。女性的"历史性的失败"使她们此后实际上一直是作为男性的附属物和奴隶而存在的。西方女权运动的启蒙发端于17世纪初，在欧洲文艺复兴时期就有一些人文主义者提出男女平等的主张。但早期的大多数启蒙思想家们认为，女性是先验地缺乏理性，不能成为公民，甚至不配称为人，不是人权的主体。法国1789年革命性的《人权和公民权利宣言》就是在排除了妇女的有限意义上使用"人"这个概念的。所以，法国革命的殉道者奥兰普·德·古施于1791年发表了针锋相对的《妇女和女公民权利宣言》，但她的行为被理解为对1791年9月3日宪法的抗议，法国宪法没有采纳妇女宣言的任何一部分。一个罗伯斯庇尔的门徒将奥兰普判处死刑，她在1793年被送上了断头台，妇女俱乐部被解散，哪怕是很少人数的妇女集会也被严格禁止。《妇女和女公民权利宣言》也从档案馆里消失并在200多年的时间里被人们所遗忘，直到1977年，男女平权主义的学者们才在德国第一次全文发表了这个宣言。[1]

妇女受歧视的原因在于，传统的理论认为男女的自然差别使女人应处于从属与被动无权的地位。要消除这种歧视，首先需要论证男女的自然差别不会导致妇女的劣势。然而现代的许多学者包括女权主义者得出的结论是，在当前的物质和科技条件下，男女的自然差别使妇女不可避免地处于劣势。如西蒙·波娃认为："与男性相比，女性在更大程度上是类繁衍的牺牲品。"谢丽·奥特娜（Sherrg Ortner）更具体地指出，女性身体的很多方面和过程都不利于她个人的身体健康，相反，她所具有的一些特殊机体功能却给她带来了不便、痛苦、甚至危险。舒拉米丝·费尔斯通（Shulamith Fisestone）则进一步认为，妇女的解放只能通过征服人类的生物机制，如发展可靠的避孕技术、发展体外授精和体外养育，这样才能把妇女从繁衍生物学的专制下解放出来，使得孕育孩子的角色由整个社会承担。只有在这种条件下，社会才能摆脱自然王国的统治，可以根据自己的意愿来选择

---

〔1〕 ［瑞士］胜雅律："从有限的人权概念到普遍的人权概念——人权的两个阶段"，载沈宗灵、黄枬森主编：《西方人权学说》（下），四川人民出版社1994年版，第259页。

和建立社会的文化结构，歧视妇女的现象才会彻底消除。[1] 还有些女权主义者认为，歧视妇女的现象在很大程度上不是与妇女的生物学机制相关，而是与男子的生物学特征相关。

到 1945 年联合国成立时，只有 30 个国家承认妇女和男子有平等的选举权。《世界人权宣言》在起草时仍拟以"rights of man"而不是"human rights"来称呼人权，充分体现了由来已久的妇女的被歧视地位。

产生歧视的原因是多方面的，要保障妇女的人权必须给予妇女相应的特殊保护。"对妇女权利的保护包括两个方面：一方面要保护妇女在同等的情况下不受歧视；另一方面要根据妇女的特殊生理结构而予以特殊的照顾。"[2] 自联合国成立以来，为保障妇女的人权，国际社会通过了一系列宣言和公约。《联合国宪章》、《世界人权宣言》都强调所有人权的享有不得因性别而有任何区别。《经济、社会、文化权利国际公约》第 10 条规定，对母亲在产前和产后的合理期间应予以特别保护，对有工作的母亲应给予带薪休假或有适当社会福利保障的休假。1951 年国际劳工组织制定了《关于男女工人同工同酬的公约》，1952 年联大通过了《妇女政治权利公约》，1967 年通过了《消除对妇女歧视宣言》，1975 年通过了《关于妇女的平等地位和她们对发展与和平的贡献的墨西哥宣言》，1980 年通过了《消除对妇女一切形式的歧视的公约》，还有一些地区性人权文件如《欧洲社会宪章》、《非洲人权和民族权宪章》等都对妇女的人权给予特殊保障，内容涉及到妇女的人格权、身心健康权、婚姻家庭方面的权利、劳动权、福利权利、参政权、受教育权等方方面面的内容。现在，妇女的人权状况已经有很大的改善，大多数国家的妇女获得了平等的选举权及经济、文化和社会生活方面的平等权利。但在某些国家、某些地区或社会生活的某些领域，对妇女的歧视仍然存在，妇女还未从根本上改变其弱者的地位。所以把妇女作为一类人权的主体予以人权保障上的特殊照顾仍很必要。

儿童因身心尚未发育成熟，老人因年老体衰和精神衰退，在行使和保障自己的人权上存在着障碍，并易于成为受打击的对象，从而成为人权保障上的弱者主体。"遗弃体弱畸形的婴儿，曾在西方古代盛行。古希腊时期，斯巴达的法律就要求遗弃所有体弱畸形的婴儿，甚至遗弃健康的婴儿也不是什么罪过。哲学家柏拉图在《理想国》一书中主张，有缺陷的儿童应被消灭。亚里士多德在《政治学》一书中也同样否认畸形婴儿有必要活下去。在古罗马，法律不仅允许杀死体

---

〔1〕 ［加拿大］舒拉米丝·费尔斯通：《性的辩证法》，转引自常健：《人权的理想·悖论·现实》，四川人民出版社 1992 年版，第 210 页。

〔2〕 常健：《人权的理想·悖论·现实》，四川人民出版社 1992 年版，第 104 页。

弱畸形的婴儿，而且要求人们这样做。"[1] 罗马《十二铜表法》第 4 表《家长权》第 1 条规定"对畸形怪状的婴儿，应即杀之"[2] 即使是在今天还有很多地方存在着杀婴、尤其是杀死女婴的行为。

被遗弃、被虐待、被奴役、缺乏足够的营养和照顾是儿童人权实现的障碍。根据美国儿童保护基金会 1996 年提供的资料，美国每天有 849 名儿童受虐待，或得不到妥善照顾，3 名儿童被虐待致死。美国每年死于虐待和照料不周的 4 岁以下儿童多达 1800 余名，加上死于同类原因的 4 岁~17 岁的少年，每年死于虐待和照料不周的少年儿童达 2000 余名。[3]

父母的离异、吸毒、患艾滋病等等也使儿童深受其害。现在世界上已经出现了很多"快克儿童"和"艾滋病儿童"，从他们的父母那里"接受了一笔可怕的遗产"。使用和剥削童工仍未绝迹，儿童甚至被用来做活体试验。如 1994 年美国弗纳尔德弱智人学校有近 120 名弱智儿童被骗食用了含有放射性物质的食物。青少年的暴力犯罪和高自杀率也已成为严重的社会问题。[4] 更有偷盗儿童问题、器官买卖问题、强迫卖淫问题、猥亵儿童问题等等在严重地威胁着儿童的安全和身心健康。

作为弱者主体，儿童应当受到特殊的保护。国际社会已经制定了一系列人权文件来保护儿童和少年的权利，包括《日内瓦儿童宣言》（1924 年）、《儿童权利宣言》）（1959 年）、《世界人权宣言》第 25 条、《公民权利和政治权利国际公约》第 24 条、《经济、社会、文化权利国际公约》第 10 条、《联合国少年司法最低限度标准规则》（1985 年）、《关于儿童保护和儿童福利、特别是国内和国际寄养和收养办法的社会和法律原则宣言》（1986 年）、《儿童权利公约》（1989 年）以及《欧洲社会宪章》第 7 条等，[5] 以切实提高少年儿童的人权保障水平。

老年人的人权状况也令人堪忧。在人类历史上，曾经存在过将失去劳动能力和创造力的老年人遗弃的习俗。今天这样的习俗虽然早已为人所不齿，但老年人在社会生活中仍然处于十分无力的地位，常常面临着贫困、遗弃、虐待的威胁。很多国家已经开始通过养老保险、各种福利法案、实施临终关怀、组织各种老年人活动等等方式来改善老年人的人权状况。但就目前而言，对老年人的关注仍是十分有限的。

身体障碍人是人权最易遭受打击的群体之一，如果不给予特殊的保护，他们

---

〔1〕 常健：《人权的理想·悖论·现实》，四川人民出版社 1992 年版，第 169 页。
〔2〕 周长龄：《法律的起源》，中国人民公安大学出版社 1997 年版，第 280 页。
〔3〕 《中国的人权——关于人权的白皮书汇编》，五洲传播出版社 1997 年版，第 432 页。
〔4〕 《中国的人权——关于人权的白皮书汇编》，五洲传播出版社 1997 年版，第 475 页。
〔5〕 常健：《人权的理想·悖论·现实》，四川人民出版社 1992 年版，第 106 页。

所面临的最通常的命运就是被歧视和被伤害。希特勒就曾在 1939 年作出决定，杀掉所有有智力缺陷或身体畸形的儿童、杀死所有精神病人，并有计划地消灭医院里的病人和伤员。

1969 年联大通过的《社会进步和发展宣言》提出，要保护身体障碍人的权利和福利。1975 年联合国经社理事会通过的关于预防伤残和伤残复健的第 1921（LWⅢ）号决议中，再次提出了伤残人权利的保护问题。1975 年，联大通过了《残废者权利宣言》，对残废者的权利及其保护措施作出了具体规定。2006 年联合国又通过了《残疾人权利公约》。公约规定，确认残疾是一个演变中的概念，残疾是伤残者和阻碍他们在与其他人平等的基础上充分和切实地参与社会的各种态度和环境障碍相互作用所产生的结果，确认因残疾而歧视任何人是对人的固有尊严和价值的侵犯，促进、保护和确保所有残疾人充分和平等地享有一切人权和基本自由，并促进对残疾人固有尊严的尊重。保护残疾人免于剥削、暴力和凌虐，保护人身完整性，规定了受教育、隐私、家庭、健康、训练和康复、劳动和就业、参与政治文化社会生活的各个方面的广泛的权利和自由。确认所有残疾人享有在社区中生活的平等权利以及与其他人同等的选择，并应当采取有效和适当的措施，以便利残疾人充分享有这项权利以及充分融入和参与社区。

（二）特殊法律关系中的人权主体

在一些特殊法律关系中，由于一方处于弱势地位或受到特殊要求，而使其人权保障具有特殊性。

公务员、政务员、军人和警察等是代表国家掌握和行使公权力的公权力人。作为自然人，公权力人的人权主体资格毫无疑问，但由于其掌握和行使着国家权力，公权力附体使他们比一般的人权主体更加"强大"，如不对其行使权力施以严格的限制，公权力极易沦为其暴虐的工具。因此，以"强大"为特征的公权力人就成为人权主体中的特殊一类，而传统的人权理论也总是把公权力代表人作为人权的对立面加以约束。另一方面，公权力人为了履行职责，有时不得不放弃某些权利，如军人和武装警察，在训练和执行任务的过程中，其生命权、健康权、自由权等人权会受到挑战，而公务员则因其职业需要，在言论自由、表达自由、参与政治活动、兼职等方面受到限制，从而成为特殊人权主体。例如，《公民权利和政治权利国际公约》第 22 条第 2 款规定，对军队或警察成员的结社自由权利可以施加合法的限制。再如，一些行业和岗位的劳动者不能罢工，这主要是指公务员、教师、公用事业、军工等特殊行业或部分的劳动者。例如，美国法律规定，政府雇员，包括全部为政府所有的公司的雇员，参加任何罢工都是非法的。参加罢工的雇员应立即予以解职，丧失其公务人员的地位，而且 3 年内不得被任何政府机构重新雇佣。韩国法律规定，涉及国家、地方政府以及国防工业中的工作，不得有对抗行动。"公权力人在人权法上最先被承认的人权是生存权。生存权本位立法确定之后，公权力人有权为争取生存条件而为某些与其公职角色不相称的行为。如警察的罢工、请愿等。公权力人在人权法上被扩大的另一种人权是社会兼营工作的被允许。除利用职权从事可赢利的兼职被禁止外，非营利性的兼职工作在被批准后受到鼓励。这种规定在日、德等国法律中已有先例。人权主体范围的扩大在公权力人身上表现的第三种走势是政务官员其他自由的逐步开禁。英、德、美、日等国的人权理论甚至认为女王、总统、首相等的与其身份不相称的'非所宜言'、'非所宜行'也属人权范围。"[1]

与公权力人在特殊法律关系中的强大特征正好相反，犯罪嫌疑人、受刑人等则因接受刑罚这种处境，其尊严权、健康权、不受虐待和歧视权等权利极易受到侵犯，而成为特殊人权主体。为保障他们的人权，1955 年联合国通过了《囚犯待遇最低限度标准规则》，1984 年通过了《禁止酷刑和其他残忍、不人道或有辱人格的待遇或处罚公约》。

（三）国际关系中的弱者人权主体

自近代主权国家建立以来，保障人权的职责就主要被赋予了主权国家。在一定意义上，人权的主体是公民。一个人作为自然人的人权，其实也必须要以公民的身份才能得到有效的保障。对于个人来说，为了保障人权，首先必须成为公民。公民身份与人权保障的关联，实际上也给人权带来了两大威胁。一是国家对非本国公民的人权无义务，甚至为提高本国公民的人权水平而侵犯非本国公民的人权；二是形成了人权对国家的依赖关系，个人在国家的阴影中无从摆脱。公民替代了人，公民权替代了人权，既是造成近现代人权灾难的重要原因之一，也是近现代政治现实下保障人权的无奈选择。[2]

公民身份与人权保障的这种关联，使普遍的人权具有了极大的排外性。"没有人愿意成为突然出现的、难以管理的大量难民的接受者。"[3] 对移民的严格限制和对难民的无情拒绝，使以公民权的形式表现的人权的排外性和虚伪性得到充分的暴露。无国籍人、难民、战俘、移民等等，他们自身的特殊身份使他们最易遭受歧视、虐待和打击，因而成为需要特殊保护的人类群体。

---

〔1〕 徐显明："人权主体之争引出的几个理论问题"，载《中国法学》1992 年第 5 期。

〔2〕 曲相霏："人·公民·世界公民：人权主体的流变与人权的制度保障"，载《政法论坛》2008 年第 4 期。

〔3〕 人类的行为，尤其社会行为，决不是单有理性和文化传统就能决定，它们还要顺从本能行为的一切法则，对这些法则，我们从动物本能行为的研究中得到了不少知识。人的社会组织非常像老鼠，在自己的族群里是个爱社交且和平的生物，但是对待那些不属于自己团体的同类种族，就完全换成一副魔鬼嘴脸。参见［奥］康罗·洛伦兹：《攻击与人性》，王守珍等译，作家出版社 1987 年版，第 247～248 页。

为保护这些国际关系中的弱者人权主体，联合国也已经通过了一系列人权保障文件，如《关于难民地位的公约》、《关于难民地位的议定书》、《关于战俘地位之日内瓦公约》、《保护所有移徙工人及其家庭成员权利国际公约》等。

（四）社会中的少数者

每个现代国家中都有一部分人，由于宗教、语言、种族、肤色等与多数人不同而成为一国的少数者，他们容易遭到主流社会的歧视，其权利易受到忽略或侵犯。上世纪30年代至第二次世界大战期间，许多少数者群体遭到大规模残害和屠杀。因此，1966年《公民权利和政治权利国际公约》专门在第27条规定了少数者的权利：凡有种族、宗教或语言少数团体之国家，属于此类少数团体之人，与团体中其他分子共同享受其固有文化、信奉躬行其固有宗教或使用其固有语言之权利，不得剥夺之。1992年联全国大会还通过了《在民族或族裔、宗教和语言上属于少数群体的人的权利宣言》来保护少数者的人权。尽管有了上述的法律保护，但少数者在具体实现其人权的过程中，仍然存在着很多障碍，尤其是当产生民族矛盾或宗教信仰冲突时，少数者往往不可避免地成为首当其冲的受害者。因此，在相当长的历史时期里，少数者都将作为弱者主体而需要得到特殊的保护。

其他如土著人、多民族国家中的少数民族等也是特殊人权主体。

第二节　有关人权主体资格的争议

一、法人的人权主体资格问题

人权概念自产生以来，人权主体理论不断丰富和发展，其中一个表现就是人权主体范围的扩展，这一扩展可以概括为"从有限主体到普遍主体"，"从生命主体到人格主体"，"从个体到集体"[1]承认自然人是人权主体意味着普遍人权主体的确立，而"从生命主体到人格主体"的扩展，即特指在人权理论中法人被承认为人权主体的观点。

进入19世纪以后，在主要的西方国家里，人权已经被法定化为法律上的权利，而且是权利推定的最高原则。在近代社会中，除了自然人之外，各种各样的法人和团体也是社会主体的重要形式。在人权成为法律所保护的利益以后，法人和团体很快就提出了享有人权的要求。传统的人权主体限定在自然人的范围内，

---

〔1〕　徐显明、曲相霏："人权主体界说"，载《中国法学》2001年第2期。

"1819 年以普奥为主体而建立的'德意志邦联会议'所制定的宪法，最早对人权主体的传统认识带来冲击。该法首次承认个人之外的其他社会主体享有宪法上的权利，这就是社会组织（Gemei nde）和教会拥有财产权。随后的法兰克福宪法又认可了'法人及团体'的请愿权。"[1]

　　美国的公司和企业也积极地寻求人权的保护。19 世纪末，美国以判例的形式将人权的内容扩大适用于法人。1866 年，为保护黑人的民权，美国国会制定了宪法第 14 条修正案，其第 1 款规定："任何人，凡在合众国出生，或归化合众国并受其管辖者，均为合众国及所居住之州的公民。任何州不得制定或执行任何剥夺合众国公民特权或豁免权的法律。任何州，未经适当法律程序，均不得剥夺任何人的生命、自由或财产；亦不得对任何在其管辖下的人，拒绝给予平等的法律保护。"制定此款法案的初衷是保护《权利法案》所列的个人权利不受州的侵害，那么，州能否制定或执行剥夺合众国内公司法人特权或豁免权的法律、限制或制约公司法人的活动，或未经适当法律程序而剥夺公司法人的自由或财产，或对任何在其管辖下的公司法人拒绝给予平等的法律保护呢？能或者不能的根据又是什么？如何在当前的法律背景下保障法人的利益？1873 年，最高法院对"屠宰场"案作出裁决，把第 14 条修正案解释为保护公司法人不受州的管理的制约。由是，以生命为特征的人权主体扩展为以人格为特征的人权主体。1881 年，最高法院对"圣克拉拉县诉南太平洋铁路公司"案裁决，又把宪法第 14 条修正案的平等保护条款适用于公司。截至 1939 年，最高法院裁决的涉及宪法第 14 条修正案平等保护条款的案件数达 554 件，其中 426 件涉及企业的经济利益，而最高法院的裁决往往支持垄断企业。比如，1902 年对"康诺利州诉联合下水道公司"案裁决，宣布伊利诺斯州的反托拉斯法无效。[2] 本世纪 30 年代至 40 年代，法人又以同样的方式把自己的权利扩展到言论、出版、不受非法搜查、财产不受非法扣押等人权领域。法人实际上已经成为了多种人权利益的享有者。[3] 日本宪法深受德美两国宪法的影响，也以同样的方式将人权的利益赋予了法人。虽然宪法中并无法人的明文规定，但《明治宪法》的制定者之一——美浓部达吉在其著作《逐条宪法精义》中说："有关自然人的规定同样也应当适用于法人，只是兵役、监禁等以肉体的人为前提的规定无法适用于法人。"1946 年日本宪法的制定者之一宫泽俊义说："宪法中有关国民的权利同样适用于法人。"1970 年 6 月

---

〔1〕　徐显明："人权主体之争引出的几个理论问题"，载《中国法学》1992 年第 5 期。
〔2〕　陆镜生：《美国人权政治：理论和实践的历史考察》，当代世界出版社 1997 年版，第 41、241 页。
〔3〕　一个事实是，在把财产权视为人权的情况下，实际上发达国家的企业所占有的巨大财产所有权都是在人权名义下获得正当性理由。参见［日］大沼保昭：《人权、国家与文明》，王志安译，三联书店 2003 年版，第 250 页。

24 日，日本最高法院对"八幡制铁政治捐款"案所作的判决中承认："法人与自然人一样，具有对国家政党的特定政策给予支持、推进或反对等的政治行为的自由。"〔1〕这样，法人在享有财产权之外，还享有了参政权。"团体活动的自由成为宪法 21 条所保障的结社自由的内容。日本宪法的解释理论也承认团体、法人的人权享受的主体性。这也是公认学说和判例的立场。比如对八幡制铁政治献金事件所作的判决。在今天团体、法人也是享有人权的主体，实际上是不成问题的公论了。"〔2〕世界上第一部用立法来确认法人是人权利益主体的宪法是德国基本法。该法第 19 条第 3 款规定："基本权利限于其性质上的可能，也适用于国内法人。"〔3〕1950 年《欧洲人权公约第一补充议定书》在第 10 条规定："每个自然人或法人有权和平享有其财产"，〔4〕标志着法人与自然人并列作为人权主体已经受到了国际人权法的承认。但也有反对将法人及其他组织作为人权主体的，如1969 年《美洲人权公约》在第 1 条第 2 款宣称，"人"（person）一词在《公约》中使用时意义为"自然人"（human being），因此，公司和其他法人并非《公约》保障中所意味的权利受益者。〔5〕

对于法人的人权主体资格问题，肯定的理论认为，法人是自然人的结合，法人的权利还要还原为自然人的权利，法人的人权实际上是组成它的自然人的人权的集合。肯定说在回答法人成为人权主体的原理问题的同时，对哪些法人可以成为人权主体及法人可以享有哪些人权和在多大程度上享有人权的问题也作了探讨。一般说来，作为人权的防范对象和义务主体的公法人是不被视为人权主体的。而且，"随着资本主义社会的发展，产生了私人团体，它们拥有足以能够与国家权力相匹敌的巨大力量。"〔6〕这样的私人团体或大型企业，或被称为"亚公法人"，也成为人权所防范的对象。法人也并不能够享有所有的人权，因为首先，人权就其性质而言是属于自然人的权利，那些以"肉体的人"为前提的权利也只能属于自然人。其次，当此项人权所包含的利益只能为自然人所享有时，法人也不能成为其主体。而且，当法人与自然人的人权产生矛盾和冲突时，应当对团体和法人的人权有所限制。例如在关于法人是否是资讯自决权主体的讨论中，按

---

〔1〕　徐显明："人权主体之争引出的几个理论问题"，载《中国法学》1992 年第 5 期。
〔2〕　[日] 浦部法穗："基本人权总论"，载沈宗灵、黄枬森主编：《西方人权学说》（下），四川人民出版社 1994 年版，第 92 页。
〔3〕　徐显明："人权主体之争引出的几个理论问题"，载《中国法学》1992 年第 5 期。
〔4〕　常健：《人权的理想·悖论·现实》，四川人民出版社 1992 年版，第 61 页。
〔5〕　[美] 托马斯·伯根索尔：《国际人权法概论》，潘维煌、顾世荣译，中国社会科学出版社 1995 年版，第 88 页。
〔6〕　[日] 浦部法穗："基本人权总论"，载沈宗灵、黄枬森主编：《西方人权学说》（下），四川人民出版社 1994 年版，第 72 页。

德国主流的人权理论，具有高度属人性的基本人权不适用于法人，资讯自决权由于其与人性尊严及人格权关系密切，因此属于高度属人性的人权，故法人不能成为其主体。这种观点亦为台湾立法所采纳，在台湾"电脑处理个人资料保护法"中，法人的大部分资料如法人的设立目的、组织及其财产，由于涉及社会大众权益或公共利益，依法应当强制公开，仅小部分如营业秘密或其他具有商业价值之资料，始有保密之必要而不予公开。李震山认为："法人人权之保障，除原则上将具有行使国家公权力性质的公法人排除外，若不产生与个人人权对立与冲突时，且有协助、增进自然人的人权时，亦无加以排除之必要。若是因立法理由，将法人不列属个人之范围，亦不能因此即得到法人非个人资讯自决权之权利主体之结果。充其量，是在法人基本权利适用之立法、解释或裁判，采取较自然人人权更严格之标准。此项思考，似亦应适用于外国法人。"[1]

反对法人人权主体资格的理论则认为，这种观点解释不了不是由单个人组成的财团法人的情况，也解释不了正大量出现的享有人权以后无法还原于自然人的法人以及构成法人的自然人不以自己获取利益为目的的公益法人。反对说提出，要论证法人作为人权主体的合理性，肯定说必须要提出下列证据：人组成团体的目的在于有效地集体行使各个人的基本权；人的团体可实际创造出各个成员的意思总和以上的意思，即团体是一个意思主体、行为主体；为成为一个意思主体，必须是由具有共同目的的人自发地集结成持续性的组织体；该组织体是独立于成员的意思之外的一个意思主体、行为主体。但是实际上，在法人、工会、教会这些巨大组织中，成员有显著的沦为手段之倾向，即成员成为实现团体目的的手段。由成员自愿组成的被期待用来防御国家权力的团体，反而可能成为压抑其成员或市民人权的主体。所以，近期的人权理论对法人尤其是营利法人作为人权主体的资格持十分谨慎的态度。[2]

法人是存在于社会中的与自然人有同样活动能力的实体，法律所拟制的人格与自然人一起构成现代社会的主要要素。"近代人权宣言对团体曾持以敌意。然而在今天的社会，无视团体的存在来讲个人生活是不可能的。"[3] 法人迎合自然人发展的需要而产生，自然人通过法人的活动来满足自己、发展自己，法人与自然人之间有一种基本的手段与目的的关系，即法人是作为自然人的手段而存在。法律主体从以生命为特征转变为以人格为特征，是现代社会人权保障制度化的进

---

〔1〕 李震山：《人性尊严与人权保障》，元照图书出版公司2000年版，第302页。

〔2〕 〔日〕阿部照哉、池田政章、初宿正典、户松秀典：《宪法（下）——基本人权篇》，许志雄审订，周宗宪译，元照出版公司2001年版，第42页。

〔3〕 〔日〕浦部法穗：《基本人权总论》，载沈宗灵、黄枬森主编：《西方人权学说》（下），四川人民出版社1994年版，第92页。

步，只有赋予法人以权利，法人才能更好地服务于自然人。虽然法人是作为自然人的手段而存在的，但是在法律范围内，在法定权利的保障上，法人与自然人具有平等的地位，自然人并不比法人有更大的优势。法人与自然人同为法律上具体权利的享有者，就应当获得法律上的平等保护。因为只要是法定权利的主体，其法律上的人格就是平等的，其待遇也应该是同等的，不管这个人格是自然取得的还是法律拟制的。给拟制的人与自然的人以平等的法律保护乃至宪法保护是自然人高度社会化后的法律上的结果。

但是，法人的权利与人权的不同性质在理论上是必须明晰的。法人的权利主体资格是法律层面的，是操作意义上的，根本不同于生命主体。人权的正当性首先来自于道德，而法人权利的正当性则来自于对人和社会的有用性。赋予法人何种权利和何种程度的权利首先要考虑结果上的功利。例如，在人权发展上，八幡制铁政治献金事件是表明法人具有政治行为自由权的一个重要事件。日本最高法院在 1970 年 6 月 24 日对此案作出的判决中表示，宪法所定的条款，只要性质上可能，亦适用于国内法人。这种考虑的重点在于，在个人与国家对抗的二元关系中，个人处于弱势地位，法人与团体因此被期待成为个人与国家联系的一个中间环节，并且是有助于个人行使基本权利，以实现多元国家，以益于权力的分散。但结果却似乎违背了初衷，工会、教会特别是巨大营利法人甚至有成为压抑成员基本权元凶的倾向。[1] 因此，学界对法人的政治自由权已经提出了质疑，认为这是："①轻视拥有红利分配请求权的股东之经济利益；②将公司利益的一部分，花费在本来即不期望全员一致的政治活动上，系侵害了反对该政治活动的股东之政治利益；③捐款给特定政党或政治团体，对政治过程所造成的影响，系与选举时仅具有一票的自然人之影响力不相当；④即便是政党，亦应在外来金钱的压力下保持独立，政治捐款会产生政党与企业的政治勾结、病理现象。"[2] 所以，从民主政治的角度考虑，给予法人政治行为自由权可能会扭曲现代民主政治的公正。这样的讨论与质疑，实际上已经十分清晰地区别了"权利的主体性"与"人权享有的主体性"。

法人的权益自然应获得足够的必要的重视，但法人应该享有多少权利，以及在给予法人与自然人在权利方面同等关注与保障的情形下是否有必要在形式上赋予法人人权主体的名称，这样的赋予是否会导致人权原始涵义的变化从而消解人权的概念、贬损人权的至上性和神圣性，都是需要慎重考虑的。即使一项人权所

---

〔1〕 ［日］阿部照哉、池田政章、初宿正典、户松秀典：《宪法（下）——基本人权篇》，许志雄审订，
　　 周宗宪译，元照出版公司 2001 年版，第 43 页。

〔2〕 ［日］阿部照哉、池田政章、初宿正典、户松秀典：《宪法（下）——基本人权篇》，许志雄审订，
　　 周宗宪译，元照出版公司 2001 年版，第 44 页。

保障的利益被赋予了法人，也没有必要就此把法人称为这一项人权的主体，更不应把法人笼统地称为人权的主体，否则会混淆人权理论与权利理论的区别。因为在人权与法人的权利相冲突时，也难以保障个人人权的至高无上的地位。

二、集体和群体的人权主体资格问题

集体进入人权理论起始于二战以后的人权国际化过程中。二战以后，人权开始由国内领域发展到国际领域，由单纯的国内问题发展为世人共同关心的重大国际问题。人权的国际化有着人权文化和人权实践上的两大因素。文化上的因素是像恩格斯所判断的那样，人权的要求一经提出即具有普遍的、超越个别国界的功能。而实践上的因素是二战期间法西斯主义践踏人的尊严和灭绝种族的战争罪行给所有民族提供了惨痛的教训，为防止大规模的侵犯人权的国际罪行发生，国家间开始联合起来共筑人权的防波堤。人权问题成为国际法的调整对象后，人权理论发生了在主体上、内容上和保障方法上的三大变化。其中，主体的变化就表现为人权主体由过去单纯的个人发展为包括种族、民族等的集体，从"个体到集体"成为人权主体扩展的另一个显著表现。[1] 尤其是上世纪六七十年代以后，发端于自决权的集体人权在内容上获得了迅猛的发展，诸如自然财富和资源主权、生存权、发展权、环境权、和平权、安全权、新闻流通权、尊严与平等权、裁军权、反核权等等都成为了集体人权的内容。在瓦萨克提出第三代人权理论及社群主义兴起以后，集体人权概念更从不同的角度寻找到理论上的支持，使集体人权成为人权理论中一个极为复杂的问题。人民、民族、国家、全人类等等都被视为人权主体。

1945 年《联合国宪章》第 1 条"发展国际间以尊重人民平等权利及自决原则为根据之友好关系"的规定，把"人民"这个集体而不是自然人（个人）作为"平等权利"和"自决"这两项重要人权的主体。1955 年联合国大会作出的一项决议明确提出，自决权是一项"属于所有人民和国家的集体权利，是个人享有任何权利与自由的先决条件"。1966 年联合国大会通过的《经济、社会和文化权利国际公约》和《公民权利和政治权利国际公约》均在第 1 条第 1 款和第 2 款中宣称："所有人民都有自决权"、"所有人民得为他们自己的目的自由处置他们的天然财富和资源"、"在任何情况下不得剥夺一个人民自己的生存手段"。英国国际法学者斯塔克就认为："一些重要的人权并不是个人的权利，而是集体的权利，即群体或人民的权利。就自决权而言，这是很清楚的。"[2]

---

〔1〕 徐显明、曲相霏："人权主体界说"，载《中国法学》2001 年第 2 期。
〔2〕 李泽锐："国际人权法论"，载《人权论集》，首都师范大学出版社 1992 年版，第 318 页。

虽然争辩和反对一直没有停止过,但集体人权这个概念却为第三世界国家所牢固坚持,并成为向西方发达国家提出要求和反击指责的一个重要武器。支持集体是人权主体和支持集体人权概念的观点认为,承认集体人权并不必然会贬损个人人权,但是,要实现个人人权却不能不承认集体人权。集体人权是实现个人人权的基础和前提,也是实现个人人权的手段和保障。在社会尚未发展到"每个人的自由发展是一切人的自由发展的条件"的"自由人的联合体"阶段时,大多数的个人(自然人)都要以从属于某个政治实体的方式存在和发展。但是,在一个存在着以集体为单位的压迫、侵略、剥削或武装占领、殖民统治等暴行的社会里,那些受欺凌和被操纵的集体根本没有条件没有能力去实现和保障组成它的个体的人权。这样,个人的人权中包含了对集体权利的要求。"充分实现个人的人权需要全面地或部分地发展团体的某种权利。"[1] 这是一种因果关系,如果集体不能获得这样一些权利,不能得到这样一种发展,那么个人就不能得到这样一些权利,不能得到这样一种发展。一个人要自由,他的民族必须得是独立的,虽然民族独立个人也未必就能享有自由;一个人要生存,他的民族必须得是有财富和资源主权,能根据自己的实际需要决定自己的政治、经济制度和体制、有计划地发展,而不是受制于人、仰人鼻息的。因为当一个国家或民族被别人左右时他的利益总是不能得到最大限度的保障。[2]

集体人权是从个人人权中推导和派生出来的。每一项集体人权都对应着一项或多项个人人权。集体人权与个体人权的区别不仅在其权利主体的不同,更在于其义务主体的不同。个体人权无疑是以国家为其义务主体,但集体人权的义务主体,既不是它自身,也不是个体(集体的权力要求个体尽服从的义务),而是此集体之外的第三者。"在某些具体情况下自决权是国家针对外国所享有的权利。……毫无疑问,自决权是充分享受一切基本人权的前提。正如1952年12月16日联大决议所指出的,只有个人所属的民族是自由的独立的,个人才能充分享受基本人权。"[3] 对发展权的诠释可以恰当地说明集体人权与个人人权的关系。国家为了确保个人的发展权有义务采取一切措施为之提供一种良好的社会秩序;同时,国家为了尽这个义务,有权利要求其他各国采取必要措施为自己提供一种良好的国际秩序。前者表现为个人人权,后者表现为集体人权。

对集体人权概念的使用范围,有学者主张集体人权有两类,一类是国内集体

---

〔1〕 [澳] R. 里奇:"发展权:一项人民的权利?",载沈宗灵、黄枬森主编:《西方人权学说》(下),四川人民出版社1994年版,第285页。

〔2〕 徐显明、曲相霏:"人权主体界说",载《中国法学》2001年第2期。

〔3〕 [意] F. 卡波道帝:《人权走向世界的艰难历程》,载沈宗灵、黄枬森主编:《西方人权学说》(下),四川人民出版社1994年版,第468页。

人权，另一类是国际集体人权。国内集体，即少数民族、妇女、儿童、老年人、残疾人、罪犯、外国侨民、难民等特殊群体；国际集体，主要指民族、国家和国家集团，如第三世界国家作为国家集团。[1] 有学者认为，集体人权是在国际社会中首先发展起来的概念，起源于种族权、民族权。第一次世界大战前后，当时在中亚地区因宗教或一国内少数民族受到多数民族欺压而引发的相邻国入侵该国以解救该少数民族的战争频繁发生，最终导致了最早以集体——少数民族为保护对象的国与国之间签署《保护少数民族条约》的出现。由种族权利、民族权利演变而来的集体人权，在二战结束后才成为被争议被接受的概念。它属国际人权法的范畴，因此宜把它界定在国际人权法的领域内，以示对人权的国内保障与国际保障的区别，以免引起国内法问题与国际法问题的混乱。[2] 有学者认为，"人权的主体主要是个体，即马克思所说的'有感觉的、有个性的、直接存在的人'，'从事实际活动的人'，'可以通过经验观察到的发展过程中的人'。……集体人权概念最初出现在国际法领域，是第三世界国家反帝、反殖、反霸、争取种族平等权、民族自决权、自然资源主权、发展权及和平权的斗争武器。……就国内法而言，人权的主体就是个人。"[3] 但也有观点认为，集体人权是与个人人权并列的一种人权，集体人权有两种情况，一是权利本身就由集体享有，其主体本身就是集体，而不是个人，如基于实现国家、民族、种族、行业、地域、阶级、阶层等共同利益、任务而行使的集体权利；二是在权利行使过程中人权主体由享有时的个体转化为行使中的集体，即转化为集体享有，如集会、游行示威、结社等权利，任何一种个体人权的集体活动都属于这第二种情况。主张这种观点的人又在个人、集体这两个人权主体之外提出"聚体"这一概念，认为聚体是一种强化的集体，是指阶级、政党、民族、种族等依据血缘或政治、经济地位而形成的聚合体。并且认为，人权主体的聚体形态有的是超国界的，很有一点国际人权的意义，而集体人权则只能在一国范围内操作。[4] 把集会、结社、游行示威等人权也看做集体人权，则显然是对这些人权的误解。因为集会、结社、游行自由就其属性来说是个人自由的表现，它们与人的言论、出版自由一样，是同一序列的表达个人思想、情感、要求、愿望等的法定方式。这些权利是个体自愿行使的，集体或群体是集会、结社、游行自由行使后的结果，是人权行使过程中的衍生物，个人在群体或集体中始终保有独立表现的地位。[5] 而集体人权中的集体

〔1〕 李步云："人权的两个理论问题"，载《中国法学》1994 年第 3 期。
〔2〕 徐显明："人权主体之争引出的几个理论问题"，载《中国法学》1992 年第 5 期。
〔3〕 张文显："论人权的主体与主体的人权"，载《中国法学》1991 年第 5 期。
〔4〕 陆德山："也谈人权的主体"，载《中国法学》1992 年第 2 期。
〔5〕 徐显明："人权主体之争引出的几个理论问题"，载《中国法学》1992 年第 5 期。

则是预先确定的特定人的集合体。

本书认为，对集体作为人权主体和集体人权的概念也要进行审慎地分析。例如，自决权首先是一项个人人权，在自决权中仍然包含着个人与国家及政府之间传统的人权关系。只不过与思想自由、言论自由等他项人权相比，自决权又具有集体的维度，即要在特定的集体中行使，因此如果要从集体的角度来进行解释的话，那么自决权是集体性的人权，而不必称为集体人权。[1] 人民、民族、国家、全人类等等，尽管从法理上分析它们在不同的层面上都可以成为权利主体，而且国家也是人权的主要义务主体，但不宜笼统地称之为人权主体，以免冲淡人权对个人尊严的强调。至于老人、妇女、儿童、少数人等等，则是个人主体的多样性的体现，也不是作为整体的一个集体来享有和行使人权的。

三、其他关于人权主体资格的争议

除法人、集体（人民、民族、国家、全人类）和群体是否是人权主体的问题外，还有其他一些关于人权主体资格问题的争论，如胎儿、未来人等等是不是人权主体。

否定胎儿是人权主体的观点认为，胎儿的生命权（如果有的话）可能会威胁到其母亲的生命权；对意外或计划外怀孕的胎儿如不允许堕胎会侵犯其母亲的自由权或自主权；存有生理缺陷的胎儿在其出生后将会面临着许多难以解决的问题，无法享受正常人的权利；同时，胎儿作为潜在的人，其出生可能会威胁其他现实的人的权利；等等。反驳这些观点的则除了宗教学说的支持外，更富有力度的理由是：其实，所有反对将胎儿作为人权主体的观点几乎都是从现实的功利性出发而不是从胎儿是否是人出发提出来的。从医学科学的角度讲，从受孕时起，胚胎就作为生命存在，人类个体在生物学上是以连续的方式发展的，从胚胎到胎儿到婴儿及至以后的发展，本来是一个连续的过程，出生并不是生命的开始，而是生命状态和生存方式的一次改变，把出生作为人与非人的分界是机械的、武断的。从根本上说，出生权利的悖论是由人权的绝对性与现实物质条件的有限性的矛盾产生的。让胎儿来承受现实物质条件的发展不足至多只能是一种无奈的选择，而不应该成为当然的公理，更不能据此否认胎儿也是人的事实。在《国际人权宪章》中，胎儿也被承认为人。例如《公民权利和政治权利国际公约》第 6 条规定，对孕妇不得执行死刑。其根据是，母亲犯罪，但胎儿无辜，应当区别对待，不应株连。在这里，胎儿是作为与母亲相分离的人而加以保护的，并不仅仅是作为母亲身体的一部分。联大 1959 年《儿

---

[1]　曲相霏：《论人权的主体》，山东大学博士论文。

童权利宣言》也提出："儿童因身心尚未成熟，在其出生以前和以后，均需特殊的保护和照顾，包括法律上的适当保护。"1969 年《美洲人权公约》也明确规定："每一个人都有使其生命得到尊重的权利。这种权利一般从胚胎时起就应受到法律保护，不得任意剥压任何人的生命。"但是，由于胚胎与孕母的关系不是一般的两个人之间的关系，而是一种极度紧张的关系，生理上的关联性使这种关系与其他任何人与人之间的关系相区别，从而，适用于一般的人与人之间的规则并不能在胚胎与孕母之间一律适用，所以胚胎的生命权不具有绝对性。另外，对人的克隆及利用基因技术而对人体胚胎的取舍都是反人权的，因为它否定了人的主体地位而把人客体化。

立法者只以解决当代人的问题为己任，后代的问题自由后代人自己去解决。但是，在人类对自然的强大征服中，在人类以这种方式取得胜利的同时，自然却以那种方式报复着人类，其结果是，地球变得越来越不适合人类居住了。当代人对自然资源的索取已经成为一种杀鸡取卵和饮鸩止渴式的掠夺，世代间的公平由此而成为人们关注的问题。在 20 世纪 70 年代，未来人的利益开始被关注。1970 年《东京宣言》提出"把每个人享有的健康和福利等不受侵害的环境权和当代人传给后代的遗产应是一种富有自然美的自然资源的权利，作为一种基本人权，在法律体系中确定下来"。1972 年《斯德哥尔摩宣言》规定，人类承担着为当代人和未来人保护和改善环境的庄严的责任。这是未来人的权利问题第一次得到全球性的承认，保护未来人的利益成为国际法中的一个现实问题。[1]

主张未来人作为人权主体，其主要理论支撑是代际公平理论。代际公平理论的出发点是：各世代都是人类自然和文化共同遗产的管理人和利用人，当代人作为过去世代遗产的受益者，也有义务使未来人享有与当代人同样的受益权，其中包括使未来人能够享有与前世代所享有的相当的地球质量。[2] 要求尊重后代也许比要求尊重当代人更为困难。因此，要在世代之间找到一个绝对的平等是不可能的，所以，当代人与后代的权利资源之争也不可能找到一个绝对的公平点。世代间的公平只能要求最低水平的公平，将一个健康的和有活力的地球留给后代。

---

〔1〕 See Kemal Baslar, *The Concept of the Common Heritage of Mankind in International Law*, Martinus Nikhoff Publishers, 1998, p. 76.

〔2〕 参见［美］爱蒂丝·布朗·魏伊丝：《公平地对待未来人类》，汪劲等译，法律出版社 2000 年版。

第三节　人权主体的属性和分类

一、人权主体的属性

（一）人权主体的普遍性

人权的普遍性首先是指人权主体的普遍性。主体的普遍，既是人权的要求，也是人权之作为人权的独特价值所在。人权是有着特殊背景与特定含义的权利概念，它的产生，是对一切历史权利的反叛与超越。人权观念产生于对政权、特权和神权的不满，对不平等和不公正的反抗，可以说，人权是一项反抗的权利，是从不人道的现实中反推出来的权利。考察人权的内容，几乎每一项人权都能在产生它的历史中找到它的对立面。而人权最主要的对立物就是特权。人权与特权的差别，并不在权利的内容上有不同，而只在享有权利的主体的范围有不同：特权要给人以差别，并将差别中的弱者和劣者排除在权利主体之外，而人权要给人以平等，并将权利与普遍主体的最充分的结合作为最终目的与最高追求。特权的不公正的差别对待，正是人权所要否定与排斥的。人权要保障的不是一个人、几个人或某一群人，而是每一个人。

一项权利不管它的主体有多么广泛，只要还有一个人被排除在权利主体之外，则此项权利仍然不是人权。因为如果今天可以以这种理由和标准将这个人排除在人权主体之外，那么明天便可能以那种理由和标准将另一个人排除在人权主体之外，后天就可能又以某种新的理由和标准将一群人排除在人权主体之外，最后有资格享有"人权"的可能只是少数人，而实际上这少数人的"人权"也得不到保障，因为今天的"人权"主体，明天也有可能失去其作为"人权"主体的资格，从而无缘与"人权"结合。人权主体普遍性的栅栏一旦允许有了豁口，人权马上就不成其为人权，而蜕变为特权。在权利与普遍的主体结合之前，所有的历史权利都是特权，没有人权。主体的普遍是人权区别于任何一种历史权利最显著的特征，主体的普遍也是权利自身发展过程中一次质的飞跃。

人权主体的普遍性要求人权主体不排除任何一个人，换言之，一个人只要是一个生物意义上的人，就是一个人权主体。一个人只要是一个生物意义上的人，就不需附带任何外在条件而享有人权。一个人只要是一个生物意义上的人，就在任何情况下都不能被剥夺人权主体的资格。没有一个人会因其享有人权而损及他人，同样也没有一个人会从剥夺他人的人权中获得正当利益。附加任何外在条件地让人成为人权主体就是对人权普遍性的破坏。

（二）人权主体的多样性

虽然许多有意义的法律活动是可以并需要借助他人的代理来进行，但人权的享有和行使却是无法通过他人的代理来完成的。所以，如果说忽略人的多样性对于许多制度与观念而言是可以或是必须的话，那么对人权理论来说却不可以。民法、商法、刑法等各部门法都可以有选择地预设其对象主体，但人权法作为一个体系而言，却不能忽略任何一个人，即人权法必须考虑到每个人为保障其尊严而产生的特殊需要。人权之所以能够称为人权，实在就是因为它不能忽略任何一个人。

人权理论不能忽视人的多样性而从抽象的人出发，相反人权理论必须坚实地立基于每一个具体的人之上，立基于人的任何状态。没有第一性的人或第二性的人，只有不同的人，与他人平等的人，独一无二的"这一个"人。给每一个人以同等的关心和尊重，这是人权的要求。而要真正给予同等的关心和尊重，首先就是要正视人的多样性，尊重人的多样性，或者说尊重人在各种状态下的真实和具体的呈现。如同哈贝马斯在《他者的引入》中所阐述的："在道德和法理论中，与这一社会理论的转向相应的是对差异高度敏感的普适主义，对每一个人的同等尊重并非仅限于同一类别者，而应扩展到作为他者或异类的人。"人权的主体在承认差异的基础上应包容一切遭受歧视、忍受苦难的异类人。[1]

多样性即意味着差异和特殊性，因此，对人权主体的多样性的强调必定要求承认并尊重存在差异的人权主体对人权的特殊和特定要求。无视这样的特殊和特定要求，正是抹消人权普遍主体的实际差异，也就是对人权主体的多样性的否定。这就要求人权理论既阐释人作为无差别的存在而不例外地作为人权主体，也要求人权理论揭示存在殊异的人权主体各自的独特性，否则人权就会蜕变为特权和霸权。所以，人权主体的多样性不仅关联着人权的正当性，也关联着人权的有效性。

（三）人权主体的历史性

人权理论产生以来，与已成公论的人权内容的"三代"划分相似，人权主体范围的扩展也大致可归纳为三个过程，即"从有限主体到普遍主体"、"从生命主体到人格主体"、"从个体到集体"，而整个近代人权主体理论即以此为中心展开。上文已经交代过作为人格主体的法人和集体的人权主体问题，此节只分析"从有限主体到普遍主体"的人权主体的历史发展。

在人权理论产生之初，人权主体并非是普遍的，所谓的人权在理论与实践上都只属于少数人，其实是少数人的特权。1948 年《世界人权宣言》的颁布标志

---

〔1〕 章国锋：《关于一个公正世界的乌托邦构想》，山东人民出版社 2001 年版，第 168 页。

着普遍人权主体在理论上的确立，而在此之前，人权主体理论经历了一个漫长的变化过程。

西方的古典自然法思想和自然权利理论是人权的系统的理论来源，人权理论的成型化要归功于古典自然法学派的历史贡献，资产阶级大革命催生的《人权与公民权利宣言》和《独立宣言》标志着人权理论达到其自身发展的第一个高峰。[1] 这就是古典人权理论。《人权与公民权利宣言》在开篇中庄严宣告："人生来是而且始终是自由平等的。一切政治结合的目的都在于保护人的天赋的和不可侵犯的权利，即自由、财产、安全及反抗压迫。"《独立宣言》以同样不言而喻的方式宣告："人人生而平等，他们都从造物主那里被赋予了不可剥夺的权利，包括生命权、自由权和追求幸福的权利"。《人权与公民权利宣言》和《独立宣言》等古典人权文本使用了"人"、"人人"等普遍性的表达，但实际上这些普遍性的用语所指向的并不是普遍的每一个人。

所以，在 1776 年，"人民"这个词的含义是相当狭窄的。不仅"人"这个词，而且在十八九世纪，部分地在 20 世纪的其他重要的政治词汇，如"公意"、"人民"、"人类全体"、"整体利益"、"国家"等亦如是。这种像"人"一样分节的用法并不一定是恶意的。因此，在人权的这个阶段，人权主体并非是普遍的，在理论上它就是有限的。古典人权主体区分性别、地域、肤色、种族、财富、地位，甚至政治信仰。穷人、社会弱者、"革命的敌人"等等都被排除在人权主体之外。杜兹纳认为，古典人权理论中抽象的脱离肉体的人性，加上性别、肤色、民族等特征之后，呈现出一种具体的形式，即具有一定财产的白种人的形式，这使他们真正体现为宣言中所宣称的人。[2] 宣言在普遍性和抽象性的掩饰下，指向的是非常具体的一类人，所以人权宣言中的人在理论上不可能是普遍性的。

从 19 世纪中叶到 20 世纪上半叶，是人权发展的第二个阶段。在这个阶段，作为社会主流思想的人权理论不仅在推动人权主体的普遍化上鲜有进展，而且许多资产阶级思想家还创造了五花八门的学说[3]来为有限的人权主体理论辩护并理直气壮地践踏人权。这些理论至 20 世纪中叶在第二次世界大战中被发挥到了

---

〔1〕 有人把近现代西方人权学说演变的历史分为三个阶段：第一阶段是 17 世纪至 18 世纪上半叶，第二阶段是 19 世纪下半叶到 20 世纪上半叶，第三阶段是 20 世纪上半叶。在这三个阶段中，人权学说两起一落，形成一个马鞍形。参见沈宗灵、黄枬森主编：《西方人权学说》（上），四川人民出版社 1994 年版，第 1 页。

〔2〕 ［美］科斯塔斯·杜兹纳：《人权的终结》，郭春发译，江苏人民出版社 2002 年版，第 105 页。

〔3〕 例如，在 19 世纪末期美国"镀金时代"广为盛行的社会达尔文主义人权观和系统的优生学理论。参见陆镜生：《美国人权政治：理论和实践的历史考察》，当代世界出版社 1997 年版。

极致。"只有本来是人而又完全不被当做人的阶级,才可能主张彻底的、纯粹的、人之作为人的平等,主张人之作为人所应有的权利。历史的法则确乎有些奇特:对人道主义的强烈追求总是与道德败坏、人心堕落同时出现;要求自由的强烈程度总是与压抑自由的酷烈程度成正比。"[1] 正是在这场惨无前例的大灾难中才孕育出了对普遍性人权的迫切需要和真切追求。人权问题第一次不再是一个国家或一个地区范围内的问题,不再是一个少数人集团或阶级范围内的问题,不再是某一个人权原则的问题,而是世界范围内的、彻底的每个人的问题。1942 年 1 月,同盟国宣布:抵抗轴心国的最终目的是出于人道主义,而不是出于军事。他们宣称:"彻底的胜利,对于全世界范围内保卫生命、自由、独立和宗教自由,对于维护人权和正义,是至关重要的。"[2] 1945 年联合国成立,《联合国宪章》宣布"为免后世再遭今代人类两度身历惨不堪言之战祸,重申基本人权、人格尊严与价值,以及男女与大小各国平等权利之信念",并把"不分种族、性别、语言或宗教,增进并激励对全体人类之人权及基本自由之尊重"作为联合国宗旨之一。1948 年 12 月 10 日,联合国又在巴黎夏娃宫通过了《世界人权宣言》,它明确宣告世界各地"人人有资格享受本宣言所载的一切权利和自由,不分种族、肤色、性别、语言、宗教、政治或其他见解、国籍或社会出身、财产、出生或其他身份等任何区别"。联合国大会宣布:《世界人权宣言》为所有人民所有国家共同努力的目标。宣言在措词上还特意以"所有人民"(all people)代换了"所有男子"(all men)。《世界人权宣言》标志着普遍人权主体在理论上终于确立了。普遍人权主体在理论上的确立是人权理论的一大飞跃,但要在实践中实现人权主体的普遍性,还面临着巨大的挑战。

二、人权主体的分类

(一)一般人权主体与特殊人权主体

特殊人权主体是对人权主体普遍性的加强。特殊人权主体主要是指妇女、儿童、老人、残疾人等社会弱者以及种族、宗教、语言、文化意义上的少数人及被捕人、受刑人、无国籍人等群体。在普遍人权实现的过程中,对这些特殊人权主体,若不给予其特殊的保护,其人权将失去真实性。承认特殊性人权是对人的形式平等的扬弃和对人的实质平等的追求。特殊性人权所派生的特权与作为历史权利的特权有着质的差别:前者仅仅是普遍性人权实现的手段,而后者除了自身再

---

[1] 夏勇:《人权概念起源》,中国政法大学出版社 1992 年版,第 100 页。
[2] [美] W. 霍勒曼:"普遍的人权",载沈宗灵、黄枬森主编:《西方人权学说》(下),四川人民出版社 1994 年版,第 308 页。

别无目的；前者的权利主体是普遍人权主体中的弱者，而后者的主体恰恰是排除了弱者之后的社会强者；前者使社会权利的总和增多了，而后者却使社会权利的总和减少了。

（二）享有人权的主体与行使人权的主体

所有的人权都要为主体所享有，人权作为一项普遍性权利，所有的自然人在享有人权上毫无差别。但有些人权，光是享有并不能够满足主体的要求，主体要获得其所蕴含的利益还需要实际地行使它。"享有的人权是对人已有的利益和价值的承认，而行使的人权是对人后有的利益和价值的承认。换言之，享有的人权主要指向人的既存的固定了的利益，行使的人权主要指向人的将来的可谋求的利益。"[1] 享有的人权不需要人权主体主观意识的参与，无论何时何地在何种情况下，它都客观地独立地无差别地属于每一个自然人。它是一种静态的内敛的人权，是一种无形的利益，也是世上少有的在任何一种状态下无论是对其主体还是对其他人都有益无害的权利，只要不受侵犯就自然地处于满足状态，如人的尊严和健康权，它们是最基本的人权。而行使的人权，是动态的外向的，虽然它也普遍地无差别地为每一个自然人所享有，但并不是每一个自然人都能够行使它，不会行使、行使不充分或行使不当都会造成对主体自身或他人权利的侵害。首先，行使一项人权需要人权主体的主观意志的参与，人权主体应意识到这项权利并有行使它的愿望和要求。其次，行使一项人权需要人权主体有恰当地行使它的能力，这种能力可能是天赋的，也可能是后天获得的。人权作为一种道德权利，它本身有一个内在的自我限制，即利己而不损人，但缺乏行使能力对人权不恰当地行使，却可能损害他人甚至包括自己的利益。

（三）人权的积极主体和消极主体

积极主体与消极主体的区分主要是针对行使的人权而言的。有些人权，作为一项人权，当然是无一例外地为每一个人所享有，但却并非为每一个人有必要或有能力去行使。例如直接或通过自己选举的代表参与公共事务的权利，是国际人权法所认可的一项基本人权，但是对于一个襁褓之中的婴儿来说，他作为"一个人"，与这样一项人权之间是什么关系呢？他作为一个人，无疑是这一项人权的主体，但显然目前他并没有能力来行使这一项人权。在这时，他可以说是这一项人权的消极主体，而有能力行使这一项人权者是这一项人权的积极主体。虽然积极主体也可能放弃行使此项人权，但放弃本身也是行使的一种方式，不过是消极行使，根本不同于消极主体的不能行使。再例如接受最低生活保障的权利，作为一项人权自然属于每一个人，但有能力自力维持者不需要行使该项人权，从而成

---

〔1〕　徐显明："论人权的界限"，载《当代人权》，中国社会科学出版社 1992 年版，第 88～92 页。

为该项人权的消极主体。对于一项特定人权，一个具体的特定的人究竟是消极主体还是积极主体，这种身份是变化的而不是固定不变的。社会保障权似乎是社会弱者的权利，因而其作为人权的资格经常被诘难。但社会中强者与弱者的身份是可能发生变化的，每一个强者都是一个潜在的弱者。所以，强者只不过是社会保障权的消极主体罢了，他仍然是此项人权的主体。

（四）个体性人权主体与集体性人权主体

大多数人权是每个人以个别的方式来享有和行使的，如言论自由。但也有一些人权，其行使当然也是个人的行为，但它的行使必须是在一个特定的集体之中大家共同进行。如自决权，它的特殊之处在于，它总是要在一个预先确定了的领土疆界之内由特定的人们结合起来共同地行使。或者说，"只有当它们被集体地行使，在任何情况下，所有的人被召唤以集体的方式去行使时"，[1] 自决权才有意义。所以自决权的主体又可以称为集体性人权主体，以区别于其他个体性人权主体。政治权利大都是必须集体共同行使的权利（但需注意的是，集体行使不同于行使权利后自然形成的集体，前者如选举权须在先定的集体内行使，后者如行使结社权形成的社团）。

（五）人权主体的理论形态与制度形态

在人权原理中，人权主体表现为普遍的无一例外的自然人。但是，人权总是需要法律制度来保障。自近代主权国家建立以来，保障人权的职责就主要被赋予主权国家，因此在法律制度中，人一般情况下是以公民的身份来享有和行使人权的。有些国家在宪法中区分"人人"的权利和"公民"的权利，分别保障其不同类型的人权。

---

〔1〕 〔法〕卡雷尔·瓦萨克：《人权的不同类型》，张丽萍、程春明译，载郑永流主编：《法哲学与法社会学论丛》第4辑，中国政法大学出版社2001年版。

第 五 章

人权的分类与体系

　　人权的分类，指的是人权体系在内容上的逻辑构成。研究人权分类的理论意义在于明确主体在多大范围内可以享有和主张人权。由于分类的问题直接关涉到人权的立法和制度，所以分类实际上依据权利要素。从人权理论的产生至今，对人权的分类大致有理论形态的划分与宣言形态的划分两类。理论上的分类，起自于自然法理论的产生，现今以法哲学对其研究为盛。宣言形态的分类，是立法上的分类，不同的人权立法就有不同的分类方式。

　　从世界范围内观察人权立法史，偶合而成的四个"89 年"分别对应了四个人权体系。第一个是 1689 年，该年产生了真正意义的英国式的人权体系，即英国"光荣革命"后标志封建制度寿终正寝的《权利法案》，该法共 13 条，每一条都能体现出胜利者的自豪。用法律宣告王权彻底失败，这在人类历史上还是第一次。由此，昔日在王权束缚下的人们逐步地、一点一滴地获得自由，先是人身的，再是政治的，最后是全面的，这就成了英国设定人权体系的传统。第二个是 1789 年，该年在血与火的洗礼中诞生了被后世视为样板而不断被模仿、膜拜的法国《人权与公民权利宣言》，该宣言开创了整个自由时期所有大陆国家共用的人权体系，它以全面性、准确性、概括性和体系化而获得了极高的荣誉。英国人虽然更骄傲地说 1215 年的自由大宪章首开人权先河，但真正产生世界影响的人权体系还是奠基于法国的《人权与公民权利宣言》。第三个是 1889 年，该年产生的"明治宪法"固定了日本明治维新的成果，其中有"臣民的权利和义务"条款，在世界人权史上，这被认为是西方的人权思想在东方开花结果。但值得引起人权史学家深思的是，东方的第一部宪法，人权的主体用"臣民"表达，人权的内容全部被置于"法律范围内"，由此在东方就形成了一种独特的人权观：人权和自由都是在法律范围之内的，法律之外再无人权。这是一种反映东方专制特点的让人权服从君权和法律的"有限人权体系"。在这部带有浓重的帝国特色的亚洲第一部人权法中，甚至通篇都未敢使用"人权"的概念。第四个是 1989年，该年世界范围内的改宪蔚成风潮。亚洲国家首先是韩国，后来有菲律宾、印度尼西亚、新加坡等至该年均大致完成了这种改革。欧洲国家也在借纪念《人权与公民权利宣言》诞生 200 周年之机修改人权体系，特别是社会权的保障体系。东欧国家则纷纷改弦易张，废旧宪而制新宪。这一年可称为人权体系在世界范围内的调整年。

　　3 个世纪过去了，人权的有关理念和思想在世界各国逐步得到比较一致的理解。特别是1948 年《世界人权宣言》的产生和联合国人权 A 公约与 B 公约的相继开放，加之联合国采取的"人权 10 年"行动，人权的普遍性原则已为世界各国所公认。在当代的国际关系对话中，人权已成为共同性话题。实行宪法典的国家，其人权内容大致远则本于法国《人权与公民权利宣言》，近则摹于《世界人权宣言》，各国体系有趋同或趋近的倾向，除了文化上的原因所引起的差别外，由宪法宣告的人权内容也越来越表现出一致性。

第一节　人权理论中的人权分类

　　自然法理论是最早对人权进行分类的理论，自然法对人权所做的先于国家的人权与基于国家的人权的二分法直接影响了法国《人权与公民权利宣言》。所谓先于国家的人权，指的是不依赖国家而成立的人权，这些权利就是卢梭论证的人人生而平等的那些人权。这些人权在进入文字表达和法典中的时候，因其对国家的无关性，而可直接称为使人成其为人的人权。那些基于国家而产生并因国家的存在而成立的、凡行使时必与国家发生联系的人权，则因其对应着国家政治（这时候的人已具有"政治动物"的属性，因而对其称谓为公民，即表明他是政治国家内的人），其权利不称人权而称公民权。法国的《人权与公民权利宣言》，全称是"人和公民的权利宣言"，所以很清楚，这个宣言所接受的人权划分是自然法思想指导下的划分。

　　自然法思想在处理人与国家关系时所论证的重要法理，是人的价值在国家之上。这种判断较君权至上的中世纪是巨大的历史进步。这一理论为未取得国家独立的人民也仍享有人权提供了依据。第二次世界大战后纷纷独立的国家，其人民所具有的人权决不是从新国家那儿获得的，而是在新国家出现之前已具有的。本世纪最后获得独立的非洲国家纳米比亚和本年以全民公决而获得国家主权的亚洲国家东帝汶，[1]其人民在组成自己的新国家前也都是人权主体，所不同的只是，他们在自己的新国家未建成时，难以行使公民权利，而作为自然人的人权则无论在哪个国家，其行使都不受影响。虽然现代各种新法学观点大量涌现，但自然法理论在人权分类方面的作用仍是其他理论所无法替代的。

---

〔1〕　在世界宪政史上，以公决形式建成的国家被称为"投票箱中产生的共和国"，如 1981 年开此先例的帕劳共和国。

理论上的另一分类方式是中国法哲学研究中对人权进行的划分。[1] 这种划分的依据是从道德到法律到事实的三种形态，由此人权可分为应有的人权、法律上的人权和现实中的人权三类。应有的人权指道德意义上的人权，它的范围和内容是最为广泛的。应有的人权往往是法律上的人权的道德根据和理性说明。法律上的人权是指法律规范所肯定和保护的人权，它的内容和范围比应有的人权要小些。这是因为道德上普遍要求的人权在立法时要受到客观条件的限制，其中尤以政治制度、经济制度限制为多，故而道德所要求的人权并非能够全部转化为法律上的人权。现实中的人权是指能够被人意识到并享有和行使的人权，它的范围比法律上的人权又要小些。这是因为客观权利向主观权利转化有三个环节需要连接。主观上认识到这种权利是首要环节，实现人权所必需的全部社会条件是基础环节，人权主体具备行为能力是必要环节。三个环节只要有一个中断，法律上的人权便难以变为现实中的人权。

人权形态的划分标准是人权的实践标准，三种人权范围的差别说明的是一国人权的实际状况，它们的差别越小，说明一国的人权状况越好。理想的人权追求是把应有的人权——凡在道德上能得到支持的都肯定在立法上，使之转化为法定人权，然后再以完善的制度使法定人权均变为现实，现实的人权才是一个国家真正的人权状况。当三种人权在形态上相等时，该人权制度就是最理想的。倘若立法远不及观念，现实又远不及立法，此时的人权状况就是令人忧虑的。若法定人权均变成现实的人权，而二者同应有人权差距较大，则说明立法应扩展范围，以使现实也随而向上，不过这种制度状况仍是健康的。

理论上的第三种分类是人权的历史划分，即把人权的发展演变大致分为两个历史时期，一是自由权本位时期，二是现在仍在注重的生存权本位时期。人身自由和财产自由相汇而成就了自由资本主义，这时期的人权都紧紧围绕着自由权而展开。在人权史上，这一时期的人权被称作自由权本位的人权。但当法律上一个划时代的原则——财产权的行使必须为公众利益服务的原则确立之后，财产权受到限制，所有权就不仅仅是权利，而且还是义务。这时，自由权本位开始让位于生存权本位。这是人权体系内部集中反映人权实质要求的两大内容——自由与平等矛盾运动的结果。

这两种本位的人权有着诸多不同：其一，自由权本位的人权，处于人权的绝对权时期，而生存权本位的人权，则处于人权的相对权时期，这两个时期分别代表着两种人权的背景。其二，自由权本位时期的人权主体是无差别的一般公民，所有的人都是自由权的主体，而生存权本位时期的人权主体则侧重于保护在社会

---

[1] 参见李步云："论人权的三种存在形态"，载《法学研究》1991 年第 4 期。

上受到自然条件、劳动条件和其他经济条件制约而成为社会弱者的人。生存权有广义和狭义之分，广义的生存权主体指所有的人，狭义的生存权主体仅限于"弱者"。人是强者的时候，是广义的生存权主体，而当从强者变为弱者——强者的下一人生阶段——的时候，他又是狭义的生存权主体。其三，自由权本位的人权所保障的内容是一般公民形式上的自由和平等，实际上的自由与平等因公民行为能力的差别而允许有所不同。生存权本位的人权所保障的内容是避免和补救社会弱者可能失去或已经失去的自由与平等，生存权的价值体现为使社会弱者也像其他人一样有尊严地生活于社会之中。其四，自由权本位的人权保障方法是防止国家介入公民的生活，要求国家干预的范围最小。而生存权本位的人权保障方法是要求国家积极介入社会经济生活，通过限制一部分资本自由而使社会弱者权利得到实现。其五，自由权本位的人权救济措施主要体现为司法救济，而生存权本位的人权救济方法则主要体现为行政救助，即由政府确定最低生活标准并以物质保障之。

理论上对人权的第四种分类是依主体的标准而将归附于主体的权利分为私性质权利与公性质权利两类。公性质权利又可分为国家的权利和非国家的、带有公共性特征的主体的权利。属于国家的权利在人权理论上任何时候都不得称之为"人权"，这其中一个原因是国家在任何时候都不得成为人权主体。该主体行使的权利可谓之权力，这时候它和私权利的关系是对立关系。私权利是指以满足个人需要为目的的个人权利。公权利是指以维护公益为目的的公团体及其责任人在职务上的权利，它是权利的特殊变种。

权力与人权（权利）之间存在着诸多差别，这主要表现在四种关系上：首先，主体不同。权力的拥有者只能是表现出强制力和支配力的专门机关、执行职务的公职人员或对内的社会集团的代表，公民不能充当权力主体。而人权主体却是公民个人，国家或集团在成为权利主体的时候，已是在法律上被人格化的与公民平等的"人"。其次，内容不同。权力的内容重在"力"，表现为某种形式的强制或管理。人权的内容则侧重于"利"，表现为权利人要求实现的价值。再次，指向对象的确定程度不同。权力指向的对象是特定的，管理活动与支配行为必定有具体的承担人，且权力拥有者与权力对象的地位绝对不平等。人权指向的对象，在一部分法律关系中是特定的，而在另一部分法律关系中又是不特定的，人权关系中的权利人与义务人的地位是平等的，不像权力关系那样存在着服从与被服从的关系。最后，法律对权力与人权的要求不同。权力与职责相对应，职务上的责任是公权力的义务，法律要求权力变为职责，职责是不能放弃的，弃置权力将构成渎职。权利与义务相对应，法律准予权利的能动性，使权利人对权利获得随意性，放弃权利被认为是行使权利的表现。当然，那些不可放弃和不可让与的权利除外。公权利和私权利在运行的时候经常发生冲突，每当这种情况出现，就需要否定其中的一个，谁超越了法定界限谁就将成为被否定的对象。

　　理论上第五种分类是把人权分为规定的人权和推定的人权两类。前者指两种情况：其一，纲领性或原则性规定，如在宪法中表明国家对人权基本态度的条款，该条款可成为所有人权的基础；其二，对人权的列举性宣告，每列出一种，即等于规定一种。人权在被宪法规定出来的时候，即表明新列举的人权已具有对国家产生约束力的效力。所以言其为"规定的人权"，目的不是说人权是被法律规定的，法律不规定就没有人权，而是说"规定"预示着对国家的一种强制，是为国家权力划定的不得超越的界限，正是在这个意义上，人权应尽量多地以列举的方式规定，且列举得越多，对国家的限制空间就划得越明确越具体。所谓立宪主义，主要指的是这个意义。

　　推定的人权，与规定的人权有逻辑联系。规定的人权中的纲领性或原则性的规定，是推定的人权被描绘的基础。对人权进行推定，是人权分类中不得已而采用的方法。在人权有可能被列举宣告的时候，应尽量避免使用推定的方式。理由主要是，被推定出来的人权如果缺乏制度上对其认可的效力，如立法解释中的认可或司法判决中的认可，则其仍是可以随意被人曲解和践踏的。如中国汉初的"约法三章"，所谓杀人者死、伤人及盗抵罪。由此三个禁条中我们可以推定出人有生命权、健康权和财产权，但推定的这些权利在遇到皇权对人命的草菅、肉刑、刑讯以及以国家名义对人财产的罚没、充公、没收等，这时候的所有权利都会化为乌有。但当把这些权利宣告式地规定出来的时候，剥夺人的生命就得以法律的方式实施，肉刑与刑讯就是非法的，对人财产的处分也必须依法律进行。这个道理说明，人权在需要推定的时候，时常抵挡不住公权力侵害的危险。人权推定只有与国家的义务推定共同作为制度确定的时候，前一种推定才可能是有效的。这后一种推定指的是国家权力要对公民生活予以干预，必须负有自证根据的义务。即对公民而言，可推定法律所不禁止的都是可为的，换言之，都是自由的；对国家而言，可推定凡未找到法律作为准予干预的依据，则其干预就都是无效的，凡干预就是侵权。当这两种推定同时成为一种制度时，权利推定才是有意义的。推定权利，如果只是把它作为解释权利的方法，在人权制度化和分类问题上是远远不够的。[1] 要使权利推定成为有效的人权原则，同时应确立对国家实行义务推定的有效原则，只肯定其一而不肯定其二，其一就是不可靠的，也是无法单独成立的。作为技术意义的人权推定，指的是从人权的原则或某项母体性权

---

〔1〕　参见郭道晖："论权利推定"，载《中国社会科学》1991 年第 4 期；夏勇：《人权概念起源》，中国政法大学出版社 1992 年版，第六章"人权推定与人权含义"。

利中推演出新的人权或子权利的方法，如从政治权利中推演出知情权，又从知情权中推演出获取情报自由，从获取情报自由中推演出获取情报方法自由等。又如从人权应当受到普遍的和崇高的尊重原则中，可推演出人的尊严权，这是一项在法西斯灭绝种族的暴行发生前各国宪法中都未曾出现的人权，它在被《联合国宪章》和《世界人权宣言》概括出来后，已成为各国间最无争议和差别的一项基本人权。由它而推导出来的新人权是隐私权，由隐私权而推演出个人信息控制权等，这样，规定的人权和推定的人权又共同组成一国人权在内容方面的体系。

理论上的第六种分类是解释学上的分类，这种方法把人权分为"作为语言的人权"、"作为思想的人权"和"作为制度的人权"三种。[1] 作为语言的人权，多指人们感受到的和观念上主张的习惯性人权，它在社会学意义上要回答"是谁的——我该不该有"、"指向谁的——我向谁要"、"有哪些内容——我能感受到的"等问题。如果一个无违法行为的公民被警察指令"跟我到警察局"而乖顺地跟去，然后莫名其妙地回来，全过程结束后不提出任何诘问和表示反对，则在这个公民身上发生的就是"作为语言的人权"。因为在这个公民的权利观中，听从警察的指令是应该的。假若有人告诉他警察已侵害了他的人权，他首先的反应是：警察既没骂我也没打我，我毫发无损，怎么能说我的人权受到侵害呢？对这个公民来说，其习惯的权利就是其人权的全部。但当他受到虐待的时候，他会意识到已被侵权，这时就会思考我的哪些权利受到损害。但当他确有违法行为时，即使警察对其有暴行，他也会自认倒霉，所以对他的侵权他仍不认为是侵权，这种意识，又回到了他的习惯权利观中。这类公民一旦有机会管束恶人，他会以同样的方式对待恶人，抓住小偷先打一顿，小偷事后既不告发打人者侵权，打人者也不认为自己侵权。习惯权利淹没了真正的人权。当每一个人都以习惯权利理解人权时，人权是因人而异的，这就是作为语言的人权。

作为思想的人权首先指的是人的主体性和对个人的解放，人再也不是供统治者任意驱使的工具，手段性和客体地位的根本性克服是人权思想首先论证的。从古典人权思想到现代人权理论，这一主流意识从未被动摇过。作为思想的人权，它提供了人类不平等的原因（天赋人权）、人对于政府的关系（有限政府）、群己之权界（自由原理）、人类防止恶政的方法（权力分立）、经济的目的（生存主义）、现代国家职能（社会保障）等一系列使人权成立的原理。作为思想的人权，实质上是设计了如何使国家权力与公民权利和谐相处的各种方案。思想上的人权，会因思想家的深刻程度或观察问题的角度而在一国内分成流派，也会因文化上的差异而在国与国间或洲际间有较大差异，但它的普遍性的一面在世界范围内

---

〔1〕 参见 ［日〕樋口阳一：《一句话辞典：人权》，三省堂 1996 年版，第 5 页。

占有主导地位。

　　作为制度的人权，指的是人权从法定到事实的一整套转换与保障的机制，制度性人权中既包含中国学者所划分的"法定的人权"形态，又包括其划分的"实有的人权"形态，它是两种形态的人权在制度状态下的有机整合。制度性人权的概念，是一个了不起的发明。它是把人权从人的要求、到思想家的论述、到立法者的设计、到事实上的享有这一全过程用最一般化的方法予以完整表达的概念。人权的制度，最主要的是其两大机制，一为人权侵害的预防机制，一为侵害发生后的矫正机制。凡称制度，这两大功能必须是同时具备的，作为制度的人权，就是通过这两种机制而使人权确立从法有到实有的形态。对人权在理论上做上述划分，并把实证的方式引入分类理论，这是目前人权体系研究中较为深刻的一种分类。

第二节　国家宪法中的人权分类

　　奉行立宪主义的国家均将人权按类别进行排列，然后以列举的方式宣告出来，对被宣告的人权进行的分类就属"人权宣言形态的分类"，它实际上是对一国法律上使人享有的人权所做的分类。一般来说，现代各国的人权体系，大致把人权分为五大类，即自由权的人权、参政权的人权、生存权的人权、请求权的人权和平等权的人权，其中平等权的人权中包含着在基本权利享有上的平等原则。而在生存权——也称社会权产生之前，人权是以自由权、参政权（也称政治权）和平等权三大类列于古典宪法中的，研究人权法定内容和体系的分类，应把古典人权体系分类与现代人权体系分类加以区别。

　　古典人权体系分类中最有名的学说是德国著名公法学者耶利内克（George Jellinek，1851 年～1911 年）在其名篇《主观的公权体系》（简译《公权论》）[1] 中，根据公民对国家地位的理论而对人权所做的三分法。耶利内克认为，从社会学的角度认识国家，国家不过是一个集团的统一体，从法律上为其定位，它不过是一个法人，国家的公权属于组成这个法人的公民，个人对于国家的权利可称为"个人公权"，国家对于公民的权利可称为"国家公权"，二者间形成的关系可定位于四种关系：其一，服从国家的关系，在这种关系中，公民处于被动地位，由此公民对于国家只有义务而无权利。其二，对国家权力的排斥或拒绝关系，在这种关系中，公民处于消极地位，但这组关系肯定了公民大量的自由权。当法律上

----

〔1〕　See George Jellink, *System der subjektiven Öffentlichen Rechte*, 1892, 2, Aufl 1905.

肯定并保护公民某项自由时，公民便有权拒绝并排斥来自国家权力的干预。人权法上保护这种关系，自由权便有基本保障。最早的人权保障制度就是从肯定这种关系而建立起来的。其三，对国家的请求关系，在这种关系中，公民处于积极地位。国家应公民的请求而进行活动，满足了公民的请求，公民便获得受益权和请求权，如对司法的请求而使公民获得"接受公正审判"的权利等。在这组关系中，满足公民的请求是国家的义务。人权保障制度即是以人权法上肯定公民的积极地位为特征而完善起来的。其四，对国家活动的参与关系，在这种关系中，公民处于主动地位，这种地位表明主权在民，公民在这种关系和地位中获得的是参政权。参政权是人权的精髓，无参政权的人权或参政权得不到有效保障的人权肯定是被抽掉了灵魂的人权，这种状况的人权几乎都与民主制无缘。由以上四组关系可以看出，公民对于国家的权利体系实则是由自由权、受益权和参政权三大类组成的。

在上个世纪初生存权入宪之后，凯尔森（Hans Kelsen，1881 年 ~ 1973 年）在其《国家学概论》中修正耶利内克的理论，将社会权增入体系之中，人权体系由三大类变为四大类。四种权利说在日本学界曾一度占统治地位。曾对日本现行宪法做出重大贡献、因对宪法的解释具有权威性而备受尊敬的宫泽俊义院士又将公民对国家的四种地位发展为五种地位：根据法律而须履行义务的关系；对于国家法律无关系的关系，即人的自在状态；相对于国家法律的消极的受益关系，由此可从法律上获得大量的自由；相对于国家法律的积极的受益关系，由此可从法律上获得社会权和生存权，公民的积极请求即可成为国家必须履行的义务；相对于国家法律而对国家的参与关系，这便是参政权或政治权。宫泽的理论完全来自德国耶利内克和凯尔森的观点。[1]

在日本宪法学界自成重镇的东京大学教授小林直树则持另一分类法。他认为作为人权总原则并表明人权原理的应算一类，这类人权由三组组成：对人的尊重原则和人的生命权、健康权、生存权作为一组；幸福追求权作为一组；平等权及平等原则作为一组。第二类是自由权的基本权，由精神的各种自由和人身的各种自由两组构成。第三类是经济方面的基本权，由经济、社会的各种自由权如财产权、营业自由、居住自由、迁徙自由等一组，以及生存权的基本权如狭义生存权、劳动权、教育权、环境权等另一组构成。第四类是参政权和请求权的基本权，它由能动关系的各种权利如参政权、请愿权、自治权等为一组，以请求权的各种权利如赔偿请求、审判请求、受益请求等为一组。人权体系就是由上述四类

〔1〕 参见宫泽俊义：《宪法Ⅱ基本的人权》，有斐阁 1958 年版，第 333、430、445、455 页。

权利构成。[1]

在体系的分类方法上，还有以人权规范在作为审判根据时被适用程度的强弱而将人权分为：①生存权的基本权——这类人权的权利性比较稀薄，很难成为审判的直接适用规范，它在法律上的作用与其说是为审判提供依据，毋宁说是为国家政治提供指导原理；②经济的自由权——虽然有具体的权利性，但在与其他人权发生冲突时，其价值在其他人权之下，人权在适用标准上，应坚持对政治性人权与经济性人权的双重标准；③外在的精神自由权——在人权体系中占有比经济自由更优越的优先受保护的地位，[2] 特别是对表达自由、学术自由及宗教行为自由要给予优先保护；④内在的精神自由权——该类自由权与其他人权和社会利益不发生冲突，具有一种内思性，它不会危害社会，所以在审判上应特别强调不准国家权力侵入人的内在思想和思考，司法应为这类人权如思想自由、情感自由、良心自由、学术思考自由等设定排除侵害的机制。此外的其他人权，依其在司法上的地位可分别归于上述四类，如人身自由，在司法保护上可按上述第三类对待；参政权亦可按第三类予以优先保护；其他如手段性人权或补助性人权则可依其相近之基本权而归类。做出这种划分的是既有美国法学背景又有最高法院审判经历的东京大学法学部教授伊藤正已。[3]

宣言式人权体系还可以人权的客体为标准进行分类，由此人权可分为以人格权表现的人权、以物权表现的人权、以请求权表现的人权和以知识产权表现的人权四类。以人格权表现的人权主要包括表现人格、实现人格、保护人格、发展等人格方面的诸种权利，如人的各种自由和尊严；以物权表现的人权主要包括以对物的统领、支配、收益、处分等方面的诸种权利，如财产权及经济权等；以请求权表现的人权主要包括能引起或触动他人、国家等主体义务的诸如批评、建议、参政、诉讼受益等方面的权利；以知识产权表现的人权主要包括人的智能上的权利，如学术自由及思想自由等，它兼有上述另三种人权的属性。人权必须有指向对象，为人权所指向的对象即是人权客体。客体与主体以及内容构成了人权的三要素。人权的内容指的是主体对客体的样态和范围，客体则必定要依归于主体。[4]

在宣言形态人权的体系划分上，中国学者曾做过一次堪称世界之最的分类，

---

〔1〕　[日]小林直树：《宪法讲义》（上），东京大学出版会 1976 年版，第 261、262 页。

〔2〕　人权保护的双重标准，是 1938 年由美国联邦法院的卡尔雷耐法官首创的。参见 *United States v. Products Co.* 304, U. S. 144.

〔3〕　参见[日]伊藤正己：《宪法入门》，有斐阁 1987 年版，第 128、133 页。

〔4〕　参见徐显明："人权理论研究中的几个普遍性问题"，载《文史哲》1996 年第 2 期。

竟把社会主义国家公民的权利分成了 28 类,[1] 这是迄今为止对人权做类的分别最多的一次。人权种类划分如此之细,使人很难区别种和类的不同,其科学性的缺乏和标准的含混显而易见。

第三节 人权体系的发展与完善

研究人权分类的技术性目的在于寻找科学的和适用的划分标准。人权的性质、人权的形态、人权的客体、人权主体对国家的关系、人权进步发展的阶段等,这些均是人权分类的标准。标准的要素是构成人权体系门类划分的基础性要素。从标准的多样性可以看出,对人权的分类,只具相对性而不具绝对性。即使按照同一标准,在将某项人权归于 A 类之后,从另一角度又可能将其归于 B 类。即使是最早被追求和确立的人权——自由权,在把人权按当代最通行的五分法划分,即将人权分为自由权、政治权、社会权(生存权)、请求权、平等权(含原则)的标准中,它也具有两重性:一方面它是由国家的消极抑制行为而使人得到实现的权利,另一方面它也是判断政府如何对待公民最显露的政治标准。随意剥夺公民自由的政府,一定是背弃人权理念的人治政府,这样,自由具有了政治判别性,由此公民便会行使言论自由或集会游行等自由,这些自由均带有一定的政治目的,故而将其归之于政治权亦未尝不可。这就是自由权在分类方面的相对性,其他类权利也莫不如此。

研究人权体系更重要的目的,在于超越技术层面而达致一国人权体系的完善。通过标准的设定可以发现一国人权立法的缺陷和不足通过分类,甚至可以分析一国立宪时是否具有人权的理念。不具有这种理念的立宪,对于人权的标列可能仅有宣传的意义。这时候,人权体系的问题又转换为人权的制度和事实问题。

新中国 50 年间的先后四部宪法,其人权内容分别为:"五四宪法" 14 条、"七五宪法" 2 条、"七八宪法" 12 条、"八二宪法" 18 条[2] 从数量上来说,现行宪法对人权的宣告是最多的。"七五宪法" 在人权体系上曾创两项世界之最:其一,它是世界所有立宪国家中给予人民人权最少的宪法;其二,它是世界自有人权立法以来最不通法理的一部宪法。这表现在先设义务后设权利,颠倒了权利与义务的关系,形成了世界独特的 "宪法义务本位" 的立宪现象。"七八宪法" 在人权体系上也存有根本性缺陷,它所表达的人权地位是与人权精神背道而

---

〔1〕 吴家麟主编:《宪法学》,群众出版社 1983 年版,第 353、354 页。
〔2〕 姜士林、陈玮主编:《世界宪法大全》(上卷),中国广播电视出版社 1989 年版。

驰的。"七八宪法"的章节结构仍将国家机构置于人权之前，人权被置于国家之下，其奉循的理念即是"国家至上"。这种内容结构与《钦定宪法大纲》在规定完君上大权之后再在"附则"中规定"臣民的权利和义务"在实质上是一样的。立宪凡以实现国家权力为诉求的，人权在宪法中的地位就是可有可无的，其内容也以不妨害国家权力的实现为限，因而数量也就是可多可少的。"七五宪法"和"七八宪法"没有体现人权的精义，所以从人权史的角度来分析，这两部宪法都不能算是"良宪"。"八二宪法"所设定的人权体系是迄今中国宣告公民人权种类最多的一个，其结构已克服前两部宪法的不足，它表征了当时立法者的最高人权情感和意识。但是，在 1988 年、1993 年、1999 年分别对"八二宪法"的前三次修改中，人权内容未有变动，这就是在人权设立上的结构性缺陷。2004 年宪法修正案将"国家尊重和保护人权"写入宪法，作为我国宪法中的纲领性或总则性条款，该条款弥补了这种缺陷。

一般而言，凡用宣言表达人权——在宪法中设专章规定公民基本权——都在列举人权细目之前有一个对人权的纲领性宣示，以表达国家对人权最基本的态度。这一纲领性或总则性的人权条款至少蕴含两层意义：其一，它是一个国家在政治方面的最高道德。政权的政治伦理性要靠这一条款表现，所有政治家都要表示按照对人权予以尊重的政治理念去进行国务活动，当政治家不能尊重基本人权时，要依该原则承担政治伦理和法律上的双重责任；其二，纲领性人权条款是对公民进行人权推定和对政府进行责任推定的根据。缺乏这一总原则，人权列举就是僵硬的，公民只能在列举的人权领域中获取权利，未列举的和立法时认识不到而在日后出现却又不能及时补充于人权法上的那些人权就会出现争议。如果一国的人权保障都是在事先设定的舞台上表演，而不管现实生活多么丰富多彩，这显然是一种缺憾。所以人权的纲领性条款不仅是一种人权立法技术，更重要的还是国家关于人权的原则。在学理上把人权体系分为列举的人权和推定的人权两大类时，纲领性人权代表着推定的一个方面，这个方面缺乏，就是结构性欠缺。所以，2004 年的宪法修正案，标志着我国在人权设立上的结构性完善，人权体系从封闭走向了开放。

生存权是社会主义国家在人权问题上的独特贡献。中国共产党人早在 1921 年即认识到它的重要性[1] 70 年之后，1991 年中国政府发表《中国的人权状况》白皮书，强调"生存权是中国人民的首要人权"，[2] 把生存权列在中国人权体系之首。白皮书对澄清由于西方国家对中国人权状况的攻击所造成的各种误解

〔1〕 参见徐显明：《人民立宪思想探原》，山东大学出版社 1999 年版，第 5 页。
〔2〕 国务院新闻办公室：《中国的人权状况》，1991 年 11 月。

是至为奏效的，它的历史价值在今天看来仍是巨大的和无可替代的。正是借白皮书的东风，中国学术界投入大量的力量开展人权问题的多学科研究，由此形成新中国历史上前所未有的人权研究高潮。可以认为，白皮书开启了中国人权理论的一个新时代。但是，评价仅停留于此是不够的，白皮书在改造中国人权体系方面还有更重大的历史意义，它补充了中国宪法所宣告的人权种类中对生存权规定的缺漏。这种评价，从消极方面言之，可以说白皮书所表达的"首要人权"的观点缺乏现行宪法上的依据，"首要"一说得不到宪法的支持。而从积极方面言之，"生存权是首要的人权"的判断表达的又是中国人权历史与现状的事实。当今，生存权本位已是世界人权立法之大势。中国有辉煌的生存权实践，白皮书又从理论上和政府立场上对其做了充分说明，但它在宪法上至今还未能添列一席。尽管与生存权相关的一系列权利在宪法上早已登场，如受教育权在《中华苏维埃共和国宪法大纲》中即已出现，[1] 抚恤老弱孤寡权在《陕甘宁边区抗战时期施政纲领》中即有规定，[2] 获得物质帮助权在"五四宪法"中即已确定，[3] 但这些与"母权利"相对应才成立的"子权利"在未找到自己的母本之前，总有些孤零感，这是中国人权体系在解决人权现实和人权名目不相称问题上亟须加以弥平的。

自由与平等是人权体系内的两个基础性权利。这一观点马克思主义的经典作家亦表赞同。[4] 由于这两种权利存有内在的逻辑矛盾，所以在不同性质的国家其价值认同是有差别的。资本主义的人权体系，从重经济自由出发而获得发展，所以自由类的人权就构成了资本主义人权的基本价值，这由资本自由的特性使然。社会主义的人权体系，注重人们在生产资料所有权上的共同享有，以消除人们不平等与不自由的基础，所以平等类权利就构成社会主义人权的基本价值，这由生产资料平等享有的特性使然。

由不同经济形态导致的人权价值差别可以看出，社会主义的人权特色主要应体现在平等权上。然而，中国宪法在平等权设立上却未能充分反映出这一应有的特色，致使总纲中的经济制度表述与平等权表述不相协调，这主要表现在生产资料是全民平等所有的，而对公民权利的保护却不是完全平等的。其主要事实是：①劳动权的不平等。中国的劳动权仅是部分人的权利，仅是城市户籍拥有者的权利。农民对农田的耕作在法律上不被认为是"劳动"，因而没有设立农民的劳动权。②受高等教育权的区别对待。即政府以划定录取分数线的方式实际上对农村

---

〔1〕 该法第12条。
〔2〕 该法第28条。
〔3〕 该法第93条。
〔4〕 参见恩格斯："反杜林论"，载《马克思恩格斯选集》第3卷，人民出版社1956年版，第145页。

考生实行差别待遇，这也违背权利保障向弱者倾斜的原则，是实行向强者的逆倾斜。③受保障权的双重标准。国家对社会保障制度的设立只以部分人受保障为设计主体，受到国家保障的人仅限于特定身份的城镇人口，其权利范围与劳动权主体相同，而农村广大农民的受保障权以另一种制度对待之，受保障权已是双重标准、双重体制。这种二元体制与《宪法》第45条"中华人民共和国公民"所标列的主体条件已有直接冲突。宪法所定受帮助权主体是"公民"，即只要是我国公民而不分其出身与现时身份，但制度设计时却是依城乡身份而非依公民身份。

上述不平等向平等权提出严峻的问题：在基本权利上是否允许差别对待？如果基本人权可以因身份而有明显差别，平等权还是不是一项权利？由是观之，可以反剖中国《宪法》第33条第2款"中华人民共和国公民在法律面前一律平等"之不足，就是它没有包含平等的灵魂即公民的权利平等与义务平等的内容。[1] 在立法可以确定身份差别的时候，所谓"法律面前一律平等"表达的只是同等身份的人之间的平等，而不同身份的人则不能平等。如果权利是按身份享有的而不是按同一标准的"公民"享有的，那么与身份对应的权利还不是完整意义上的人权。从以上分析可以看出，中国宪法中的"平等权"尚欠缺另一半内容，即平等不仅是一项权利，更重要的还是对权利进行保护的原则，即"平等保护原则"。只有平等权而无平等保护原则，平等权就可能是不平等的。当然，这种权利不平等或暂时难以平等的事实有其历史性根源与政治经济制度的现实性依据。但是在人权原理和平等权实现的原则上，这种差别应当减少到最低限度，这是中国实现平等权时应予特别关注的。

"追求幸福的权利"是被马克思称为世界第一个人权宣言的美国《独立宣言》最早宣称的权利，后来它进入各国的人权体系。追求幸福在恩格斯所论定的"物质利益第一原则"中可获完美说明。它是基于人的本性而自具的一种本能。按照亚伯拉罕·马斯洛在《动机与人格》一书中对人的需要层次划分的理论分析，人每满足一个层次的需要，即是追求到一份幸福。从最低层次的生理的需要到安全的需要、归属和爱的需要、尊重的需要、自我实现的需要、对认识和理解的欲望的需要、对美的需要，幸福是无限的，追求幸福的过程也是无限的。不准予人们追求幸福，是对人的本性的压抑。人性的理论是本原性人权的原始论证。如果换一下论据，用生产力与生产关系间矛盾的原理可否得出相同结论呢？邓小平同志的"三个有利于"的观点为之做了回答。"是否有利于提高人民的生活水

---

〔1〕　参见周永坤："市场经济呼唤立法平等"，载《中国法学》1993年第4期；另见徐显明："权利平等是我国公民平等权的根本内容"，载《中国法学》1993年第4期。

平"[1] 是作为最后一条来表达的，可见它是最重要的价值准则。"提高生活水平"在人权上的概念即是"幸福追求"。从中国社会主义经济发展的目的分析，准予人们追求幸福恰是经济运动的原因和动力，所以在社会主义市场经济条件下规定"幸福追求权"，将使中国人权体系中与人的自然性相对应的权利相对贫弱的状况有所改观。

---

[1] 《邓小平文选》第 3 卷，人民出版社 1993 年版，第 372 页。

第 六 章

人权侵害与人权保障

一切有意义的人权研究最后都要落足于人权保障。而人权在我们生活的这个世纪里屡遭践踏蹂躏的事实一再地提醒我们，人权远未成为被普遍接受的事物，人权保障必须制度化、法律化。研究人权侵害与人权保障，首先要明确人权的界限，即人权的边界，只有人权的边界明晰了，才可能界定如何是侵犯人权，如何能保障人权。在人权受制度化保障的宪政体制中，人权界限的确定是人权进入操作领域后遇到的首要问题。合理地设定人权界限是建立人权制度的重要内容，而科学地说明人权界限则是建立人权制度必要的理论准备。

第一节　人权的界限

所谓人权的界限，指的是人权在设立、分类、行使和保障时所受的结构性制约，它表明的是个人价值在群体与国家面前应受尊重的范围以及个人行为自由的度量分界。

一、人权的内在界限

人权的内在界限是指人权在涉及外部关系时所遵循的规律与其效力所能达到的极限及其实现时的自律规则。

（一）确立人权界限的三个比例关系

在法国《人权与公民权利宣言》讨论和通过的国民议会上，曾发生过一场关于人权应否附带条件的争论。"一些议员主张，如果公布一项权利宣言，就应当同时公布一项义务宣言"，[1] 而一些议员的主张正相反。参与这场争论的托马斯·潘恩认为："从相互作用来说，权利宣言就是义务宣言。凡是我作为一个人所享有的权利也就是另一个人所享有的权利；因而拥有并保障这种权利就成为我的义务。"[2] 这场争论导致了该宣言第 4 条的产生："自由就是指有权从事一切

---

[1] [英] 潘恩：《潘恩选集》，马清槐译，商务印书馆1981年版，第186页。
[2] [英] 潘恩：《潘恩选集》，马清槐译，商务印书馆1981年版，第186页。

无害于他人的行为。因此，各人自然权利的行使，只以保障社会上其他成员能享有同样权利为限，此等限制仅得由法律规定之。"[1] 这条规定满足了争论双方的要求，人权界限的问题随而首次进入立法史的领域。

自由是人权制度确立之初最主要的内容。人权的外在属性是利己的，但人权只利己而不损人，损人的人权除非异化为一种特权，否则，它必定为道德的要求所容忍和支持。人权的获得，由于从一开始就遵循着他人在同等条件下也能获得的规则，因之任何人的人权都必定与他人的人权和谐统一。怎样保持人权既利己又不损人的这种神圣？立法上所能进行的唯一协调是对自由的行为施加与之相对应的义务性约束，人权只以人权主体履行了人权附带的义务才能作为人权取得、行使与保持的条件。在把所有的人权所对应的义务用同一个规则概括出来的时候，人权的外在的界限就具有了一般意义，其原则性的要求往往被描述为禁止性规范，这就是"公民在行使自由和权利的时候，不得损害国家的、社会的、集体的利益和其他公民的合法的自由和权利"。[2] 这一规范在理论上我们把它称之为立法者在确定人权范围时所考虑的个人人权与社会利益之间合理比值的第一层次的比例关系。这一比例对人权主体的行为选择有着警示的意义，它为所有的自由划定了行为的禁区。自由的量的多少，决定着人权主体应负义务的量的多少。自由的限度表现为由这一比例所保持的常数，行使的人权越多，随而附带的义务也就越多。人权界限的第一层次比例关系制约着人们在追求人权的过程中必须把主观上的善意性与客观上的无害性有机地统一在所有自由行为之上。

人权只能由宪法加以规定，这已是人权制度化后由宪法文化所形成的常识。其他法律中尽管也有各式各样的权利，它们的总和甚至比宪法明示宣告的人权还多，但却不被称为人权。所以如此，不是说这些权利无关紧要或可有可无，而是说这些权利不符合人权只有与国家权力相对应才成立的特征。[3] 人权的初始意义是与把人的思想禁锢起来的神权及把人束缚起来的政权相对而言的。在思想不解放、人身不自由的地方便没有人权。宪法产生的划时代的意义即在于，它改写了个人与神、与国家相互关系的历史。宪法的作用就在它使任何形式的国家权力在施向个人的时候因有了约束而消除了无穷大，也正是由于宪法限制住了权力的滥施无度，个人权利才开始有了保障，这就是我们说只有宪法中的权利才被称为人权的原因。如果把人权与权力的矛盾比作一个由分子与分母组成的比式，则人权为分子，权力为分母，人权的实现程度受制于国家权力的滥用与否，这就是人

---

[1] 《人权与公民权利宣言》第 4 条。
[2] 《中华人民共和国宪法》第 5 条。
[3] 参见徐显明："'基本权利'析"，载《中国法学》1991 年第 6 期。

权界限的第二个比例关系。公民根据对这一比值的认识产生对国家的态度。权力运行的目的越是与人权的要求相一致，国家越能得到公民的拥护，反之则会形成对立乃至对抗。这一比例规范着国家机关以公民的人权作为活动的界限，也约束着公民以国家权力的合法管理作为自由的限度。

立法者在确定人权规范时如果不是随心所欲，他就必须服从他既无法选择又不能摆脱的社会经济结构以及由它产生的其他制度的制约。人权与制约人权的经济的、政治的、文化的条件构成了人权界限最深层次的比例关系。这种关系只有在人权立法的总和中才能显现出来。人权存在与否及其存在范围的大小，既不能从人权本身去说明，也不能由立法者的愿望去说明。人权立法的科学性在于人权规范最恰切地体现出人权结构与经济结构之间最合乎规律的比值。像不能发明法律一样，立法者也不能发明人权。任何一种人权都不过是已经客观存在而被表述的东西。东西方在人权观念上存在着诸多对立，人权制度也有质的不同，造成这些差别的根本原因，既不是民族精神，也不是文化传统和立法技巧，而是经济条件。诚如马克思所言："权利永远不能超出社会的经济结构以及由经济结构所制约的社会的文化发展。"[1] 人权的界限由经济结构所决定的原理向我们提示：对于立法者来说，人权体系的构筑必须遵循着与经济条件相适应的原则。

所谓人权的界限，就是由上述三种比例关系表现出来的存在的界限、运行的界限和确定的界限。人权的直接界限是制约它的义务，人权的实现界限是限制它的代表公共利益的国家权力，人权的生存界限是决定它的社会共同的物质生活条件。

（二）人权分类中划定的界限

享有的人权与行使的人权有着诸多不同，它们之间的差异决定了国家对两种人权有截然相反的态度。享有的人权是一种静止状态的人权，它无论在什么情况下都不会蜕变为对他人威胁的力量，它的特征表现为安分守己。立法上在为这类人权划定界限时，主要是为它划定应受保护的范围，国家依据这一范围向它提供支持并抑制自己不去侵犯它。享有的人权始终是消极的被动的权利，它在实际生活中的境地往往是在备受尊重的同时也屡遭侵害。享有的人权中缺乏抵御侵害的基因。这一特殊性决定了国家力量对享有的人权提供保护的必要性。行使的人权并不都是循规蹈矩的。它的主动性往往超出一般社会意志所能容忍的限度，因而总有些破坏性表现出来。立法上在为这类人权划定界限时，主要是为其划定不得超越的范围，国家据此对它进行制约。凡被行使的人权一定有一个行为人认识到它并把认识转化为实践的过程。行使的人权有着三位一体的特征：人的自主意识

---

[1]《马克思恩格斯选集》第 3 卷，人民出版社 1972 年版，第 12 页。

性，为达到一定目的的手段性，向利益靠近的运动性。行使的人权始终是积极的主动的权利，它在实际权利生活中的地位往往是在完善自己的同时也侵害社会。行使的人权中有着破坏性的基因，这一特点决定了国家对这类人权进行限制的必要性。[1]

（三）自律是人权内在界限被服从的主要形式

人权制度确立之初，在适应这种制度普遍化了的社会意识上，人权主体完成了行为选择方式的历史性转变。专制时代对人所采取的"奴役人、束缚人、把人不当做人"的原则，使人的行为完全他律化，即被奴役着的人的行为是被支配的结果，人之自私自欲在接受支配的过程中统统被扼杀。适应他律的社会意识，要么依附于人，要么被人依附。被马克思肯定为人权两种基本形态的自由与平等把人从他律引向了自律。[2]　自律，是指人认同规范并自觉服从的状态。这一概念中包含着两方面要素：其一，人对于规范的态度；其二，规范对人的约束方式。认同规范，是自律的前提，它要求人认识到规范的存在，并把规范的内容变为自我意识的一部分。自觉服从，是自律的途径，它制约人严格地按照规范的指引选择自己的行为。

自律是一个民主概念。在专制状态下，人的行为主要是被强迫的结果，甚至极端的专制可以抛弃规范，让人无所适从。自律不可缺少的条件是法治，在人的行为基本上按照事先的尺度进行选择的时候，才有可能训练出人的自律。

在社会法治化之前，人的行为主要是他律。他律与自律有着四方面的不同：首先，他律所表明的是行为人自主地位的被否定，即在他律关系中，行为人并不具有完整的人格，也没有受人尊重的自尊。在民主制建立之前没有制度意义上的人权，原因之一即是专制状态下建立起来的他律制度，使在他律关系中的所有人都失去了独立的人格。而自律则表明的是自律者人格的独立和自尊的存在。其次，在他律关系中所要求的服从是他律者对命令者的服从，无论这种命令是否符合社会普遍规范，他律者都必须无条件遵从。即使服从者知道他所服从的命令有违一般规范，他也必须首先向命令负责而可以不向一般规范负责。他律的制度培养的正是这样一种奴才意识。自律的要求则不同，自律表明的是自律者只服从社会的一般规范而有权拒绝违反这种规范的个别命令。自律负责的对象是法律而不是个别意志，所以自律所培养的意识是与奴才意识对立的人权意识。再次，他律的实现方法是以暴力为后盾的法制，他律的制度必然要求暴力法。自律的实现方式则相反，它以人的自觉自愿服从为实现方式，自律中包含着个人权利的获得，

---

〔1〕　参见徐显明："论人权的界限"，载《当代人权》，中国社会科学出版社1992年版，第88～92页。
〔2〕　《马克思恩格斯选集》第2卷，人民出版社1972年版，第145页。

所以自律制度必然要求权利法。最后，在他律关系中，除表明律人者与被律者地位不平等外，还表明被律者的一切自由已被剥夺，所以他律的制度形态总是表现为人治。自律则不同，在自律关系中，除表明人与人的地位平等外，还表明人的自由被允许，自律者既能自我约束，又能自由选择，所以自律的制度形态总是表现为自治。

根据自律而形成的自治，在现代社会已在多个领域展开。有个人自治、地方自治、民族自治、大学自治等。自律，是实现人权的有效途径，无论是个人的自律还是其他主体的自律，其实现程度越高，越表明其自治范围的广大。反之，不能自律，则有可能被强制，从而也就有可能失去人权。现代法中把所有种类的自治都规定于宪法之中，其根据即是自律与人权的关系原理。

自律与人权的实现成相长关系。自律的程度越高，人权实现的范围就越宽。同理，人权意识水平越高，越能使人达成自律。自律的过程，亦即人权实现的过程。不能自律的人，便不能正确认识自己和正确对待自己，同时，也不能正确认识他人和对待他人。舍弃自己尊严的人肯定是不顾及他人尊严的人。在自律的一般要求中，自律的人除了表明对义务性规范予以全部遵守的态度以外，更应当表明对于自由规范的态度。把法律未明文禁止的独创性行为自我限定在无害于他人和社会的范围之内，才是自律的真正实现。以此为标准，自律的一般要求便有如下三个方面：

第一，把保持自己的人权作为对自己的义务。保持自己的权利本身首先是一种权利。但是按照权利的一般原理，权利是可以放弃的，放弃权利被认为是行使权利的一种形式。然而，作为人权的权利，这一原理的运用必须有所保留。人权是一种无法放弃的权利，因此，保持自己的人权就不仅是权利，而且还是一种义务。[1] 这种义务的原理在于，当对发生在自己身上的人权侵害持一种逆来顺受的心态的时候，也就同时产生了对发生在他人身上的人权侵害持有同样的漠不关心的心态。允许侵害自己的人权，必然允许侵害他人的人权，这种心态实质是对罪恶的宽容。这一原理告诉人们，保持自己的人权，必须把对自身的人权侵害进行抵抗当做义务对待。履行这一义务，是自律的最低要求，因为这种义务的意义除了利己以外，更多地是利于社会的。

第二，把尊重他人的人权作为义务。对自己权利的认识水平，亦即对他人权利的认识水平。自律的实现方式中包括着在认识到自己所拥有的权利的同时也必须认识到他人拥有与自己完全相同权利的要求，这说明一个人的人权不得与另一

---

[1]　如潘恩所言："拥有并保障这种权利就成为我的义务"。参见［英］潘恩：《潘恩选集》，马清槐译，商务印书馆 1981 年版，第 186 页。

个人的人权相交叉。他人的人权是自己人权的临界点，尊重他人的人权是实现自己人权的义务，自己的人权只能以他人同样的人权为界限。如果准许自己的人权侵入他人人权的范围，他人会以同样的方式侵入自己人权的范围，其结果是侵入的行为被矫正，而受损害的恰恰是侵害者的人权。法律不能剥夺人的人权，但却可以限制那些可以行使的人权，所以把尊重他人的人权作为义务，是自律的基本要求。这一要求可以保证人人实现人权。以他人人权为限，预示着对他人人权在四个方面的尊重与关照：其一，尊重他人的人格与尊严，这是人权界限的理念标准；其二，尊重他人的生命与健康，这是人权界限的基本标准；其三，尊重他人与己相同条件下也能享有和行使的人权，这是人权界限的对等标准；其四，关照别人的自由不因自己的人权而遭受侵害，这是人权界限的自我衡平标准。

第三，以公共利益的实现作为行使人权的义务。公共利益的实现有三个基本途径：其一，在宪法中为公民规定基本义务，只要公民履行了这些义务，公共利益便可实现。基本义务的特点之一是它均为实现公共利益而设。其二，要求公民某些权利的行使必须使公共利益有所增加。现代权利制度的突出特点是把权利从古典的绝对化转向相对化，权利的行使附加了益于公益的义务，公民不履行这种义务便不得行使权利。其三，由公益维护机关为公民行使权利而划定明确的界限以使公益实现，如游行、示威被指定时间和路线，目的即是维护公众的休息、交通秩序等利益。上述三种公共利益的实现，都离不开公民履行义务，所以把自己的权利置于公共利益之下，是自律的最高表现。以公共利益的实现作为行使人权的义务也就成了自律的最高要求。这一要求把人权有限化，同时也使自律得到了道德升华。恩格斯在引用摩尔根的话作为《家庭、私有制和国家的起源》一文的结束语时说："社会的利益绝对地高于个人的利益，必须使这两者处于一种公正而和谐的关系之中。"[1] 何谓社会利益？国外现代人权理论对这一概念有两种理解。一种观点认为，社会利益是指公民全体都能认识到的共同价值；另一种观点认为，社会利益是指一社会内部人们为了共同生活而人人受益的共荣共存的物质条件。[2] 国家的、集体的利益和公民全体的利益如国家的安全状态、社会稳定的秩序、优化的生存环境等都可视之为社会利益。社会利益的主体应是公民全体，但公民全体并无法直接实现社会利益，它必须借恰当的形式托管这种利益。国家为满足公民的社会利益而设置的各种维护公益的机关就是社会利益的代表者。人权在与社会利益发生关系时，以公益维护机关最大限度的容忍与允许为行使界限。

---

〔1〕 《马克思恩格斯选集》第4卷，人民出版社1972年版，第175页。
〔2〕 参见〔日〕芦部信喜编：《宪法Ⅰ人权（1）》，有斐阁1978年版，第140～146页。

人权的内在界限就是由上述主体在保持自律的过程中被遵守和实现的。

二、人权的滥用与其外部制约

作为人权界限理论中被否定的行为——人权滥用问题始定于法国人权宣言，但其遵循的原理却始于古代的罗马法。[1] 在人权庞大的家族体系中，除与人格相关的人权具有持久的恒定性之外，其他人权都只带有相对性，体现这些相对性的要素是时间性和空间性，即那些除了被享有的以人格展现的人权之外的凡被行使的人权无一不被置于有限的时空之内。人权时空性的界限表明，不安分守己的那部分人权随时都可能越限，而人权一旦超越临界点，其构成滥用就是在所难免的。如果静态地分析人权而把法律规范中规定的人权叫做客观人权的话，从动态上认识人权就应把人权主体意识到并经努力争取到的权利叫做主观人权，客观人权必须向主观人权转化。

被享有的人权，由于人的主观意志尚未发挥作用，因之总是循规蹈矩。被行使的人权则由于主体的意志有着对权利的识别和能动作用，所以运动过程中总带有突破人权界限的可能性，这就易产生人权滥用的问题。能够被滥用的人权一定是那些为主体意识到并主动行使状态中的人权。人权滥用的概念可以明确为：主体在人权行使过程中故意超越权利界限损害他人的行为。这个定义说明人权滥用的构成有四方面要素：其一，人权滥用的主体是正在行使人权的权利人。人权滥用的主体具有两重性，他首先是以合法的面目出现的，其次才成为违法人。其二，人权滥用的客体是国家的、社会的、集体的利益和其他公民的合法的自由与权利。人权滥用的违法性正是从客体上去认定的。其三，人权滥用的主观方面是权利人损人利己的故意。在人权滥用中不存在过失问题。人权的界限既然是已知的，就无法辩解为过失行使权利。其四，人权滥用的客观方面是有危害他人人权和利益后果发生的行为。常见的滥用行为以权利人故意的不同可分为四类：一类是追求权利超过法定量的行为，一类是以不正当方式维护自己利益的行为，一类是行使权利时牺牲他人权利的行为，一类是把行使权利作为损害他人手段的行为。

把上述人权滥用的四个要件统一起来，是我们判断人权行使当与不当的法律上的标准。除此之外，由于人权利己的属性，也还应当再设道德上的标准来认识人权行使的意义。任何人权的行使都不允许歪曲它的目的、使命和社会职能，法律上能够支持的只是基于人权精神的人权使用，权利人对人对己都不能推卸所应承担的法律上和道德上的双重义务，任何以不道德为目的利用法的形式损害他人

---

〔1〕　参见徐显明："论权利"，载《文史哲》1990 年第 6 期。

的行为都是对人权的亵渎。在有合法性要求的标准中以道德标准作为补充，人权滥用可从两个方面得到透视。

在全部的人权滥用行为中有三种情况需要另加说明，这就是自由权的滥用、不作为权的滥用和人权的消极使用。

在法律上得到肯定和保护的自由被称为积极自由，法律所未予明文禁止而人们可为的自由称为消极自由。由于消极自由的界限只能推导，法律上所能说明的只是抽象界限，因此判断消极自由是否被滥用，主要应强调道德的标准和自由的后果，无害性是自由权不被滥用的唯一的法的形式。然而，无害的客观存在，不只在法律关系中，损人利己也并非都能达到违法程度，道德标准在这种场合就有着法律界限无法替代的作用。

不作为行为在被当做人权的时候，专指人的行为在法定义务之外不受强制。不作为权是从法律上推演出来的权利，它同样能够构成滥用。对明确的已知的道德义务不履行成为他人权利灭损原因的时候可视为不作为权滥用。如面对濒临死亡或危险的人的不救助行为即属此类。不作为权必须与消极自由联系起来考察，两种滥用的主要区别在于不作为权滥用是指该为而不为的行为，自由权滥用则指不该为而为的行为。

行使人权而达到人权目的是立法者所希望的，相反，如果人权的价值在权利人手中得不到体现，这便是人权的消极行使，这种情况也是人权滥用的特殊形式。如住宅的价值在于供人居住，获得了他人房屋使用权的权利人若长期闲置该房或不作居住使用，房屋的效益无法得到发挥，该使用权构成滥用，房屋所有人根据这种滥用理论收回该房转租他人会得到法律支持。选举权的消极使用是人权政治领域中的至大悲哀，有投票权而不投票，除了理性的弃权之外，以漠然态度和行为对待投票权，这是人权消极使用最典型的行为。但目前的人权界限理论尚无消除这种把最严肃的权利用最消极的方法行使的研究，这是在人权实然化和事实成立过程中理论上亟须作出说明的。

总结人权界限和人权滥用的理论可以使行使权利的人获得两点启示：一是不受限制地行使的人权是不存在的，如洛克所言，哪里没有法律，哪里就没有自由。二是人权在行使之前必须设想四方面利益：自己的、与自己对应的另一人权主体的、权利人义务人之外第三者的即社会的、为公共管理机关衡平和处分后的国家权力所保留的。只有这四种利益互不冲突和谐一致，人权才能真正得到实现，否则，就将超越界限而走上滥用的歧途。

经常的情况是人权主体对人权界限的认识与其他社会主体的认识并不完全一致。人权的自律只能解决认识一致范围内的问题，认识不一致的问题只有靠外部制约才能解决。在人权指向他人人权时，其是否在界限之内，由两个主体共同判断，而争执依司法程序解决，主体服从司法裁判是其受到的第一类外部制约。在人权指向公共利益的时候，其是否在界限之内，由国家机关判断，这时候，国家机关判断的正确与否直接决定着人权行使的范围。为防止国家机关以错误判断而限制人权的行使，人权界限与外部制约的理论中就有必要增加防止国家机关夸大公共利益的内容，这个内容就是制约国家机关行使自由裁量权的"人权限制的一般原则"。这一原则体现于国家机关处理公民人权问题的两个活动步骤中。其一，对公民的人权与公民权所涉及的公共利益进行比较与衡平，以兼顾两种利益的公正和谐相处。比较是为了证明哪种利益的价值更大，以使较大价值的利益优先受到保护；衡平是为了使价值小的利益不致被忽视和冷落。其二，对公民人权进行限制时坚持"必要和最小限度"的原则。"必要"，强调的是只有到了非限制不可的时候才去限制，可限制可容忍的要尽最大限度去容忍。"最小限度"，强调的是人权应受尊重的最大范围，在必须限制的前提下，把限制放在最低起点上。

公共利益始终是优越于个人人权的利益，公益维护机关在保全公共利益时，一方面应准确理解公共利益的范围以把人权限制减低到最低程度，另一方面应利用人权限制的原则为人权的行使创造无冲突的条件。国家机关在坚持人权限制原则后作出的衡平处分，即是对个人人权明示了的法定界限。在这种制约面前，人权主体没有选择的余地。所谓人权的外部制约，就是这种人权主体被迫接受的国家强制。这是主体所受制约的第二种形式。

三、人权与义务的辩证关系

制度化的人权，在为其明确界限的同时，还必须为其附加义务。人权的实现以义务的履行为条件，不对应义务的人权是不存在的。即使像尊严权这种只为主体享有而在任何时候都不可能超越界限而对他人构成侵害的人权，其也因必须得到国家和他人的尊重而需以其他主体履行不作为义务作保障。从最一般意义上讲，主体享有的人权，其对应的义务由其他主体担负，而主体行使或主张的人权，其义务则既可能由其他主体担负也可能由自己担负，而行使的人权一旦涉遇他人人权，则必须对应义务，这三种现象，我们概称为人权的义务。这一概念一方面说明的是人权界限的哲学原理，另一方面说明的是人权与义务的辩证关系。

人权的原始哲学是利己的，义务的原始哲学是利人的。一个社会权利的总量一定等于义务的总量。利己的人权的获得和利人的义务的付出之间有着相应的对应关系，而对这种关系的正解理解必须深入到社会的经济生活之中。

人权主体所拥有的全部权利，一部分以他人履行义务而获得，一部分以自己履行义务而获得。以这一立论为出发点，人权与义务的关系对同一主体就形成了两种形式：当他人履行义务而自己是单纯的人权主体时，权利和义务是以分离的形式统一于一组关系中的；当该主体既享有权利又履行义务而具有两重性时，人权和义务是以相合的形式统一于一组关系中的。

分析人权和义务的关系并把它们限定在法律关系的范围内考察，人权和义务就显示出相互对应、相互依存、相互转化的既对立又统一的辩证关系。言其对应，是说任何一项人权都必然伴随着一个或几个保证其实现的义务，而不管这个义务是人权主体自己的还是他人的。言其依存，是说人权以义务的存在为存在条件，义务以人权的存在为存在条件，缺少任何一方，它方便不复存在。言其转化，是说人权主体在一定条件下要承担义务，义务人在一定条件下要享受人权，法律关系中的同一人既是人权主体又是义务主体。从一个角度看该人是权利人，从另一角度看，该人又是义务人，也可能他既是权利人又是义务人。人权和义务就是这样通过对应、依存、转化的相互作用从对立走向统一。

四、主体关系中的价值选择：人权本位

个人与国家的关系，本质上是人权与国家权力的关系。法的本位理论是关于个人利益与国家利益关系的理论。强调以个人利益的充分实现为国家活动目的的学说表现为权利本位，强调个人必须绝对服从国家的学说表现为义务本位。权利本位的宪法表达就是"人权本位"。

在理顺国家权力与个人人权关系问题时，启蒙思想家对权力至少作了两种假定：其一，刚从君主专制社会脱胎出来的民主国家天然地具有恢复专制的权力倾向。所有的权力都在强调集中，所有的权力都要求服从，集中与服从是专制制度创造出来的两大统治法宝。只要这两个东西还为新国家所必须，权力走向专横的危险便没有被消除。因此，必须有一种力量对它进行制约，这种力量就是公众对专横的抵抗力量。其二在国家权力由集中到分离到分立，仍有在相互制约中失衡的可能，尤其行政权固有的膨胀的基因会使它排斥其他权力的制约。在三种权力的比较中，行政权是每时每地都在运行的，而立法权与司法权都是定时定地运行的，在立法和司法的空隙中行政权会包揽无余。况且，立法总在事前进行，司法总在事后进行，只有行政权才在事中进行。行政权侵害公民利益的几率高于其他各权。行政权又总是与军队、警察、监狱联系在一起。历史上曾有过没有专门的立法、司法机关的国家，而行政权却一天也没休息过，行政权对内对外都代表国家。要求公民服从国家，实则是要求公民服从行政权即政府，行政权是个人权利最直接的对立物。

在两个假定被发明出来以后，下列理论的推演便顺理成章了：让个人无条件地服从国家就是在鼓励专制。民主的国家应当相反，限制国家才能保障民主。限制国家力量的除了其他权力之外，还应当有公民个人，公民权利是国家权力的

界限。

人权本位在人权制度中既可以理解为一种主体关系中的价值观念，即这种观念要求国家以人权为本，国家权力以人权的实现为自己存在的价值，它制约国家的全部活动必须服务于和服从于人权，公权力是人权的手段，人权才是公权力的目的；又可以理解为一种原则，即它是安排国家活动的出发点和评价权力行为的最高标准，凡不以人权保护和实现为目的和特征的国家活动都在这一原则面前归于无效，人权是国家奉行的最高准则。当这种价值在公权力面前被确立起来的时候，当这个原则成为一国宪政制度中最重要的原则的时候，制度性的人权才是可能的和现实的。

第二节　人权侵害

人权保障的原初之意，是指排除处在主动地位的国家机关对处在被动地位的公民个人权利的侵害，人权保障关系所表明的是国家和公民间的权利义务关系。然而，实际上能够成为人权侵害主体的不只是国家机关，几乎与公民发生权利义务关系的所有社会组织都可能在法律关系实现时对公民权利造成障碍或形成直接侵害。在更广泛的意义上，一公民对另一公民的权利侵害更具有现实性。这样，在考虑人权侵害问题时，绝不可忽视私人间的法律关系。人权侵害，实际上来自国家机关和其他社会主体两个方面。狭义的人权侵害专指国家权力的侵害，广义的人权侵害则包括后种主体的侵害。

一、立法侵害

立法机关对公民权利的侵害是通过自己的立法行为实施的，超越立法权限的立法行为如果其内容是公民的人权，就要形成这种侵害。

立法机关是人民意志的表达机关，从理论上讲，代表人民意志的机关侵害人民的权利是矛盾的，但是，如果我们不回避历史，如果我们不能证明代表机关就等于人民，代表机关直接或间接侵害公民权利的可能就是不能排除的。我国1954年宪法规定了公民广泛的权利和自由，这些权利，表明了中国人民百年间奋斗的成果，是对人民根本利益的确认。但是，不堪回首的 10 年间，公民的权利由第一部宪法的 14 条缩小到 1975 年宪法的 2 条，公民的一些作为人的基本权利都被消除了。法律虚无主义盛行，实质上就是权利虚无主义盛行，人权失去了根据，还谈什么人权保障？"文革"中发生的人权侵害，可谓空前绝后、史无前例。对"五四宪法"权利条款的修改或废除，固然可以找到"左"的路线及其他方面的原因，但是，直接责任者既不是当时国家的最高领导人，也不是在路线上有失误的执政党，而是立法机关。"文革"中臭名昭著的"公安六条"，虽然不是立法机关制定的，但在当时却具有立法的效力。这部恶法，实质上也是一部限制人民言论、思想自由的法。以上列举，足可以证明，在特定历史条件下，立法行为对人权侵害的事情是能够发生的。

立法侵害，依侵害方式的作为与不作为可分为积极的立法侵害与消极的立法侵害两种形式。

积极的立法侵害，是指立法机关修改宪法时，突破宪法界限，对权利进行不应有的限制或予以取消，致使公民权利范围缩小或失去根据的一种侵害。立法侵害的教训，最早是由德国提供的。法西斯专政是在宪法的幌子下愈演愈烈的，所以战后德国最先提出了宪法修改界限的问题，最后形成为制度。1956 年之前，德国联邦法院有权对联邦议会和联邦政府对涉及宪法问题的法案提出"劝告性意见"，而议会和政府在议案成型后必须征询宪法法院的意见，以此预防立法侵害的发生。1956 年之后，该国采用了世界通用的司法审查制，让司法权最后判断立法是否合宪。[1] 防止立法侵害的关键是建立宪法实施保障制度。如果宪法本身都得不到保障，奢谈人权保障也只是空气振动。我国新宪法在保障措施上已形成了有自己特色的制度。人民代表大会和它的常务委员会共同负责宪法实施的监督职责，这是有中国特色的"二元监督"体系。人大常委会的立法权以宪法和基本法以外的其他法为限，宪法的修改权只有人民代表大会才能行使，人大常委会无权修改宪法中关于公民基本权利的条款，这就保证了人大常委会在经常性的立法活动中必须抑制自己不去制定限制或消除宪法中关于权利的法。

消极的立法侵害也叫立法的不作为侵害。它是指立法机关对关于公民权利的法持消极态度不制定或虽制定但不充分、不完全，使人权无法落实的一种立法侵害。凡被宣示出来的人权，都具有法的规定性的特点，这就要求单项的人权必须相应地具体化。人权具体化不通过人权的单项法是无法实现的，立法机关面对公民权利不制定落实的法规，会使公民在权利面前无所适从。人们会因不明确权利怎样行使、以什么为范围、需要哪些条件、附带什么义务等问题对人权望而兴叹，这样的人权仍是实现不了的人权。在权利立法不完备的时候，行政权就会占据权利空间，权利人提出的对权利的主张，会因条件不具备而为行政权阻却。人权立法的消极性只利于行政权对空白余地的填补，却不利于权利的落实。公民在没有具体保障的权利面前只有一种感觉：无法享有。没有婚姻法，公民的结婚自由、离婚自由就没有保障；没有集会游行示威法，公民的政治自由只有听任行政

---

〔1〕　参见龚祥瑞：《比较宪法与行政法》，法律出版社 1985 年版，第 120～121 页。

命令；没有民法，公民的财产权便处在危险之中；没有诉讼法，公民对行政行为就无可奈何。仅有宪法中的权利，而没有落实这些权利的法，人权实际是处在被动的受侵害状态中的。

对立法不作为带来的人权侵害，常见的救济措施是公民积极地行使政治权利，向自己的政治代表提出要求，敦促代表积极起来，也包括对不胜任代表工作的消极代表提出罢免要求或投不信任票，还包括直接行使政治自由如集会、游行等向立法机关表示立法要求。

二、行政侵害

行政权对人权的侵害不同于立法权的侵害。立法权的作为、不作为侵害是以间接形式完成的。立法的合宪与否有时候是由代表的整体法律意识水平所决定的，主观上追求制定合乎宪法的法，而客观上未必就能与主观相统一。对公民来说，能够认识到立法上对人权造成侵害的只有少数人，因而抵制立法侵害的人也只是少数人。行政权对人权的侵害是以直接的方式完成的，且在绝大多数情况下，是行政权的持有人以故意的心理状态实施的，这种侵害可为当事人所直接感受到，因而抵制也是直接的。立法权对人权的侵害发生在法的产生阶段，行政权对人权的侵害发生在法的执行阶段。如果两种权力侵害都属不法的话，前者可称为立法的不法，后者可称为执法的不法。

法的执行的任何阶段都存在着人权侵害的可能性。这种可能性产生的原理在于，行政权与公民所形成的关系是服从关系，每项行政措施都有特定的承担对象，承担对象负有特定的服从管理和指挥的义务，权力关系中的权力不得超越法律保留中规定的界限，但权力行使人是凭自己的判断运用权力的，在界限认识出现错误的时候，加给承担对象的义务就有可能超出法定的量。过多地负担义务意味着人权的缩小，因之人权就要受到侵害。权力关系是特殊的法律关系，参加该关系的双方地位是不平等的。能够决定他方利益的行政一方，对被执行的法律的熟知程度被推定为超过对方，行政方的决定总以国家的面目出现，同时也总以法律的面目出现，公民对于国家和法律，直观地有着代表公平正义的认识，往往把行政方的意志作为具体化的法律予以尊重，只有对加给自己的负担明显地感到不合理时才提出异议，而对认识不到的不合理总是遵奉。在另外一些场合，权力关系参加者的双方，都知道权力行使存在着明显的不足，但公民方为了某种需要，或是为了减少麻烦，或是为了求得迅速，甘愿失去某些利益，这种状况下的人权侵害是双方都能意识到的，但对权利人来说，只好违心接受。行政权对人权的侵害，通常表现为如下形态：一是对公民处罚不当的行政措施，如应给予批评的却给予罚款；二是行政行为的随意性，如视态度而取舍处罚措施；三是增加公民义务的量，如留置时间过长；四是滥用法律处罚，如对民事关系施以行政解决；五是对人身自由的侵害，这是人权侵害最多的领域，[1] 如非法拘留、审查、逮捕、肉刑等；六是行政不作为，如对公民的请求不受理、不批准等。

对行政权的人权侵害，多采用下列方式救济：利用行政不服审查制度，对侵害行为进行矫正；向专门机关如监察、纪检、检察机关控告；向司法机关提起行政诉讼；请求国家赔偿等。需要说明的是，行政诉讼所得结果，是国家行政行为正确与否的法律判断，而不是司法权直接指挥行政权如何行使，法院无权对行政机关下达作为或不作为的命令。

三、司法侵害

司法权对人权的侵害也是一种直接侵害。自案件受理至判决作出，司法程序的每一阶段都可能形成人权侵害。应受理的案件不受理，对公民的"接受公正审判的权利"将形成侵害。审理准备阶段，在获取或使用证据上也有可能对诉讼关系人的人权形成侵害，如非法取证及刑讯逼供等。审理阶段，对诉讼关系人享有的权利不告知、不尊重也属权利侵害行为。判决阶段，无论程序上或事实上的错误，都可能造成错案、假案。通常情况下，司法机关如果在程序上违法，损害的是权利人的诉权；在事实上失误，损害的是权利人的名誉权、信用权等；在适用法律上错误，损害的是权利人的生命权、政治权、人身权、财产权等。司法不公与司法腐败是司法权对人权最大的侵害。

对司法权的人权侵害，制度上的救济方法为上诉和申诉，通过审判监督程序消除侵害。但事实上，公民"接受公正审判"在还未被当做一种明确的权利时，诉权往往受到限制。申诉尽管被明确为基本权利和诉讼权利，却因申诉程序提起的艰难而缺乏应有的保障。立案的制度化和申诉的制度化已成为我国解决司法侵害的重要问题。司法权对公民权利的侵害应包括公民在案件一前一后两种权利被忽视的内容。消除和遏制司法腐败对人权造成的最野蛮最残暴的侵害是司法权应行重塑的当务之急。

四、社会其他主体对人权的侵害

社会其他主体侵害公民权利的问题，是第一次世界大战结束以来，特别是第二次世界大战结束、整个资本主义世界稳定以来，在人权制度中出现的新问题。人权侵害的原始含义，在于表明国家是公民权利的唯一防御对象。权利宣言，也

---

[1] 参见徐显明："人身人格权利"，载李步云主编：《宪法比较研究》，法律出版社1998年版，第462页。

只是为了向国家表明个人应受尊重的程度。尽管在这个时候存在着其他社会主体侵害个人权利的现象，但理论上把这种侵害放在私法领域和刑事领域中解决，国家在不被请求的情况下，无权干预权利侵害的事件。但自垄断资本主义形成以来，类似国家的拥有国家职能的社会组织相继出现，公共团体与企业法人与公民间关系的密切程度急剧增加，被称为"小政府"的、对整个国家政治、经济、生活产生影响的公共团体握有政府都望尘莫及的决定公民生存和命运的排他性权力，公民基本权利受侵害的危险性空前地加大了，传统的只能依据宪法向国家提出宪法诉讼而不能向公民和社团法人提起宪法诉讼的权利保障理论开始受到冲击。随着魏玛宪法第一次规定经济组织与被雇佣人关系的条款的出现，作为近代宪法根本特征的理顺国家与公民关系的原则，开始让位于宪法既理顺国家与公民关系，同时也理顺经济组织与公民关系的原则。这一变化，引起了近代宪法向现代宪法的转换，宪法开始在私人间产生效力，成为调整个人与社会组织的规范。西方宪法学者把这一变化称为"权利规定在私人间的效力"，[1] 也有人把它叫做"基本权利对第三人的效力"或"基本权利在私人间的保障"。[2]《魏玛宪法》第118条规定："无论何种劳动关系或雇佣关系，德国人都不得妨害该关系中的劳动权和雇佣权，并且，任何人对德国人行使上述权利不得给予不利的后果。"根据这一规定，不妨害宪法中德国人享有的劳动权，不但是国家的义务，同时也是"任何人"的义务。古典的只有国家才负有保障公民权利实现义务的宪法观念开始转变。人权效力的理论曾把权利人作为第一人，把国家作为第二人，由宪法的这一规定，而扩大到了第三人。这就是所谓"对第三人的效力"。以魏玛宪法为开端，世界范围内的传统的宪法都开始了变革，1949年的《波恩宪法》完全将其制度化，人权侵害的主体由国家扩大到其他社会主体。

当把人权侵害的主体扩大到其他社会主体后，企业、商业与人权的关系受到广泛的注意，尤其在全球化的今天，有些跨国公司甚至拥有了超国家的能力，因此对人权保障产生重要的影响。有些跨国公司把生产转移到人权保障标准低的国家，而从低劳务费用中获利，甚至有使用童工等严重侵犯人权的行为。企业、商业究竟在保障人权中承担着怎样的责任、负有哪些具体义务，包括童工问题、强迫劳动问题、劳动条件和劳动保护问题、歧视问题、环境问题等等都被提出。国际劳工组织于1998年通过了《工作中的基本原则和权利宣言及后续行动》，准确地界定了哪些标准或工人权利是基本的最低社会标准。非政府组织和消费者也向企业施加压力，要求公司企业改善工作条件、提高劳工标准、关切环境保护。

---

〔1〕〔日〕野中俊彦等：《宪法Ⅰ》，有斐阁2001年版，第224页。
〔2〕〔日〕奥平康弘：《宪法Ⅲ》，有斐阁1993年版，第76页。

1999 年联合国前秘书长安南发起了一项"全球契约"的倡议，呼吁工商界遵守得到普遍支持和认同的价值观念，其中包括人权、劳工和环境问题。

我国宪法也是把所有社会主体都作为人权侵害防范的对象。《宪法》第51 条的规定清楚地说明了这一点。其他社会主体包括公民所属的政治组织、经济组织、社会团体及与公民发生权利义务关系的所有其他公民。上述社会主体都负有不得妨害公民权利实现的义务，宪法规范同样是调整公民与其他社会主体间关系的规范。

公民对来自社会组织的权利侵害，可用申请仲裁、请求调解、投诉、起诉等方式进行权利救济。对来自公民个人的人权侵害可用行政的、司法的手段进行补救。对此，我国已形成了具体的单项制度，这些制度体现在调整公民权利生活的部门法和单行法之中。

第三节　人权保障

人权的真正保障在于人民对人权的意识和能够争取到手的力量。规定人权并不难，连《钦定宪法大纲》中都有臣民的权利，难的是防止人权侵害和怎样确保权利的实现。真正的法治国家，首要的标准应是人权得到制度性保障的国家。

一、人权保障的类型

所谓人权保障，首先指的是由宪法所确立的制度性保护机制。它指的是该制度具有能排除现时的和将来的对人权的妨害及妨害发生后能迅速予以矫正和救济的两种功能。健全的人权保障制度，总是在侵害发生前预先为人权设防，以使侵害减小到最低限度。预防侵害是人权保障制度的第一性机制，而在预防偶然失效后，面对人权已被侵害的事实，对受侵人权立即实施救济并对侵权行为迅速予以矫正使之恢复常态是人权保障的第二性机制。若人权保障制度中缺乏这两种特征，则这种保障就是乏力的和无效的。

在公权力与私权利的对立统一过程中，私权利始终处于弱势地位。现代社会中除国家权力外，还有其他具有优势的社会组织，个人权利在与之对峙的过程中也仍缺乏平衡的力量，所以人权不借助一种制度，并在制度中处于中心地位，其受侵害就是难免的。人权制度保障首先要抵挡的力量是公权力侵害，如何预防公权力越位就是人权制度首先要设计的。以此为标准，人权保障就分为三种类型：

首先，绝对保障型。这种类型以美国为代表。其制度设定从宪法开始，使保障条款也具有与人权相同的效力。然后制度中为政府确定权力界限，其原则是凡涉及公民人权，国家权力一律停住而不得介入，除非有事实证明公民已滥用人权或现时的侵害正在发生。美国式的绝对保障型最显著的特色是立法权的有限原则，即立法时不得缩减公民的人权范围，对那些最重要的人权，立法不得干涉。如其宪法第 1 条第 9 款第 2 项关于立法权："不得中止人身保护状之特权"、第 3 项："不得通过公民权利剥夺法案或追溯既往的法律。"[1] 1791 年的对该条的修正案为："国会不得制定关于下列事项的法律：确立国教或禁止宗教活动自由；限制言论自由或出版自由；或剥夺人民和平集会和向政府请愿申冤的权利"[2]。该条修正案奠定了美国保障人权的方式成为绝对保障型代表的地位。

其次，相对保障型。这种类型以德国的魏玛宪法为代表。这种类型的特点是，宪法上规定人所享有的人权，在制定法律的条件下可予以限制，立法的限制使宪法上的人权只是相对地受到保障。这样，保障条款就不像绝对保障型那样具有宪法的效力，而降格为具有法律上的效力。相对保障型的人权，在二战前的欧洲几乎是普遍化的，因为它们都不同程度地受到了魏玛宪法的影响。《魏玛宪法》第 111 条规定"住所、迁徙、职业选择等自由，得受州的法律的限制"而"移居外国的自由，仅受联邦法律的限制"。其第 114 条关于人身自由，对其剥夺"依据法律予以许可"。这种保障类型的特点，如果用概括性的标准予以评判，即是把宪法中的人权均置于法律之下让人享有，其公式即是"法律范围内的人权"。用法律缩减或修正人权范围是其最重要的特征。这种类型的人权保障，人权的价值在法律之下。法律是国家制定的，因之人权也在国家之下，每当人权与国家发生冲突时，国家有力量缩减人权，而人权对国家无能为力。凡法律范围内的人权，人权是已被降低品位地从宪法中跌落到法律中的权利。这种现象，在宪法理论中通常称"法律的保留"[3]（Vorbehalt des Gesetzes 或 Gesetzesvorbehalt）。这个概念可有两种解释：其一，人权的内容及对其保障的方式待制定详尽的法律；其二，对人权要进行限制或制约必须依据已制定出的法律。前一要素也称"规则保留"（Regelungsvorbehalt），如《魏玛宪法》第 125 条规定"对选举自由与选举秘密的保障，将另行制定详细的选举法"即属此类。后一要素称"限制保留"（Beschrankungsvorbehalt），这种意义上的"法律保留"是各国多见的。也有人把这种保留称"侵害保留"[4]。

最后，折衷保障型，这种保障类型的代表是二战后的德意志联邦共和国宪法。从"法律的保留"所引申出的："根据法律保障人权"的思想和原则过渡到

---

〔1〕《美国宪法》第 1 条。
〔2〕《美国宪法》第 1 条修正案。
〔3〕［日］芦部信喜：《宪法学Ⅱ人权总论》，有斐阁 1994 年版，第 181 页。
〔4〕 Ingo V. Munch（Hrsg），Grundgesetz ~ Kommentar，Bd. 1. 2. Aufl. S. 48（1981）.

"来自法律的保障"后，这后一种原则和思想中蕴有保障是绝对的，法律的保障仅是保障方式的一种含义，较前一种"只根据法律才去保障"的观念有质的变化。由此，一种混合性质的保障方式便被发明出来了，这就是原则上对人权实行绝对保障，而在某些人权上实行"法律保留"，这就是混合的折衷保障方式。《德意志联邦宪法》第 19 条第 1 款："无论在何种情况下，都不得侵害基本权的本质内容"，该原则表达的是绝对性，同时又对所有权、人身自由、室外集会等权利作了诸多条件限制，这些被例举的受到一定限制的人权，表现的就是保障的相对性。但这种限制被称为"个别条款"。如对表现自由的规定，即暗示除"少年保护法的规定、以及个人名誉权的限制"外，其余不受限制。这种立法技术表现的人权精神是：对表现自由的保障是绝对的，而对其限制是例外的和个别的。又如集会自由，该法第 8 条规定："所有的德国人，凡经申请许可，均有和平的不携带武器集会的权利。"其反推的解释是：未经程序许可的，或虽经程序许可但非和平的、携带武器的集会为法律所限制，除此，集会自由是绝对受保障的。还如其对表达自由、学术自由、所有权自由等，规定凡滥用上述自由与权利而对"自由的民主的基本秩序"进行攻击者，其该基本权丧失，非此，则不受剥夺。折衷型保障方式，标志着宪法上对人权保障制度的设立日渐走向成熟，这种方式是目前立宪主义各国普遍采用的类型。[1]

二、人权制度性保障的方法

东西各国宪法，对人权的保障基本采用两种方法：其一，权利宣言的形式，即将公民享有的基本权利用专章或专案表示出来，并宣布把它们的实现作为国家活动的方向。其二，为公民权利的实现提供条件。在这一方式上，资本主义国家的宪法与社会主义国家的宪法又有所不同。资本主义宪法为权利提供的条件侧重于国家机关间的相互制约，是从防止暴政发生的角度着眼的，这种条件具有消极性。社会主义宪法为权利提供的条件侧重于实现的物质基础，这种条件具有积极性。权利宣言的方式可以从观念上为全社会尊重公民人权制造与法的意识相一致的精神力量，提供条件的方式可以为人权的实践创造不可阻挡的物质力量，两种方式都不可缺少。

宪法是专制的对立物，专制是人权的死敌。利用宪法推行专制，宪法上宣示的人权必然没有保障。立宪主义的基本原则是实现多数人的统治，这就决定了宪法必须排斥个人独裁和政治专断。如果允许公权力私有化，公众的权利和自由都会在同一过程中走入坟墓。专制制度下人具有的权利是无定量的，当独裁者的意

---

〔1〕 参见 〔日〕芦部信喜编：《宪法学 II 人权总论》，有斐阁 1994 年版，第 179～183 页。

志是人的权利唯一根据的时候，权利会变成一种恐怖，绝对地否定专制是人权实现最基本的条件。民主的制度，是在被砸碎了的封建统治的废墟上建立起来的，旧社会留给新社会的一大遗产是公权力的不断肥大化，不受限制的国家权力不断向个人权利制造威胁，确定权力能施加于个人权利的限度是宪法所必须解决的问题。宪法就是为这两种权利划定各自界限的法。对公权力的抑制有外部抑制和内部抑制两种方式：分割公权力使之彼此间形成制约，不致其中的任何一个变成统辖其他的优势，属于内部抑制。这种抑制可以最大限度地减少公权力对权利的侵害机会。以公众为一方，对国家机关的活动实行监督，对超越界限的公权力侵权行为实行控告，属于外部抑制。这种抑制只在侵害人权的事实出现之后才有意义。根据宪法制度的本意，正确的国家统治不是根据支配者的任意去自由裁量，而是包括国家自身在内的一切人服从宪法的法的统治。法律如果集中代表了人民的意志，服从法的统治就是服从人民的统治。国家机关在人民面前只有遵奉的义务而没有选择的权利，国家机关守法对公民人权保障有着直接的决定性意义。法治秩序的最终形成，依赖于司法对法的忠诚守护，司法是人权保障的最后一道屏障。司法机关是判断行政行为是否侵权的最有权威的机关，司法判断具有否定行政侵权行为的法律上的力。历史上的德国曾根据法治主义原理标榜自己是法治国家，其议会制定的法受到特别重视。法学家称重视立法的国家为"立法国家"。然而，二战期间，议会并没能阻止以合法形式掩盖下的暴政的发生。这说明，真正的法治主义并不在于一定要遵守制定出来的法，一部践踏人的权利的法越被严格地遵守，离法治主义就越远。法的内容而不是法的形式才是法治主义的精髓。哪个国家建立起了防止侵犯人的权利的法出笼的机制，哪个国家才有可能把法治主义贯彻到底。面对侵权行为，在来不及请求司法保护的时候允许公民实行抵抗是人权保障的最后一种措施。法治主义的原理当中包含着人对侵害的抵抗权。各国刑法中都鼓励公民行使正当防卫权，其实要寻找根据的话，应从宪法中追寻。抵抗权是自我护卫人权的人权，是自救性人权。不过，法律对抵抗权的宽容，以不超过必要限度为限，以抵抗权的名义对加害人施以不应有的侵害构成人权滥用，同样是一种对权利的侵害。[1] 抵抗权或曰正当防卫权的发动只在侵害迫在眉睫时法律才提供支持。在整个权利保障的制度中，抵抗权仅偏于内容的一隅，被归到迫不得已而为之的范围。但越被置于最后，越说明它地位的重要。

　　一国宪法制度的确立，对于权利保障来说如果能够形成上述观念并在全社会形成这样一种气氛，那么，宪法就实际上为人权保障制度的形成奠定了基础。

----

〔1〕　参见迈克尔·D. 贝勒斯的"人身防卫"与"财产防卫"比较的理论，见其《法律的原则——一个规范的分析》，张文显等译，中国大百科全书出版社 1996 年版，第 393～397 页。

由于人权的性质和内容各不相同，宪法和法律在保障人权实现的时候，应视人权的性质而采用不同的方法。人权保障制度的原则使权利内容与保障方式相适应。一般而言，各国人权保障方式均有如下五种：

第一，人权宣言对公民、对国家机关具有约束意义。人权宣示的价值不只在于告诉公民有哪些权利，更重要的是划定国家机关的权力与公民自由之间的界限。权利一经被宣示出来，就预示着国家权力的限度。专制社会从来不告示人的权利，所以国家的权力对于庶民也就无穷大。民主对专制的抑制，不像人们说的少数服从多数那样笼统，民主的实现是以人民争得的具体权利受到尊重为渠道的。对于公民个人来说，授权性法律规范同样是一种约束。自己的权利也是他人同等情况下的权利，珍惜自己的权利首先要尊重他人的权利。社会主义社会的人际关系，伦理的因素是对他人的尊重，但是尊重并不意味约束自己服从他人或把他人看做比自己更重要而卑于其下，而是尊重他人的权利。伦理的因素应当化为法律因素，这就形成为公民的义务。人权的不可侵害性，于己，有理由要求他人尊重，于人，有义务给予尊重。人权宣言能够在公民之间形成自律关系，社会主义法主要是靠公民的自律得以实施的。人权宣言对于国家机关来说，有着抑制权力膨胀的约束力。一方面国家机关有以自己的工作创造公民权利实现条件的义务，另一方面应该知道自己权力的范围。全部国家活动以保证公民权利的实现为最高追求目标，人权宣言的实质就在于向国家机关表明尊重和保障权利是国家机器运转的永恒的法则。[1] 背离人民权利目的的国家活动不管找到什么借口都是不允许的。只要承认人权宣言的效力就是宪法的效力，那么，在宣言不被修改以前，作为最高权力机关的立法机关其活动范围也不能伸展到人权宣言之内，这实际上为立法权划定了界限。在我国，经常性的立法活动是由全国人民代表大会常务委员会完成的，人大常委会既无权改动公民的权利，更无权废除公民的权利。确认权利并保障权利是宪法修改实质的和事实的界限。世界上第一部对立法权作出限定的法是第二次世界大战结束后德国的宪法。该法第 1 条第 1 款规定："尊重和保护人的尊严，是所有国家权力的义务。"第 2 款规定："公民的基本权，作为具有直接效力的法，对立法权、行政权和司法审判具有约束力。"第 20 条规定："立法受宪法秩序约束，行政和司法受法律约束。"第 79 条规定："对人的尊严和立宪主义诸原理产生影响的宪法修改应当禁止。"[2] 德国宪法在世界人权史上具有两个划时代的意义：其一，明确了整个国家机关对于公民权利的义务；其二是明确了宪法修改的原则上的界限。我国宪法未能象波恩宪法那样明确指出

---

〔1〕 参见关之：《近代人权宣言论》，劲草书房1965年版，第219页。

〔2〕 以上所引参照小林孝辅：《德国宪法小史》，学阳书房1988年版，第182～193页。

保障人的权利是国家机关的义务，但在第 27 条却有这样的规定："一切国家机关和国家工作人员……必须努力为人民服务。"表述虽异，含义却类似。为人民服务就是国家机关的义务，得到服务也就是人民的权利。权利宣言就是这样通过约束公民和国家机关的活动来向人权提供保障的。

第二，通过对权力的"法律保留"向人权提供保障。人权侵害如果发生在公民间或社会组织间，受害人可以通过请求国家权力的帮助得到救济。但是，如果侵权方是国家机关，人权就会出现危机。在全部国家权力中，最活跃最有力的部分是行政权力，自由裁量权只有行政机关才具有。行使国家行政权力的主体是行政公务人员，人对事务的处理受制于主观认识水平，当主观上的偏差不可避免时，侵权行为就可能发生。为防止这种可能，立宪国家都对行政权给予更严格的限制，其措施之一就是权力的法律保留，这就是法治行政的展开。所谓法治行政，即指行政权的行为对于公民权利和义务的介入必须依据既定的法律，无法律规定的场合，不允许行政权有任何作为。[1] 在法律和行政行为的比较中，法律无论什么情况下都具有优越性，行政行为对于公民权利义务能够产生的作用只以法律对它的承认并以法律根据为范围。法治行政是对行政权范围的保留，它要说明的是行政权的限度。

立宪主义原理除了在行政权的范围内必须展开外，在立法权的范围内也应展开。有届期的立法权不是无限的，经常性的立法权也是有限的，立法权在法律上也应有所保留。经常性的立法活动如果与稳定的宪法相抵触，必须被确认为无效。这不是在说立法机关没有立法权，而企图证明的只是立法权在最高规范面前的限度。与宪法相悖谬的新法可能涉及多个领域，但只有关于人权限制的法才能引起公民最迅速最广泛的注意。公民所欢迎的关于人权限制的法是对那些超越权利内在界限能够给自己和社会带来危害的确有必要进行限制的法，非属此类，新的关于人权限制的法应归于违宪而无效。对立法权的法律保留一般是指通过宪法实现的对立法机关权限内的关于人权立法的限制，它要说明的是立法权的上限。

第三，司法中的人权保障和反射的利益。既然国家权力中与公民权利经常碰撞的权力是行政权力，那么，在权力制约制度中，对行政权给予较其他权力更多的限制是必须的。在法治行政的原则下，权利人对行政处罚不服，有权提请处罚机关的上级机关进行复查，这被称为行政不服审查制度。采用这种制度可以在行政权内部限制某些侵权行为的发生。但是必须明白，内部制约的作用毕竟是有限的，制约主体与客体处在同一利害关系的系统内，尤其是当侵权行为是在上级机

---

〔1〕 杨海坤教授在其《政府法治论是我国行政法学的理论基础》一文中也表达了类似的观点，该文载罗豪才主编：《现代行政法的平衡理论》，北京大学出版社 1997 年版。

关的授意、批准情况下发生的时候，审查中出现偏袒、姑息乃至官官相护的现象就在所难免。要从根本上对行政权进行制约还需增加外部力量。在我国，制约行政权的制度已基本成熟。采用对关于行政权的法规、规章和具有普遍约束力的命令、决定的制定权以及所做事关国防、外交的行政行为由权力机关通过审查、批准报告等形式进行制约。对行政权的具体自由裁量权则由司法机关通过诉讼加以制约。司法机关是独立于行政权之外并与之并行的有权对行政行为的法律性质作出判断的机关，公民对于侵权的行政行为，在不服审查仍不能纠正的时候，可以将行政权牵入诉讼关系，让其听从最权威的判断。这样，司法审判就成了人权保障最可靠最有效的方法。正因为如此，公民请求行政审判的权利和接受行政审判的权利就必须从新的角度加以认识，它不是可有可无的，而是人权真正得到保障所必需的。行政起诉权实质上是公民权利的护卫权和救济权。

　　然而，提请司法审判的案件，如果缺乏法律上的价值即公民的权利并未受到侵害，审判就毫无意义。行政行为虽然时时处处与人的权益休戚相关，但不法的行政行为却未必一定对公民权利造成直接侵害。被法律保护的利益，并非就是公民的人权。如社会秩序、交通安全、公共卫生等，它们是法律保护的内容，具有明显的法益，但它们却不能化作具体的个人人权。公民无法根据上述法益而主张自己有秩序权、稳定权和卫生权。但上述利益又的确是法律保护的对象，并且无一不是通过行政行为维持的。尽职尽责的行政行为能够使法律维护的公益化为公民的个人利益，这种由法律保护、伴随行政行为的实施所产生的能为每个人所享有的公共利益称为反射的利益。[1] 反射的利益是公民的利益，但却不是公民的权利。权利人不能以反射的利益被侵害而以行政权为诉讼对象。这就是说，即使行政机关有怠渎职责的行为，使社会秩序不稳定、交通不安全、街头巷尾遍地皆污，公民也不能把治安机关、交通管理机关、卫生管理机关等送上行政审判庭。

　　区分法律上的权利和反射的利益的不同具有两方面的意义：其一，能够指导公民正确行使对行政行为的诉权。反射利益的被侵害是无法通过诉讼的途径得到救助的，因为司法权也是有限的，它不能伸及行政权内部去要求行政权必须如何行使，它的职能仅限于合法与违法的判断。其二，能够指导公民适时地将具备了转化条件的反射利益转化为权利。行政权不能以维持公共利益为理由而要求公民放弃权利，因为公民一旦被迫放弃了权利，反射的利益对他也就没有意义了。同时，行政权也不能阻止反射的利益被公民所享有，否则，反射的利益就成为无人享受的利益。公害的出现，起初人们只以反射的利益被侵害对待，但随着全社会

---

〔1〕 参见［日］种谷春洋："生命、自由和幸福追求权"，载［日］芦部信喜：《宪法Ⅱ人权（1）》，有斐阁1978年版，第160页。

保护生存环境的呼声越来越高，防止公害逐渐演变为人的权利。自 70 年代开始，环境权赫然立于社会权的族林之中，这就是反射的利益向公民权利转化的生动事例。[1]

第四，社会权的保障和它的纲领性规定。社会权亦称生存权，它是从弱者的立场出发，为需要社会救济的人设定的权利。社会权的出现，把宪法和法律的历史分成了近代与现代两个时期。西方学者认为，规定并保护社会权的宪法才是现代宪法，可见，保障社会权是整个权利保障制度中具有时代色彩的内容。

社会权实际上是以道德形态出现的个人权利，它的法律特征是对获得基本生存条件所准予的个人请求。满足公民请求的相对主体是国家和与公民有特定联系的公共团体或组织。社会权不是有些人望文生义理解的生命权和婚姻权，而是获得国家帮助的物质请求权。由生存权的性质所决定，社会权的保障不同于其他权利的保障，它要求有请求权成立的要件及相应的程序和实现的措施，但宪法中规定的社会权，只是一种纲领性、原则性规定，[2] 主张社会权的公民尚无法依据宪法要求国家履行义务。我国公民享有的社会权仍是具有宣言性质的权利，具有政策性和目标性的特点。公民在提出社会权要求时，目前尚不能因自己的生活缺乏保障而以国家为被告。绝不可把公民的社会权当做一种债权，社会权的权利人不能像债权人那样向国家索要债务，审判机关也不能像强制债权实现那样强制国家必须给付。

一国社会权的实际成立与否，是由该国的经济发展状况所决定的。社会财富富有的国家，社会权在经过一定时期之后由纲领性规定变成了具体的法律规范，国家承担确保的义务。经济尚欠发达的国家，社会权只能是目标化的权利。我国宪法规定"国家逐步创造条件提高公民的福利待遇，通过发展社会保险、社会救济和医疗卫生事业"使需要国家帮助的公民获得社会权。

第五，人权的制度保证。我国社会主义的国家制度是经人民选择而确立的，它从根本上消除了国家与公民相对立的因素，使公民的人权保障获得了最坚实的基础。公民权利的实现，无时无处不受国家制度的制约，国家制度越是健全完善，公民的权利就越能落到实处。

人权保障的社会环境是稳定不变的宪法秩序。秩序在一定意义上是一种比直接的国家暴力更强劲的力量，宪法秩序是人权保障的力量源泉。根据宪法所产生的具体人权制度，如保障言论自由，必须废除"非所宜言罪"、"腹诽罪"、"诽

---

〔1〕　参见〔日〕淡路刚久：《环境权的法理和审判》，有斐阁 1980 年版，第 1～11 页。
〔2〕　〔日〕中村睦男："生存权"，载〔日〕芦部信喜：《宪法Ⅲ人权（2）》，有斐阁 1981 年版。

谤政治罪"；[1] 保障精神自由，必须杜绝"思想犯"、"同情犯"；保障宗教信仰自由，必须废除"异端罪"、实行政教分离等，都能在人权侵害的事先为权利筑起护卫的高墙，起到防范作用。根据宪法所确立的使权利恢复原状的制度，如调解制度、仲裁制度、复议制度、控告申诉制度、刑事的、民事的、行政的诉讼制度等，都能在人权侵害的事后为人权提供救济性帮助，起到排除作用。

人权保障的机制包括预防机制、制止机制、矫正机制、救济机制。上述人权保障的五方面措施，多是从人权侵害预防的角度采取的。为从实处彻底实现人权，人权保障还应有在预防失效情况下的制止机制、矫正机制、救济措施。预防和补救两方面结合起来，才能保证人权的客观实在性。

---

[1] 参见徐显明："言论自由的法律思考"，载《法学》1991 年第 8 期。

第七章

自 由 权

　　自由权在人权体系中处于核心和基础的地位。自由的基本含义是指不受他人的限制和妨碍，而自由权是指个人要求他人不干预自己行为的权利。在人类的观念史中，自由的含义极端多样和复杂，但我们仍可以在"自由—必然"、"消极自由—积极自由"、"自由主义的自由—共和主义的自由"三组范畴中掌握其概念。对于自由权的界定则需要考虑两个方面：①自由权的规范内涵（包括自由权的权利主体、义务主体、请求内容以及对应的义务类型）；②对自由权的限制（包括限制的理由以及限制本身应遵循的原则）。

　　对自由权的保障可以大致分为近代宪法阶段和现代宪法阶段，两个阶段在自由权保障的侧重点和程度上有所差别。在当代的人权法制下，自由权可以大致分为以下不同的种类：①精神自由权（包括思想、良心自由、宗教信仰自由、学术研究自由、表达自由等）；②人身自由权（包括不受国家不法的任意逮捕的自由、不受奴役的自由、住宅自由、迁徙自由等）；③经济自由权（包括职业选择的自由、财产不受侵犯的自由、营业自由、契约自由等）。各项自由权各有其独特的规范内涵和保障范围。但须注意，这种分类并非绝对的，同一自由有可能横跨两种以上的自由权种类。此外，其他人权，例如生存权、财产权等也都具有自由权的属性。

　　从功利主义的角度看，自由具有促进人的个性发展和自我实现的价值，也具有促进社会发展和人类文明进步的价值。无论从人权法制的历史还是人权理论的逻辑来考察，自由权都处于人权体系的核心和基础，对自由权的保障是人权保障的首要内容。

第一节　自由与自由权

一、自由的概念与界定

　　在最基本的意义上，自由就是指不受限制和妨碍。自由是个人的某种行为状态，也就是不受外在力量的约束或者干预。

自由的概念从来都是政治哲学中最重要的概念之一，正如约翰·格雷（John Gray）所说："在西方的传统中，对于任何一个完备的政治理论而言，自由概念都是其核心内容。"[1] 但是，在政治哲学的观念史中，自由的含义却是极端多样和复杂的。按照英国政治理论家戴维·米勒（David Miller）的划分，西方思想史上的自由观念至少有三个不同的传统。第一种传统是最古老的，即共和主义的传统。按照这种自由观念，"自由人就是一个自由政治共同体的公民，自由政治共同体就是自主的共同体。这意味着，首先，不受外国人的统治，其次，公民在政府中扮演着积极的角色，法律在某种程度上反映人民的愿望。"在共和主义的自由观中，政府或者其他政治方式的存在被看做是自由实现的条件。古希腊的共和理念以及当代哲学家汉娜·阿伦特（Hannah Arendt，1906年～1975年）的政治理念就代表了这一传统。第二种传统是自由主义的传统。在这里，自由就是不受他人的制约或者干预。如果一个人在做他所希望做的事情的时候不受其他人行为的阻碍或禁止，那么这个人就是自由的。这种观念认为，政府在保护个人的自由免受他人侵犯的同时，也是对自由的威胁，因为政府可以凭借武力、法律等方式剥夺和限制自由。第三种传统是唯心主义的传统。这一传统把关注的重点从个人生存的社会制度转移到决定个人行为的内在力量上。一个人只有在自主的时候才是自由的，这就是说，当一个人遵循自己的真正欲望，也就是他自己的理性信仰时，他才是自由的。这种观念在政治上可能表现为这样的主张："把政治看做是实现自由的手段，即运用政治的手段约束人们，使人们过一种理性的生活。"但这种观念有可能导致人们通常所说的自由，例如言论自由、行动自由，被以追求某种"更高"的自由或者终极的信仰的名义牺牲掉，最终走向反自由。[2]

尽管米勒的概括主要是在英国传统政治哲学框架内进行的，但已经能够说明自由观念的复杂性。完全厘清自由概念的内涵几乎是不可能的，但是，我们可以在以下几组范畴中大致梳理出自由概念的基本内涵和自由观念的历史：

（一）自由与必然

在马克思主义哲学中，自由与必然被视为揭示自然和社会的客观规律与人们自觉活动之间相互关系的一对范畴。按照马克思主义的经典论述，必然是指不依赖于人的意识而存在的、自然和社会固有的客观规律，而自由是指在必然性基础上人们进行的积极的自觉活动，即对客观规律的认识和对客观世界的改造。我们通常将人们还未认识和掌握的领域称为必然王国；将人们认识客观规律后，自觉

---

〔1〕 Z. Pelczynski and J. Gray eds., *Conceptions of Liberty in Political Philosophy*, London, 1984.

〔2〕 David Miller ed., *Intoduction to liberty*, Oxford University Press, 1991, pp. 2～6. 参见李强：《自由主义》，中国社会科学出版社1998年版，第173～175页。

地运用规律来改造客观世界的领域称为自由王国。

最早将自由与哲学上的必然性联系起来的是巴鲁赫·斯宾诺莎（Benedict de Spinoza，1632 年 ~ 1677 年）。在斯宾诺莎看来，自由不仅仅是不受外界的阻碍或者强制，而是遵循某种必然性的状态。斯宾诺莎认为，人的自由受到两种因素的制约：一是外在的因素，一是个人内在的本性。从而，个人在两种情形下是不自由的：其一，个人行为受到外在因素的阻碍，其二，个人在自己的"自由意志"的引导下，追求自己希望达到的目标，但实际上却没有能力做到。斯宾诺莎从泛神论的角度出发，否认人们心中有"自由意志"，因为"上帝"通过自然法则来主宰世界，我们所做的任何事都是由自然或自然法则决定的，"上帝"或自然法则是我们所做的任何一件事的"内在因"。我们以为我们有意志自由，但实际上没有，我们之所以以为我们有意志自由，只不过是因为我们的行为符合了自然法则。如果人们清楚地了解了自然界的整个秩序，他们就会发现，任何事物的产生，都像数学论证那样，是必然的。所以，自由不是随心所欲，而是来自于对必然性的认识。只有当人们认识到了自然法则，认识到了必然性，并进一步的让自己自愿自觉地去按照这种必然性安排自己的行为，人才是自由的。[1]

斯宾诺莎关于自由与必然的论述深刻影响了德国的思辨哲学，他的自由理念为康德、黑格尔所继承和发展，并最终为马克思主义所继承和提升。伊曼努尔·康德（Immanuel Kant，1724 年 ~ 1804 年）认为"自由就是自律"。如果我们想做什么就做什么，我们并不是自由的，因为我们只是在追求外物，从而成为了各种事物的奴隶。只有在我们遵守道德法则时，我们才是自由的，因为我们所遵守的道德法则是我们自己制定的。康德否定意志受外因支配的说法，认为意志为自己立法，人类辨别是非的能力是与生俱来的，而不是从后天获得的。这套自然法则是无上命令，适用于所有情况，是普遍性的道德法则。只有我们的行为符合了自然法则，同时也符合了我们的理性作出的我们"应该做什么"的道德法则，我们才是自由的。也正是基于"自由就是对自然法则和道德法则的遵守"这样的认识，康德才将这样一段话作为自己的墓志铭："有两种东西，我们愈是时常愈加反复地思索，它们就愈是给人的心灵灌注了时时翻新、有加无减的赞叹和敬畏——头上的星空和心中的道德法则。"康德的"自由就是自律"的自由观继承了斯宾诺莎将自由与必然性联系起来的哲学传统，并奠定了德国古典哲学对于自由的基本思维模式。

黑格尔（Georg Wilhelm Friedrich Hegel，1770 年 ~ 1831 年）更进一步，他不

---

〔1〕 ［荷］斯宾诺莎：《神学政治论》，温锡增译，商务印书馆 1982 年版，第 213 ~ 215 页；参见洪汉鼎：《斯宾诺莎哲学研究》，人民出版社 1997 年版，第 598 页以下。

再把自由和必然对立起来，而是认为自由以必然为前提，自由中包含了必然性。他反对把必然性看做"从外面去决定的意思"，认为"只有内在必然性"才是自由的。他认为，自由与必然二者是在人的"自由意志"整体内互相转化的两个环节，举例来说：一个有德行的人如果意识到自己的行为内容的必然性和义务性，他不但不会感到他的自由受到限制，反而因为具有这种必然性和义务性的意识才达到了真正的、内容充实的自由。[1]

马克思主义哲学在批判继承前人思想成果的基础上，全面地、科学地阐明了自由和必然的辩证关系。马克思主义哲学认为，自由和必然既是对立的，又是统一的。自然和社会的发展规律在尚未被人认识，人们在实践活动中尚不会利用，甚至违反这些规律的时候，这些规律就表现为与人相对的自发势力，在这种情况下，人们的认识和实践活动就是不自由的。"自由不在于幻想中摆脱自然规律而独立，而在于认识这些规律，从而能够有计划地使自然规律为一定的目的服务。"[2] 只有在人们认识了事物的客观规律，掌握了它的性质、发生作用的条件和发展趋势，并在实践中运用和驾驭它的时候，人的行动才是自由的。没有在认识上和实践上对必然的正确把握，就没有人的自由。

（二）消极自由与积极自由

将自由与哲学上的必然性联系起来去探讨其意义是欧洲大陆哲学的传统，而英国政治哲学在传统上并不将自由与必然联系起来。例如，约翰·斯图亚特·密尔（John Stuart Mill，1806年~1873年）在《论自由》开篇就界定了他要讨论的自由的内涵："这篇论文的主题不是所谓的意志自由，不是这个与那被误称为哲学必然性的教义不幸相反的东西。这里所要讨论的乃是公民自由或者社会自由，也就是要探讨社会所能合法施于个人的权力的性质和限度。"[3] 英国政治哲学的传统并不对自由做太多形而上的思辨，而是在非常直观而狭窄的层面上探讨其意义。英国政治哲学中的自由观念在以赛亚·伯林（Isaiah Berlin，1909年~1997年）那里得到了总结和梳理，他提出了一组影响深远的范畴：消极自由和积极自由。伯林在其经典著作——《两种自由概念》中指出，在人类思想史中存在消极自由和积极自由两种不同的自由观念，这一组范畴也成为了探讨自由含义时无法回避的范畴。

伯林首先接受了"自由等于无强制"这一简明的概念。他认为，对一个人施以强制，就是剥夺他的自由。但问题是：剥夺他的什么自由？这是因为，自由

---

〔1〕 ［德］黑格尔：《小逻辑》，贺麟译，商务印书馆1980年版，第323页。
〔2〕 《马克思恩格斯选集》第3卷，人民出版社1972年版，第153页。
〔3〕 ［英］密尔：《论自由》，程崇华译，商务印书馆1959年版，第102页。

这个名词的意义很模糊，几乎能够容纳绝大部分的解释。为了厘清这种模糊，伯林提出自由有两个层面的意义，也就是消极的自由和积极的自由。消极自由所关注的问题是："在什么样的限度以内，某一个主体（一个人或一群人），可以或应当被容许做他能做的事，或成为他所能成为的角色，而不受别人的干涉"，而积极自由则涉及对下列问题的回答："什么东西或什么人，有权控制或干涉，从而决定某人应该去做这件事、成为这种人，而不应该去做另一件事、成为另一种人？"伯林认为，这两个问题的答案可能有重叠之处，但它们显然是不同的问题。

按照伯林的说法，消极自由观就是把自由看做"免于……的自由"（liberty from...）。"若我是自由的，意思就是我不受别人干涉。不受别人干涉的范围愈大，我所享有的自由也愈广。"自由就是一个人能够不受别人阻挠而径自行动的范围。如果一个人本来可以在这个范围内做某些事情，但是却被别人妨碍而不能去做——在这个范围内，这个人就是不自由的。这个范围如果被别人压缩到某一个最小的限度，那么就可以说这个人是被强制或者被奴役了。但是，这种强制一定得是出于别人的故意。如果某些人故意在一个人本可以自由活动的范围内，对这个人横加干涉，才构成强制。

伯林强调对自由的强制必须是出于他人的故意，是想说明：某人不能去做某件事，不一定是因为别人的干涉，也可能是因为自己缺乏能力。比如，我无法跳十英尺高，我无法看懂黑格尔的著作，我因为贫穷而买不起面包，这并不是不自由的，因为并没有人禁止我做这些，只是我缺乏做到这些的能力。"我无法做到某些事，基本上不能被指为缺乏自由。"

伯林之所以把自由看做是免于别人故意的干涉，而不把因缺乏能力而做不到看做是"不自由"，是因为他希望借此导出积极自由的观念，并说明积极自由观的谬误和可能导致的危险。

积极自由的观念，源于个人想要成为自己主人的愿望：希望自己的生活与选择能够由"我"来决定，而不取决于任何外界的力量；希望成为自己的意志而非别人意志的工具；希望自己成为主体，而不是别人行为的对象。"免于别人的干涉"描述的是自由的消极层面的意义，而"自己作自己的主人"则描述了自由的积极层面的意义。表面上看，二者并无太大的区别，但在历史上，"消极"和"积极"的自由观却朝着不同的方向发展，最终演变为冲突。在伯林看来，斯宾诺莎、康德、黑格尔等的自由观都是积极自由观，他对积极自由的界定和分析也是对这些先哲的自由概念的整理与批判。

积极自由观与"自主"相联系，也就是说自由是指个人成为自己的主人，个人能够实现自我。但问题在于，什么叫自主，我所要实现的自我是一种什么状态，是个人在日常生活中无法体验的，"自主"和"自我"总是来自于人们理性的判断。也就是说，我认为我应该成为"真正的"自我、"理想状态的"自我、"更高层次的"自我。这种追求似乎并无不妥，然而，危险也蕴藏其中。因为经常会有人对我说："我知道什么对你好，而你本人并不知道。"这样，基于某些我自己无法看到的"好处"的缘故，别人就可以对我施加强制。这也就是人类历史中经常出现的现象：出于某种更高尚的目的或者某种伟大的目标而剥夺人们的自由。

所以，积极自由的危险在于，人们要求追求"自主"，追求"真实自我"，追求真正的自由，而他们的追求却可能被外化为某种国家意志、集体意志、某种价值，这样，个人就可能被迫去服从这种代表"真实自我"的国家意志、集体意志或者价值。最终，追求自由的结果是否定了自由，丧失了自由。而在积极自由观念下，这种实际上丧失自由的状态却仍然可能被认为是自由的，因为被剥夺自由的人是"自愿"去服从这种国家意志、集体意志或者价值的。伯林用一段话非常精彩地描述了这种吊诡："如果对我有好处，那我就不算是被人强加压力，因为不论我自己是否知道，这是我的'意志'本身要求我这么做的，而且，不论我这可怜的臭皮囊，我这愚蠢的脑袋，如何强烈地反对它，不论我如何绝望地反对那些由于仁心善意，而努力把它强加在我身上的人士，我仍是自由的、或仍是'真正的'自由的。"

概括起来说，消极自由观认为自由就是"免于……的自由"，也就是无干涉，在伯林看来，消极自由才是真正的自由。而积极自由观则被认为自由是"去做……的自由"，而这往往就是去过某种已经被规定的生活的自由，这样，积极自由的概念，往往不过是某种暴政的华丽伪装而已。

（三）自由主义的自由与共和主义的自由

伯林关于消极自由和积极自由的区分在相当长的时间占据了关于自由的讨论的支配地位，但是，伯林的理论在当代却遭到了共和主义的强有力的挑战。以1969年高登·伍德（Gordon Wood，1933年~）的《美利坚共和国的建立》一书为开端，古老的共和主义经历了一场复兴，而这场复兴在很大程度上同时是对自由主义的批判和反思。其中，对自由主义的自由观的批判是一个重要的方面。[1]当代著名共和主义理论家佩迪特（Philip Pettit）的《共和主义———一种关于自由

---

[1] 关于自由主义的自由与共和主义的自由的区分，可参见普特："共和主义自由观对自由主义自由观"，载 http://www.zisi.net/htm/wwzh/2005 - 05 - 24 - 28771. shtml；陈伟："共和主义的自由观念"，载《中国政治学》2004年第1期。关于这两种自由观对基本权利解释的不同影响，可参见张翔："祛魅与自足：政治理论对宪法解释的影响及其限度"，载《政法论坛》2007年第4期。

与政府的理论》[1] 一书就是从对伯林的消极自由与积极自由的区分的批判开始的。

伯林认为自由就是无干涉，这也是他探讨消极自由和积极自由的出发点。但佩迪特却认为自由并不是无干涉，而是无支配，也就是说，即使存在干涉，只要没有形成支配，个人依然是自由的。佩迪特认为，将自由视为无干涉（non-inter-ference）的消极自由观和将自由视为自治（self-mastery）的积极自由观并不是唯一可供选择的自由理想；存在第三种替代性的自由观，也就是将自由视为无支配（non-domination），它要求没有人能够在一种专断的基础上——随心所欲地——干涉自由人的选择。共和主义强调法律和政府对自由的保障。共和主义者认为自由是在法律下的自由，自由是法律所创造的秩序。法律必然会对个人形成干涉，而在这种干涉下未必没有自由。相反的，只有在这种干涉之下，自由才是可能的。佩迪特认为："尽管制定良好的法律代表了一种干涉，但是它并没有危及人们的自由……一个良好国家的法律，尤其是一个共和国的法律，创造了公民所享有的自由。"[2] 恰当意义上的自由是由法律所保障的自由（liberty by the laws），而免于法律的自由（liberty from the laws）是不值一提的。也就是说，共和主义强调的是对自由的法律保障，特别是良好的法律保障。而对于自由的"非支配的干涉者"就是秩序良好的共和国政府，将自由视为无支配的自然方式是将它作为国家应当增进的一种价值，而不是国家不得不接受的一种约束。[3]

如果说自由主义的自由是"无干涉的自由"，那么共和主义的自由就是"无支配的自由"。这种自由观是别具一格的，它不属于消极/积极二分法中的任何一种，它既是消极的，也是积极的。说它是消极的，是因为它要求免于他人的支配；说它是积极的，是因为它要求一种保障，从而防止在专断基础上的干涉。[4] 共和主义的"无支配的自由观"是对传统自由主义的自由观的挑战与反思，在当代政治哲学领域有着极大的影响。

---

[1]　[澳] 菲利普·佩迪特：《共和主义——一种关于自由与政府的理论》，刘训练译，江苏人民出版社2006年版。
[2]　[澳] 菲利普·佩迪特：《共和主义——一种关于自由与政府的理论》，刘训练译，江苏人民出版社2006年版，第46~47页。
[3]　[澳] 菲利普·佩迪特：《共和主义——一种关于自由与政府的理论》，刘训练译，江苏人民出版社2006年版，357页。
[4]　[澳] 菲利普·佩迪特：《共和主义——一种关于自由与政府的理论》，刘训练译，江苏人民出版社2006年版，第68页。

二、自由权

（一）自由权的概念

在进入法学领域后，对自由的探讨就应当被纳入权利的话语，也就是说，在法学领域对于自由的探讨，主要是探讨作为权利的自由，也就是自由权。自由与自由权在很多的语境下是被作为相同的概念来使用的，但在严谨的法律概念体系中，二者应该是有区别的。所谓自由，是指某人不受他人强制或干预的状态，而自由权则是指某人要求别人不干预自己行为的权利。

要对自由权（也就是作为权利的自由）进行界定，首先需要对"权利"作出界定。"权利是什么？"在法哲学上是一个没有统一答案，也不可能有统一答案的问题。不同的学者从不同的视角出发，对权利作出了不同的界说，形成了"利益说"、"意志说"、"要求说"、"资格说"、"权能说"等诸多学说。但是，如果从法律的技术操作角度去界定"权利"，或者说在人与人之间的法律关系的层面上去界定"权利"，权利的核心要素应该是"请求"（claim）。一个人享有某项权利，意味着他（她）可以要求别人为或者不为一定的行为。而如果把权利看做是请求，则权利的对应物就是义务。一个人享有某项权利，意味着他人承担一定的义务。

英国分析法学家韦斯利·纽科姆·霍菲尔德（Wesley Newcomb Hohfeld，1879 年~1918 年）在其经典著作——《法律基本概念》中对权利的概念作了精细的界定。他认为，权利的概念在通常的法律讨论中被使用得过于宽泛和模糊，而将权利的意义作出明确和适当限定的唯一线索就是作为权利"相关概念"的"义务"。"义务或法律责任是指人们应当作或者应当不作。'义务'与'权利'是相关术语。一项权利被侵犯，意味着同时有一项义务被违反。"[1] 如果 X 针对 Y 有一项权利：Y 不得进入 X 的土地，那么，与此对应的就是，Y 针对 X 有一项义务：不进入 X 的土地。他认为，在这种被限定的意义上，权利最适当的同义词就是"请求"（claim）。应该说，霍菲尔德的这种界定最符合法律实践的要求，也最为简明。

如果把权利看做请求，那么自由权最为简明的定义就是：个人要求他人不干预自己行为的权利。

（二）自由权的法律特征

将自由权界定为个人要求他人不干预自己行为的权利，只是说明了自由权最

---

[1] Wesley Newcomb Hohfeld, *Fundamental Legal Conceptions*, edited by Walter Whefler Cook, Yale University Press, 1919, p. 38.

基本的内涵，而要对自由权作出详细的界定，还需要分析自由权的权利主体、义务主体、请求内容、义务类型等要素，分述如下：

1. 自由权的权利主体。自由权的权利主体主要是个人。在一开始，人们都是将自由作为个人的自由而进行讨论的，而自由权也从来都是首先作为"个人权利"而被讨论的。自由权的核心内容，如精神自由、人身自由、言论自由、人格尊严等等，都首先是与具有肉体性的、意志独立的个人（或者说自然人）相联系的。所以，自由权的权利主体首先是个人。

但是，随着社会的变迁和权利理论的发展，作为人的集合的法人也可能享有某些自由权。这是因为，不少的政治的、社会的以及经济的活动是通过多数人的共同参与而进行的。这种人的集合，包括社团、政党、公司、协会等多种形式。例如经济自由，最初是指个人从事和参与各种经营活动的自由，但在现代这个高度组织化的社会，经济自由更重大的意义则在于作为人的集合的公司、合伙等的经营活动自由。当然，法人所能享有的自由一定是可以与个人的肉体性和人身性相分离的自由。

2. 自由权的义务主体。自由权的义务主体是国家。自由的含义从来都是在个人与国家的关系中进行界定的，而任何一种自由理论也同时是一种关于国家的理论。说自由是免于他人的强制和干预，其实主要是指免于国家的强制与干预。个人与个人关系中的所谓自由问题，基本上并不是自由权所关注的问题。因此，自由权的义务主体就是国家，也就是国家负有不去干涉和强制个人的义务。

当然，在具体的法律关系中并不存在一个抽象的国家。国家在法律关系中具体表现为各种国家公权力。在现代的政府架构中，国家权力被大体上分为立法权、行政权和司法权，所以自由权针对的义务主体就是掌握国家公权力的立法机关、行政机关和司法机关。

3. 自由权的请求内容。自由权以"国家不作为"为请求内容。按照前面的分析，自由权就是个人针对国家的一种请求。自由的基本含义是免受国家的干预和强制，从而自由权的请求内容就是国家的不作为，也就是要求国家不为侵害自由的行为。日本宪法学家杉原泰雄认为："所谓自由权，其特色在于它是一种对不作为的请求权，即要求权力不予干涉的权利。"[1] 如果国家以某种行为侵害了自由权，那么自由权的意义就在于请求国家停止侵害。

4. 自由权对应的义务类型。国家对自由权主要承担消极的不作为义务，也就是不为侵害自由权的行为。只要不为针对自由权的行为，国家对自由权的义务就已经实现了。所以，国家对自由权承担的义务主要是消极义务、不作为义务。

---

[1]　[日]杉原泰雄：《宪法的历史》，吕昶、渠涛译，社会科学文献出版社2000年版，第26页。

当然，自由权针对的国家义务并非仅仅是不作为的消极义务。自由权的实现往往需要国家承担一些积极作为的义务，至少，当自由权受到国家侵害时，个人得请求司法机关作出裁判以排除侵害，此时司法机关的裁判活动也可以被视为是国家对自由权所承担的义务，这种司法救济义务从义务类型上看，就并非消极义务，而是积极义务。[1]

以上四个方面是对自由权的法律特征的抽象与概括。但自由权包含了很多具体的权利，各种不同的自由权又有着各自特定的规范内涵和法律特征，对于每种自由权的含义与法律特征的具体分析，请参见本章第二节。

三、自由权的限制

自由是指某人不受他人强制的状态，而自由权则是指某人要求他人不干预自己行为的权利。在这种意义上，自由与强制，或者说自由权与对自由权的限制就构成了相互对应的范畴。也就是说，对自由权的界定还需要从其对立面，也就是对自由权的限制的角度进行分析。自由不是绝对的，承认自由的可限制性是自由主义与无政府主义的根本区别。在特定的条件下、以特定的方式是可以限制自由的。

任何一项自由权的行使，都有可能与他人的自由发生冲突，也有可能与社会的共同利益发生冲突。为了避免自由的相互妨碍，保证公共利益和个人利益的相互和谐，法律制度必然要对各种自由进行调和和界定，这就表现为自由权的限制问题。自由权的限制问题主要有以下两个方面：

（一）限制自由权的理由

从各国的人权法律制度来看，对自由权作出限制有可能基于以下三点理由：

1. 防止妨害他人的自由。不同的自由权之间会发生冲突与对抗，例如，一些人进行示威游行就会与其他人的行动自由发生冲突，此时就有必要对某些自由作出限制，而保证另一些自由得以实现。罗尔斯认为："当各种自由不受限制时，它们就会相互抵触。……必须相对于一种自由来衡量另一种自由。几种自由的最佳安排依赖于它们所服从的总体约束，依赖于各种自由结合为一个规定它们的整体的方式。……基本自由的限制仅仅是为了自由本身，即为了确保同一种自由或不同的基本自由适当地受到保护，并且以最佳的方式调整一个自由体系。"[2] 所以，限制自由的一个重要理由是防止对他人自由的妨害。

---

〔1〕 关于国家对自由权的司法救济义务，参见张翔："基本权利的受益权功能与国家的给付义务"，载《中国法学》2006 年第 1 期。

〔2〕 ［美］约翰·罗尔斯：《正义论》，何怀宏等译，中国社会科学出版社 1988 年版，第 193～194 页。

2. 保证国家功能的实现和国家的生存。当代民主国家的正当性来源于对人民自由、财产权利等的保障。也就是说国家存在的基本目的和基本功能是保障人权。如果国家被颠覆，或者国家的功能无法实现，则人民的权利就会普遍地无法得到保障。而自由权的滥用在某些情形下会导致国家的生存受到威胁或者国家的功能无法实现，此时自由权就有可能受到限制。例如，泄漏国家的军事机密的言论就会被限制。

3. 维护公共利益。任何法律制度都必须解决的一个问题是协调公益与私益之间的紧张关系。之所以在保护个人权利的同时要维护公共利益，乃是因为公共利益体现了社会共同体存在的基本要求。个人必然生存在社会共同体当中，如果社会共同体无法维系稳定与秩序，所有个人的利益也都得不到保障。如果个人自由的行使可能危及社会共同体的生存，则此项自由有可能被限制。

我国《宪法》第51条对自由权的限制作出了规定："中华人民共和国公民在行使自由和权利的时候，不得损害国家的、社会的、集体的利益和其他公民的合法的自由和权利。"这一规定与当代宪法理论关于自由权的限制理由的研究大体一致。但是，此条规定的内涵还需要进一步的界定，否则容易造成以他人自由或公共利益为借口恣意限制个人自由的问题。为了防止自由权被恣意限制，现代法律制度发展出了一系列对自由的"限制的限制"的理论。也就是说，基于上述理由而对自由作出的限制，必须符合一定的条件始为正当。

（二）自由权限制的限制

在现代的人权理论与人权法律制度下，对自由权的限制本身必须符合一定的条件，这种对自由权"限制的限制"主要包含以下几个方面的原则：

1. 法律保留原则。法律保留原则，是指对自由的限制只能由立法机关通过制定法律的方式作出。法律保留，又称为"国会保留"，是说某些事项只能由立法机关作出规定，其他的国家机关无权介入。法律保留原则有两个理论基础，一个是法治主义，另一个是民主主义。[1] 对于自由权的限制，不应该是个别的、随意的和经常变化的，而应该是一般的、可预见的和稳定的。这正是法治相对于人治的基本优点所在。所以，即使要对自由作出限制，也应该由立法机关通过确定而具有普遍约束力的法律来进行。同时，对自由权的限制是对人民自身利益的剥夺或者损害，而由人民选举产生的民意代表机关作出限制自由的规定也是符合民主原则的。

2. 法律明确性原则。所谓"法律明确性原则"，是指法律对权利所作的限制

---

〔1〕 许宗力："论法律保留原则"，载许宗力：《法与国家权力》，月旦出版公司1993年版，第121～122页。

必须内容明确，能够对公民的行为作确定性的指引。立法机关纵然可以通过制定法律来限制公民的权利，但法律规范在对象、措施、范围上必须非常明确、具体，使公民可以从该规范中明确获知自己应当如何行为。"明确性原则"要求立法机关在制定涉及限制公民权利的法律时，尽可能避免使用"不确定的法律概念"和"概括条款"，防止出现欠缺明确性的法律规范。

3. 比例原则。比例原则最早是德国行政法的原则，强调国家在作出行政行为时，必须在目的与手段之间作出均衡的选择，不能不择手段地追求行政目的的实现。这一原则逐渐转化为公法的共通原则，也就是所有公权力的运作都必须保证手段和目的相互协调。比例原则包括三个具体内容：①适当性原则，国家机关采取的手段必须能够达到其希望达到的目的。②必要性原则，在一切适当的手段中必须选择对当事人侵害最小的那一个。③狭义比例原则，不能为了达成很小的目的而严重损害人民的利益。也就是说，如果某个合法行为能够达到目的，但是会导致对自由权过于严重的损害，则这项合法行为也应该被放弃。

四、自由权的历史

无论是自由的观念史，还是自由权的制度史，其源流都是相当复杂的。我们很难确定最早的自由是哪种自由，也很难对自由权的发展史作出精确的阶段划分。下面的叙述也只是对自由权历史的相当简略的概括。

尽管无法确定哪一种自由是最早的自由，但宗教自由无疑是近现代法律制度中自由权的一个重要起点。在近代历史中，人们对自由的最早追求是对宗教信仰自由的追求，由宗教自由开始，对自由的追求才逐步扩展到了精神自由、经济自由等领域。宗教自由可以说是 16 世纪欧洲宗教改革的间接产物。以马丁·路德、加尔文及慈运理等为代表人物的宗教改革运动，打破了罗马教廷的大一统，促成了教派林立、思想信仰多元的局面。由于多种教派的同时存在，宗教不宽容和宗教迫害就难以避免。尽管马丁·路德等宗教改革家并不主张宗教自由，但多种教派林立下的宗教迫害却开始促使人们去追求宗教宽容和宗教自由。追求宗教自由的最早的成功法律实践是 1786 年美国的《弗吉尼亚州宗教自由法案》，这部法案是在托马斯·杰斐逊和詹姆斯·麦迪逊的长期艰苦努力下由美国弗吉尼亚州议会通过的。该法反对宗教压迫，反对任何形式的官方教会，强调人民有宗教信仰自由的权利。"人的思想见解既不是文官政府可以指导的，也不属其管辖范围。如果我们容忍政府官员把权力伸张到思想见解的领域，任他们假定某些宗教的教义有坏倾向而限制人们皈依和传播它们，那将是一个非常危险的错误做法，这会马上断送一切宗教自由。""强迫一个人捐钱，用以宣传他所不相信的见解，这是罪恶和专横的；甚至强迫人出钱支持他自己所相信的教派中这个或那个传教士，也是在剥削个人随心所欲的自由。"《弗吉尼亚州宗教自由法案》的精神直接影响了美国的《权利法案》，在美国宪法第 1 修正案（"确立条款"）中，宗教信仰自由和禁止确立国教的精神被置于自由权保障的首要地位。美国保障宗教自由的精神直接影响了法国大革命，拿破仑在其建立的大帝国的一切地方都奉行对罗马天主教、路德派、加尔文派以及其他教派一视同仁的政策。宗教自由开启了思想多元和精神自由的先河，这就促成了人们对自己的利益的认识和表达上的多元，从而促成人们在其他诸多领域中对自由的追求。所以，无论在逻辑上，还是在历史事实上，宗教自由都被认为是现代自由的起点之一。除了宗教自由，人身自由和个人财产免受国家侵犯的自由也是较早被确认的自由权。前两者早在英国 1215 年《自由大宪章》中就已被确认，而在 1789 年法国的《人权与公民权利宣言》中又被重申。宗教自由、人身自由、财产权等无疑是最早被保障的自由权，是自由权保障的开端。

在自由权的保障被近代法律制度确立以后，自由权的范围、限制、保障程度等都随着时代的发展存在着阶段性的差异。按照学界较为一致的看法，自由权的保障至少有两个区别明显的阶段：近代宪法阶段与现代宪法阶段。

按照日本学者杉原泰雄的观点，以法国《人权与公民权利宣言》和美国《权利法案》为代表的近代宪法阶段，自由权的保障居于人权保障的中心地位。而且，由于这个时代是资产阶级革命的时代，资产阶级的各种自由的诉求乃是以经济自由为中心的，所以这个时代的自由权保障也是以经济自由为中心的。这个时代所保障的自由权主要包括：①经济自由权（经济活动的自由）。一般包括财产权、劳动自由、契约自由、营业自由、居住和迁徙自由等。②精神自由权（精神活动的自由）。一般包括思想自由、信仰自由、言论自由等。③人身自由。一般包括不受奴役性拘束和违背本人意志的苦役、法的正当程序的保障、刑事程序法定主义、无罪推定、禁止刑讯逼供、罪行法定主义、禁止溯及性处罚、绝对禁止无明文规定的刑罚、禁止酷刑等。[1]

这一时期对于自由权的保障还有几个特点：首先，对于自由的限制只能是内在的限制。也就是说，只有可能损害他人的自由时，自由才可以被限制。一个人自由的行使不能妨碍他人自由的实现，这是自由所固有的内容。这种限制相当于罗尔斯所说的，自由只能因为自由的理由才能被限制，所以，对自由的这种限制被称为是"内在限制"。例如，法国《人权与公民权利宣言》第 4 条规定："自由是指有权从事一切无害于他人的行为。因此，各人的自然权利的行使，只以保证社会上其他成员能享有同样权利为限制。此等限制仅得由法律规定之。"其次，

---

〔1〕 ［日］杉原泰雄：《宪法的历史》，吕昶、渠涛译，社会科学文献出版社 2000 年版，第 26 页。

只强调国家对自由权的消极义务，而不重视国家对自由权的积极保障。这一时期的自由权更多表现为一种"消极自由"，也就是说，只要国家不侵犯自由就已足够，国家不必为促进自由而做更多的事情。所以，这一时期关于国家对自由权的积极保障，只是要求国家提供司法裁判（相对于个人的接受裁判权）以及在征收私人财产时给予补偿。

近代宪法的"自由放任"导致了非常严重的不平等和社会对立。例如，在"经济自由"和"契约自由"的原则下，工人陷入非常悲惨的境地，劳动条件恶劣、劳动时间过长，等等。由此也导致了严重的阶级对立和社会动荡。基于对近代宪法的反思，在进入现代宪法阶段后，自由权的保障呈现出新的特点。这些特点包括：

1. 对经济自由权的限制。以近代宪法的重要标志——1919 年德国《魏玛宪法》为例，其中就有相当多限制经济自由的规定。例如，《魏玛宪法》第 151 条规定："经济生活的秩序，以确保每个人过着真正人的生活为目的，必须适用正义的原则。每个人经济上的自由在此界限内受到保障。"第 153 条第 3 款规定："所有权伴随着义务。其行使应该同时有助于公共福利。"类似的规定见于很多二战以后制定的宪法。

2. 对自由的"外部限制"。近代宪法对于自由的限制主要是"内在限制"，也就是出于保护他人自由的目的去限制自由。但正如前述德国《魏玛宪法》第 153 条第 3 款之规定，对自由的限制可以出于"公共福利"，这种限制就并非内部限制，而是以自由之外的其他理由对自由作出了限制，因而是一种"外部限制"。

3. 对自由权的积极保障。近代宪法对自由权的保障，强调国家的消极义务，而在现代宪法阶段，则更强调国家对自由权承担积极义务，也就是以各种积极的措施去促进自由的实现。例如，《魏玛宪法》第 142 条规定对于学术、艺术和教育要给予保护和奖励，法国 1946 年宪法序言规定对教育、文化权利的平等保护等等。这些规定与社会权的规范更加类似，体现了对自由权积极的保障。也就是说，国家对自由权不仅负有不侵犯的消极义务，也负有采取积极措施促进真正实现自由权的义务。

对于自由权的保障从"消极"到"积极"的转变，不仅体现在欧洲大陆的人权保障制度上，同样也体现在格外强调消极自由的美国。美国总统罗斯福在 1941 年提出了著名的"四大自由"，包括：①言论自由；②信仰自由；③免于匮乏的自由；④免于恐惧的自由。他还宣称，这四项自由将为世界各地的人们所享有。[1] 其中，免于匮乏的自由和免于恐惧的自由显然体现了某种要求国家积极作为的"积极自由"的色彩。罗斯福总统的部分主张为《联合国宪章》所吸收，例如，《联合国宪章》第55条规定，联合国应当促进"较高之生活程度、全民就业、及经济与社会发展"以及促进"全体人类之人权及基本自由之普遍尊重与遵守"。这样的规定为当代国际人权法确立了法律上和概念上的基础，使得自由权的保障从"消极"走向"积极"成为一个潮流。

第二节　自由权的内容

一、自由权的分类

在人类生活的各个领域，都存在自由的诉求。自由权的内容按照相关领域的差异，可以分为三个大的类型，分别是：

（一）精神自由权

精神自由是指个人在精神生活的领域免受国家干涉的自由。精神自由又可以进一步分为内在性的精神自由和外在性的精神自由。[2] 内在性的精神自由包括思想良心自由、宗教信仰自由、学术研究自由等，这些自由完全是个人精神生活内的自由。这些内在的精神自由往往要通过个人的某种行为表现出来，宗教信仰自由往往表现为参与宗教活动，学术研究自由要通过出版等方式表达，而言论自由则是个人思想自由的表现形式。这些为个人内在的精神与思想所支配的外在的表现活动，就属于外在性的精神自由。

（二）人身自由权

人身自由是指个人的身体与行动免受国家限制的自由。人身自由包含不受国家不法的任意逮捕的自由、不受奴役的自由、住宅自由、迁徙自由等。

（三）经济自由权

经济自由权是指个人从事经济活动免受国家干预的自由。经济自由包括职业选择的自由、财产不受侵犯的自由、营业自由、契约自由等。

关于自由权的内容与分类的理解，需要注意两个问题：首先，自由乃是个人不受他人干涉的状态，人们在自然状态下的自由是无法完全列举的，人权法律制度所明确列举和保障的自由权只是在当下被人们认为是重要的和需要保障的那一

---

〔1〕〔美〕埃里克·方纳：《美国自由的故事》，王希译，商务印书馆2002年版，第314页。
〔2〕〔日〕芦部信喜：《宪法》（第3版），林来梵等译，北京大学出版社2006年版，第72页。

部分自由。所以，在法律制度所列举的自由之外，可能还存在着未被发现和重视的其他自由。其次，对自由权的分类是相对的。任何分类都是对现实多样性和复杂性的简单化思考，一种自由可能横跨多个自由权的类型。例如，迁徙自由从其本来的规范目的看应属于人身自由的范围，但劳动者的自由迁徙又是市场经济的必然要求，从而迁徙自由又属于经济自由的范畴。又如，商业性言论较之政治言论可能更应归属于经济自由的范畴，而绝不仅仅是传统的、作为精神自由的外在表现的言论自由的一个分支。基于以上的认识，我们在对自由权进行分类的基础上，还需要对每一项自由权的范围和限制等进行逐一的详细分析。

二、精神自由权

（一）思想、良心自由

思想、良心是指个人对于人生观、世界观、价值观等有体系的思考或者信念。思想、良心自由是指国家不得禁止个人持有某种特定的思想或者信念，不得因个人内心的思想而对其采取不利的行为。纵观世界各国的人权法制，绝少有将思想、良心自由独立予以保护的例子，而是将其与宗教信仰自由、言论自由等一同予以保障，也就是认为只要保障了宗教、言论等自由，个人的思想自由就自然被保护了。之所以只保护思想的表现形式，而不直接保护思想，部分原因在于思想是个人头脑中纯粹主观的东西，在个人精神世界中，这种自由是绝对的，因而没有必要在个人主观世界之外对思想进行保护。

但思想、良心自由似乎有予以独立保障之必要。这是因为：首先，思想、良心自由存在于其他的精神自由之先，仅保障其他的精神自由并不足以保障思想、良心自由。精神自由的各项内容，如宗教信仰自由、言论自由、学术自由等，都是根源于思想和良心的自由，这些自由都具有从外部实现思想自由的作用。但是，人的思想未必只是通过这些外部形式去实现，而这些外部形式也仅限于人们所能认识的层次，思想自由的某些实现方式可能并未被人们充分认识。其次，人类历史中，存在不针对任何思想的表达形式，而只是对思想进行惩罚的例子。例如，司马迁记载了这样一件事情：汉武帝制造了白鹿皮币，向大臣颜异征求意见，颜异提出了不同看法，武帝不悦。后来有人举告颜异发表异议，武帝让酷吏张汤审理颜异一案。于是，有了如下的记载："（颜）异与客语，客语初令下有不便者，异不应，微反唇。（张）汤奏异当九卿见令不便，不入言而腹诽，论死。自是之后，有腹诽之法，以此而公卿大夫多谄谀取容矣。"[1]颜异并没有表达异议，只是嘴唇微微动了一下，但这并不妨碍张汤认定其"腹诽"，也就是思

---

[1]《史记·平准书》。

想上的不满，并将其处死。基于这样的历史，我们应该认识到，仅仅保护思想的表达是不够的，还应该直接对思想本身进行保护。

保护思想、良心自由首先是要求保障思想在内心层次的绝对自由。也就是说，任何思想，只要其停留在内心层次，就不应该受到惩罚。即使是完全反对一个国家的基本价值观、谋求破坏整个社会秩序的思想，例如，建立法西斯统治的思想，只要其仅仅处于个人内心之中，则依然在思想、良心自由的保障之内。其次，对思想、良心自由的保障还意味着禁止国家强迫个人表达自己的思想。这就是所谓关于思想的"沉默自由"。在人类历史上，曾经有过要求个人说明自己是否信仰某宗教或者某教派的行为，这种行为在现代的思想、良心自由保障中是应当被禁止的。

（二）宗教信仰自由

1. 宗教信仰自由的含义。宗教信仰自由是指个人有任意决定选择信仰宗教或不信仰宗教，选择信仰哪种宗教以及改变自己所信仰的宗教的自由。宗教信仰自由是人们追求精神解放和个性发展的产物。在中世纪欧洲，个人必须信仰由国家确立的宗教（国教）。从16世纪欧洲的宗教改革开始，信仰宗教的自由逐步被确立。也正是在人们追求宗教信仰自由的过程中，人们个性自由的意识逐渐觉醒，因此可以说宗教信仰自由乃是精神自由乃至其他自由诉求的最初动力。在西方资产阶级革命的进程中，许多国家对宗教信仰自由进行了专门的立法保护。例如，英国1689年的《容忍法案》、1781年《奥地利宗教宽容法案》、美国1786年的《弗吉尼亚宗教自由法案》、1788年《普鲁士宗教敕令》等，而在1791美国宪法第一修正案和法国1789年《人权与公民权利宣言》之后，对宗教信仰自由的保护几乎毫无例外地被载入各国宪法。第二次世界大战后，宗教信仰自由作为人权的重要组成部分，受到国际社会的广泛瞩目。1948年联合国大会通过的《世界人权宣言》第18条规定："人人有思想、良心和宗教自由的权利，此项权利包括改变他的宗教或信仰的自由，以及单独或集体、公开或秘密地以教义、实践、礼拜和戒律表示他的宗教或信仰的自由。"1987年11月联合国大会通过了《消除基于宗教或信仰原因的一切形式的不容忍和歧视宣言》，该宣言中规定，凡在公民、经济、政治、社会和文化等生活领域里对人权和基本自由的承认、行使和享有等方面出现基于宗教或信仰原因的歧视行为，所有国家均应采取有效措施予以制止及消除；所有国家在必要时均应致力于制定或废除法律以禁止任何此类歧视行为；同时，还应采取一切适当的措施反对这方面的基于宗教或其他信仰原因的不容忍现象。

2. 宗教信仰自由的内容。宗教信仰自由并非只是纯粹个人内心的问题，宗教信仰自由的内容有多个层次，分述如下：

达活动。

2. 表达自由的内容。如前所述，表达自由是内容非常广泛的自由。这种广泛性首先体现为表达方式的广泛性，一切可以表达和传递思想、意见和观点的行为都属于表达自由的保护范围。《公民权利和政治权利国际公约》第19条第2款规定："人人享有表达自由权；此项权利包括不分国界、以口头、书写、印刷或艺术形式，或者通过自己选择的其他任何媒介，寻求、接受和传递各种信息和思想的自由。"表达方式的广泛性是可以不断扩展的，在传统的媒介不足以保证意见表达的时候，个人可以选择自己认为有效的方式，这种方式也应该可以透过对"任何媒介"的解释而纳入表达自由的范围。例如，美国曾经出现过通过焚烧国旗的方式向政府抗议、为抗议种族歧视而占据饮食店的座位的"sit in"行为、为抗议种族歧视而在奥运会领奖台上高举戴着黑色手套的拳头、因反对征兵而焚烧征兵卡的行为，等等。这些行为都无法归入传统的表达方式，但又确乎是表达意见和思想的行为，因而被归入"象征性言论"（symbolic speech），同样受到表达自由的保护。

表达自由的广泛性还在于表达内容的广泛性。表达自由最初针对的乃是政治性言论，也就是对政治问题的意见的发表。至今，表达自由最核心保障的和保障程度最高的，都是政治性的表达。但除了政治性的表达以外，表达自由也适用于艺术表达和商业言论（例如广告）的表达。当然，对于不同内容的表达，在保障程度上可能会存在差异。

在当代的表达自由的保障中，"知情权"或者说"知的权利"被给予更多的关注。所谓知情权，是指个人获取资讯、信息和思想的权利。在前述的《公民权利和政治权利国际公约》第19条第2款的规定中，"接受信息和思想"也被认为是表达自由的组成部分。知情权被看做是表达自由的积极层面，也就是要求政府等持有资讯的主体，公开或者提供资讯的权利。资讯的充分获取，是保障个人思想和意见形成的重要基础，因而知情权就内在地属于表达自由范畴。知情权首先要求国家建立各种资讯公开制度。其次，知情权也要求国家保障新闻报道和采访的自由，因为媒体的新闻报道和采访是获取和传递资讯的重要途径。

3. 表达自由的限制。

（1）"双重基准论"。表达自由因为其具有的实现个人价值和促进民主政治与社会发展的功能，在各国人权法制中都有着较高程度的保障，对言论等表达行为的限制，经常被置于非常可疑的境地。关于对表达自由的较高程度的保障，最典型的是发源于美国的"双重基准"（double standard）理论。确立双重基准理论的是 1938 年的 United States v. Carolene Product 案。[1] 在这一案件中，斯通（Stone）大法官受命执笔判决的多数意见，他在判决书中故意加入了与本案没有直接关系的"脚注四"（Footnote 4）。这个著名的脚注第一次提出将基本权利的性质作不同的区分，并给予不同程度的保障的观点。按照这一观点，对于言论自由等基础性权利的立法要进行严格标准的审查，而对与社会经济管制的立法则进行合理标准的审查。也就是说，对于言论自由的保护是最高程度的，言论自由具有优先性。

关于言论自由保护的严格审查标准在美国的司法实践中又有进一步的发展。美国联邦最高法院将对言论自由的规制区分为"针对言论内容的规制"（content-based regulation）和"非针对言论内容的规制"（content-neutral regulation），对前者的审查标准又严于后者。这是审查言论自由规制的"双轨理论"（the two-track theory）。进一步地，又按照言论的内容区分为"高价值的言论"和"低价值的言论"，政治性言论、具有社会批判性的言论被归入"高价值的言论"，而猥亵性言论、诽谤性言论和攻击性言论等被归入"低价值言论"，对二者的审查标准也相应不同。[2] 美国的双重基准理论对日本、德国等国家都产生了不小的影响，其共同之处都在于给予言论等表达自由较高程度的保护。

（2）可能被限制的表达。双重基准等理论是要赋予表达自由以较高程度的保障，轻易不得限制。但在各国的人权法制中，也对某些种类的表达进行了限制。例如，《德国基本法》第 18 条规定："凡滥用言论自由，……，以攻击自由、民主之基本秩序者，应剥夺此等基本权利。此等权利之剥夺及其范围由联邦宪法法院宣告之。"而《公民权利和政治权利国际公约》第 20 条也规定："任何鼓吹战争的宣传，应以法律加以禁止；任何鼓吹民族、种族或宗教仇恨的主张，构成煽动歧视、敌视或强暴者，应以法律加以禁止。"从各国以及国际人权法的实践来看，可能被限制的表达包括：

第一，损毁名誉的言论。公然故意损毁他人名誉的表达行为属于应被限制的表达，民事侵权法上关于名誉侵权的禁止和刑法中关于诽谤罪的惩罚，就是对损毁名誉的表达的限制。

第二，猥亵性言论。各国对于涉及猥亵、色情的书籍、图画、影像及其他出版物的发行、贩卖、陈列等行为都会作出不同程度的限制。这种限制的理由是维护最低限度的性道德和性秩序，保护缺乏判断力和抵抗力的青少年。但是，何为

---

〔1〕　U. S. 144（1938）.

〔2〕　参见林子仪："言论自由的限制与双轨理论"，载《现代国家与宪法》，元照出版公司 1997 年版，第662 页以下。

猥亵和色情的界定却是殊为困难的问题。

第三，煽动性言论。许多国家的刑法都将煽动性言论规定为犯罪。所谓煽动是指通过言论等方式引发他人破坏社会秩序、颠覆民主自由秩序、实施犯罪等行为。但此种限制极易导致过度限制言论自由，因而应该有非常严格的标准。在美国的司法实践中，曾经确立过"明显而即刻的危险"原则，按照这一原则，只有那些可能显然会马上导致社会动荡和冲突的煽动言论才应该被限制。

第四，歧视性言论。种族平等、民族平等、性别平等诉求乃是当代人类社会普遍接受的价值，因而歧视性言论会被认为与社会的普遍价值追求有根本性的冲突，从而有被限制的可能。

需要注意的是，对于表达行为的限制，一旦被过宽解释，往往会造成表达自由价值的根本性损害。对于某些与社会普遍共识相冲突的言论的限制，可能会形成一些潜在的"政治正确"，进而禁锢人类的思想。所以，对于表达自由的限制应该适用较严格的审查标准，对于限制理由应进行严格的解释。

（四）集会、游行、示威自由

1. 集会、游行、示威自由的含义与内容。集会、游行、示威自由是属于广义上的表达自由，也是个人表达其意愿的形式。集会是指聚集于露天公共场所，发表意见，表达意愿的活动。游行是指在公共道路、露天公共场所列队进行，表达共同愿望的活动。示威是指在露天公共场所或者公共道路上以集会、游行、静坐等方式，表达要求、抗议或者支持、声援等共同意愿的活动。集会、游行、示威自由在其消极的层面是指国家不得禁止集会、游行、示威的活动。但集会、游行、示威自由的行使过程中公民需利用公共场所、公共道路、公共设施等，所以，在积极的层面上，这一自由的行使同时表现为公物利用权，公民依法有权利用公共设施，公共机关或地方公共团体有义务为公民自由地行使这一权利提供相应的条件。

集会、游行、示威自由有着多方面的价值。集会、游行、示威是民主过程中重要的环节，公民通过这些方式，可以表达其意见和不满，并为政府所了解，从而促进国家政策的调整和民主决策的作出。同时，集会、游行、示威又具有监督政府和政治活动的功能，这种监督有利于政治民主化程度的提高。此外，集会、游行、示威还是公民释放不满的重要途径，通过情绪宣泄的意见表达，可以防止怨恨的积累，避免社会陷入重大的动荡和严重的冲突。所以，集会、游行、示威的自由为当代各国人权法制和国际人权法所普遍保障。

集会、游行、示威自由属于广义上的表达自由，但是集会、游行、示威涉及到多数人的参与和集体行动，往往更容易与他人自由和社会利益、社会秩序发生联系，这与一般的单纯的言论自由有比较大的差别，所以有单独分析的必要。

2. 集会、游行、示威自由的限制。

（1）和平集会。集会、游行、示威自由由于涉及多数人的集体行动，从人类历史的经验来看，群体性活动经常会与暴力相结合，这会导致社会秩序、个人财产和自由的严重损害。所以，集会、游行、示威的活动必须以和平方式进行。《德国基本法》第 8 条规定："所有德国人均有和平及不携带武器集会之权利。"如果集会、游行、示威与暴力相结合，则公权力可以予以禁止。

（2）公共设施的限制。由于集会、游行、示威活动必然要涉及道路、公园、广场等公共设施的使用，而这些公共设施承担着各种公共职能，所以为保障公共设施职能的实现，有对集会、游行、示威行为加以限制之可能。

（3）申请与许可。由于集会、游行、示威经常会妨碍他人自由或者社会公共秩序，故而往往有针对集会、游行、示威的事先的申请与许可制度的存在。也就是事先对集会、游行、示威的时间、地点、路线、人员、口号等向行政机关提出申请，行政机关在衡量道路等公共设施、社会公共利益等的情况下作出许可。但是，这种事先许可往往会导致对集会、游行、示威行为的严重阻碍，而且，也有人认为集会、游行、示威就是要通过妨碍道路交通、干扰社会秩序的方式来引起公众和政府的注意，所以对集会、游行、示威的事先许可是无法接受的。例如，《德国基本法》第 8 条就明确规定，和平和不携带武器的集会，无须事前报告或许可。

（五）结社自由

1. 结社自由的含义。结社自由是指一定数量的个人为了特定的目的而持续性地结合的自由。结社也是出于某种政治、宗教、艺术或者学术上的追求，因而也归属精神自由的范畴。结社自由与集会自由在人的结合的层面上非常相似，但二者又有着明显的区别，这种区别主要在于结社的持续性。由于这种持续性的存在，结社自由相对于集会自由就有着更强的组织机构化和活动固定化的特点。

2. 结社自由权的内容。结社自由权首先可以区分为个人组织和参加社团的权利与社团自身的权利。个人组织和参加社团的权利也当然包含不结成或不加入社团的权利，以及退出已经加入的社团的权利。也就是说个人加入和退出社团原则上都应该是自由的。但是，一些特殊具有专业技术性质和一定公共性质的社团，例如律师协会、会计师协会等，出于维持该协会的专业性和公共性，以及维护该行业的职业道德的目的，可能会被允许采取强制设立和强制加入的制度。但这种情况应属于例外和个别。而社团自身的权利则是指社团拥有的内部自律权和社团活动的自由。也就是对内制定章程和条例、选举代表、组建管理机关、安排活动、制定计划以及对外组织社团活动的权利。社团活动的自由是个人结社自由的扩展和延伸。

　　结社自由权按照组成的社团的性质，还可以分为政治性的结社自由和非政治性的结社自由。前者主要是指组织政党，而后者则指组织宗教团体、学术团体、艺术团体等不直接与政治生活发生关系的团体。

　　3. 结社自由的限制。在封建时代和集权主义体制下，结社自由往往处于完全丧失的状态。在近现代的民主自由体制下，结社自由则是属于保障程度很高的自由。但是，结社自由也非完全不受限制，前述的律师协会等社团的强制设立和强制加入就是一种特殊情况下对结社自由的限制。结社自由的限制还包括对于以犯罪为目的的结社、具有反社会性质的结社，以及以暴力根本性地破坏国家自由民主秩序为目的的结社，就不予保护。不过，也有人认为，如果这种结社仅仅有反社会和破坏民主自由秩序的目的，而并未采取相应的行动，则并不应受到限制。

　　（六）通信自由

　　1. 通信自由的含义与内容。通信自由是指公民通过书信、电话、电信、电子邮件及其他通讯手段，根据自己的意愿进行通信，不受他人干涉的自由。通信是公民参与社会生活、进行社会交流的必要手段，是公民不可缺少的基本自由。通信自由既是一种私生活的自由，又是一种表达自由。通信自由的另一个侧面就是通信秘密，也就是要杜绝公权力检查或获知通信内容的可能性。此外，通信秘密保障的内容还包括发信人和收信人的姓名、住所和通信的时间等有关通信的事项。

　　对于通信自由和通信秘密的保护，还包括对公民的通信他人不得扣押、隐匿、毁弃；公民通信、通话的内容他人不得私阅或窃听。除因国家安全或者追查刑事犯罪的需要，由公安机关或者检察机关依照法律规定的程序对通信进行检查外，任何组织或者个人不得以任何理由查阅信件、监听通话。各国刑法也多将隐匿、毁弃或者开拆他人信件的行为规定为犯罪，这是对通信自由的保障。

　　2. 通信自由的限制。为了国家安全与公共利益的需要，可对通信自由进行适当的限制。这些限制包括：①刑事侦查程序中对邮件的检查；②对破产者的信件的开示；③对被监押人员的信件的检查，等等。但是这种限制本身应该符合相当严格的条件，否则就可能造成对通信自由的过度限制。例如，在刑事侦查程序中对邮件的检查就应当符合一些严格的条件，例如，必须限于重大的犯罪，在犯罪搜查上有强烈的必要性，出于制止可能发生的犯罪的必要，等等。

　　（七）学术自由

　　1. 学术自由的含义与内容。以探究真理、追求新知为目的的学术，是人类精神活动的重要组成部分。但是，由于这种学术自由往往会对统治者和思想权威构成威胁，所以在人类历史上限制学术活动的举措比比皆是。而在保证精神自由的现代国家，对学术活动的自由则予以普遍的保障。学术自由的含义是，国家权力不得禁止学术研究、限制研究的内容与领域、限制研究成果的发表，等等。学术自由的内容，有以下几个方面：

（1）研究自由。也就是研究者以何种方法来研究何种课题不受干涉，包括不受国家权力的干涉，不受研究机构设立者的干涉，不受管理者的干涉以及不受其他研究者的干涉。

（2）发表研究成果的自由。研究者有将自己的研究成果予以发表的自由，国家不得干涉。这项自由同时也是表达自由的内容，而且，由于学术成果是纯粹思想和知识上的探究，基本上不与他人自由和社会利益发生直接联系，所以，对于学术成果的发表应得到比其他表达自由更高程度的保护。

（3）教学的自由。由于研究与教学往往有密切的联系，因而学术自由也当然地包含研究者将其研究成果作为教学内容予以教授的自由。

（4）大学自治。前述三项内容是学术自由当然的内容。由于学术活动天然地与大学这一研究教育机构密切相关，所以从学术自由还可推出大学自治的内容。为了充分保障学术活动的主要场所，对于大学的内部事务，都由大学自主决定，即使是国立大学也不例外。大学自治的内容包括：人事的自治，也就是大学的校长等行政人员、教授等研究人员的选择任免等，由大学基于其自主性而决定；学校设施和学生管理的自治；研究与教学内容与方法的自治，这一点与研究者的学术自由重合；财政的自治，也就是自主地安排经费的预算等。但是，需要注意的是，大学自治应当是指研究者或教师的自治，或者说"教授自治"，而决不是校长或者少数学校领导不受约束的所谓自治。

2. 学术自由的限制。学术自由属于内在的精神活动，在这个层面上，对学术自由几乎没有限制的可能，也没有限制的必要。但是，学术研究会表现为各种研究活动，这些研究活动不仅仅是阅读书籍、分析思考等纯粹精神性的活动，也表现为实验、调查等可能与他人发生联系的外部行为。对学术自由的限制主要是指特定情形下对这些外部行为的限制。例如，某些研究可能会造成对环境的污染与破坏；生命科学领域的基因重组、无性生殖等研究，可能会侵害胚胎的生命权或者人类的生命伦理。这种情况下就有可能对学术自由作出限制。同样，如果学术研究成果的发表是出于某些政治目的，乃至是为了破坏社会的自由民主秩序，该学术成果的发表也可能被限制。

三、人身自由权

（一）人身自由

1. 人身自由的含义。人身自由是指个人进行身体移动或者保持身体静止的自由。从相反的角度界定，人身自由权就是不被恣意地支配身体的自由。人身自由主要是用来抵御任意的逮捕、拘禁和放逐。这项自由是个人最基本的自由之一。

尽管人身自由是人最基本的自由之一，但人身自由从来都不是绝对的自由，相反，限制和剥夺人身自由从来都是惩罚犯罪和违法的方式，这就是刑罚中的徒刑和行政处罚中的拘留等。而且，对人身自由的限制还被许多国家运用于准司法程序当中，甚至运用于行政程序当中，例如，对精神病人的强制医疗、对流浪者和生活无着者的收容、对吸毒者的强制戒毒、对非法移民的人身控制，等等。所以，人身自由从来都不是绝对的自由。对人身自由的正确界定并不是"个人的身体免于支配"，而是"个人的身体免于不法的任意支配"。

2. 人身自由的内容。

（1）免于非法逮捕和羁押。免于非法逮捕和羁押可以被解释为限制人身自由的"合法性原则"。也就是说，人身自由并非不可限制，但对人身自由的限制应有法律明确规定的条件和程序。对于人身自由的限制必须严格按照法律所规定的条件和程序进行。

（2）免于任意的逮捕和羁押。与免于非法逮捕和羁押相关的另一项原则是免于任意的逮捕和羁押。"任意"的含义比"非法"的含义要广泛得多。任何违背比例原则、不公正和缺乏可预见性的逮捕和羁押都可归入任意逮捕和羁押的范畴。一方面，禁止任意的逮捕和羁押意味着司法和警察机关即使在合法的条件下实施逮捕和羁押，也需考虑法律之外的其他因素，以避免逮捕和羁押的恣意性。另一方面，法律规定的逮捕和羁押的条件与程序本身也有可能被认为是"任意的"逮捕和羁押，从而，法律本身可能需要接受违宪的审查。

（3）免于非法的劳役。这是指除因法定事由被法院作出刑罚处罚外，个人有免于强制劳动的权利。

（4）法定程序的保障。限制人身自由，须经法定明确的程序方可作出。关于限制人身自由的法定程序，在各国法制下不尽相同。大体可概括为以下内容：①限制程序的要式性。传唤须有传唤证，拘留须有拘留证，逮捕须有逮捕证，通缉须有通缉令。②告知。应详细告知限制其人身自由的案由和具体原因。③辩护人在场。司法机关实施拘留逮捕时，须告知犯罪嫌疑人及其家属，并应准许辩护人在场。④保证尊严。在拘留逮捕犯罪嫌疑人等时要顾全其人格尊严和名誉。⑤迅速带见法官或者其他司法官员。也就是要求尽可能早地使得被限制人身自由的人受到司法的保护。⑥保释以等待审判。在审前阶段，如无特别的必要，应允许犯罪嫌疑人被保释，等待审理。⑦迅速接受审判和释放。对于犯罪嫌疑人要尽可能迅速地进行司法审理，避免长时间的审前羁押。如果犯罪嫌疑人被认定无罪或者不必羁押，应迅速释放。

（5）冤狱赔偿。受到不法逮捕和羁押的个人应有请求冤狱赔偿的权利。

（二）住宅自由

1. 住宅自由的含义与内容。住宅是个人生活的处所，住宅是否受到保障直接关系到个人其他自由的实现。住宅自由是指公民居住、生活的场所不受非法侵入和搜查。住宅自由这一概念通常包括如下内容：任何公民的住宅不得被非法侵入；任何公民的住宅不得被随意搜查；任何公民的住宅不得被随意查封。公民享有住宅自由是公民参与社会生活，享有人身自由权的重要条件。

作为人身自由保障的一项内容，住宅的范围应作出宽泛的解释，旅馆、学生宿舍、个人的独立办公室、乃至个人作为私密生活空间的汽车等，都有可能被纳入住宅自由的保障范围。而对住宅的侵入，也不仅限于直接的进入住宅，也可以包含在住宅外对住宅内部的监听和监视，等等。

2. 住宅自由的限制。为了侦查犯罪、打击违法、收集证据等的需要，可以对住宅进行检查，但限制住宅自由也须符合一定的条件，例如，一定的紧迫性和强烈的必要性，等等。而且，对住宅自由的限制还须遵守"令状主义"，也就是必须在取得搜查证等检查证明文件的前提下方可进入住宅进行检查。

（三）迁徙自由

1. 迁徙自由的含义。迁徙自由是指个人选择居住地并进行迁移的自由。迁徙自由可被看做是人身自由的积极层面，也就是说人身自由不仅仅是免受拘束，而且也是个人按照其所欲自主地移动的权利。当然，迁徙自由也具有其他自由的性质。在经济层面，迁徙自由可以被看做是经济自由的内容，市场经济必然要求劳动力或人才的自由流动。而且迁徙自由也与表达自由相关，这是因为通过控制人的移动，就可以控制个人针对他人的表达活动，例如集会、游行，等等。

2. 迁徙自由的内容。按照各国的人权法制和国际人权法的规定，迁徙自由应能包含以下的内容：①选择居住地和迁移的自由。这是指在个人国籍所属的国家之内，个人应可选择任何地方居住与生活，并享有在不同地点间旅行的权利。②海外旅行的自由。这是指个人可以自由地离开任何国家，包括其本国。③入境的自由。也就是个人自由地回到其本国的权利。④脱离国籍的自由。这是迁徙自由非常极端的表现形态，也就是个人有脱离自己原有国籍的权利，国家不得对脱离国籍附加任何的条件。

3. 迁徙自由的限制。尽管迁徙自由具有多种层次的含义，但仍应将其作为人身自由而给予较高程度的保障。所以，对迁徙自由的限制应该极其例外。按照德国《基本法》第11条第2款的规定，对迁徙自由只能在以下情形下方可限制：①个人因缺乏充分生存基础而导致公众遭受特别负担；②为防止对联邦或各邦的存在或自由民主基本原则所构成的危险；③为防止疫疾、天然灾害或重大灾难事件；④为保护少年免受遗弃；⑤为预防犯罪。而《公民权利与政治权利国际公约》第12条第3款规定，"除法律所规定并为保护国家安全、公共秩序、公共卫生或道德、或他人的权利和自由所必需且与本盟约所承认的其他权利不抵触的限制外，迁徙自由应不受任何其他限制。所以，对迁徙自由的限制应属极其例外的情形。

四、经济自由权

（一）经济自由权的含义

经济自由是指从事经济活动的自由。在近代宪法产生的时代，在经济领域多奉行经济自由主义，要求国家尽可能避免干预经济，故而经济自由也是最早进入人权法制体系中的基本自由。在经济生活的领域，人们的活动形态极为多样，因而经济自由也具有多方面的内容，职业选择自由、营业自由、财产权、契约自由等都属于经济自由的范畴。迁徙自由因为其内在地包含了为追求经济利益而发生的劳动力和人才的流动，因而也被视为是经济自由的组成部分。

（二）经济自由权的内容

1. 职业选择的自由。所谓职业，是指人们为了获得生计的满足所需从事的经济活动。职业选择的自由是指个人从事自己所选择的职业，不受国家的妨碍。职业选择的自由既包含选择现有类型的职业的自由，也包含选择各种新兴职业的自由。国家对于各种新出现的职业类型，不得随意加以限制。

2. 营业自由。营业自由系从职业选择的自由中推出，但其含义又不同于职业选择的自由。职业选择的自由是个人免于国家干预的自由，而营业自由则是指营业者以有利于自己的方法和手段从事营业活动的自由。概言之，职业选择的自由是"做什么"的问题，而营业自由则是"怎么做"的问题，也就是营业者选择经营手段的自由。

3. 财产权。在人权法制的产生与发展进程中，财产权一直被作为一项独立的权利，而并非归属于经济自由的范畴。但是，个人支配自己财产的行为，是经济活动当然的环节，所以，从个人对自己财产的处分不受国家妨碍的角度看，财产权也是经济自由权的组成部分。

4. 契约自由。契约自由是指个人任意地选择与他人签订契约，并在合意的基础上确定契约内容的自由。个人与个人之间签订契约是经济活动的常见形态，这种自由应免于国家的干预，也就是国家不得对契约的签订者和契约的内容作出限制。

（三）经济自由权的限制

1. 国家对经济的干预。人类的历史表明，过度的经济自由会导致严重的不平等，所以，当代世界各国已经放弃绝对的经济自由主义，转而在很多方面对经济生活进行干预。例如规定所有权伴随有义务，经济活动应有助于社会福利等等。

2. 对职业选择的自由的限制。出于公共福利的考虑，个人选择职业的自由往往会受到限制，这些限制包括：①对具有反社会性质的职业的限制。例如对卖淫、贩毒等的禁止。②对特定职业的专业资格认定。有些职业，因为与他人的生命、健康、安全等直接相关，因而禁止任意选择，而须先通过职业资格考试方可选择。这些职业包括医生、药剂师等。③对具有公共性质并要求高度专业知识的职业的资格考试。这种职业包括律师、会计师乃至教师。④某些职业，虽无须具备特定资格，但如果完全放任可能会对社会造成不良影响，可以通过行政许可限制。这些行业包括旅馆、饭店、当铺等等。

3. 对营业自由的限制。出于维护公共利益的目的，可以对营业活动的场所、时间、地点、方法等作限制。例如，在学校附近一定范围内，不得开设游戏娱乐场所。为避免对周边居民造成干扰，夜市的营业时间不得晚于 24 点等等。又如，为避免恶性的市场竞争，在一定范围内限制同种类产业的措施，也被认为是对营业自由的适当限制。

4. 对契约自由的限制。绝对经济自由主义之下，契约自由会变成强势者压迫弱势者的工具，例如约定过长的工作时间、降低劳动保护程度、极低的工资报酬、乃至童工的使用，等等。所以，当代的人权法制往往会对契约自由作出限制。

五、作为自由权的其他权利

除了前述的各类型的自由权之外，人权体系中其他种类的权利，也可能具有自由权的属性。这是因为，人权理念最根本的出发点以及人权保障最根本的目的是确保个人的权利免受国家的侵害，自由是人权最重要的价值，从而各种类的人权都会天然地具有自由权的性质。在前文关于经济自由权的论述中，我们已经分析了财产权作为自由权的性质。财产权是最古老的人权，一直是与自由、平等并列的人权类型，但财产权的最初含义也在于排除国家对私人财产的侵犯。在这种意义上，财产权也天然的是一种自由权。

即使是与自由权在规范内涵上根本不同的社会权，也在相当程度上具有自由权的属性。社会权所关注的乃是个人有尊严地生存，所以也有用生存权概念来指代整个社会权体系的。社会权的基本内涵是要求国家积极地扶助个人，使其过上有尊严的人类生活。这类权利包括劳动权、受教育权、社会保障权，等等。社会是使国家负有积极义务，也就是承担特定的经济和社会给付，是要求国家积极作为。这与自由权要求国家不作为，也就是不为任何侵害行为是不同的。但社会权在要求国家积极作为的同时，也天然的有要求国家不得侵害的含义。[1]

以受教育权为例。宪法规定的受教育权，主要目标是要求国家采取措施以促进个人受教育权利的实现。国家对受教育权承担积极的促进义务，这些义务包括：国家建立和维持教育制度，整备教育条件与设施，经济上帮助就学困难者，提供免费教育，等等。[2] 但这并不能否定"受教育自由"是受教育权的重要内容，失去了自由要素的受教育权也难以称得上权利。[3] 受教育权在要求国家积极帮助这一最突出特征之外，也具有排除国家干预的"消极权利"的意味，国家对此也负有不予侵害的消极义务。具体而言，就是不去干预受教育权人选择学校、教师、学习内容等方面的自由。

以要求国家积极帮助为主要规范内涵的社会权，同时也具有要求国家不予干预的自由权内涵，这似乎是自相矛盾的。但实际上，社会权的存在仅仅是在个人无法通过自由的个人奋斗而达致有尊严的生活时始为必要。如果个人能够通过自己的力量获得自我的实现，国家就没必要去扶助。对于这种自我努力，国家当然不应进行限制与干涉。所以，社会权也天然的具有自由权的性质。

第三节　自由权的价值和地位

一、自由权的价值

对自由权的价值的探讨，实际上是一种功利主义的进路。因为如果按照古典的"自然权利"理论，人的自由乃是天赋的，是人之作为人所必须享有的，从而自由的正当性并不在于它有什么价值，而在于它是人的自然的生存状态。探讨自由权的价值，实际上是在探讨自由有着什么样的功用，也就是说自由的存在会产生怎样的积极后果，这就是一种功利主义的进路。从这种进路去考察，自由权至少有以下两大价值：

---

〔1〕　关于社会权的自由权属性的分析，请参见张翔："基本权利的受益权功能与国家的给付义务"，载《中国法学》2006 年第 1 期。

〔2〕　〔日〕芦部信喜：《宪法》，李鸿禧译，元照出版公司 2001 年版，第 243 页。

〔3〕　温辉：《受教育权入宪研究》，北京大学出版社 2003 年版，第 37～38 页。

（一）促进个性发展和自我实现

具有充分的自由，乃是个人个性发展和自我实现的必要条件。只有当一个人有足够多的选择时，他才可能按照自己的主观愿望去实现自我。人身自由使得个人能够自主支配自己的身体，做自己想做的事；精神自由使得个人能够自由地思考、交流和表达，促进个人心智的完善和知识的增长；经济自由使得人能够通过自由的竞争获得个人发展所需要的财与物的条件。所以，个人自由的价值首先就在于其对个人实现和个性发展的价值。例如，密尔在论证言论自由时的主要理由就是言论自由能提高个人心智、实现人的自我表达，最终促成个人的自我实现。"一个人之能够多少行近于知道一个题目的全面，其唯一途径只是聆听各种不同意见的人们关于它的说法，并研究各种不同心性对于它的观察方式。一个聪明人之获得聪明，除此以外绝无其他方式。"[1]

（二）促进社会发展和人类进步

社会是由个人组成的，个人的个性发展和自我实现是可以促进社会发展的，最终会促进人类进步。自由的这种社会功用是显而易见的。赋予个人充分的行动自由、思想自由和经济自由，科学才会昌盛、艺术才会繁荣、社会财富才会增加、民生才会改善。中国在这一点上是有历史经验与教训的。在实行"一大二公"、严厉禁止经济自由的时代，人民连最基本的温饱都无法保障，而在实行市场经济、给予人民充分经济自由的时代，民生的改善举世瞩目。一个有充分自由的社会才可能是充满活力和创造性的社会，而禁锢个人自由的社会一定是沉闷的和创造性枯竭的社会。如果人类社会失去自由的空间，人类的精神和行动都会逐步失去动力。所以，自由对于社会的发展和人类的进步至关重要。

二、自由权在人权体系中的核心和基础的地位

自由权在人权体系中具有核心和基础的地位。这当然是因为前面分析的自由权的重要价值，但做出这样的判断，更多的是基于历史的观察、文本的分析和理论的推导。

在人权法制的历史上，最早被纳入人权保障的主要是宗教自由、言论自由、人身自由等自由权，而在各国宪法和国际人权宣言的文本中，自由权也占据了最重要的地位。生存权、发展权被纳入人权法制的时间要远远晚于自由权，而对生存权、发展权的保障程度也远不及自由权。自由权从来都是具体权利、可主张的权利、可司法的权利，而生存权、发展权则相对缺乏这样的权利属性。从历史和文本两个角度考察，可以看出自由权具有核心和基础地位。

---

〔1〕〔英〕密尔：《论自由》，程崇华译，商务印书馆1959年版，第21页。

在理论上，自由权也被认为具有更高的重要性。首先，对人权的保障首要的是对人的自由的保障。只有当人们的自由行为不足以实现人们的所有利益时，其他权利的存在始为必要。例如，在自由竞争的条件下，部分个人可能因为自身能力、条件等的不足，无法过上像别人一样有尊严的生活，此时社会保障权利的存在才是有必要的。如果个人能够通过自己的努力获得个性发展和自我实现，这种来自国家的积极扶助就是多余和没必要的。所以，其他权利的存在只是为了补充自由权的不足，自由权才是核心的权利。其次，其他权利天然地具有自由权的属性。这一点在前一节已有说明。受教育权、劳动权当然包含了受教育自由、选择职业自由的内涵，发展权当然也包含个人自由发展不受他人干预的意思。这说明，自由权在整个权利体系中还具有基础性的地位。

在人权对应的国家义务上，国家对自由的消极的不干涉义务是国家最根本的义务。尽管在当代人权法制下，国家的积极义务已被认为是人权实现所必需的，但积极义务仍然只是辅助性的。德国学者提出一种"辅助性原则"（das subsidiaritaats prinzip），认为国家只有在个人和社会无法自行达到公共利益时才负有积极作为义务。相对于国家消极无为之下的"社会与个人自发性行为"而言，国家为了公众的利益而承担的积极义务只是辅助性的，[1] 只有在公民穷尽了自己的一切手段仍不足以实现自己权利时，国家履行积极义务始为必要。[2] 相对于积极义务的辅助性，消极义务无疑被认为是根本性的。将消极义务作为国家的根本性义务而加以强调的思维方式还体现为一些国家宪法理论滞后于宪法实践。比如美国，在美国的宪法实践中，各种社会权利［美国称之为"福利权利"（welfare rights）］已经大量地由法院通过对"平等保护条款"的阐释而实际上成为公民权利的内容，但宪法规定和一些宪法理论却仍在坚持消极义务的根本性地位。在罗斯福新政以后，"四大自由"已成为美国社会政策不可回避的内容，国家为保证人民"免于匮乏的自由"已在向大量失业者、老人和无自立能力的人提供着物质和经济上的帮助。[3] 但这种国家的积极作为却并不被一些人认可，在他们看来，国家的各种促进权利实现的积极措施，只不过是慈善，而非法律上的义务。"国家可以给予或者撤回，只要它高兴。提供公共福利的任何行为既不是法律上无法实现的义务的履行，也不是超越义务要求的行为。"[4] 这种观念依然否认积极义务是国家义务，而强调消极义务才是国家的根本义务。而日本学者在肯定国家的积极义务的必要性的前提下，也强调在考虑基本权利问题时，"仍不能

〔1〕 参见陈新民：《行政法学总论》（修订第 6 版），作者 1997 年自版，第 23～24 页。

〔2〕 林来梵：《从宪法规范到规范宪法》，法律出版社 2001 年版，第 223 页。

〔3〕 ［美］埃里克·方纳：《美国自由的故事》，王希译，商务印书馆 2002 年版，第 291～293 页。

〔4〕 Carl Wellman, *Welfare Rights*, Rowman and Littlefield Press, 1982, p. 3.

不以'不受国家干涉的自由'的思想为基本"。[1] 这些都说明，国家不干涉自由的消极义务才是国家的根本义务，这从另一个角度说明了自由权在人权体系中的核心与根本的地位。[2]

探讨自由权在人权体系中的地位，还需要分析与自由权一样最早被纳入人权保障范围的生命权、平等权以及财产权与自由权之间的关系。前文我们已经分析说明，尽管财产权从来都与自由权并列，但财产权的核心精神也是排除国家对财产的侵犯，因而其本质也是自由权。而生命权固然要求国家积极保护生命，但其核心内容同样是要求国家不得随意剥夺个人的生命，甚至不得剥夺生命，这也体现了自由权的性质。所以，关键的问题在于平等权与自由权的关系。自由和平等，到底哪个是更为优先的价值，这是政治哲学上所谓"自由与平等的悖论"问题。对此问题，政治哲学家一直试图解答，也有人试图消解这一问题，也就是认为自由与平等不存在冲突。应该说，自由与平等的冲突与选择问题是个无法获致最终答案的问题。但是，按照人权法制的自由主义传统，自由权依然被认为具有一定的优先性。只有在自由权的行使会导致无法忍受的不公正时，依据平等权对自由权作出限制才是可能的。

基于以上的分析，我们可以看出，无论考察人权法制的历史还是人权保障的理论，自由权都处于人权体系中核心和基础的地位。尽管在人权法制的发展中，生存权、发展权等新兴人权的重要性越来越突出，但人权保障的首要内容仍然是自由权的保障。

---

〔1〕 ［日］芦部信喜：《宪法》，李鸿禧译，元照出版公司2001年版，第102页。
〔2〕 关于国家消极义务的根本性地位，请参见张翔："论基本权利的防御权功能"，载《法学家》2005年第2期。

第 八 章

平 等 权

平等有多种含义，法律意义上的平等，既是法律的基本价值，又是法律的基本原则，还是宪法的基本权利。平等权是哲学、政治学等社科领域中平等观念的法律表现，是与自由权相生相长的一种基本权利。对平等权的尊重和保护，是其他人权以及基本人权得以保障和实现的前提条件。平等权对个人生存状况以及人类社会进步的积极意义自不待言，科学认识平等权是正确对待平等权的基础，而平等权与平等一样具有丰富的内涵，且随着社会历史的发展而发展。所以，任何对平等权的认识都具有相对性和历史性，且与对平等的理解休戚相关。本章首先对平等的解释进行考察，理解平等在哲学、政治学等社会科学中的涵义是全面准确理解平等权的关键。然后从国内法和国际法对平等权的规定以及平等权概念的发展轨迹中对平等权进行研究界定，对平等权概念的理解是把握平等权的核心。最后考察了平等权的价值和效力，一方面进一步加深对平等权的认识，另一方面明确平等权对司法实践的意义。

第一节　平等的涵义

一、平等观念的哲学论争

平等是千百年来人们赞美和追求的理想目标。古今中外包括哲学、政治学、伦理学、社会学等领域的思想家对于平等的论述可谓汗牛充栋。平等被学者们视为社会科学中的"哥德巴赫猜想"，令人向往与崇拜。从中西学者关于平等丰富多彩的理论中可以看到，平等常与公平、均等、公正、正义等联系在一起被讨论，甚至有些学者将平等与公平、公正、正义当做同义词使用。[1] 因为平等的拉丁原文为 aequalis，该字本来即含有正义、公平之意。但它又从另一个方面表明了平等概念的难以捉摸与把握。然而，平等与它们并不能等同。"平等乃是

---

〔1〕　例如，亨廷顿在《发展的目标》一文以及阿瑟·奥肯在《平等与效率》一书中均将两种混同。参见〔美〕塞缪尔·亨廷顿"发展的目标"，载罗荣渠主编：《现代化：理论和历史经验的再探讨》，上海译文出版社 1993 年版；〔美〕阿瑟·奥肯：《平等与效率》，王奔洲译，华夏出版社 1987 年版。

一个具有多种不同含义的多形概念"[1]，不同的思想家分别从不同侧面揭示其某些方面的属性。

首先必须指出的是，平等与不平等，从其起因来看，确如卢梭所见，可以分为自然的与社会的。起因于自然的平等与不平等是不可选择的，不能进行道德评价；起因于人的自觉活动的平等与不平等则是可以选择的，可以进行道德评价。因而，这里所说的平等不是自然平等，而是社会平等。

何谓平等？亚里士多德认为平等有两类：一类是"数量平等"，即"你所得的相同事物在数目和容量上与他人所得的相等"；另一类是"比值平等"，即"根据个人的真价值，按比例分配与之相衡称的事物"[2]。同时，亚里士多德将平等视为正义的尺度，提出了正义的平等观。他认为："正义是某些事物的'平等'（均等）观念"[3]，即正义寓于某种平等之中。其中，分配正义就是根据每个人的功绩和价值来分配财富和荣誉，并按比例平等的原则将世界上的万事万物公平地分给社会的全体成员。相同的人得到相等的东西，不相等的东西给予不同的人，因而在分配正义方面应根据比例平等的原则。而矫正正义则适用于分配正义规范被违反时。它对任何人都一样对待，仅计算双方利益与损害的平等。因此，在矫正正义方面则应以数量平等为原则。这就提出了分配领域的比例平等与矫正机制中的数量平等的平等观。当然，亚里士多德所说的平等是自由民之间的平等，因为当时的奴隶不被当做人，也就无平等可言。

亚里士多德关于平等的理论深刻影响了后来的思想家。在通常状况下，平等意味着亚里士多德所说的数量平等。如萨托利认为："平等表达了相同性的概念……两个或更多的人或客体，只要在某些或所有方面处于同样的、相同的或相似的状态，那就可以说他们是平等的。"[4] 美国著名学者艾德勒也通俗地解释道："当一个事物在某一认同的方面不比另一事物多，也不比另一事物少时，我们可以说这两个事物是平等的。"[5] 英国的米尔恩则在亚里士多德提出的比例平等原则的基础上，提出了更加准确的表述方式。他认为，比例平等原则要求："①某种待遇在一种特定的场合是恰当的，那么在与这种待遇相关的特定方面是相等的所有情况，必须受到平等的对待；②在与这种待遇相关的特定方面是不相等的所有情况，必须受到不平等的对待；③待遇的相对不平等必须与情况的相对

〔1〕 ［美］E. 博登海默：《法理学：法律哲学与法律方法》，邓正来译，中国政法大学出版社 1999 年版，第 28 页。
〔2〕 ［古希腊］亚里士多德：《政治学》，吴寿彭译，商务印书馆 1965 年版，第 234 页。
〔3〕 ［古希腊］亚里士多德：《政治学》，吴寿彭译，商务印书馆 1965 年版，第 148 页。
〔4〕 ［美］萨托利：《民主新论》，冯克利、阎克文译，东方出版社 1993 年版，第 340 页。
〔5〕 ［美］艾德勒：《六大观念》，郗庆华、薛笙译，生活·读书·新知三联书店 1991 年版，第 161 页。

不同成比例。"[1] 他在这里明白地表述：比例平等是一种原则，它决定待遇什么时候应是平等的，什么时候应是不平等的，以及在什么地方、何种程度上应是不平等的。

法国的卢梭仔细探究了平等的含义，并得出结论说："至于平等，这个名词绝不是指权力与财富的程度应当绝对相等；而是说，就权力而言，则它应该不能为任何暴力并且只有凭职位与法律才能加以行使；就财富而言，则没有一个公民可以富得足以购买另一个人，也没有一个公民穷得不得不出卖自身。"[2] 近代平等观念基本上是相对的平等、形式的平等、限制的绝对平等。而美国社会学家斯特沃德则提出了平均主义的正义观：正义存在于"社会对那些原本就不平等的社会条件所强行施予的一种人为的平等之中"[3] 他试图在所有社会成员之间实现机会的无限平等，每个人不论性别、种族、阶级或社会背景，都应被给予充分的机会去过一种有价值的生活。他相信，只有通过旨在使社会上下层阶级的所有成员在智力上实现平等的、周密的教育计划，上述状况方能实现。19 世纪以来的社会主义思想家们普遍持这种绝对平等的观念。

平等作为一种理念、一种原则，基于其在自由资本主义和垄断资本主义两个不同发展阶段存在的差异，也有学者明确将之区分为形式上的平等和实质上的平等。近代自由资本主义时期，平等发轫于这样一种观念："本来，人在人种、性别、出生、天资以及能力等方面可能客观地存在着某些天然性的差别，要消灭这些差别，实现人的绝对均质化，在事实上是不可能的；尽管这样，任何人都具有人格的尊严，在自由人格的形成这一点上必须享有平等的权利。"[4] 这就是形式上的平等。形式上的平等与自由紧密联系，是对自由的真正保障。日本学者伊藤正己认为："对于法律面前的平等来说，其重要之处在于，平等作为近代民主政治的理念并不是实质上的，而是形式上的。……只有这样的形式上的平等，才和自由连在一起。"[5] 所以，日本著名法学家大须贺明指出："平等的观念实质上就意味着主体的平等，其决定于主体的抽象性，且必须是形式上的平等，这对自

---

〔1〕 ［英］米尔恩：《人的权利与人的多样性——人权哲学》，夏勇、张志铭译，中国大百科全书出版社1995 年版，第 59 页。

〔2〕 转引自卓泽渊：《法的价值论》，法律出版社 1999 年版，第 424 页。

〔3〕 ［美］莱斯特·沃德：《实用社会学》（Applied Sociology），波士顿，1906 年，第 22 页。转引自［美］E. 博登海默：《法理学：法律哲学与法律方法》，邓正来译，中国政法大学出版社 1999 年版，第 254 页。

〔4〕 林来梵：《从宪法规范与规范宪法——规范宪法学的一种前言》，法律出版社 2001 年版，第 105 页。

〔5〕 ［日］伊藤正己："法律面前的平等"，载《国家学会杂志》第 64 卷第 1 号。转引自［日］大须贺明：《生存权论》，林浩译，法律出版社 2001 年版，第 32～33 页。

由的保障是十分必要的。"[1] 平等只要保证站在起跑线上的个人的机会均等就可以了，并不意味着由个人能力和努力所获得的结果也要均一化。

但随着资本主义发展到垄断阶段，自由与形式平等之间出现的矛盾日益激烈。因为形式上的平等主要是从抽象的法律人格的意义上来要求平等对待一切人的，根本没考虑到现实生活中每个人的经济与社会地位的不平等，导致形式上的平等压倒性地有利于有产者而不利于无产者，并使两者业已存在的差距急剧扩大，形式上的平等越受保障，两大阶级之间的矛盾就越深。因此，实质平等的呼声高涨起来，学者们开始对实质上的平等进行论证。马克思主义认为："平等是人在实践领域中对自身的意识，也就是人意识到别人是和自己平等的人，人把别人当做和自己平等的人来对待。"[2] 这种平等对待要求所有人应有平等的政治地位和社会地位，因而主张用生产资料公有制作为纠正经济上的不平等的手段，并设想在未来的社会制度中，可以实现人民间的真正平等，因为到那个时候所有的个人需要都可以得到满足。这里表达了一种实质平等的观点。

为达致实质上的平等，思想家们提出了社会、经济领域的差别性待遇原则。当代美国著名哲学家罗尔斯认为，不同的自然禀赋与不同的社会文化环境一样，都不应当成为不平等的原因和根据。平等作为一种社会制度，不能只从政治和经济方面去考虑，而且必须从道德方面去考量，即看它是否正义。罗尔斯因而提出了通过平等来建立的正义论，认为关于制度的一般正义观念应当是："所有的社会基本善——自由和机会、收入和财富及自尊的基础——都应被平等地分配，除非对一些或所有社会基本善的一种不平等分配有利于最不利者。"[3] 并通过两个正义原则将此一般正义观念具体化为平等自由原则，以及社会经济不平等安排的差别原则与机会公正、平等原则。差别原则要求给那些天赋和出身不利的人某种补偿，以达到真正获得平等的机会。为此，不仅需要政府实行高额累进税、遗产税等再分配政策，而且要求政府对包括收入和财富、基本权利和自由、机会、职权和职位、自尊等人类必需的基本物品实行平等分配。

罗尔斯平等分配的对象是社会初级产品，通过对弱势群体的差别补偿原则以达到实质上的平等。当代美国另一位哲学家德沃金则从资源的初步平等分配的角度，通过差别原则来保障受盲目运气影响的受害者的平等。美国学者亚历克斯·卡利尼克斯对德沃金的资源平等理论进行了以下分析。[4] 德沃金区别了两种运气：选择性运气和盲目性运气，前者是一种精心策划、精打细算的赌博结果如何

〔1〕　[日] 大须贺明：《生存权论》，林浩译，法律出版社 2001 年版，第 33 页。
〔2〕　《马克思恩格斯全集》第 2 卷，人民出版社 1972 年版，第 48 页。
〔3〕　[美] 约翰·罗尔斯：《正义论》，何怀宏等译，中国社会科学出版社 1998 年版，第 292 页。
〔4〕　[美] 亚历克斯·卡利尼克斯：《平等》，徐朝友译，江苏人民出版社 2003 年版，第 66～67 页。

的问题，后者不是赌博意义上的风险结果如何的问题。因此，一个人要为他的趣味和抱负负责，因趣味和抱负的不同产生不平等，是个人选择的结果。但不为体力和智力负责，因为它们如同出生在其中的社会经济地位一样，是盲目运气的问题。资源的初步分配平等须补偿天赋方面的不平等，从而使人处于相同的实际情况中。

罗尔斯和德沃金考察了人类实现平等目标必需的基本物品和资源，但只是涉及了人类实现目标的资源和手段，没有看到人们利用这些资源和手段实现其目标的能力。个人由于超出他们控制之外的原因，从相同份额的资源中获得的利益是不同的。诺贝尔经济学得主阿马蒂亚·森为此提出的解决方案是"可行能力"[1]平等。他认为，可行能力是指一个人有可能实现的、各种可能的功能性活动组合，包括从很初级的要求，如有足够的营养和不受可以避免的疾病之害，到非常复杂的活动或者个人的状态，如参与社区生活和拥有自尊。个人的可行能力决定了他利用资源和手段实现目标的程度。例如，一个残疾人和一个健康人相比，即使拥有同样多的基本物品，也不一定具有与后者同样的能力。因此，平等应从收入平等转向以实现人的潜能的可行能力迈进，实现从货物平等向能力平等的转移。应该以反映人的福利状况的可行能力代替收入，根据一定的权数将收入、财富、福利、自由、健康、教育状况及生活质量等全部纳入到"可行能力"中。政府也应该以提高人的可行能力为目标，提供包括教育、医疗、卫生等有利于弥补可行能力差异的各种服务，实现广泛分享的经济增长。

综合法学派的代表人物博登海默则从平等指向的对象、涉及的范围和关注的焦点三方面来揭示平等的内涵。他说："平等是一个具有多种含义的多形概念。它指向的对象可以是政治参与的权利、收入分配的制度，也可以是不得势的群体的社会地位和法律地位。它的范围涉及法律待遇的平等、机会的平等和人类基本需要的平等。它也可能关注诸成合同的义务与对应义务间的平等的保护问题、关注在因损害行为进行赔偿时作出恰当补偿或恢复原状的问题、并关注在适用刑法时维持罪行与刑罚间的某种程度的均衡问题。"[2] 他同时指出，平等观念是否符合正义，在历史发展过程中的答案是各种各样的和不尽相同的。"给予人们和群体平等与不平等的程度，往往是依客观的生产状况而定的、依社会进化的一般状态而定的，以及依现有的认识和理解水平而定的。不断试错、反复试验、不断发

---

〔1〕 ［印］阿马蒂亚·森：《以自由看待发展》，任赜等译，中国人民大学出版社 2002 年版，第 62 页。

〔2〕 ［美］E. 博登海默：《法理学：法律哲学与法律方法》，邓正来译，中国政法大学出版社 1999 年版，第 285 页。

展，便会影响和修正我们关于什么应当平等对待而什么不应当平等对待的观念。"[1] 平等作为人类追求的永恒理想，有史以来一直被人类社会作为社会斗争和改革运动的大旗。然而，所有斗争和改革却从未实现人与人之间的完全平等。因此，博登海默认为，绝对平等是不可能的幻想。"虽然人们应当享有足够的平等以使每个人都能达到最适合于他的地位，但是如果没有'对于不平等的成就给予不等的报酬'这种激励，那么所谓最适当地使用才能就会成为一句空话。""这种绝对平等的状况只有通过建立专制政治才能得以实现，因为只有它可以确使统治者阶层以外的所有人都处于平等的地位。"[2]

中国有学者从辨析权利的角度提出了平等的总原则：每个人因其基本贡献（缔结社会）完全平等而对基本权利的享有应完全平等；每个人因其具体贡献不平等而对非基本权利的享有应比例平等[3] 这一平等原则指出了权利平等的两个方面，即基本权利的完全平等和非基本权利的比例平等。并且认为，基本权利的平等是完全的结果平等；而非基本权利的平等不仅是比例平等，还是一种机会平等。另一位学者对公正的平等进行了深入研究，特别强调直接影响人的未来发展结果的机会的平等。指出机会平等既是社会公正的一项重要理念和准则，也是公正的具体内容和规则。"所谓机会平等，是指社会成员在解决如何拥有作为一种资源的机会问题时应遵循这样的原则，即：平等的应当予以平等对待，不平等的应当予以不平等的对待。"[4] "机会平等又有两个层面的含义，一是共享机会，即从总体上来说，每个社会成员都应有大致相同的基本发展机会；二是差别机会，即社会成员之间的发展机会不可能是完全相等的，应有着程度不同的差别。"[5]

二、平等观念的现代含义

从以上西方和中国学者关于平等含义的典型论述中，我们已经觉察到平等观念让人困惑、难以捉摸，平等是一座萨托利所指的"迷宫"，是一张博登海默所说的"普洛透斯似的脸"。这些关于平等的论战，正如阿马蒂亚·森指出的那样，主要集中在"对什么平等"方面。人们在许多方面可以被平等或不平等地

---

[1] [美] E. 博登海默：《法理学：法律哲学与法律方法》，邓正来译，中国政法大学出版社1999年版，第290页。

[2] [美] E. 博登海默：《法理学：法律哲学与法律方法》，邓正来译，中国政法大学出版社1999年版，第292页。

[3] 王海明："平等新论"，载《中国社会科学》1998年第5期。

[4] 吴忠民："论机会平等"，载《江海学刊》2001年第1期。

[5] 吴忠民："公正新论"，载《中国社会科学》2000年第4期。

对待："平等是根据对一个人的具体方面同另一个人的相同方面的比较来下结论的——比如收入或财富，幸福或机遇，权利或需要的满足等。"而"人类所固有的多样性意味着，在诸多这样一个'焦点变量'方面来平等地对待人类，可能会导致在许多其他方面的严重的不平等现象。"[1]但是，不同历史时代的思想家们分别从不同社会生活领域及不同层次和不同程度，解析和展现了平等的不同侧面的应有意义，这些丰富的理论对我们构建平等的现代含义极为重要。

平等是一个历史概念，具有一定的时空范围，不同的时代有不同的平等观念，恰如前文所展示的关于平等观点的论争那样。每个时代的平等观念都对应于一定的社会物质生活条件，而且都具有一定的合理性。平等是一个比较的概念，具有比较的性质。说到平等，至少存在两个事物或同一事物的两个不同方面以供比较，否则就没有所谓的平等问题。

平等还是一个抽象与具体相结合的概念，或理想与现实相结合的概念。"人人生而不平等"只是一种人类理想，是对不平等社会的一种永恒向往。而在现实生活中，不平等是普遍存在的，不平等总是不断地被限制而走向平等，通过一个个具体的现实一次次地走向平等，但是永远也达不到平等，平等的实现永远是一个过程而没有结果。平等的理想虽然无法实现，走向平等的行动仍然继续，每次平等行动是可以通过比较而量化、标准化的，个别的平等结果是可以实现的。或者说，有关平等权的诉求在具体的案件和事件中是可以实现的，是现实的平等、个案的平等。

作为人类追求的价值和理想，应当与公平、公正、正义紧密相连，"平等是公道的精义"[2]，"正义的核心意义与平等概念相联系"[3]，甚至"公正就是平等，不公正就是不平等"[4]。因而，平等不是平均、"平头式"或"水平化"等"过度平等化"[5]，也不是真正的平等。

我们认为，真正的平等即公正的平等：平等地对待平等的，不平等地对待不平等的，并对不平等下的不利者给予适当补偿。尽管平等有所谓的结果平等与机会平等、形式平等与实质平等、完全平等与比例平等、理想中的平等与现实中的平等、绝对平等与相对平等、政治平等与经济平等，以及其他各种表现形式的区分，然而其精髓集中表现在两个基本方面，即共享的完全平等和差别的比例平等。人的生存和发展必需的基本社会资源是人之所以为人必不可少的，所有社会

---

[1] [美] 亚历克斯·卡利尼克斯：《平等》，徐朝友译，江苏人民出版社2003年版，第63页。
[2] [英] 穆勒：《功用主义》，唐钺译，商务印书馆1957年版，第17页。
[3] [美] 马丁·P. 戈尔丁：《法律哲学》，齐海滨译，三联书店1987年版，第236页。
[4] 苗力苗主编：《亚里士多德全集》第8卷，人民大学出版社1997年版，第99页。
[5] 陈新民：《宪法基本权利之基本理论》（上），三民书局1992年版，第518页。

成员应当完全结果平等或者实质平等地共同享有，国家和社会都有义务保证提供这些基本的资源；而对满足人的生存和发展最必需的社会资源以外的由国家提供的社会资源，所有社会成员依其能力和贡献大小按比例有差别地平等享有，同时对拥有非国家提供的社会资源较少的不利者给予适当补偿。

第二节　平等权立法与平等权概念的发展

一、平等权的立法

（一）国内法中的平等权

作为近代意义上的人权，作为法律确认的人权，平等权是资本主义经济、社会发展和资产阶级革命的产物，并随着人类社会发展被公认为人的基本权利。首先是新兴资产阶级国家宪法规定了平等权，随后在资本主义世界得到普遍认可。其次是社会主义革命胜利后，人人平等的社会理想和对不平等的资本主义社会的否定，也促使社会主义国家宪法更坚定了对平等权的承诺。200多年来的世界成文宪法，普遍确认了公民的平等权。据荷兰学者统计，从1787年到1975年间，人类社会有248部宪法，分为五个阶段进行统计，公民的平等权作为一种价值和权利在各时间段的宪法中出现的最低比率是78.6%，最高比率是90%。[1] 现在各国宪法平等权条款更多，内容更丰富。

随着欧洲新兴资本主义经济的发展，资产阶级在革命中提出了人人平等的观念，并随着资产阶级国家的建立而被资产阶级国家的法律所确认。"一旦社会的经济进步，把摆脱封建桎梏和通过消除封建不平等来确立权利平等的要求提到日程上来，这样的要求就必定迅速地获得更大的规模。……由于人们不再生活在像罗马帝国那样的世界帝国中，而是生活在那些相互平等地交往并且处在差不多相同的资产阶级发展阶段的独立国家所组成的体系中，所以这种要求就很自然地获得了普遍的、超出个别国家范围的性质，而自由和平等也很自然地被宣布为人权。"[2]

英国是近代宪法的发源地，也是平等权立宪的鼻祖。英国是不成文宪法的国家，对平等权的保护最初散见于宪法性文件中，后来才出现了专门的人权法和平

---

〔1〕　〔荷〕亨利·范·马尔赛文等：《成文宪法的比较研究》，陈云生译，华夏出版社1987年版，第251、255页。

〔2〕　《马克思恩格斯全集》第20卷，人民出版社1971年版，第116页。

等权条款。[1] 1215 年《自由大宪章》就渗透了平等精神，第 39 条规定："任何自由人，如未经其同级贵族之依法裁判，或经国法判决，皆不得被逮捕、监禁、没收财产、剥夺法律保护权、流放或加以任何其他损害。"1625 年《权利请愿书》、1679 年《人身保护律》、1689 年《权利法案》等也同样内含平等精神。而 1918 年《国民参政法》第 4 条明确规定了女子与男子同等的登记权，1928 年该法还被修正为《国民参政（男女选举平等）法》。1998 年《人权法》的通过，确认了《欧洲人权公约》第 14 条规定的平等权：每个人可以享有其他公约的权利，不得以"性别、种族、肤色、语言、宗教、政治或其他观点、国家的或社会的起源、与一国少数者关系、财产、出身或其他状况"为由加以歧视。英国平等权的内容除"法律面前的平等"之外，还包括禁止性别歧视、报酬平等、种族平等和为病人、失业者、老人等提供保护，不得实行歧视等。

美国制定了世界上第一部成文宪法，美国宪法也是第一部规定了平等权的成文宪法。1776 年《独立宣言》规定："我们认为这些真理是不言而喻的：人人生而平等，他们都从他们的'造物主'那边被赋予了某些不可转让的权利，其中包括生命权、自由权和追求幸福的权利。"这虽然是自然法的平等思想，却为美国宪法平等权的确立奠定了坚实的基础。美国宪法修正案第 14 条第 1 款规定："所有在合众国出生或归化合众国并受其管辖的人，都是合众国的和他们居住州的公民。任何一州，都不得制定或实施限制合众国公民的特权或豁免权的任何法律；不经正当法律程度，不得剥夺任何人的生命、自由或财产；在州管辖范围内，也不得拒绝给予任何人以平等法律保护。"第 15 条修正案第 1 款也规定："合众国公民的选举权，不得因种族、肤色或以前是奴隶而被合众国或任何一州加以拒绝或限制。"第 19 条修正案还规定了妇女平等的选举权。

法国对平等权的保护，主要体现在 1789 年《人权与公民权利宣言》、1946 年宪法和 1958 年宪法中。《人权与公民权利宣言》第 1 条规定："在权利方面，人们生来是而且始终是自由平等的。只有在公共利用上面才显出社会上的差别。"这就宣布了权利平等和差别原则。第 6 条规定："全国人民都有权亲身或经由其代表去参与法律的制定。在法律面前，人人应受到平等的保护或惩罚。在法律面前，所有公民都是平等的，故他们都能平等地按其能力担任一切官职、公共职位和职务，除德行和才能上的差别外不得有其他差别。"这一规定包括了立法平等、执法平等、守法平等和任职上的平等。1946 年宪法的前言在平等权方面比《人权与公民权利宣言》作了更全面的规定，除表明现代国家必遵从的社会权原理外，还列举了男女同权、工作权、生存权、教育权等内容，明文规定保障人民的

---

[1] 参见朱应平：《平等权的宪法保护》，北京大学出版社 2004 年版，第 51～52 页。

经济地位、社会地位的实质平等。第 1 条规定种族与宗教平等，第 3 条规定性别平等，第 12 条和第 13 条分别规定了公共负担和教育机会平等。1958 年宪法的序言规定，法国人民庄严宣告，他们热爱 1789 年《人权与公民权利宣言》所规定并由 1946 年宪法的序言所确认和补充的人权原则。第 2 条规定："法兰西是不可分的、世俗的、民主的和社会的共和国。它保证所有公民，不分出身、种族或者宗教，在法律面前一律平等。""共和国的口号是自由、平等、博爱。"这是对平等权和平等原则的规定。

德国 1919 年《魏玛宪法》因广泛地规定社会权而成为近代宪法与现代宪法的分水岭，也是近代以自由为核心的人权观转向以平等为核心的现代人权观的标志。第 109 条规定："德国人民，在法律面前一律平等。""原则上，男女均有同等之公民权利及义务。""公法特权及不平等待遇由出生或阶级来看，概行废止。贵族之御称，仅视为姓氏之一部，以后不得再行颁给。"第 17 条则规定了普遍、平等、直接和秘密选举的平等权。1949 年西德基本法继承了《魏玛宪法》的平等权内容。除了在第 3 条第 1 款和第 3 款规定一般平等权之外，还通过第 3 条第 2 款、第 6 条、第 33 条、第 38 条、第 40 条规定了各种具体平等权[1]

日本 1946 年宪法第 14 条第 1 项规定了一般平等权："所有国民，于法之下，不因人种、信仰、性别、社会身份及门第，于政治、经济以及社会关系中，受到差别。"[2] 然后在其他条款中进一步具体化。①废止贵族和限制荣典。第 14 条第 2 项和第 4 项规定："华族及其他贵族制度，不予承认。""荣誉、勋章以及其他荣典之授予，不附带任何特权。荣典之授予，其效力限于已有之，或将来接受者之一代。"②家族生活中的平等。第 24 条规定："婚姻，仅基于两性之合意而成立，且应以夫妇有同等权利为基本，相互协力维持之。""就配偶之选择、财产权、继承、居住之选定、离婚，以及其他有关婚姻与家族之事项，制定法律时，应基于个人尊严与两性之本质平等。"③教育机会的平等。第 26 条规定："所有国民，均有依法律规定，按其能力平等受教育之权利。"④公务员选举的平等。第 15 条规定："公务员之选举，应保障由成年人以普通选举为之。"第 44 条规定："两议院议员及其选举人之资格，以法律定之。但不得因种族、信仰、性别、社会身份、门第、教育、财产或收入，而有差别。"

英、美、法、德、日五个发达国家宪法都将平等权作为一项基本人权。这些西方典型宪法又影响了资本主义世界其他国家的宪法，使平等从一种观念跃为宪

---

〔1〕 朱应平：《平等权的宪法保护》，北京大学出版社 2004 年版，第 55~56 页。

〔2〕 ［日］阿部照哉等编著：《宪法——基本人权》（下册），周宗宪译，中国政法大学出版社 2006 年版，第 108~126 页。

法保障的公民基本权利而获得普遍尊重。

社会主义国家宪法是在吸取资本主义国家宪法的精华、避免资本主义宪法形式平等弊端的基础上制定并发展起来的,社会主义的本质是人人平等、共同富裕的社会。因而社会主义国家宪法对平等权的确认作出更加坚定的承诺。

第一部社会主义宪法1918年《俄罗斯社会主义联邦苏维埃共和国宪法》第22条规定:"俄罗斯社会主义联邦苏维埃共和国承认公民不分种族和民族享有平等权利的同时,宣布在这一基础上规定或容许任何特权或任何特许,以及对少数民族的任何压迫或对其平等权利的任何限制,均属于违背共和国的各项基本原则。"确立了坚决反对特权和歧视的社会主义平等原则。1936年苏联宪法第123条第1款规定:"苏联公民,不分民族和种族,在经济的、国家的、文化的和社会——政治生活的各方面,一律平等,这是确定不移的法律。"并在第122、135、136、137条分别规定妇女与男子平等的权利、公民平等的选举和被选举资格、公民选举权平等的效力、妇女与男子同等的选举权和被选举权。1977年苏联宪法第6章以专章的形式规定了"苏联国籍、公民权利平等",其中,第34条规定:"苏联公民,不分出身、社会地位和财产状况、种族和民族、性别、教育程度、语言、宗教信仰、职业的种类和性质、居住地点和其他情况,在法律上一律平等。"与资本主义国家宪法对平等原则规定的根本区别是,该条继而规定"苏联公民的权利平等从经济、政治、社会和文化各方面予以保证"。接着第35、36条规定了妇女与男子平等、各种族和民族享有平等权利。同时,第53、96、97条还分别规定了夫妻在家庭关系中完全平等、公民享有平等的选举和被选举权、代表的选举是平等的。1978年俄罗斯联邦宪法在序言中规定:"苏维埃政权保护俄罗斯各族人民的平等和自由自决。"第5章以专章的形式规定了俄罗斯联邦国籍、一切公民平等。其中,第32、33、34条对公民平等原则、男女平等和各种族、民族公民平等与1977年宪法作了相同的规定。

我国1954年宪法规定"公民在法律上一律平等",1975年和1978年宪法删除了平等权的条文,1982年宪法恢复了1954年宪法的规定,在第33条第2款中规定:"中华人民共和国公民在法律面前一律平等。"同时在另外六个方面作了具体规定,即第33条第4款规定,任何公民享有宪法和法律规定的权利,同时必须履行宪法和法律规定的义务;第5条第5款规定,任何组织和个人都不得有超越宪法和法律的特权;第4条第1款规定,中华人民共和国各民族一律平等;第48条第1款规定,妇女享有同男子平等的权利。国家保护妇女的权利和利益,实行男女同工同酬,培养和选拔妇女干部;第34条规定,年满18岁的中国公民不分民族、种族、性别、职业、家庭出身、宗教信仰、教育程度、财产状况、居住期限,都有选举权和被选举权;第36条第2款规定,不得歧视信仰宗教的公民和不信仰宗教的公民。[1]

各国宪法规定平等权的方式各不相同，但也有许多共同点。如规定法律面前人人平等、法律的平等保护、禁止歧视、反对贵族、反对崇拜。具体表现为男女平等、民族平等、选举权平等、种族平等，等等。随着平等权的入宪，各国法律也相应地将宪法平等权进一步具体化在各部门法之中，从而出现各种法律层次的平等权。如教育法中规定教育平等权、诉讼法中规定诉讼平等权、民法中规定民事主体平等权。

（二）国际人权法中的平等权

联合国成立以前，人权保护主要是主权国家范围内的事项，平等权也相应地由国家宪法与法律加以规定。《联合国宪章》颁布以后，平等权的立法保护走向国际化，在全球和区域层面都获得广泛的发展。[2] 在全球层面，几乎每一个国际人权文件都对平等权作出了明确的规定。

1945 年《联合国宪章》序言规定"重申基本人权，人格尊严与价值，以及男女与大小各国平等权利之信念"，第 2 条规定联合国宗旨之一是"发展国际间以尊重人民平等权利及自决原则为根据之友好关系"。从而使人民之间、男女之间的平等权成为各国政府的国际法律义务。

1948 年通过的《世界人权宣言》在序言和正文中对《联合国宪章》规定的平等权进一步具体化。"鉴于对人类家庭所有成员的固有尊严及其平等的和不移的权利的承认，乃是世界自由、正义与和平的基础"，"鉴于各联合国国家的人民已在联合国宪章中重申他们对基本人权、人格尊严和价值以及男女平等权利的信念，并决心促成较大自由中的社会进步和生活水平的改善"，这是序言从制定人权宣言的原因、目的和宗旨方面规定了平等权。正文部分除第 30 条外，每一条不是使用"人人"的模式就是使用"平等"的表达，因而可以说，正文就是对序言规定的平等权的细化，平等权成为正文的主线和精神。例如，第 1 条规定了尊严和权利的平等权："人人生而自由，在尊严和权利上一律平等。他们赋有理性和良心，并应以兄弟关系的精神相对待。"第 2 条规定了不受歧视的平等权："人人有资格享有本宣言所载的一切权利和自由，不分种族、肤色、性别、语言、宗教、政治或其他见解、国籍或社会出身、财产、出生或其他身份等任何区别。"第 7 条规定了法律面前的平等权："在法律前人人平等，并有权享受法律的平等

---

[1]　林来梵：《从宪法规范到规范宪法》，法律出版社 2001 年版，第 110 页。

[2]　"自从自然权利在 17 世纪出现以来，平等原则在一些国家的法律中已经经历了很长的历史发展。然而，直到 1945 年《联合国宪章》通过以后，这一原则才在国际一级成为一般原则。"参见 ［瑞典］格德门德尔·阿尔弗雷德松等编：《世界人权宣言努力实现的共同标准》，中国人权研究会组织翻译，四川人民出版社 1999 年版，第 79 页。

保护，不受任何歧视。人人有权享受平等保护，以免受违反本宣言的任何歧视行为以及煽动这种歧视的任何行为之害。"第 16 条规定了男女平等权："成年男女，不受种族、国籍或宗教的任何限制，有权婚嫁和成立家庭。他们在婚姻方面，在结婚期间和在解除婚约时，应有平等的权利。"第 21 条规定了政治平等权："①人人有直接或通过自由选择的代表参与治理本国的权利。②人人有平等机会参加本国公务的权利。③人民的意志是政府权力的基础；这一意志应以定期的和真正的选举予以表现，而选举应依据普遍和平等的投票权，并以不记名投票或相当的自由投票程序进行。"此外，第 23、26 条分别规定了同工同酬的平等权和受教育的平等权。

为了保障《世界人权宣言》规定的包括平等权在内的所有人权得以实现，1966 年联大通过了《公民权利和政治权利国际公约》和《经济、社会、文化权利国际公约》两大人权公约，1976 年生效后对所有缔约国产生法律约束力。两公约使用同样的序言重申了联合国宪章和世界人权宣言规定的平等权，促使两公约规定的两类人权获得平等保护。两公约的正文部分对平等权的规定也体现了对世界人权宣言规定的对应关系，而且是对后者的细化与补充。

关于不受歧视的一般平等权，两公约的第 2 条与宣言第 2 条的规定极为相似。《公民权利和政治权利国际公约》第 2 条第 1 款规定："本公约每一缔约国承担尊重和保证在其领土内和受其管辖的一切个人享有本公约所承认的权利，不分种族、肤色、性别、语言、宗教、政治或其他见解、国籍或社会出身、财产、出生或其他身份等任何区别。"《经济、社会、文化权利国际公约》第 2 条第 2 款规定："本公约缔约各国承担保证，本公约所宣布的权利应予普遍行使，而不得有例如种族、肤色、性别、语言、宗教、政治或其他见解、国籍或社会出身、财产、出生或其他身份等任何区分。"

《公民权利和政治权利国际公约》第 26 条规定："所有的人在法律前平等，并有权受法律的平等保护，无所歧视。在这方面，法律应禁止任何歧视并保证所有的人得到平等的和有效的保护，以免受基于种族、肤色、性别、语言、宗教、政治或其他见解、国籍或社会出身、财产、出生或其他身份等任何理由的歧视。"该条规定了法律面前的平等权，与宣言第 7 条的规定相对应。人权事务委员会评论说："第 26 条并不是简单重复第 2 条已经规定的内容，而是又自动规定了一项权利。因此，第 26 条内容涉及缔约国在这方面的立法和实施这些立法的责任。"[1]

---

〔1〕 ［瑞典］格德门德尔·阿尔弗雷德松等编：《世界人权宣言努力实现的共同标准》，中国人权研究会组织翻译，四川人民出版社 1999 年版，第 172 页。

对男女平等权的保护，两公约也分别对宣言第 16 条进行了相似的具体规定。《公民权利和政治权利国际公约》第 3 条规定：" 本公约缔约各国承担保证男子和妇女在享有本公约所载一切公民和政治权利方面有平等的权利。" 第 23 条第 4 款规定：" 本公约缔约各国应采取适当步骤以保证缔婚双方在缔婚、结婚期间和解除婚约时的权利和责任平等。"《经济、社会、文化权利国际公约》也在第 3 条规定：" 本公约缔约各国承担保证男子和妇女在本公约所载一切经济、社会及文化权利方面有平等的权利。"[1] 此外，《公民权利和政治权利国际公约》第 25、27 条分别规定了政治平等权、少数人的平等权。《经济、社会、文化权利国际公约》则分别在第 7、13 条分别规定了工作平等权、受教育平等权。

全球层面对平等权的国际立法，除以上联合国制定的一般性人权公约外，还有针对特定主体的特殊人权公约。这些公约主要包括：《消除一切形式种族歧视国际公约》、《消除对妇女一切形式歧视公约》、《儿童权利公约》、《禁止酷刑和其他残忍、不人道或有辱人格的待遇或处罚公约》、《防止及惩治灭绝种族罪公约》、《禁止并惩治种族隔离罪行国际公约》等。

区域层面关于平等权的立法既是对全球层面立法的实施和回应，也在实践过程中展示了各区域不同的特点。1953 年生效的《欧洲人权公约》第 14 条以禁止歧视的方式规定了平等权：" 应保证人人享受公约列举的权利与自由，不得因性别、种族、肤色、语言、宗教、政治的或其他见解、民族或社会出身、同少数民族的联系、财产、出生或其他地位而有所歧视。" 1965 年生效的《欧洲社会宪章》则是为了促进平等而规定了公民的社会、经济权利，有关平等权的条款主要体现在第一部分。1978 年生效的《美洲人权公约》集公民和政治权利与经济、社会和文化权利保护于一体。第 1 条规定，各缔约国承诺尊重公约所承认的各项权利和自由，并保证在它们管辖下的所有人都能自由地、全部地行使这些权利和自由，不因种族、肤色、性别、语言、宗教、政治见解或其他主张、民族或社会出身、经济地位、出生或其他任何社会条件而受到任何歧视。第 24 条规定，在法律面前人人平等。人人享有不受歧视的法律的平等保护。1988 年生效的《美洲人权公约补充议定书》也包含了一系列平等权，如缔约国承允，保证毫无歧视地履行所陈述之权利，男女平等享受所载之权利（第 2 条）；人人有工作权、工会权（第 6、8 条）；人人应享有社会保障权、健康权、有益于健康的环境权。1987 年生效的《非洲人权和民族权宪章》也将两类人权规定在同一文件中，并对两类人权同等对待。宪章首先在序言中宣称 " 自由平等、正义与尊严是非洲各国人民实现其合法愿望的主要目的 "，然后在第一部分规定了广泛的非歧视条款

---

[1]　朱应平：《平等权的宪法保护》，北京大学出版社 2004 年版，第 29 页。

和平等保护条款。第 2 条规定，每个人都应享有宪章承认并保证的权利和自由，不分种族、人种、肤色、性别、语言、宗教、政治和其他见解，国籍或社会出身、财富、出生或其他身份等任何区别。第 3 条第 1 款规定，法律面前人人平等。第 19 条规定，所有人都应平等，他们都应享受同样的尊敬、同样的权利。任何人无权控制别人的权利。

区域性人权公约和宪章对平等权的规定一般包括以下内容：禁止歧视是平等权的重要形式；法律面前人人平等；一些具体平等权，内容涵盖政治、经济、社会等各方面；对妇女儿童等弱势群体规定了特殊保护的差别待遇；注重对权利的保障特别是司法保障。[1]

二、平等权的概念

平等权的概念是以平等的概念作为基础的，上一节有关平等观念的不同理解为我们全面而准确地认识平等权提供了重要的理论指导。而平等权又是一种法律权利，国内、国际关于平等权的立法发展展现了平等权丰富多彩的内涵，这对平等权的概念的定型同样重要。平等权主要是一个法学概念，法律文本中的表达术语比较复杂，如法律面前人人平等、法律的平等保护、禁止歧视等。尽管如此，"在法律面前平等的原则是所有法律中最古老和最根本并深深扎根的原则，作为一个实体原则，存在于每一个民主宪政制度的宪法和行政法中。即使这一原则在不同国家采取不同的形式，作为一个法律准则，它的有效性几乎得到西方世界每一个国家一致的承认。"[2] 由于平等观念和平等权的立法随着时代的变化而变化，平等权的概念也相应地发生变化。

（一）平等权的概念在西方的发展

平等权产生于西方资本主义的发展过程中，其概念也不断得到发展，由最初的法律面前平等到平等的法律保护，其后又增加了禁止歧视和正当性的差别对待的内涵。

美国的《独立宣言》率先在法律上确认了平等权原则，1793 年法国宪法明确规定公民平等权是各种人权中的一种。此时，正如 1789 年法国《人权与公民权利宣言》所宣称的那样，平等权即是指人们在权利上是平等的，社会的差别只可以基于共同的利益，"法律对一切人无论是进行保护或惩罚，都应当是一样的。一切公民在法律的眼中一律平等，都可以平等地按照其能力，并且除他们的品德

---

〔1〕 朱应平：《平等权的宪法保护》，北京大学出版社 2004 年版，第 91～92 页。

〔2〕 Jurgen Schwarze, *European Administrative Law*, Sweet and Maxwell, 1992, p. 545. 转引自朱应平：《平等权的宪法保护》，北京大学出版社 2004 年版，第 27 页。

与才能的差别外不得有其他差别，担任一切高官、公共职位或者职务。"这种平等权在实质上所指的是公民在法律面前的平等，指所有人服从已经建立的正义规范，并据以实施公正对待，任何人都没有不服从法律的特权，国家权力不得被滥用。法律面前的平等还具有许多不同的含义：法律面前的平等意味着平等地服从普通法而不管它的内容如何；意味着它基本上是一个涉及法律适用、执行和法律制度运行中的程序性概念；意味着在法律面前国家和个人应当平等。[1] 此后，"在法律面前人人平等"发展成为世界各国——无论是资本主义国家还是社会主义国家都共同遵守的一条最基本的宪法原则。

随着资产阶级实践的发展，法律面前平等的平等权要求扩展到平等的法律保护，而平等的法律保护首先要求立法上的平等对待。作为一个宪法规则的平等原则、从一开始就要求立法机关在立法中应该基本上保证做到"类似情况类似对待"，并且只有在出现客观上能被证明正当的情况下方能作出差异性规定。就国家机关的职责来说，如果有可供作出评价的标准，那些承担解释、适用和执行法律的机构就不能作出专断任意的区分。他们必须保证法律适用的统一。[2] 美国宪法第14条修正案的平等保护条款被理解为平等保护的保障书，也被解释为"为了保护生命、自由和财产以及追求幸福"而给所有人同样保护，而不仅仅是法律的平等适用。根据美国宪法第14条修正案，政府必须在同样的条件下像对待其他人或群体一样来同样对待某个人或某个群体。在今天的宪法法理中，平等保护意指作出区别的立法必须有这样做的合理基础，如果立法影响了根本权利或涉及嫌疑分类，除非它能通过严格审查，否则不合宪。[3] 沃威克·麦克奇恩在1983年出版的《国际法下的平等和歧视》中指出"法律面前平等"公式比"平等的法律保护"更弱，因为前者规定人们应该得到平等对待，除非法律以其他方式作出规定；而后一个原则的本质是，法律应该用同样的方式对待人们，除非有合理正当理由证明不这样做是可行的。[4]

平等的法律保护已经蕴含了平等权对反对和禁止歧视的要求，但是随着人权理论的高涨，"不歧视"凸显为平等权的重要指标，并成为人们普遍享有的人权的重要内容。根据国际人权法的相关规定，"不歧视"是指，无论在立法上还是法律适用中不得基于种族、肤色、性别、语言宗教、政治或其他见解、国籍或社

[1] *Black's Law Dictionary* (Seventh Edition), West Group, 1999, p. 557.

[2] Jurgen Schwarze, *European Administrative Law*, Sweet and Maxwell, 1992, p. 547.

[3] *Black's Law Dictionary* (Seventh Edition), West Group, 1999, p. 557.

[4] Marc J. Bossuyt, "The Principle of Equality in Article 26 of the International Covenant on Civil and Political Rights", in *The Limitation of Human Rights in Comparative Constitutional Law*, Harvard Law Review, Oxford University Press, Columbia University Press, 1986, p. 271.

会出身、财产、出生或其他身份而作的任何区别、排斥、限制或优待，其目的或效果妨碍或否定了任何人的一切权利和自由在平等的基础上的承认、享有或行使。[1] 不歧视与"法律面前人人平等并有权享受法律的平等保护"一并成为人人享有人权的基础。正如舍思特克所指出的，平等与不歧视原则是"人权法的核心"。[2]

平等权的发展不仅在形式上明确了反歧视的要求，而且在实质上增加了正当的差别对待、差别补偿的内涵。差别对待包括两个方面的要求：其一，基于人与人之间的各种客观差异，法律必然为了合法目的在人之间作出区别，然而法律上的区别对待必须符合"平等"与"正义"的前提。必须人人有平等的法律人格；对于具体的人或者某类人的区别对待，其依据只能是智力和体力，而不能是阶级、种族等因素。区别对待的目的不是扩大人的自然不平等，而是缩小差别。其二，基于正当的目的对处于弱势地位的个人及群体给予适当的照顾。一个政治社会中的弱者，有权利享有他们政府特别的关心和尊重，因为社会中的强者可以自己保证自己得到同样效果的关心和尊重。"一些群体较之其他人更为脆弱或在历史上受到歧视。他们可以要求对自己权利的特别保护，有时是通过采取肯定行动和其他特殊措施。"[3]

（二）平等权的概念在中国的发展

《中华人民共和国宪法》（以下简称《宪法》）第 33 条第 2 款规定："中华人民共和国公民在法律面前一律平等。"我国学者主要以上述规定解释和界定平等权。国内学界对平等权的认知，大致经历了平等权仅指法律适用的平等到包括立法平等的发展过程。在早期，我国学界侧重在社会主义公有制的基础上以阶级的观点界定平等权，往往局限于宪法文本对平等权规定的解释，注重法律适用的平等，不承认立法平等。其后，有学者指出法律上的平等权包括立法、适法、守法上的平等，更有观点特别指出平等权的本质含义是立法平等。

较传统的观点认为，讲"公民在法律面前一律平等"并不否认法律的阶级

---

[1] 政治权利公约和经社文权利公约都没有给歧视下定义，也没有说明在什么情况下构成歧视。但是《种族公约》第 1 条将"族种歧视"定义为：基于种族、肤色、出身或原属国或民族本源之任何区别、排斥、限制或优待，其目的或效果在于取消或损害政治、经济、文化或公共生活任何其他方面人权及基本自由在平等地位上之承认、享有和行使。《妇女公约》第 1 条则将"对妇女的歧视"定义为：基于性别而作的任何区别、排除或限制，其效果或目的在于妨碍或否定妇女……对人权及基本自由之承认、享有或行使。

[2] Jorome J. Shestack, "The Jurisprudence of Human Rights", in Theodor Meron (eds), *Human Rights in International Law*: *Legaland Policy Issues*, 1984, p. 101.

[3] ［挪］A. 艾德、［芬］C. 克罗斯、［比］A. 罗萨斯：《经济、社会和文化的权利》，黄列译，中国社会科学出版社 2003 年版，第 18 页。

性，"社会主义法制平等原则，不仅同法律阶级性没有矛盾，而且有利于实现和体现法律阶级性。""在立法问题上，人民和敌人是不能讲平等的。"[1] 据此，法律平等权即法律实施上的平等，而不是立法上的平等，包括司法平等和守法平等，具体来说：①所有公民在法律面前享有平等权利。凡是宪法和法律规定公民应当享有的权利，他们都应该享有，并在行使权利时受到同样的待遇。②所有公民都应该依照宪法和法律履行自己的义务。公民履行义务与公民享有权利是同时存在的。公民在享有权利时，不得侵犯他人的权利，这也是履行义务的一个重要法律方面。③任何公民的违法行为都应受到追究。任何触犯了刑律的人，都应当受到刑事处罚。审判机关在运用和解释法律上，对所有公民都应施以同等对待。[2]

有的学者对平等权的解释尽管表面上没明确表示包含立法平等，但实际上暗含立法平等的要求，他们认为公民在法律面前一律平等的内容包括：其一，公民在享有权利上一律平等。具体指任何公民不能由于民族、种族、性别、职业、家庭、宗教信仰、教育程度、财产状况、居住期限等方面而影响其作为权利主体的法律地位，限制其享有权利的种类和范围。其二，就司法机关而言，要求对公民在适用法律上一律平等，具体来讲，各级司法机关对一切公民的合法权益都必须予以保护，对一切违法行为都必须予以追究。其三，每个公民既平等享有权利，又平等承担义务。每个公民都是享有权利承担义务的主体。享有权利和承担义务的程度都不能因人而异，只能以法律为准绳。[3] 其中，第一点实质上就是立法平等的要求。

有的学者认为，法律上的平等不仅包括适法和守法的平等，而且包括立法的平等。立法平等是指所有类属相同的社会主体，除有正当的理由外，必须视为平等地享有同类法律权利的资格和平等承担法律义务的主体。如周伟博士认为："从宪法发展的过程来看，平等权的含义，从适用法律平等发展成为立法平等，即从形式法律上要求国家平等地保障公民享有权利与履行义务，发展到实质法律上要求国家平等地为公民设定权利与义务，是宪法平等权受人权保障发展的结果。所以，平等权不仅指适用法律平等，而且也指制定法律平等，在宪法理论与

〔1〕　吴家麟：《宪法学》，群众出版社 1983 年版，第 324 页。

〔2〕　公民在法律面前一律平等的含义的类似的看法：①所有公民在法律面前享有同等的权利。凡是宪法和法律规定的权利，他们都享有，并在行使时受到同样的待遇。②所有人平等履行宪法和法律规定的义务。③国家机关在适用法律时，对所有公民的保护或者惩罚都是平等的，不得因人而异。即无论是司法机关还是行政机关或其他机关，在适用和执行法律时，对所有公民都应一律平等对待。平等对待的内容应当包括保护和惩罚两个方面。④任何组织和个人不得有超越宪法和法律的特权。参见朱应平：《平等权的宪法保护》，北京大学出版社 2004 年版，第 31 页。

〔3〕　许崇德、张正钊：《人权思想与人权立法》，中国人民大学出版社 1992 年版，第 49 页。

实践中，得到了普遍认可。"[1]

还有的学者从法律平等与法律适用平等的区别入手，特别指出平等权的本质含义是立法平等。法律平等和法律适用平等是两个层次的问题，法律平等是立法问题，法律适用平等是司法问题。前者要求的是权利义务、法律人格的平等，后者追求的是不折不扣无差异地实现法律。一般来说，法律适用平等与法律平等有关，但它本身不是法律平等问题。法律平等仅指立法或法律内容上的平等，法律适用平等只是其附属物。法律面前人人平等所说的平等权、平等法律人格并不排斥法律的区别对待。这是因为人在智力和体力上是不平等的，如果强使其平等，其结果反而不公正。[2] 所以，公民的平等权首先在于人人平等的法律人格。

当然，我国学者对平等权的界定，也注意到平等权对国家权力的拘束，强调平等权的保护、平等权的消极或者限制功能、平等权与平均主义的差别等。如平等权是指平等地享有权利，不受任何差别对待，要求国家同等保护的权利。[3]

（三）平等权的概念的界定

学界从不同的角度对平等权作出了各种不同的界定，虽然导致了平等权在概念上的复杂性，但却深化了对平等权的认识。在国内现有的众多对平等权的界定中，朱应平博士在《论平等权的宪法保护》一书中所下的定义较为全面，认为宪法平等权是由成文宪法、宪法性法律、人权公约、宪法解释、宪法判例、宪法惯例等确认或默认的，要求国家机关或强势者遵循"同样情况相同对待和不同情况差别对待"的原则，没有合适理由不得实施歧视和不合理的差别待遇，对作出差别待遇的行为须承担举证责任的、保护公民权利的宪法规范；它是一般平等权和多项具体平等权的统一体；其基本内容是公民在宪法法律上地位相同，平等地享有宪法和法律规定的权利、履行义务，平等地受罚和获得司法救济，做到公民不因民族、种族、肤色、性别、语言、职业、政治或其他观点、宗教信仰、财

---

〔1〕 周伟：《宪法基本权利司法救济研究》，中国人民公安大学出版社 2003 年版，第 77 ~ 78 页。

〔2〕 朱应平：《平等权的宪法保护》，北京大学出版社 2004 年版，第 35 页。

〔3〕 其特点是：①平等权的主体是公民，它表明公民地位平等。②从公民与国家的关系来看，公民有权利要求国家给予平等保护，不因公民性别、年龄、职业、出身等原因给予差别对待；国家有义务无差别地保护每一位公民的平等地位。特别是国家有关机关适用法律时给予公民的保护或惩罚应是平等的，不得因为某些特定的个人因素给予特殊保护，而对其他公民不予保护。平等权的概念实际上确立了国家机关活动的合理界限，是国家机关活动的基本出发点。③平等权的概念意味着公民平等地行使权利，平等地履行义务。平等权的价值不允许特权现象存在，特权与平等权不能并存。④平等权的概念意味着它是实现基本权利的方法或手段。平等权是基本权利体系中的一种，同时也是实现政治权利、经济权利、社会权利与文化权利的手段，它为这些权利的实现提供基础与环境。参见周叶中主编：《宪法学》，法律出版社 1999 年版，第 155 ~ 156 页。

产、居住地点、户籍、家庭和其他身份等差异而遭到歧视或不合理的差别待遇。[1] 这一概念涉及平等权的法律渊源、平等权的形式和实质要求、平等权的内容、平等权的主体等事项，这些都是平等权应该关注的内容，但是这一概念不仅远未使平等权的概念变得清晰，也并未囊括平等权的所有内涵。

在上述概念的基础上，我们认为应该从如下几方面把握平等权的概念：

1. 平等权归根到底是一种权利，权利是权利主体基于一定的资格向他人主张的利益或者意志，平等权的权利主体只是因为作为人抑或公民的资格主张平等利益或者平等意志，所以，平等权是一种原初权利、一种基本权利、一种基础权利。据此，可以从性质上将平等权与一般权利相区别。

2. 平等权就是平等的要求，平等暗含"比较"的意项，在没有参照对象的情况下，平等不具实质意义。因此，平等作为权利的内容具有依附性，不像生存权、环境权等权利，这些权利的内容本身是独立的。据此，可以从内容上将平等权与其他基本权利相区别。

3. 在确定平等权在权利体系中的位置之后，明确平等权的内容——平等的具体所指——是理解平等权概念的关键。平等权中的平等，首先，要求权利主体地位的平等，因为平等权的享有依据的是作为人的资格，所以，其主体的平等性不证自明，如果对权利主体实施差别对待，平等权则无依附的对象。其次，要求对待方式的平等，主体平等只是前提，只有在此基础之上遵循同等情况同等对待的方式，始得真正之平等对待，尽管结果不一定平等。这是平等在形式上的要求，是平等权的第一要义。问题在于：虽然在作为人的资格上人人平等，但在现实中人与人之间不可避免地存在各种客观差别，一味地从平等资格出发坚持平等对待，只能巩固和扩大这种差别，不符合平等本身所依归的正义原则，所以，根据作为最高原则的正义要求，有必要对客观差异做区别对待，对客观上的弱者给予适当的关照。这是平等在实质上的要求，是平等权的第二要义。

基于以上认识，我们认为平等权即是具有相同资格的主体要求享有同等权利和要求同等对待，并主张基于正当理由对同等资格主体中的客观弱者予以差别对待的一项基本权利。简言之，即是平等主体在形式平等的基础之上的实质平等主张。

（四）平等权的分类

正如平等被博登海默称为"普洛透斯似的脸"，平等权的内涵也是非常丰富的，并且具有发展性和复杂性，借助平等权的分类对把握平等权的内涵颇有助益。按照不同标准可以对平等权进行不同的分类，如法律面前人人平等、人格平

---

[1] 朱应平：《平等权的宪法保护》，北京大学出版社 2004 年版，第 37～38 页。

等、男女平等、民族平等;[1] 绝对平等与相对平等;机械平等与比例平等;消极平等与积极平等,等等。本文主要介绍一般平等权与具体平等权,形式平等权与实质平等权。

1. 一般平等权与具体平等权。一般平等权即平等原则,指相同事件相同处理,不同事件依其特质不同而作不同处理,即等者等之,不等者不等之。德国联邦宪法法院曾以一句名言简明概括平等权的意义:"平等原则禁止对于本质相同之事件,在不具实质理由之下任意地不平等处理,以及禁止对于本质不相同之事件,任意地作相同处理。"[2] 平等原则是自由民主国家必要的基础,平等原则之下,国家所有机关之行为禁止恣意,并应符合正义原则。一般平等权系一基础性的基本权利,其本身的意义非常抽象。具体平等权是一般平等权与其他具体权利或特殊主体结合而形成的一类复合权利。例如,选举权与平等权结合而成选举平等权;诉讼权加上平等权即成诉讼平等权等。与特殊主体结合的情况,如妇女平等权、残疾人平等权等。

我国宪法学者把平等权分成一般平等权与具体平等权,一般平等权规定在第33 条第 2 款:"公民在法律面前一律平等。"具体平等权包括六个方面,即第 33 条第 3 款规定,任何公民享有宪法和法律规定的权利,同时必须履行宪法和法律规定的义务;第 5 条第 5 款规定,任何组织或者个人都不得有超越宪法和法律的特权;第 4 条第 1 款、第 48 条第 1、2 款、第 34 条、第 36 条第 2 款分别规定了民族平等、男女平等、选举平等和宗教信仰平等。日本学者也将公民平等权分解为:宪法第 14 条第 1 项规定为平等权一般原则,即法律面前人人平等的原则,任何国民不因其人种、信仰、性别、社会身份或门第不同,而在政治上、经济上、社会上受到不合理的差别待遇;贵族的废止;荣典的限制;选举的平等;教育的平等;家庭的平等。

2. 形式平等权与实质平等权。形式上的平等旨在反对不合理的差别,而实质上的平等则要求必须承认合理的差别,并要求适当的差别对待。平等权既有形式平等的要求,也有实质平等的要求。平等权的这一分类对平等权的把握具有重要意义。

形式平等权,亦即机会平等权,它所追求的是法律对每个人所保障的,在其权利形成和实现过程中享有机会上的平等。形式平等权形成于反对封建特权的过程中,所以它并不关注各个具体的"人"的客观差异,它所关注的是各个"人"在其人格的形成发展,或权利的享有和实现过程中的机会上的均等,其主旨是反

---

[1] 谢鹏程:《公民的基本权利》,中国社会科学出版社 1999 年版,第 194～223 页。

[2] 法治斌、董保城:《宪法新论》,元照出版公司 2005 年版,第 243 页。

对"差别对待"，至于"结果"如何，并不是它首要考虑的问题。形式平等的核心理论则由"起点平等"和"同等情况同样对待"两部分构成。[1]

形式平等是平等权的理性之所系。离开了形式平等而言平等，平等权就有可能成为空话。所以，有学者指出："平等作为近代民主政治的理念并不是实质上的，而是形式上的。"[2] 然而，形式平等原理是近代宪法基于自由国家理念所确立的，不可避免地具有自身的局限性，正如日本学者芦部信喜教授指出："如果无视人的事实上的差异而将平等推向极端，人的自由与自律的发展就会受到破坏；反之，如果无抑制地认肯自由，则又会导致少数政治上或经济上的强者在牺牲多数弱者的基础上增大其权力与财富，出现不当的不平等。"[3]

所谓实质上的平等，指的是："为了在一定程度上纠正由于保障形式上的平等所招致的事实上的不平等，依据个人的不同属性采取分别不同的方式，对作为各个人的人格之形成和发展所必需的前提条件进行实质意义上的平等保障。"[4] 因为形式上的平等不顾"人"的差异一律同等对待，导致"强者恒强、弱者恒弱"的趋势，可能促使社会整体的两极分化，拉大人与人之间的客观差异，加剧人们之间的不平等状况。正如皮埃尔指出的："在平等的名义下，实现的反而是不平等、非正义、不公平。"[5] 20 世纪中期以来，人们对平等权的观念逐渐由形式平等发展为实质平等。

实质上的平等是对形式上的平等原理进行修正和补足的原理："一般来说，形式上的平等原理仍然可以适用于对精神、文化活动的自由、人身的自由与人格的尊严乃至政治权利等宪法权利的保障，而实质上的平等原理则主要适用于以下两种情形：其一，在权利的主体上，男女平等、人种平等和民族平等的实现，就是实质上的平等原理所期待的客观结果；其二，在权利的内容上，实质上的平等原理则主要适用于对社会经济权利的保障，其目的在于使经济强者与经济弱者之间恢复法律内在的所期待的那种主体之间的对等关系。"[6]

---

〔1〕　徐显明、齐延平："中国人权制度建设的五大主题"，载《文史哲》2002 年第 4 期。
〔2〕　〔日〕大须贺明：《生存权论》，林浩译，法律出版社 2001 年版，第 41 页。
〔3〕　〔日〕芦部信喜：《宪法》，有斐阁 1998 年版，第 20 页。
〔4〕　韩大元：《宪法学专题研究》，中国人民大学出版社 2004 年版，第 269 页。
〔5〕　〔法〕皮埃尔·勒鲁：《论平等》，王允道译，商务印书馆 1988 年版，第 272 页。
〔6〕　林来梵：《从宪法规范到规范宪法》，法律出版社 2001 年版，第 107 页。

第三节　平等权的价值和效力

一、平等权的价值

价值是客体对主体的意义，包括客体对主体的需要的满足和主体关于客体的绝对超越指向两个方面。[1] 平等权在宪政国家的发展中不断得到高涨，已成为世界公认的最基本的权利。平等权既是历史发展和人类文明进步的结果，也对个人的生存状况和社会发展具有不可替代的价值。具体而言，平等权本身在权利体系中具有基础性、根本性的地位，同时，平等权对社会和谐发展具有重要的促进作用。另外，学界还有人从目的性和工具性角度提出了平等权的目的性价值和平等权的手段性价值的说法。

（一）平等权自身的价值和促进价值

简单地看，平等权的自身价值是内在的，而平等权的促进价值是外在的。内在价值是本身固有的、不受外界影响，而外在价值是内在价值在实践中的体现和衍生，它受外界环境的制约，观念、物质、秩序等外界条件直接关系到平等权促进作用的有无、大小。然而二者休戚相关，不可或缺，自身价值是平等权价值的基础，促进价值是平等权价值的生命。

1. 平等权的自身价值。平等权的自身价值是平等权本身就具有的价值，主要体现在平等权在基本权利体系中的根本性地位。按照人权各项内容在人权体系中的地位、功能和价值，可把人权分为基本人权和非基本人权。"基本人权是那些源于人的自然本性和社会本质，与人的生存、发展和主体地位直接相关的，人生而应当享有的，不可剥夺或转让，且为国际社会公认的普遍权利。"[2] 基本人权的价值不仅在于使人获得基本权利，更重要的是它在使人获得自我解放的目标和获得自我解放的手段中具有杠杆的地位，发挥着中枢作用。尊重和实现基本人权是人在政治上、经济上和社会上获得解放，成为独立性、自治性和权威性主体的必然要求。[3]

而平等权又是各基本权利赖以实现的前提和基础，只有平等权在一定程度上得到确认和保障，各基本权利的杠杆地位才能获得应有的保障、中枢作用才能正

〔1〕　卓泽渊：《法的价值论》，法律出版社 1999 年版，第 3 页。

〔2〕　张文显："论人权的主体和主体的人权"，载《中国法学》1991 年第 5 期。

〔3〕　刘凤泉："论实施法律援助制度是保障人权的重要内容"，载《当代法学》2002 年第 1 期。

常发挥。古典自然法学派杰出代表人之一洛克在《政府论》中指出："同种和同等的人们毫无差别地生来就享有自然的一切同样的有利条件，能够运用相同的身心能力，所以，就应该人人平等"，"人们既然都是平等和独立的，任何人就不得侵害他人的生命、健康、自由或财产。"[1] 只有在享有不容置疑的平等权的基础上，人人享有生命权、自由权和财产权等其他人之为人的权利才具有可能性，平等权不仅在人获得自我解放的诸种权利中发挥中枢作用，而且具有先决作用。没有平等权的保障，一切权利都有可能在不平等的形式下被恣意干涉或侵害。

2. 平等权的促进价值。考查价值往往是以人为基准的，所以，价值包含的有用性即是对人的有用性。平等权的促进价值，首先表现在对"人"自身的促进作用，特别是对人的尊严的促进作用。其次表现在人是社会中的人，平等权对社会结构和社会秩序的促进作用会直接作用到人本身。

人的尊严是一切人权的来源，或者说一切人的权利都只是人的尊严的表现形式。[2] 所以，对"人"自身的促进作用主要是看对人的尊严的促进作用。人们生活在一个共同体中，就必须坚守共同的道德标准，如果仅仅把人当做工具来对待，共同体的秩序就得不到保证，不利于生存。因此，一个人应当永远被当做有内在价值的人来看待，即一个人必须永远被尊为一个自主者，或者说被尊为一个能设定和追求他自己目的的人，并且不干涉他设定和追求上述目的，只要他在与他人的一切交往中表现出同样的克制，这便是人的尊严。可见，坚守共同的道德标准、尊重每一个人为自主者，是人的尊严的前提基础，而在交往上表现出同样的克制是人的尊严的要求。

一切权利都是为了维护和促进人的尊严，而平等权对人的尊严的促进作用是最直接的、最关键的。平等权的核心内容即标榜主体平等，力倡同等情况同样对待，虽然人的尊严具有不证自明的性质，但是平等权在事实上为人的尊严准备了理论基础。在实践层面，没有平等，平等的权利主张得不到法律的确认和保障，人的尊严就只能存在于纸面论证，或者在现实生活中显得微不足道。只有在平等权的支撑和保障之下，人的尊严才会得到尊重，作为人之为人的价值才会得到体现。

平等权对社会的促进作用主要体现在促使和维护社会结构体现公平、正义的原则，以及社会秩序的稳定、和谐发展。从平等权发展的历程来看，在以往平等权被视为一项解释宪法的原则，平等只是客观的法，其效力在个别权利范围内，只具有反射效力而已。但在第二次世界大战以后，平等已逐渐被承认具有主观上

---

〔1〕 ［英］洛克：《政府论》（下卷），叶启芳、瞿菊农译，商务印书馆1964年版，第5～6页。
〔2〕 李震山：《人性尊严与人权保障》，元照出版公司2002年版，第7页。

公民权利的性质，为实体法上的权利，其一旦受害，可以诉求法院救济，平等概念至今不仅是个人人权，更兼具解释所有基本权利的重要原则。今日对于经济上、生理上之弱者更有立法加以保护，俾使一般常人齐一，以符平等之实。特别是 20 世纪社会福利国家，对于社会上、经济上的弱者如何给予最适当的扶持保护，俾能使与其他国民受到同等自由与生存保障，以达实质平等，而如何落实实质平等，正是国家透过社会权保障具有实现宪法义务。[1] 由此可见，平等权对人类社会结构的合理性发展，起到了重要的理论指导和现实推动作用。

平等权追求的目的，是使那些处于不利状态的人们得到改善，而不是使那些处于有利状态的人们的权益受到克减。宪法保障人民受平等权保障的目的在于禁止国家公权力无正当理由，对于相同类别的规范对象作不同处理。因为这种不同处理造成一方地位较他方更为有利，而对于这种差别，若没有合理理由支撑，则与平等原则发生抵触。而因为这样的处理被禁止的，如果处理已经发生则构成责任追究的要件，从而使得这样的不正当的处理不至于恣意发生。追求平等目的和行使平等权规范效力的过程，为社会秩序在可预见的情况下的和谐发展提供了保障。

（二）平等权的目的性价值和手段性价值

平等权的目的性价值就是促进人的全面发展，手段性价值则在具体的社会关系中对主体具有功利性的作用，往往反映在国家生活中和人们的社会生活中。[2] 该观点的论者认为，社会的发展与人的全面发展是统一的、前进的。起源于社会实践的平等权利等人权在人的发展和社会的发展之间的互动关系中起着平衡和协调作用，体现着它的目的性价值。并从如下三方面进行论述：其一，从生存视角来看，平等权的目的性价值体现得非常明显。平等权利观念着眼于人类整体的生存，作为发展的起点。平等权利的法律设定则着眼于每个个体，人人享有平等的权利。如果生存出现危机，社会与国家就有义务采取措施防止每一个个体的生存条件的恶化。其二，在人的物质利益的追求与选择上，每个个体应该是自由的，自由是人的全面发展的重要组成部分。自由地选择和追求物质利益，是基于平等之上的，平等权在权利设定时要求每一个个体在自由地行使权利时，不得侵害其他个体的权利。平等的自由是真正的自由。其三，人的被尊重的欲望和人的被尊重共同体现在人的全面发展中。权利在人之为人的自我意识的形成过程中产生，人之为人的求证与最终界定体现了人作为善的存在的道德理念。人不仅是生命体而且是有尊严的。人的道德价值、人的信仰和其他精神世界的活动也都平等地被

---

〔1〕 法治斌、董保城：《宪法新论》，元照出版公司 2005 年版，第 243 页。
〔2〕 刘钊、刘奇耀："平等权初论"，载《政法论丛》2003 年第 4 期。

尊重。

至于平等权的手段性价值，可以从外在和内在两个角度进行理解。首先，平等权的外在手段价值主要针对国家行为对个人生活的影响。在法律上设立平等权利之前，平等原则常常被简单地平移到法律的规范中，特别是在各国的宪法性文件中，而且法律实践中也不能诚实地一以贯之，即平等价值的形式化问题。平等原则被国家政府利用，成为一种宣言性或工具性的手段，平等价值显然成了伪价值，但这种价值的意义在于平等的伪价值比公然不平等要进步得多。而当人权进入法律领域时，法律的国家强制力必然产生。法律上的权利设立如何保证在消除对自己和自己群体的不公正的同时，不会形成对其他人或其他群体的新的不公正，成为值得反思的问题。其次，平等权的内在手段性价值，体现在平等权对于每个个体的独立、自主人格的塑造上。一方面，每一个主体在社会关系中通过对平等的觉悟、体验和追求，将平等发展成为价值选择和信仰，从而完成独立、自主、成熟的主体塑型。另一方面，人的独立与自主不仅表现在平等权利思想的形成上，更表现在在现实中争取与他人平等，以及尊重他人的平等权利的行动上。

从以上论述可见，该种对平等权价值的界定，实际上仅关注到平等权的促进价值，而忽略了平等权的自身价值。但是，该种界定明确了平等权本身即具目的性意义，对平等权价值的认识具有积极意义。

二、平等权的效力

平等权的效力是平等权的各种约束力的通称。对平等权效力的考察，主要在于明确平等权究竟具有何种性质的约束力，以及对哪些对象具有约束力。在此基础上，可以进一步加深对平等权内涵、价值的理解。

（一）平等权的效力的性质

平等权的效力属于基本原则的效力抑或基本权利的效力，与平等权的基本原则性质抑或基本权利性质休戚相关，平等权的性质决定着平等权效力的性质。对于平等权究竟是一个基本原则，还是一项基本权利，主要存在如下三种观点：

一种观点认为，平等权在宪法上主要是作为一种基本权利而存在的，它不但通过民族平等权、男女平等权，而且还通过政治平等权、社会经济平等权以及其他具体的基本权利来体现其作为一种基本权利的具体内容，因此，它是一种原理（原则）性的、概括性的基本权利。[1] 该观点虽认为平等权是一种基本权利，但还是偏向于平等权是一种原则性（原理性）权利。

另一种观点认为，平等权虽然也表现为一些具体的权利，如受教育平等权、

---

〔1〕 许崇德：《宪法》，中国人民大学出版社 1999 年版，第 153 页。

社会保障平等权等，但平等权更重要的是作为一种法律和法治的基本原则而存在。持这种观点的学说认为平等权应该是对应各种人权时的基准，也是客观上处理各种有关人权问题时的原则，惟其如此，平等才能广泛适用于各层面，成为一种崇高的价值理念。如果平等权仅是一种权利，则会被局限于法律、政治、性别等条文明示的范围，只能要求这些相关事项的平等权利，反而削弱平等在人权保障中的效果。[1] 由此，平等权对人权保障的效力不仅局限于宪法或法律对平等权的规范效力。平等作为宪法原则既包括司法平等，即公民在适用法律上一律平等，又包括公民在守法上一律平等。[2]

还有一种观点认为，平等权既是我国公民的一项基本权利，又是社会主义法制的一个基本原则，该学说属于平等权的"双重性质说"。有学者进一步探讨了作为原则和权利的平等之间的关系。德国宪法学中，法律面前的平等一般被认定为平等原则，而对个人而言则被认定为平等权。质言之，所谓法律面前的平等这一类宪法规范，对于国家一方而言，即可被表述为平等原则，而对于个人一方而言，则可被表述为平等权。[3]

我们同意第三种观点，认为平等权具有双重性质，它既是一个宪法的一般原则，同时又是人民所享有的一种基本权利。所以，平等权的效力也具有双重性，即平等权既具有基本原则的效力，又具有基本权利的效力。

作为现代法治国家的基本原则，平等的权利主张和权利保护是人们在制定和实施法律过程中必须遵循的最基本的准则，也是贯穿立法和司法过程的基本精神。平等权作为基本原则的效力具有普遍性、最高性和抽象性。平等原则效力的普遍性是指人民立宪、行宪必须以平等为基本准则，任何法治国家，乃至任何追求人类文明进步的社会和国家，都必须遵循这一原则。凡立法和司法中不遵循平等原则的，就是搞特权、搞专制。平等原则效力的最高性是指平等原则在现代已被普遍规定为宪法原则，而宪法作为国家的根本大法，具有最高的法律效力。平等原则效力的抽象性，是指平等原则是民主立宪各国在各种法律想象和民主实践的基础上归纳、总结的产物，并在特定的历史条件下与各种具体权利结合成具体的平等权要求。

平等权作为宪法规定的基本权利，要求国家不得妨碍和侵犯公民平等行使权利、采取积极措施为公民行使平等权利积极创造条件，并且负有排除他人干扰的责任。"基本权利至少是一种'客观的最高的价值规范'，任何国家机构皆不得

---

〔1〕 朱应平：《平等权的宪法保护》，北京大学出版社 2004 年版，第 22～23 页。
〔2〕 周叶中：《宪法》，高等教育出版社、北京大学出版社 2000 年版，第 261 页。
〔3〕 林来梵：《从宪法规范到规范宪法》，法律出版社 2001 年版，第 111 页。

抵触之。"〔1〕作为宪法权利,平等权不仅要求国家有关机关在立法上和法律适用上不作非正当的区别对待,而且对国家的立法权力、行政权力和司法权力的行使具有直接的拘束力。

由此可见,平等权作为基本原则的效力,主要是约束国家尊重公民的平等地位、给予公民平等的法律保障。而平等权作为基本权利则包括支撑公民人格尊严、法律地位平等的效力,以及约束和抵制国家不公正对待的效力。

(二)平等权的效力的对象

平等权效力的对象,是指平等权适用的对象有哪些,即平等权的要求对什么样的法律关系主体具有约束力的问题。平等权是一种宪法权利,而宪法法律关系主要是国家和公民之间的关系,所以,平等权的效力对象主要是国家和公民。

1. 对国家的效力。宪法平等权的效力对国家而言,是指平等要求对立法机关、行政机关、司法机关及其活动的指导和约束。

(1)平等权对立法机关及立法活动的效力。关于平等权是仅指法律适用上的平等,还是不仅指法律适用上的平等,而且还包含立法上的平等,即"法律内容平等说"〔2〕是个争议已久的问题。立法的不平等往往导致和加剧适用的不平等,美国学者博西格诺说:"立法能够具有很强的分层影响,换言之,立法的获益与负担并不是在全体人口中分配的,而是集中于某个阶层和团体。"〔3〕因此,宪法平等权不仅是适用法律的平等,还是制定法律的平等,即对国家立法活动也产生拘束力。1926年,在德国公法教授协会年会中,与会者讨论了平等权对立法者拘束力的问题,此后,平等权拘束立法者理论开始成为学术主流。新理论明确提出,宪法平等权不仅是法律适用之平等,同时也是"法律制定之平等"。

由于立法者享有广泛的形成权,可就目的性、必要性作决定以创设法律,作为司法及行政机关就个别事件处理之依据。立法机关制定法律受平等原则之拘束,其目的在于禁止立法机关恣意立法。立法者虽享有立法裁量权制定法律,但立法者不得在不具实质理由的情况下,对实质上相同或类似的事物作不同的规定,特别是不得对某特定团体制定优惠或者歧视条款,同样,立法者不得对不相似的事实或情况任意作相同的规定。平等原则不仅拘束立法机关制定法律,在行政机关委任立法、依立法机关的授权制定和颁布法规、命令,或者行政机关依职权制定规范性法律文件时,凡属于广义法律的范畴的,无论是立法机关还是行政机关制定的,均受平等原则的拘束。

〔1〕 许宗力:《法与国家权力》,台湾月旦出版社1993年版,第59页。
〔2〕 许崇德:《宪法》,中国人民大学出版社1999年版,第155页。
〔3〕 [美]博西格诺:《法律之门》,邓子滨译,华夏出版社2002年版,第115页。

（2）平等权对行政机关及行政执法活动的效力。平等权对行政而言，行政机关适用法律亦须符合法律面前人人平等的原则，不得恣意决定或执行，纵使行政机关对决定依法享有自由裁量权，裁量权的行使也并非完全由行政机关自由决定的，必须具有令人信服的实质理由作为裁量的依据。这种理由必须符合宪法的基本价值，亦即基本权利、法治原则与社会福利原则。合法性与合理性是行政法的基本原则，行政合理性原则要求行政机关行使裁量权，除应遵守一般法律原则外，还应符合法令授权之目的，并不得逾越法定之裁量范围，其意旨是说明行政机关行使裁量权必须按照常理不偏不倚地对待各行政相对人。

行政机关在法律授权范围内依法定程序对个案行使自由裁量权，为了避免不同机关对同一事项裁量不同，行政机关，特别是业务主管上级机关有必要制定一般性、抽象性的"裁量规则"，以确保各机关处理相似案件时能够统一、均衡的行使裁量权。因而，行政机关透过裁量规则使裁量权的行使有内部法则可以遵循，如果没有任何事实理由，就不能任意违反行政机关长期一贯遵循的裁量准据，即所谓"行政自我拘束"。[1]

（3）平等权对司法机关及司法活动的效力。平等权对司法而言，法院和行政、立法一样，必须受平等原则的拘束，平等地依法审判。只有根据法律明确规定差别处理的条文，法院才能作出不同的判决，否则就属于违反平等原则。法院对于当事人所为的攻击、防御，本于武器平等原则，应给予真正机会均等以真实保障。我国《宪法》第 33 条第 2 款规定公民在法律上一律平等，就是公平审判的法律渊源，特别是在刑事诉讼中，被告作为被追诉的人，他应该与追诉人处于平等地位，参与诉讼，受严密、慎重、程序的审理，而赋予其就被追诉的事情请求予以公平审判的权利。法官于具体个案适用法律，应援用事物本质、比例原则及符合实质正义的当为法则，如习惯、学理，来行使审判权，弥补法的漏洞。[2]

2. 对公民的效力。公民是平等权的主体，对于公民而言，平等的要求体现了公民在国家生活中的法律地位，并对国家权力的不正当区别对待具有抵制和救济效用。

首先，宪法和法律对平等权的规定体现了国家对公民法律地位的确认和保障。平等权基本权利是由宪法确认并由国家强制力保障实施的权利体系中最重要、最根本的权利，它表明了国家对公民最起码、最基本的人格和尊严的认可与尊重，确定和体现了公民的法律地位。在资产阶级革命把平等写入宪法之前，公

---

〔1〕 Hartmut Maurer, *Allgemeines Verwaltungsrecht*, 2000, 13, Aufl., §24. Rn. 21f. 转引自法治斌、董保城：《宪法新论》，元照出版公司 2005 年版，第 248 页。

〔2〕 陈新民：《宪法基本权利之基本理论》（上），三民书局 1992 年版，第 507 页。

民在国家生活中作为封建专制的对象是没有平等地位可言的。随着资本主义的发展，人民在国家生活中的平等主体地位逐渐深入人心，宪法对平等权的规定也不断丰富。在现代宪政国家，对平等权的规定已成为以宪法为主的法律体系中必不可少的内容，并且呈现出在国家生活中公民的平等地位愈得到尊重，法律，特别是宪法文本，对平等权的规定的位置愈重要、内容愈充分，而宪法对平等权的规定越重视、完善，国家生活中公民平等的法律地位越容易得到尊重和保障。《宪法》第 33 条第 2 款是对平等权的概括性规定，除此之外，宪法还特别就民族平等、男女平等以及某些权利的行使等方面作出了具体规定。我国各部门法中均有平等权利或平等原则的相关规定。在我国的法律体系中，平等权已有普遍规定，这确认和保障了我国公民在国家和社会生活中平等的法律地位。

其次，公民平等权对国家权力具有直接效力。公民平等权作为宪法规定和保障的一项基本权利，国家权力即使是确认公民权利义务的立法机关，也不能恣意侵犯和更改公民自身，即作为具有目的性价值的人的平等尊重和平等对待的权利。宪法对平等权范围和类型的规定，实质上是宪法划定的国家权力不可逾越的界限。在公法领域，宪法的直接效力已是公认的事实，公民平等权在公共生活中起着至关重要的作用，国家机关的组成、职权与活动，必须在宪法确认的法律面前人人平等的制度结构之内运作。当国家的立法权力、行政权力和司法权力的行使在没有正当理由的情况下对公民实行了区别对待，或者国家的立法权力、行政权力和司法权力的行使与宪法确认的平等权利相抵触或相违背，可能侵害或妨碍公民的平等权利时，公民可以根据宪法和法律规定的平等权利及平等权利原则进行抵制和反抗，法院亦可以援引宪法和法律规定的平等权利及平等权利原则作为认定涉讼行为合法性的法律依据。

最后，公民平等权要求国家权力对公民在同等情况下同等对待，除非有法律规定的、正当的理由。然而，这种平等对待的效力仅及于国家权力的合法、正当行使。以行政执法权力的行使为例，平等权要求执法机关应切实执行法律，对众多违规或违法者是否及如何处理，由相应的执法机关依据裁量权决定处理的对象与方法。如果执法机关对合乎构成要件的某一违法行为或违法行为的某一部分处理不当或未处理，不仅构成执行机关的失职或不当，也构成监察权发动的要件，但相同情况的违规或违法者，不得因此主张同等对待或抵抗正当处理的权利，因为没有不法平等权的概念。同样，行政自我拘束原则亦仅限于行政机关反复惯行的事务，这些事务属合法行政行为，而不是违法行政行为。换言之，不能根据平等原则，在违法行政行为上产生行政自我拘束，也就是说，人们不能根据平等原则要求行政机关重复违法或瑕疵裁量行为。[1]

　　公民平等权对国家权力的效力可分为积极效力和消极效力两个方面。根据宪法和国际人权法的规定，从积极方面来说，公民平等权表现为要求国家采取积极措施，以实现真正的平等；从消极方面来说，平等权要求禁止歧视。许多国家的宪法、普通立法以及国际人权法明确规定禁止歧视，其规定方式不外乎是把所有的禁止歧视的理由通过立法的方式一一列举，如英国的反歧视立法和欧盟的法律即是如此。或者是列举了被禁止的歧视理由但并未穷尽所有理由，如《公民权利和政治权利国际公约》第 26 条规定："法律应禁止任何歧视并保证所有的人得到平等的和有效的保护，以免受基于种族、肤色、性别、语言、宗教、政治或其他见解、国籍或社会出身、财产、出生或其他身份等任何理由的歧视。"有的国家的宪法虽未明确规定，但其措辞在含义上相当于禁止歧视。即使有的国家的宪法仅简单地确立"法律面前人人平等"之类的术语，但禁止歧视已经被平等权内在地包含，我们无法想象在不禁止歧视的情形下能够实现平等权。

---

[1]　Battis, *Allgemeines Verwaltungsrecht*, 2 Aufl., 1997, Rd, 137. 转引自法治斌、董保城：《宪法新论》，元照出版公司 2005 年版，第 245 页。

第 九 章

财 产 权

　　财产权是人权的基础，无财产权的基本保障，便无法实现其他基本权利。财产权在法律史上出现得很早，它随着私有制的兴起而出现。但财产权成为人权的内容却是近代自然法思想发展的结果。资产阶级在革命斗争中以财产权的天赋性反对封建主义的专制和剥削。20 世纪以后的国际人权法都将财产权作为基础内容加以规定。作为人权的基础，财产权具有基础性、普遍性和抽象性等特征。

　　从我国人权事业的发展来看，必须加强对公有和私有财产的平等保护，尤其是加强对公民私有财产权的保护。建国后很长一段时期内，由于意识形态的原因，国家和社会对非公有制经济存在着歧视性观念，这严重压制和破坏了私有财产权的存在和发展，给个人的人权实现也带来了不利的后果。改革开放后，我国逐步承认私有制经济，最终在宪法中也确认公民私有财产权的法律地位，回归对财产权的平等保护。随着物权法的实施，公民私有财产权进一步得到保障，这对我国人权的发展将发挥重要作用。

第一节　　财产权的基本内涵

一、财产权的定义

　　与自由权、平等权处于同一位阶的第三项权利是财产权，其在人权体系中处于基础地位。没有财产权的基本保障，实现其余各项权利便是空想。

　　财产权是以财产为调整对象而形成的法律术语，而财产是一个范围不十分确定的概念，对财产权的理解也存在着分歧。"财产"（property）在英语中是指能够被拥有的任何东西。这些东西既包括动产，又包括不动产；不仅包括有形的东西，而且包括无形的东西。因此，什么才算是"财产"，则只能在特定的政治、经济制度中才能确定。但总的发展趋势表明，财产权随着社会的发展和法律制度的发达，呈现出不断扩大之势。最初，财产权的客体表现为有形财产，其中最主要的是土地。随着工业革命的发展，技术向生产力转化，智力成果的普遍精神价值、无形财产（如著作权、商标等知识产权）取得了法律地位和规范保障。[1] 20世纪以后，有些学者甚至提出带有福利性的社会权利也属于财产权范畴。与财产的概念相应，财产权并无确切的含义，关于财产权的理解也存在着不同的途径。财产权表明了人与人之间针对物的相互关系，反映了在人与物之间的关系之侧面上的人与人之间的关系。有的学者将它定义为：财产权是民事主体所享有的具有经济利益的权利。它具有物质财富的内容，一般可以以货币进行计算。它是一定社会的物质资料占有、支配、流通和分配关系的法律表现。也有的学者认为：这个术语从严格的意义上来讲，用来指财产所有权，法律规范规定物的所有权转移的情形便是如此。此外，这个术语也被人们更经常地在转换了的意义上使用，这时它是指所有权的客体，即指所有物。还有的学者认为，法律上的财产概念指的是人与资源之间的关系。[2]

从法律和权利的角度理解财产权，可以是民法意义上的，也可以是宪法和公法意义上的。在民法意义上，财产权的起点和核心是所有权，根据我国的一般定义，即主体对客体的占有、使用、收益、处分的民事权利。民法上的所有权概念在20世纪初得以扩张，包括了传统的所有权、债权、继承权、知识产权以及其他私法上的权利，或者称为"任何具有财产价值的私权利"，它们与身份权、人格权等人身权并列，构成民法权利体系。民法财产权制度的意义在于形成私法意义上所有权的一般排他性。在宪法意义上，财产权与平等权、自由权相并列，构成宪法的基本权利体系，宪法财产权制度的意义在于形成公法意义上财产权的特别排他性。民法财产权的一般排他性建立了针对一般他人的防御和保护，宪法财产权的特别排他性则建立了针对国家和政府的防御和保障。[3] 从私法意义上所有权的一般排他性到公法意义上财产权的特殊排他性，财产权制度变得更为完整，也具有更明确的人权意义。

我们认为，作为一个法学概念，财产权是指直接或者间接以财产为客体的全部权利，包括取得财产、占有财产、支配财产和利用财产的权利，[4] 无论这种权利是绝对的还是相对的，也不管它是完全的还是不完全的。换言之，在法学上，财产是指法律所保护的一个利益或者利益的集合体。在这一定义中需要说明三点：①财产权须以财产为客体但不限于直接以财产为客体。有财产必有财产

---

〔1〕 徐显明主编：《人权研究》第3卷，山东人民出版社2003年版，第358页。

〔2〕 徐显明主编：《人权研究》第3卷，山东人民出版社2003年版，第357页。

〔3〕 肖金明、冯威："公民财产权的制度化路径"，载《法学论坛》2003年第2期。

〔4〕 对于财产权，可以从主体的角度划分为国家、组织体和公民个人的财产权。由于本书的侧重点在于人权意义上的财产权的保护问题，人权首先是个人的基本权利，所以，下文如不特别说明，财产权都是指公民个人的财产权，或者说是个人的私有财产权。

权,但有财产权不必有财产。②"占有"是指对外彰显财产主人身份的权利。财产即使不被利用,其单纯的"占有"也足以满足主体的某种需要,这一点往往容易被忽略。③财产权既可自主行使也可许可他人行使。

二、财产权的价值与特征

1. 财产权是实现基本人权的基础。在公民社会状态下,财产权与自由权、平等权一起构成了基本的人权。财产权是人类谋求生存、建立和拥有家园的权利,是生命权利的延伸,是人类自由与尊严的保证。这是一个简单的事实,人必须首先解决生存问题,然后才能进行其他活动。所以,不解决财产权问题,其他权利就难以确立,即使确立也没有意义。没有财产权,个人的财产将得不到国家的保障,个人势必为保护自己的财产免受侵犯而将时间、精力消耗殆尽,更谈不上享有和行使自由等权利。

2. 财产权利既是公民个人的经济权利,也是政治权利。财产权是公民个人实现人权的基础,也是现代宪政民主的基石。如前所述,作为社会成员的公民个体无法享有财产权或财产权得不到保障,公民就无法实现平等和自由。公民无法实现平等权和自由权,宪政民主的基础也就不复存在。因此,财产权必须有政治上的保障,否则公民的财产权将为当权者的权力所践踏和破坏。[1] 公民财产神圣不可侵犯的原则,应视为民主政治最牢固的道德标准。可以说,确立了公民财产神圣不可侵犯的原则,就为保证自由、遏制野蛮提供了一个物质基础。

3. 财产权是宪法保障的基本人权,不可转让、不可剥夺。基本人权意义上的财产权与主体的人身不可分离,它是人所固有的,在宪法产生后为宪法所确认和规定,"全体公民据此可以普遍享有对物的排他的、不可转让的、不可剥夺的支配权。"[2] 一个法制健全的社会,必然承认公民对自己通过劳动获得的物质资料拥有所有权,并将之上升为宪法上的权利,使之成为一项基本人权。这里需要指出的是,人们通常所说的财产权的转让、分割、限制、剥夺,是针对物权意义上的具体财产权而言的。人权意义上的财产权是一种抽象意义上的基本人权,具有排他性,不可转让,也不可剥夺。权利主体自己不能放弃或者出售,政府或他人也不能限制或剥夺。作为基本人权,财产权资格是一种完全的权利能力,具有完整性,任何个人作为财产权主体都具有占有、使用、处分自己的财产并从中获得收益的权利。作为基本人权,财产权并不明确地指向某一个具体客体,一个人

---

〔1〕 王启富、刘金国主编:《人权问题的法理学研究》,中国政法大学出版社 2003 年版,第 195 页。

〔2〕 赵世义:"论财产权的宪法保障与制约",载《法学评论》1999 年第 3 期。

不因为暂时没有财产而失去取得、占有、收益、处分财产的一般资格。[1]

4. 财产权具有普遍性。人人生而平等，人人生而具有造物主赋予的某些不可转让的权利。对这些与生俱来的权利，每个公民应受到同样的关爱，财产权也不例外。作为宪法确认的公民在财产方面的资格与自由，财产权人人都享有而且每个人的财产权都平等。作为一种资格与自由，财产权旨在保障公民有平等的发挥自己才智去享有、获取以及处置财产的机会。它不以实际占有财产为条件，只与个人的公民身份有关，但与身份的贵贱、地位的高低和能力的大小无关，与实际占有财产的多寡无关，一个人不会因为暂时没有财产而失去这种资格与自由，也不会因为占有较多的财产而具有双重或者多重的资格。因此，人权意义上的财产权是全体公民普遍、平等享有的。

5. 作为人权的财产权具有抽象性。如前所述，人权意义上的财产权是一种抽象的基本权利，保障并实现财产权是政治、经济和文化生活的根本原则和价值理念，因此，其内容具有高度的抽象性。①作为人人都享有的普遍的资格，财产权的意义在于确定其在人权内容中的重要性。财产权要求各国通过宪法承认它是公民享有的自由和基本人权，并确立这种自由不得遭受不法的与不合理的侵害。因此，在宪法上不必具体详明其内容。②从宪法财产权的规范来看，它抛弃各类具体财产权的个性，凝炼、萃取它们共同的东西进行概括性规定，确立保护公民财产权的原则，而不是为公民占有、使用和处分财产制定具体的行为规则，至于怎样保护并不是宪法财产权制度的任务。

三、财产权的发展简史

财产权是一项基本人权的主张，发源于资本主义生产方式形成时期，是资产阶级反对封建制度的思想武器。但作为一种权利模式，财产权却有很长的历史。

（一）私人财产权制度的起源与发展

人类历史的最初阶段，财产以共同所有的形式存在，没有"私"的概念，财产不属于个人，不存在个别所有权，"真正古代的制度很可能是共同所有权而不是个别的所有权，我们能得到指示的财产形式，则是和家族权利及亲族团体权利有联系的形式。"[2] 即使在法律产生的时代，由于人格权和财产权的混杂不清及公法义务和私法义务混淆在一起而仍然流行着共同所有制。[3] 但人的本性具有自私自利的一面，没有人愿意违背其意志而永远被保留在共同所有制中。生产

---

〔1〕 何士青、王涛："论财产权是一项基本人权"，载《求索》2004年第1期。

〔2〕 ［英］梅因：《古代法》，沈景一译，商务印书馆1959年版，第147页。

〔3〕 ［爱尔兰］J. M. 凯利：《西方法律思想简史》，王笑红译，法律出版社2002年版。

力的发展、剩余产品的出现以及私欲的膨胀促成了"私有"观念的形成，财产权制度始得萌芽。《汉谟拉比法典》中便有关于土地国有和有限度私有以及保护奴隶主私有财产的规定。罗马共和国时期，私法发达，私人所有权概念已较为成熟，形成了以所有权为核心的物权体系。罗马法的财产权建立在简单商品经济的基础上，主张意志自由，具有极强的个人主义色彩。日耳曼人征服了西罗马帝国以后，建立起封建制国家。在西方漫长的中世纪，采取的是一种自给自足的农业经济，土地是重要的财产。在专制社会里，所有权主体极其有限且不平等，主要的生产资料——土地所有权——为实质上的公有制或君主统辖下的等级所有制，属于广大民众的私人财产甚为可怜，真正的私人财产权制度并未形成。因此，资本主义以前的法律对私人财产权的保障与近现代有天壤之别。当然，也不会产生从保护人权出发的财产权概念与制度。

（二）近代财产权观念的兴起及宪法确认

在封建王权和教会势力的双重挤压下，新兴资产阶级迫切需要为自己的利益谋求合法地位和制度保障。那个时代的先哲们承担起了论证义务。古典自然法学家和哲理法学家对财产权是基本人权进行论证，提出了他们的真知灼见。古典自然法学家用自然法、自然权利、社会契约等论证财产权的神圣不可侵犯性。自然法是一种正当的理性法则，具有永恒不变的特征，为自然法所规定的自然权利因自然法的特征而具有"天赋"性。财产权是自然权利的核心权利之一，因而不可剥夺、不可侵犯，"自然法不但尊重那些由自然本身产生的东西，而且也尊重那些由人类的行为产生的东西。例如，现实存在的'财产'，就是根据人类意志而产生的东西，一经承认，自然法就指示我们违反任何一个人的意志而拿走他人的东西就是非法的。"[1] 在他们看来，财产权"不仅是一种自然权利，而且是在基本的自然权利中最为重要的神圣不可侵犯的权利，保障这种财产权是社会、政府和法律的首要目的和任务"。[2]

最早将财产权作为人权进行论述的当属自然法学派的创始人格劳秀斯，他把财产权说成是由于人类意志的运用必然伴随产生的事物，与自然权利相关联。在他看来，当财产权成立之后，一个人若违反另一人的意志而掠夺其财产，必为自然法所禁止。他主张，自然法的原则包括："他人之物，不得妄取；误取他人之物者，应该以原物和原物所生之收益归还物主，有约必践，有害必偿，有罪必罚。"由于自然赋予每一个动物以自卫和自救的力量，因此，恢复自己的财产就

---

〔1〕 ［荷］格劳秀斯：《战争与和平法》，转引自《西方法律思想史资料选编》，北京大学出版社 1983 年版，第 143 页。

〔2〕 何怀宏：《契约伦理和社会正义》，中国人民大学出版社 1993 年版，第 64 页。

成为战争的一个正当理由。[1]

将财产权作为一项基本人权进行经典论述的是英国的著名思想家洛克，他不厌其烦地宣布，私有财产权是人的天赋权利，保护私有财产是人们成立国家、组织政府的目的。与其他自然法学家一样，洛克也用自然状态、自然法、自然权利理论对财产权及其保护加以论证。在洛克看来，人类最初处于自然状态，这是一个有自由、有平等、有财产的状态，自然法即理性，"教导着有意遵从理性的全人类：人们既然是平等和独立的，任何人就不得侵害他人的生命、健康、自由或财产。"[2]洛克将自然法的内容归纳为人们保护自己的生命、健康、自由和财产不受侵犯的权利，这些权利概括起来有平等权、自由权、生存权、财产权，它们都是人与生俱来的，是不可剥夺、不可转让的，因而是"天赋人权"。在这些权利中，财产权是最基本的权利，其他权利都以财产权为基础：生命的权利即安全，不过是保障个人的财产不受侵犯的权利，而自由权不过是每个人都有任意处置自己的全部财产之权利。在洛克的论证过程中，他的劳动价值理论对近代财产权观念产生了重要而深远的影响。关于劳动和财富之间的特别关系以及证成所有权的创造性努力，在中世纪中期就受到了特别关注。洛克在此基础上对私人财产权的合理性进行了系统论证。他认为，个体本身就是财产的基础，人对于自己的身体和利用身体进行的劳动及成果享有排他性权利。而劳动使自然的东西脱离了其原初状态，从而排斥了其他人的共同权利，使其成为无可争议的个人财产。"只要他使任何东西脱离自然所提供的和那个东西所处的状态，他就已经掺进了他的劳动，在这上面参加他自己所有的某些东西，因而便成为他的财产。"[3]因此，私人财产是符合上帝本意和自然理性的。

在与专制权力的对峙中，私有财产的脆弱性和易受侵犯性显露无遗，洛克对其危险性给予了充分的关注。他认为，契约政府之目的就是保护人民的财产，未经所有者本人同意，握有权力的人随心所欲地拿走他人的财产违背了社会契约和自然法。因此，必须制定关于权利和财产的经常有效的规定，藉以保障人民的和平与安宁。同时，还需更高级的法律来支配、制约常规立法，以防止权力的专横垄断和政府的恣意妄为。洛克的理论为宪法财产权的确立提供了思想来源，并在资产阶级革命胜利后得到推行。另一个主张财产权是一项基本人权的典型代表是德国哲理法学家黑格尔，他用"绝对精神"和"意志自由"为财产权是一项基本人权作论证。黑格尔认为，人是"绝对精神"的外化，"意志自由"是人的本

---

〔1〕 〔荷〕格劳秀斯：《战争与和平法》，转引自《西方法律思想史资料选编》，北京大学出版社 1983 年版，第 137 页。

〔2〕 〔英〕洛克：《政府论》（下），叶启芳、瞿菊农译，商务印书馆 1964 年版，第 4 页。

〔3〕 〔英〕洛克：《政府论》（下），叶启芳、瞿菊农译，商务印书馆 1964 年版，第 18 页。

质，财产是意志自由最重要的体现。这些思想和理论得到了资产阶级革命的履践，美国《独立宣言》、《权利法案》和法国《人权与公民权利宣言》都宣称私人财产权是不可让与的自然权利，确认了私人财产的神圣性。从此，财产与生命、自由一起成为拱卫宪法的三大支柱。

（三）财产权的国际法确立

资产阶级启蒙思想家的努力使财产权成为宪法保障的一项基本权利，在各国得到确认。但财产权作为一项基本人权的国际确认却是在20世纪以后。《世界人权宣言》第17条规定："①人人得有单独的财产所有权以及同他人合有的所有权。②任何人的财产不得任意剥夺。"1966年12月9日，联合国大会通过了《经济、社会、文化权利国际公约》和《公民权利和政治权利国际公约》，合称"联合国人权公约"。这两个人权公约的"序言"和"第一部分"是相同的，都宣称：只有在创造了使人可以享有其经济、社会及文化权利，正如享有其公民和政治权利一样的条件的情况下，才能实现自由人类享有免于恐惧和匮乏的自由的理想。《公民权利和政治权利国际公约》着重"免于恐惧"之权，宣布人人有人身自由、人身安全、思想和信仰自由、发表意见的自由、集会结社自由等，没有明确涉及"财产权"。《经济、社会、文化权利国际公约》着重"免于匮乏"之权，宣布人人有工作权、休息权、免于饥饿权、住房权、受教育权、享受文化生活权、享受医疗权等。这个公约虽没有提到"财产权"，更没有"保护私有财产"、"私有财产不可侵犯"的条文。但公民经济权利的确认却间接地确认了财产权的人权法地位，因为经济权利的核心表现就是公民的财产权，公民的财产权得到保障才能真正实现其经济权利。

第二节　财产权的平等保护原则

一、财产权平等保护的内涵

对于财产权平等保护的内涵，我们也可以从两个方面思考，一方面是应然层面，即立法基础上的平等，这个层面的宣示反映法律的基本价值目标。应然层面的突出体现就是宪法的基本规定。另一方面是实证层面，即具体的保护性立法，实证层面的突出体现就是相关法律的规定以及实施法律过程中的平等。从这两个方面可以概括出财产权平等保护的基本含义。

从我国宪法的规定来看，我国目前已经确立了对私有财产的平等保护原则。长期以来，由于旧的意识形态的原因，我国对非公有制经济存在着非常严重的歧视性观念。法律公开承认非公有制财产不能享有与公有制财产平等的法律地位，也不能获得法律的平等保护。计划经济财产权利制度的一个极大的弊病，就是把所有权按照权利主体的状况划分为不同的级别，给予它们不平等的地位和保护。根据旧的意识形态，私有所有权代表的是不符合历史发展趋势的私有制，故应当被严格限制。正是基于这种理解，以前的财产权利制度中确立了国家所有权优先的原则，而私有财产所有权却受到了巨大的限制，甚至是歧视性的待遇。现行宪法已经摆脱了旧的意识形态的束缚，对公有与非公有制经济都作出了相关规定，虽然宪法中仍保留公共财产神圣不可侵犯，私有财产没有"神圣"的规定，但公共财产的神圣性已经不具有超越私有财产的特权，国家坚持对不同的财产权予以平等的保护。这是一种基本的财产观念和法律价值目标，也是实现平等保护的基础。

实然层面的财产权平等保护主要是指基本法律的保护，如我国物权法对于物权的平等保护。物权的平等保护是指凡合法取得的财产，无论公有私有，均应予以平等对待、平等保护。确立这一原则是社会主义市场经济的要求按照王利明教授的观点，所谓物权法的平等保护原则是指物权的主体在法律地位上是平等的，其享有的所有权和其他物权在受到侵害以后，应当受到物权法的平等保护。平等保护原则是民法平等原则在物权法中的具体化。我国民法主要调整平等主体之间的财产关系和人身关系，平等原则是民法的基本原则，它在物权法中就体现为平等保护原则。物权法如果放弃平等保护原则，就违反了民法的基本原则，脱离了物权法作为民事法律的基本属性。[1]《物权法》第 3 条规定："国家在社会主义初级阶段，坚持公有制为主体、多种所有制经济共同发展的基本经济制度。国家巩固和发展公有制经济，鼓励、支持和引导非公有制经济的发展。国家实行社会主义市场经济，保障一切市场主体的平等法律地位和发展权利。"第 4 条规定："国家、集体、私人的物权和其他权利人的物权受法律保护，任何单位和个人不得侵犯。"从法律的实证层面来看，平等保护是指对物权采取平等法律措施加以保护。

所以，平等保护原则的含义可以概括为，国家在宪法中对不同性质的财产权给予平等的法律地位，在具体的立法中通过相关措施给予平等对待、平等保护。它既包括形式平等也包括实质平等。

二、建国以后我国财产权保护原则的变迁

为了深入理解财产权的平等保护，这里有必要对新中国财产权保护原则的变

---

[1] 王利明："物权法平等保护原则之探析"，载《法学杂志》2006 年第 3 期。

迁历史作简要介绍。新中国刚诞生之际，针对当时国民经济的现实，在起临时宪法作用的《中国人民政治协商会议共同纲领》中，规定了五种经济成分，即国营经济、合作社经济、农民和手工业者的个体经济、私人经济、国家资本主义经济。并在第 3 条中规定"保护工人、农民、小资产阶级和民族资产阶级的经济利益及其私有财产"，明确了私有财产受法律保护。1954 年宪法正式对私有财产权进行了较详细的规定。该法第 5 条规定："中华人民共和国的生产资料所有制现在主要有下列各种：国家所有制，即全民所有制；合作社所有制，即劳动群众集体所有制；个体劳动者所有制；资本家所有制。"第 6 条第 1 款规定："国营经济是全民所有制的社会主义经济，是国民经济中的领导力量和国家实现社会主义改造的物质基础。国家保证优先发展国营经济。"第 8 条第 1 款规定："国家依照法律保护农民的土地所有权和其他生产资料所有权。"第 9 条第 1 款规定："国家依照法律保护手工业者和其他非农业的个体劳动者的生产资料所有权。"第 10 条第 1 款规定："国家依照法律保护资本家的生产资料所有权和其他资本所有权。"第 11 条第 1 款规定："国家保护公民的合法收入、储蓄、房屋和各种生活资料的所有权。"第 12 条规定："国家依照法律保护公民的私有财产的继承权。"

从这些宪法规范可以看出，1954 年宪法对私有财产权的法律保障总体上坚持了平等原则，强调对公有制的保护和优先发展，也强调对私有财产权的保护。但令人遗憾的是，该宪法并没有得到真正遵守。在没有正确地认识社会主义经济规律的基础上，1956 年国家宣布全国基本上完成了对私人工商业、个体手工业和个体农业的社会主义改造，即宣布基本上消灭了私有制，消灭了商品经济，消灭了市场竞争，一切按计划经济模式运行。而实践证明，在当时生产力水平和社会管理水平及人们道德水准的条件下，取消私有财产权，根本就不可能保证国民经济的高速发展和人们生活水平的稳步提高，不利于调动人们的积极性和各种自然和社会资源的最有效利用。并且这一错误认识长期延续下来。财产的公有和私有在我国长期被严重政治化，并且公有成分的大小成了衡量我们的社会是否是社会主义的最终标准。由此形成了公有光荣、私有可耻的社会文化心态。"文革"中更是将这种错误发展至极致，搞"一大二公"、"一平二调"的穷过渡，坚持"宁要社会主义的草，不要资本主义的苗"。财产权的保护从平等保护发展成为否定私有、公有神圣。

党的十一届三中全会对以前的经济体制进行了反思，1982 年宪法开始重新认识社会主义的经济实质。从中国生产力的实际水平出发，规定了以公有制为基础的多层次的所有制形式和以按劳分配为主体的多种分配方式。当时，由于正处于社会主义经济复苏时期，对私有制问题缺乏实践素材和理论先导，因而宪法对此并未明确规定，直到 1988 年的修宪，才肯定了私营经济的合法性，并从宪法高度规定国家有保护私营经济的合法权利和利益的义务。1999 年宪法修正案规定："国家在社会主义初级阶段，坚持公有制为主体、多种所有制共同发展的基本经济制度"；"在法律规定范围内的个体经济、私营经济等非公有制经济，是社会主义市场经济的重要组成部分"；"国家保护个体经济、私营经济的合法的权利和利益。"2004 年对现行宪法进行修正："公民的合法的私有财产不受侵犯。国家依照法律规定保护公民的私有财产权和继承权。"通过修正，我国的宪法基本上回到了 1954 年宪法关于公共财产权与私人财产权平等保护的原位。当然，宪法中仍保留公共财产神圣不可侵犯，私有财产没有"神圣"的规定。如前所述，这种神圣性已不具有绝对的优越性。

2007 年 3 月 16 日十届全国人大第五次会议通过的《中华人民共和国物权法》，对财产权的保护作了更加明确的规定。第 3 条规定："国家在社会主义初级阶段，坚持公有制为主体、多种所有制经济共同发展的基本经济制度。"第 4 条规定："国家、集体、私人的物权和其他权利人的物权受法律保护，任何单位和个人不得侵犯。"

通过以上介绍可以看出，我国在财产权的保护上对公有制和私有制有所区分。建国之初，采取基本平等保护的态度，应该说，这种法规定符合历史发展的现实。其后，由于指导思想的错误，国家对财产权的保护严重偏向公有制，最终导致取消、否定私有财产的地位。改革开放以后，对私有财产的保护有所加强，但仍然偏重公有制经济。随着改革的深入发展、观念认识的加深和科学化，对财产权的保护逐步回到了坚持平等保护的原则上。对于平等保护的利弊，有学者认为，在抽象的意义上，争论私有财产、公有财产孰轻孰重是没有意义的。推崇公有财产、否定私有财产的观点所谓的"公有财产"已背离了私有财产公有化的目的——增加每个人的财富、自由、幸福，而成了冷冰冰的异化了的财产；推崇私有财产神圣不可侵犯者所持的"私有财产"则有可能成为割裂社会化大生产中财富的增长所依赖的社会结合关系而沦为小国寡民式的危险财产。在当代宪法中，"财产神圣"如果不是空洞的，就不能漠视私有财产，也不能排拒公有财产。以人民福利为最高追求的私有财产与公有财产的最佳衡平保护制度才是人民主权的真正基础。[1]

三、平等保护原则的意义

1. 平等保护原则是人权各项制度实施的基础。如上一节所述，财产权是人权的核心内容之一，也是人权的基础。古人说，"有恒产者有恒心"，如果缺乏

---

[1] 徐显明：《人权研究》第 3 卷，山东人民出版社 2003 年版，第 358 页。

对私有财产权平等、充分的保护，那么人们对财产权利的实现和利益的享有都将是不确定的，从而也就不会形成所谓的"恒产"，也很难使人们产生投资的信心、置产的愿望和创业的动力。平等保护原则不仅要求强调对公有财产的保护，而且也要求将对个人财产权的保护置于相当重要的位置。平等保护原则通过宪法的确认和其他法律的落实，有利于促进社会财富的增长和经济的繁荣。通过物权法强化对这些财产的平等保护，才能鼓励亿万人民群众创造财富、爱护财富、合法致富。虽然公有财产权和私有财产权在主体、客体等方面有所不同，如土地就只能为国家或集体所有，而不能为私人所有，但这并不能成为将公有财产权与私有财产权在法律地位、保护方式等方面区别对待的理由。

2. 平等保护原则体现了现代法治的基本精神，也有助于建设社会主义的人权理念。现代法治以贯彻平等原则为特征，而公民在法律面前的平等，也必然要求其享有的财产权受到平等保护。财产权是关系国计民生的基础，也是个人的基本人权。平等地保护每一类财产权，就是尊重了个人人格的平等，尊重了个人基本的人权。这不仅有利于构建市场经济的基础，而且有利于消除封建残余和等级特权思想，建设社会主义人权理念。尤其是平等保护也有利于防止与遏制一些政府机关以及某些工作人员滥用职权，损害公民、法人的财产权，这对我国和谐社会的建设也是非常必要的。

3. 平等为具体的财产法律实施提供基本的理念和处理原则。宪法关于财产权的基本规定与原则决定了具体财产法的指导思想和基本原则。有关财产权保护的法律规定不得与宪法财产权所蕴涵的原则和内在精神相抵触，其价值取向必须与宪法财产权保持一致。否则，便有违宪之虞。在具体财产法相互发生冲突时，宪法关于财产权的精神、原则是其最终的解释依据和评判准则。宪法确立的财产权平等保护原则可以弥补具体财产法的漏洞。随着社会的发展和生产力的不断进步，新的财产形态时有出现，而具体的财产法对此往往缺乏准备和足够的应变能力，难以提供有效的保护。尽管具体财产法对此缺乏规定，但财产的创造者可以依据宪法上关于财产权的有关规定请求为其提供平等保护。

第三节　财产权的宪法保护

一、其他国家宪法对财产权的保护

对于私有财产，各国宪法大都有所规定，但表现形式各不相同。基本上有两种情况：一是在宪法正文中有独立的财产权条款；二是在宪法正文中没有独立的财产权条款，对财产权的规定或是在序言中，或是在宪法修正案中。[1] 各国宪法在涉及财产权的表述上虽然各不相同，但除法国在《人权和公民权利宣言》第 17 条规定"财产是神圣不可侵犯的权利"外，在美、德、日、韩等世界上绝大多数国家的宪法中并没有"私有财产神圣不可侵犯"或者"财产是神圣不可侵犯的权利"的规定，恰恰相反，绝大多数国家都在宪法中规定了在一定条件可以将私有财产"征用"、"征收"或者"收为公用"、"充作公用"。

1. 法国宪法关于财产权的规定。法国现行宪法是 1958 年颁布的。宪法序言第一段写道："法国人民庄严宣告，他们热爱 1789 年的《人权和公民权利宣言》所规定的，并由 1946 年宪法序言所确认和补充的人权和国民主权的原则。"所以，《人权与公民权利宣言》一般被认为是法国宪法的组成部分。对于财产权，法国宪法的正文并没有规定而只是在《人权与公民权利宣言》中进行规定。《人权与公民权利宣言》第 17 条规定："财产是神圣不可侵犯的权利，除非合法认定的公共需要所显然必需时，且在公平而预先赔偿的条件下，任何人的财产不得受到剥夺。"1789 年法国资产阶级发动了革命，革命爆发后不久，资产阶级革命派起草并在制宪会议上通过了《人权与公民权利宣言》这一具有宪法性质的文件。《人权与公民权利宣言》充分体现了资产阶级反对封建专制和发展资本主义的强烈要求，具有重要的社会进步意义。另外，为了维护资产阶级的整体利益，虽然明确规定"财产是神圣不可侵犯的权利"，但同时规定了"除非合法认定的公共需要所显然必需时，且在公平而预先赔偿的条件下，任何人的财产不得受到剥夺"。也就是说，财产权的行使应当服从公共需要，并非绝对"神圣不可侵犯"。

2. 美国宪法关于财产权的规定。美国宪法是 1787 年颁布的，至今已有 26 条宪法修正案。美国宪法中没有独立的财产权条款，只是在宪法第 5 条修正案和第 14 条修正案中有一部分涉及财产权，即所谓的"正当程序条款"和"充公条款"。宪法第 5 条修正案规定："无论何人……不经正当法律程序，不得被剥夺生命、自由或财产。不给予公平赔偿，私有财产不得充作公用。"宪法第 14 条修正案规定："不论何州……不经正当法律程序，不得剥夺任何人的生命、自由或财产。"这一条规定是针对美国各州的。

美国革命的领袖们相信洛克及启蒙思想家的"天赋人权"学说，但在财产权问题上存在以杰斐逊为代表的"共和主义"的财产观和以麦迪逊为代表的"自由主义"的财产观。"共和主义"认为，私有财产的目的是使每个人有基本的经济保障，从而能够不依附他人，平等地参与公共事务。"自由主义"认为，

---

[1] 廖加龙："法、美、德、日、韩等国家宪法关于私有财产权的规定"，载《人大研究》2003 年第 7 期。下文关于其他国家财产权的宪法规定的介绍参考了该文的一些内容，在此表示谢意。

私有财产的目的是划清公私界限，从而能够在私人经济领域做到不受政府干预、随心所欲。在革命过程中，"自由主义"就要求保护私有财产，反对无补偿地剥夺保皇党人的财产。而在美国革命建国的一代人中，"共和主义"财产观占了上风。所以，在1787年颁布的美国宪法和第一批各州的宪法中，没有独立的财产权条款。但随着要求明确公民基本权利呼声的高涨，以及"共和主义"和"自由主义"斗争的发展，就产生了宪法第5条修正案以及针对美国各州的宪法第14条修正案。可以说，美国宪法中关于私有财产的"充公条款"和"正当程序条款"是"共和主义"和"自由主义"财产观相妥协的结果。美国法律固然保护私有财产，但它从未否定公共权利。美国法律对私有财产的保护，并不等于私有财产神圣不可侵犯。恰恰相反，为了经济的增长和社会的发展，为了公共目的的实现，美国法律并不畏惧限制私有财产。美国宪法规定的"不给予公平赔偿，私有财产不得充作公用"并不排斥私人财产可以充公，只是要求"给予公平赔偿"。

3. 德国宪法关于财产权的规定。现行德国宪法是以德意志联邦共和国1949年颁布的《德意志联邦共和国基本法》（以下简称《德国基本法》）为基础形成的。1990年统一之后，该基本法经过少量修正，被适用于整个德国16个州，并"对全体德国人民有效"[1] 关于财产权，德国的基本法有独立的财产权条款，该法第14章对"财产、继承权和政府占取私有"进行了规定，第15条对"社会化"进行了规定，但没有"私有财产神圣不可侵犯"或者"财产是神圣不可侵犯的权利"的表述。《德国基本法》第14条规定："①保障财产权和继承权。有关内容和权利限制由法律予以规定。②财产应负有义务。财产权的使用应有利于社会公共利益。③只有为了社会公共利益才能允许征收财产。对财产的征收只能通过和根据有关财产补偿形式和程序的法律进行。确定财产补偿时，应当适当考虑社会公共利益和相关人员的利益。对于补偿额有争议的，可向普通法院提起诉讼。"第15条规定："土地、自然资源和生产资料，为社会化的目的可以依据有关补偿方式和补偿范围的法律转为公有财产或其他形式的公控经济。对于补偿，第14条第3款第3句和第4句相应适用。"

从《德国基本法》对财产权的具体规定和具体文字表述来看，《德国基本法》对私有财产的保护有如下特点：其一，《德国基本法》规定财产权的"内容和权利限制由法律予以规定"，不是完全确定了财产权是自然权利。其二，《德国基本法》第14条的功能主要不在于防止无补偿的充公，而在于保障现有财产权利，即只有为了社会公共利益才能允许将私有财产充公，否则财产所有人可以

拒绝，尽管有补偿且补偿公正而充分。其三，《德国基本法》规定"财产应负有义务，财产权的使用应有利于社会公共利益"，这完全体现了"共和主义"的财产观，即私有财产从属于社会需要，财产权的享有不但不能损害公共利益，而且其行使应当有利于公共利益，在必要时可为社会而牺牲。

二、我国宪法关于财产权的保护规定

（一）我国宪法关于财产权保护的历史回顾

1949 年的《中国人民政治协商会议共同纲领》带有临时宪法性质，实际上也起着临时宪法的作用。限于历史条件，《共同纲领》没有对财产权作出非常全面的规定，但它规定了对私有财产权和私营经济保护的原则，具有重要的历史意义。1954 年宪法在内容、形式和程序上都比较规范，对私有财产的保护也比《共同纲领》更加完善（详细规定见上一节的相关介绍）。它一方面对私有财产权的宪法地位与私有财产的继承作出明确规定，另一方面也规定了对私有财产权保护的限制性条款。该宪法总体规定比较完善，只是未能充分发挥作用。1975 年宪法和 1978 年宪法受到"左"的政治思想的影响，对私有财产权缺乏基本的规定，在宪法地位上压缩、限制公民个人的财产所有权。这两部宪法由于不符合社会发展需要，未能起到应有的作用。1982 年我国颁布第四部宪法，也就是现行宪法。到目前为止，现行宪法已经进行了四次修订（时间分别为 1988 年、1993 年、1999 年、2004 年）。从宪法颁布至今，对财产权的保护在不断完善和全面。现行宪法刚开始并没有对私有财产权作出规定。在财产权的保护方面，宪法刚开始强调的是对不同所有制下的所有权的保护。对于公民个人的财产权，现行宪法第 13 条原本规定："国家保护公民的合法的收入、储蓄、房屋和其他合法财产的所有权。国家依照法律规定保护公民的私有财产的继承权。"一直到 2004 年的宪法修正案才规定："公民的合法的私有财产不受侵犯。国家依照法律规定保护公民的私有财产权和继承权。国家为了公共利益的需要，可以依照法律规定对公民的私有财产实行征收或者征用并给予补偿。"

（二）现行宪法对私人财产权保护的特点

1. 明确规定了私人财产权的宪法地位。我国现行宪法第 13 条第 1 款明确规定："公民的合法的私有财产不受侵犯。"这一规定确立了私有财产权的基本内容，明确了私有财产权是公民的一项基本权利，弥补了公民权利体系中私有财产权的缺失。从宪法上确立公民私人财产权的地位也有利于提高私人财产权的宪法保护力度。我国《宪法》第 33 条第 3 款规定："国家尊重和保障人权。"从人权保护的角度看，这两条规定使得人权领域财产权的宪法保护形成了一个完整的体系。

2. 扩大了私有财产权的保护范围。现行宪法原来对于财产权的保护采取列举的模式，而且以所有权的保护代替财产权的保护，宪法列举了公民个人所有权的内容和范围，主要侧重于公民生活资料的保障。这种保护模式具有明显的局限性，不利于对公民其他财产的保护，而且以所有权的保护代替财产权的保护也不符合法律的基本原理，因为所有权只是财产权的一种表现形式而已。宪法 2004年的第四次修正改变了这种模式，使得财产权的保护模式具有了开放性。

3. 突出强调了对私人财产权的补偿规定。我国原来的三部宪法对财产权都规定了保障条款和限制性条款，但都没有补偿性规定，公民的财产在被国家征用或占用后如何得到补偿缺乏明确的依据。现行宪法在很长时期内也没有关于征用补偿的规定，只是对私人财产权的行使作出限制。从权利义务的平衡角度来看，这种宪法规定明显偏重国家的公共权力。宪法 2004 年的修正增加了补偿条款，使得私有财产权的宪法保护更加完整规范。

三、财产权宪政保护的其他要求

由于社会制度的不同，中国宪法中的财产权条款与西方资本主义国家宪法中的财产权条款存在着从内涵到形式的差异。过去十几年，随着社会经济的发展、公民财富的增长，要求修改宪法中的财产权条款，从而更好地保护公民人权和财产的呼声不断高涨，最终我国在 2004 年对宪法作了第四次修正。我国现行宪法确定了财产权是宪法基本权利的性质，提高了宪法保障的力度，同时也扩大了财产权的保护范围。但人权的宪法保障是一个长期的过程，私人财产权的宪法保护同样还需要我们长期的努力。基于对私人财产权的宪法保障，我们建议在以下几方面加以完善：

1. 在宪法中规定正当程序原则。正当程序又称法律的正当程序或正当的法律程序。正当法律程序作为法治观念产生于 13 世纪的英国，它作为一条重要的法治观念与宪法原则，起源于英国的"自然正义"。随着历史的发展，注重程序公正日益成为现代法治国家共同的价值取向。我国向来重实体、轻程序，这实质上是重视国家权力而忽视个人权利的体现。美国宪法文本中有"正当法律程序"的规定（修正案第 5、14 条），它并非从一开始就是对行政机关的拘束，这一功能是应现实需要而衍生出来的。正当程序原则所表达出的理念即是对人的主体性的认知与尊重，也正因为此，人们对程序的正当性的关注才会经久不衰。只有在宪法中确立了正当程序原则，未经正当法律程序不得剥夺公民的私人财产才能有所保障，落到实处。因此，有必要在我国宪法中规定正当程序原则，为行政程序法的制定和实施提供良好的宪法基础，这样才能更好地完善宪法对人权的保障。

2. 在宪法中加强对弱势群体的财产权保障。弱势群体基本权利的保障程度是衡量我国人权状况的一个重要标准。弱势群体的财产权更易受到侵害，如农民工的工资拖欠问题，应该加强对他们的财产权的特殊保护。宪法的人权保障应十分注意把视角移向弱势群体及人权保障的薄弱地区。在立法方面要完善保障弱势群体生存权的内容，即生存权意义上的财产权保护，为使其个人免于丧失尊严，应给予其基本的物质保障，以提供基本的机会平等。此外，应允许依据宪法财产权的规定提起诉讼，通过司法审查来保护弱势群体的财产权益。

3. 在宪法中规定公平补偿条款。我国现行宪法第 13 条规定："国家为了公共利益的需要，可以依照法律规定对公民的私有财产实行征收或者征用并给予补偿。"由于公平补偿原则具有优越性，已为多数市场经济国家所采用。根据公平原则，比如在通过强制性手段获得土地时，赔偿既要考虑土地现期的市场价值，也要考虑土地的预期收益。我国宪法修正案只规定了国家依照法律规定给予补偿，而未规定公平补偿，而且其他法律也缺乏对公平补偿具体标准的确认，这样的规定明显存在法律漏洞。因此，应在宪法中明确规定征用给与公平补偿的条款，如果公平补偿得到很好的落实，则许多社会矛盾都能够得以化解，整个社会将会更加和谐。

第 十 章

生 存 权

生存权概念的形成经历了四个阶段：作为思想萌芽的生存权，生存权的自然权形式，社会权形式及生存权的定型化。随着生存权权利主体、义务主体、实现方式所发生的变化以及生存权在当代人权体系中核心地位的确立，生存权的适用范围扩大到所有的人并由国家干预经济而得到保障。当代生存权正向着环境权、健康权、和平权的方向发展。生存权的保障原理在于：以请求权形式表现的生存权最终要求国家在立法、行政和司法三个方面的积极作用并使其在法律上和物质条件上向生存权主体提供双重支持。本章还探讨了生存权的下述几个理论问题：在自由与平等的矛盾运动中生存权产生的必然性；两种生存权的差异；生存权对立法、司法、行政以及社会组织和个人所发生的强制效力；国家应确立的满足公民生存请求的最低限度。

第一节 生存权的形成和发展

作为明确的法的概念，"生存权"最早见于奥地利具有空想社会主义思想倾向的法学家安东·门格尔 1886 年写成的《全部劳动权史论》。[1] 该书认为，劳动权、劳动收益权、生存权是造成新一代人权群——经济基本权的基础。生存权此时被揭示为：在人的所有欲望中，生存的欲望具有优先地位。社会财富的分配应确立一个使所有人都能获得与其生存条件相适应的基本份额的一般客观标准，"社会成员根据这一标准具有向国家提出比其他具有超越生存欲望的人优先的、为维持自己生存而必须获得的物和劳动的要求的权利"，这种由个人按照生存标准提出而靠国家提供物质条件保障的权利就是生存权。

生存权概念的出现引发了人权理论上的一场革命。第二代人权的孕育即以安东·门格尔的创见为胎盘。如果说人权体系近代与现代的分期是以其核心内容是否发展变化为标准的话，那么在生存权的地位被抬高到自由权之上的见解在理论上得到阐明的时候，人权观念上的自由权本位向生存权本位的换代实际上已经开

---

〔1〕 ［日］杉原泰雄编：《宪法学的基本概念》（1），劲草书房 1983 年版，第 39 页。

始。我们发现，这种现象与人权规范确立之初先是由思想家们对人权进行论证而后才有人权法的规定一样，现代人权的出现也经历了一个理论上的说明早于法的规定的过程。

有关生存权的规范于安东·门格尔提出生存权的概念 30 年后才出现。立法上接受这一概念，说明概念所表达的事物的质的规定性已为社会所认识，它已具有了既是精神的又是物质的双重力量，进而才影响了全世界。那么，生存权的概念是怎样逐步成熟的，它在形成过程中经历了哪些阶段，它是基于解决人权实践中的什么矛盾才提出的，它包括了哪些内容，其保障原理如何，由生存权的性质所决定的生存权与其他人权的区别及其独特保障方式又是什么，等等。本章就这些问题作初步探讨。

一、生存权的思想萌芽

从保证使获得了生命形式的人能够活下去的最低要求考察，生存权的内容远在人类认识了自己不同于动物的社会价值之后就已存在了。生存作为一种原始的愿望，是与人学会了怎样向自然界索取并如何从共同劳动成果中分得一份的方法一起产生的。最初的财富匮乏，是影响人类生存的根本因素。正因为财富对人的生命有着决定性的作用，所以才有在原始的常规被打破之后，掌管财富分配的少数人为了自己的生存而聚敛财富，进而将人划分为阶级的历史。私有制的确立，使关心集体能否生存下去的意识仅存在于失去了生存条件的那部分人当中，有产阶级则不再关心他人的死活。后者甚至在为了满足自己某些欲望的时候把他人杀死也不被认为违反按照他们的标准所确立的道德。这种情况一直持续到中世纪。

神学政治统治建立之后，此前的一部分人把另一部分人不当做人而当做物的观念开始受到以神的名义的挑战，随时都可能被剥夺生命的那部分人开始受到"神"的保护。中世纪中叶，神学家托马斯·阿奎那不但认为生存条件不全的人与生存条件齐备的人在神的面前有同等的地位，而且认为根据神法而产生的人法在确定财产秩序的时候也不得违背自然的法则。既然神准予人出生，那么神就要保证被他批准降世的人活下去。如果万能的上帝不能保障人的生存，那么上帝就是矛盾的。他在《神学大全》中写道："由人法产生的划分财产并据为己有的行为，不应当妨碍人们对这种财富需要的满足。……如果存在着迫切而明显的需要，因而对于必要的粮食有着显然迫不及待的要求——例如，如果一个人面临着迫在眉睫的物质匮乏的危险，而又没有其他办法满足他的需要——那么，他就可以公开地或者用偷窃的办法从另一个人的财产中取得所需要的东西。"[1] 托马斯

---

〔1〕　〔意〕阿奎那：《阿奎那政治著作选》，马清槐译，商务印书馆 1963 年版，第 142～143 页。

·阿奎那的重定财产秩序以解除人所面临的贫困的思想后来得到了被称为自然法理论之父的格劳秀斯的赞同。格劳秀斯认为："在极度必须的时候，关于诸物的使用的原理可复活为原始权利，这时候的状态是共有的。为何？因为根据人类法派生的一切财产法都是把极穷状态排除在外的。"[1] 换言之，人在生存受到威胁的时候，这种威胁应由有财产的人与其共同承担，人为解除生存威胁而拿别人的物是他的权利。格劳秀斯的观点不仅证明了生存是人的自然权利，而且也为权利起源于私有制的论断增添了一个佐证。与其论见一脉相承的还有卢梭在《论人类不平等的起源》、威廉·葛德文在《政治正义论》中阐明的思想[2]。需要指出的是，在其他场合，一些思想家们也曾对自己歌颂的权利给予过否定的说明。如威廉·葛德文指出："人据说有生存和个人自由的权利，如果承认这一命题，也必须附有很大的保留。在他的义务要求他舍弃生命时，他就没有生存的权利。"[3]这无疑又等于推翻了他们已求证的结论。判断上的矛盾是思想不成熟的表现，但不排除其有价值的内容的启迪作用。

从中世纪的托马斯到近代的启蒙思想家，他们揭示了共同的生存原理：与人的生存联系最紧密的因素是财产。他们一致的观点是人在极度穷苦中为求得生存而获取社会上富人的财产，不仅不是犯罪，反而是应有的权利。

对上述观点，后世法学家们从不同的角度给予了肯定。民法、刑法学家认为，这些思想是"紧急避险权"的源头；而人权学家则认为，他们播下了到现代才开花结果的人权的种子——生存权。也有人把思想家们假设的极端情况下的权利称为"极穷权的生存权"[4]。而我们则把它认作生存权思想的萌芽，因为它还停留在道德的领域而未变为人权规范。

二、生存权的自然权形式

在近代众多的自然法思想家中，洛克的观点曾在最初被直接平移为人权规范。他的关于人的生命与人的自由、财产一样归个人所有的思想被早期的两部人权法全面吸收。在这一阶段，自然权是生存权的表现形式。

在1776年美国独立战争中诞生的《弗吉尼亚人权法案》是人权史上最早的人权规范。它的第1条明显地带有洛克的思想痕迹："一切人生来享有平等的自由权、自立权以及一定的固有权利；在其进入社会时，其生命和自由不得以任何

---

〔1〕 转引自［日］阿部照哉、池田政章：《宪法》（3），有斐阁1983年版，第26页。
〔2〕 ［法］卢梭：《论人类不平等的起源和基础》，李常山译，商务印书馆1962年版，第127页。［英］威廉·葛德文：《政治正义论》第2、3卷，何慕李译，商务印书馆1980年版，第590页。
〔3〕 ［英］威廉·葛德文：《政治正义论》第2、3卷，何慕李译，商务印书馆1980年版，第113页。
〔4〕 ［日］阿部照哉、池田政章：《宪法》（3），有斐阁1983年版，第41页。

契约而丧失或剥夺，并且有权获得和占有财产，有权追求和得到幸福与安全。"[1] 这条规定在 6 周后被《独立宣言》提炼为"人人都享有上帝赋予的某些不可让与的权利，其中包括生命权、自由权和追求幸福的权利"。

早期的另一部人权规范是对后世产生过巨大影响并被人们当做"人权的古典正文"而模仿和照搬的法国《人权和公民权利宣言》。其第 2 条规定："人的自然的和不可动摇的权利是自由、财产、安全和反抗压迫。"很明显，这条规定的根据来自洛克的《政府论》。耐人寻味的是，法国人权宣言的内容曾几经变动。1793 年的宣言把自然权利改为"平等、自由、安全和财产"。平等权产生了，而反抗权消失了。1795 年的宣言又把这些权利定性为"存于社会的人的权利"。

把早期的两个人权规范作一比较可以看出，作为人的自然权利的首要内容的生命权在美国和法国有着不同的对待方式。美国把它置于人权首位明言予以保障；而法国则在规范中不出现它的概念，将其融汇于其他权利中予以保障。其共同点在于：其一，无论规范中是否出现生命权的概念，生命权的内容都是存在的。没有生命权概念的法国人权宣言在明示自然权利之前首先假定了一个前提："在权利方面，人生来是而且始终是自由平等的。"这其中有"生"的涵义。其二，生命作为权利，其实现的必备条件是国家负有保障之责。作为人权的生命权（不是作为"禁止杀人"推导出来的权利）第一次具有了为国家活动划定界限的意义。美国的规范中有"为了保障这些权利，人们组成自己的政府"，"任何形式的政府，只要危害上述目的，人民就有权利改变或废除它"的原则。法国的规范中则更简练地以一句话表明了国家的价值："任何政治结合的目的都在于保存人的自然的和不可动摇的权利"。其三，早期的人权规范都把生命作为生存的基本形式，在处理生命权与其他人权关系的时候，总是把其他权利作为个人实现生命权的手段，而其中主要的手段是财产权，财产权这时被赋予了绝对不受限制的神圣性。基于这样一种认识——财产自由如果受到限制，个人的生命将失去物质条件，因而为保障生命权，财产自由必须受到人权规范的鼓励。其四，国家担负保障人的生存权之责的方式是间接的，即通过保障人的自然权而使人得以生存。国家对个人权利领域的态度是抑制自己，不行干涉。

以上四点作为人权规范最早肯定生存权的共同内容，在人人都有财产可实行生存的自我保障的条件下确能使处于朦胧状态的生存权得到顺利实现。然而问题恰恰在于，社会上尚有大量无财产权可行使的人业已存在或正在出生，他们的生命却处于危险之中。对于这些人，人权规范虽肯定了他们的生命权，却无法保障他们的生存。这一现实向以生命权这种自然权为表现形式的尚未定型的生存权提

---

[1] ［日］高木八尺等编:《人权宣言集》，岩波书店 1957 年版，第 109 页。

出了改进要求。

三、生存权的社会权形式

社会权在人权法上的出现，标志着古典的自然权思想在历史上的终结。人的权利一旦超出了"与生俱来"的范围，其权利的性质就不再是自然的或不证自明的。

1791 年的法国宪法最早设定了不同于自然权的社会权。该宪法在《宪法所保障的基本条款》中有如下规定："应行设立或组织一个公共救济（Secures publics）的总机构，以便养育弃儿、援助贫苦的残疾人，并能对未能获得工作的壮健的贫困人供给工作。"这一规定在 1793 年法国宪法中又进一步发展为"公共救济是神圣的义务。社会对于不幸的公民负有维持其生活之责，或者对他们供给工作，或者对不能劳动的人供给生活资料"。作为人权的特殊主体——不幸的公民，他们有从社会（这时还未明确为国家）获取救助的权利。这种权利因以社会救济机构为相对义务主体，因而可以被称之为社会权。很显然，社会权已不再是孤立的自然权，而是由自然权发展而来的一种新权利，其意义在于维持一部分不具有生存条件的人的生存。

社会救济条款的出现，对巩固刚刚取得革命胜利的资产阶级政权有着极大的意义。一大批在原始资本积累过程中被驱赶到贫困边缘的人因这一条款而看到了一线生机，他们很快团结在资产阶级民主派的周围。对生存救济条款的政治意义认识得最深刻的是 1792 年法兰西第一共和国成立后成为雅各宾派代表人物的罗伯斯庇尔。他在 1793 年的国民公会上第一次批评了 1789 年的《人权与公民权利宣言》，认为宣言所保护的财产权原则是"许多灾难和犯罪的根源"。他主张"财产平等对于个人幸福还不如对于社会福利那么需要"，因而他建议对人权宣言进行修改。他还为此提出了自己的人权法案。[1] 该法案的突出特点是主张以社会权的方式保障人的生存。他在世界人权史上第一次提出对所有权和经济自由进行法律限制，他的思想虽未被当时的立法接受，但却对垄断资本主义时期反垄断法和社会法的制定产生过巨大的影响。

从法兰西第一共和国到第二共和国（1884 年）的半个多世纪内，罗伯斯庇尔曾试图解决的社会问题日益突出。伴随工业革命的进行，原来的小手工业者、农民被迅速瓦解分化，有的被吸收为产业工人，而有的则被淘汰，变得一贫如洗。所有权不受限制的实质是压榨和谋求利润的自由，它的结果必然是握有财产的人财富日增，而出卖劳动力的人生活日穷。在把失业者这一产业"预备军"

---

〔1〕　〔法〕罗伯斯庇尔：《革命法制和审判》，赵涵舆译，商务印书馆 1965 年版，第 136～137 页。

当做经济杠杆使用的时候，失业者的队伍不断壮大，因之生存无着落的人也就日益增多。这一问题反过来开始制约资本主义的发展。资产阶级国家第一次觉察到了社会的危机。

以法国 1848 年二月革命为契机，"社会权"首次被规定为国家的义务。二月革命后成立的包括两名工人在内的临时政府决定设置"国立劳动场"以保障失业工人享有劳动权。与劳动权配套的其他措施，如准许工人建立劳工组织，限制过长的劳动时间，改善劳动条件等随后也进入了立法范围。后来，这些革命成果甚至在有明显倒退痕迹的法兰西第二共和国宪法中也得到了肯定。并由此确立了该宪法在解决生存的社会问题上由近代向现代过渡的性质及它第一次把贫困、失业等问题作为生存权问题予以解决的意义，这表现为如下几个特点：其一，它改变了由资产阶级革命初期对市民社会每个人作等质对待的认识，开始承认在劳动关系上工人与资本方的不平等，对人权的保护随这种认识而有了原则性变化，即把过去无差别保护所有的人改变为有差别地、对失去生存条件的人予以特殊保护。其二，它确立了人权内容的两个重心。它一方面一如既往地承认所有权的自由性，另一方面又开创性地肯定劳动权的自由性，在人权体系上设计了二元体制。这一特点可以视为近代人权向以生存权为核心的现代人权转换的尝试。其三，它第一次确立了社会保障制度。被保障的主体由 1793 年宪法中"不幸的市民"具体化为失业者、弃儿、病弱者、老人等。保障方法由 1793 年宪法中"社会救济机构"履行义务变为国家履行义务。这一特点与现代宪法中社会保障的特点极其相似，或者可以说是它设计了现代宪法中的社会保障方案。

社会权的主要内容是劳动权与救济权。法兰西第二共和国解决了社会权的问题，它在世界人权史上占有承前启后的地位。它的问世促成了劳动法的诞生，进而开拓了人权的范围。自由资本主义向垄断资本主义发展时期的社会弱者正是靠争取劳动权和社会救济才得以生存的。因此可以说，该时期的生存权是以社会权为表现形式的一种权利。

四、生存权的定型化

纵观自法国《人权与公民权利宣言》问世至本世纪初的百余年资本主义历史，为解决人的生存问题，资产阶级国家大致采用了下述几种方法：其一，在资本主义自由竞争体制内部设立人的自我救济制度，即所谓的社会救济制，国家对此不承担义务，它的救济物资的来源是富有者的施舍，获得社会救助的人不限于产业工人，其他"不幸"的人也有机会从救济机构那里领取所需的一部分；其二，为保证劳动者有出卖劳动的机会，法律上承认工人享有劳动自由。以法国 1848 年宪法为开端，劳动者的诸种权利，如组织劳工团体的权利、罢工自由等开始形成，这些权利重新调整了工人与国家及资本家的关系。工人团体权利的获得，被认为是工人对国家在刑事处罚关系上的解放，同时也被认为是工人对资本家在民事补偿关系上的解放。劳动权登上人权舞台，实质上等于宣布一切以契约为自由形式的制度已被修正。国家可因劳动时间过长、劳动条件过差、劳动报酬过低等干预资本方的活动，从而为劳动者的生存提供一点支持的力量；其三，国家直接插手生存问题的解决，即把保障社会弱者生存作为自己的义务。自19世纪末开始，技术革命迅速推进，使大批不适应技术要求的体力型劳动者失业；公害的出现，衍生了许多非人的自然免疫力所能避免的疾病；垄断的形成，则进一步导致结构性工厂倒闭和大批工人失业。这些像裂变一样涌现的社会问题——摆在政府面前。对此，国家一方面以强制性的保险制度替代原来的任意性的相互扶助制度，另一方面增加了以妇女、儿童、残疾人、老人为特殊保护对象，为防止他们生存条件恶化的人权立法。上述三种办法，与资本主义发展的不同阶段相适应，具有递进性。而当第三种办法被普遍使用的时候，生存权的定型化已具备了充分的条件。

第一次世界大战的爆发，为生存权规范的问世起了催生作用。它的两个后果——苏俄的《被压迫被剥削劳动者权利宣言》的问世和资本主义经济危机的产生，从正反两个方面为生存权的诞生开启了大门。《劳动者权利宣言》继承了全部有益于劳动者的资本主义人权立法的经验，从根本上消除了不利于劳动者生存的资本主义基础，从而成为一部最彻底最典型的生存权法案。它开始成为资本主义国家的劳动者羡慕不已的东西。1919年产生的以生存权为人权特征的《魏玛宪法》就是资产阶级国家模仿《劳动者权利宣言》的产物。

《魏玛宪法》的时代印记被烙在其第二编第2章的《共同生活》上。该章由经济目的与三个规范群所构成。经济目的设定为："经济生活秩序必须与公平原则及维持人类生存目的相适应。"（第151条）该目的即是资产阶级人权学者所称的人权换代的原始规范，生存权的法律根据皆出自于它。为达成这一目的的第一规范群可被概括为劳动者的各种权利，这些权利的实现方法是国家设立不因劳动者疾病老弱而影响生活的保险制度，保障这种制度的主体不是社会而是国家。第二规范群是关于所有权与经济自由权的规定；第三规范群是关于对从事农业、商业等活动的独立的中间阶层给予生存保障的规定。上述三个规范群，呈现出与以往所有资本主义人权规范不同的三大特点。其一，《魏玛宪法》公开承认了社会内部劳动阶级与资产阶级的阶级对立，它比法国1848年宪法只承认人的不平等更进了一步。为使这种对立趋于缓和，该法调整了人权的重心，即对生存权作了概括性规定。尽管从实质意义上分析，规定生存权这种全新的人权是资产阶级为了延续资本主义制度所采取的措施，其目的不在于为劳动阶级建造天堂而在于使剥削制度生存下去，但其进步意义仍不可忽视。其二，以生存为目的重新调整经济秩序是《魏玛宪法》最突出的特点。在生存的目的制约下，经济活动从自由转向不自由，所有权被定性为义务，这等于承认自由资本主义的历史已经终结。在新的资本主义时期，人们有权依据生存原理对抗对自己生存不利的所有经济活动，生存权随之被推上了体现全部经济秩序最高价值的地位。[1] 表现现代资产阶级国家外部特征的所谓的福利政策就是依据"生存目的"而制定的。其三，随着生存目的被解释为生存的人权规范，国家从消极转为积极，它开始全面介入垄断资本主义的固有矛盾——财富急剧集中于少数人之手和社会多数人迅速贫困化——的解决。《魏玛宪法》关于国家以公益的名义强制组建公共经济组织并以税收方式实现社会财富的二次分配、从被集中的社会财富中分割出一部分施于贫苦者的规定，使国家获得了前所未有的力量，国家开始大有作为。《魏玛宪法》的这一特点曾为社会主义国家在政权建立后如何处理生产资料问题提供过借鉴经验。但在德国施行的结果，却导致了后来给全人类的生存带来灾难的法西斯主义。

《魏玛宪法》的制定，标志着生存权的全面定型化。人的生存问题从此再也不像以前的人权规范那样只是作为个别人的问题。以《魏玛宪法》关于生存的三个规范群为起点，生存权具有了主体、内容、界限、保障、救济等法定要素，因而成为与所有人都密切相关的问题。穷人的生存联系着富人的义务，国家成为生存权的保障人。在这个意义上，生存权重新规范了个人与国家、社会弱者与强者、劳动者与资本者的关系，它开启了具有连带特征的人权的新时代。

第二节　生存权的现代内容

生存权在世界范围内的普遍化，开始于 20 世纪 30 年代资本主义经济大萧条之后。特别是第二次世界大战以来，几乎所有制定宪法的国家都在其人权规范中增加了生存权的内容。从有代表性的东西方宪法可以看出，生存权的内涵在现代各国有着如下几方面的通解：

---

〔1〕 作为"经济目的"出现在宪法中的"生存"是否可以被作为人权规范直接适用，在德国人权学界曾存有分歧。一种观点认为它不过是关于人权的原则和纲领（纲领说），而另一种观点则认为它是不需补充即成立的法规范，具有一般适用的人权效力（规范说），后一种观点后来被普遍接受。

一、生命仍是生存权的自然形式

与早期人权规范中作为自然权的生命权不同，现代作为生存权的生命权，已增加了尊严权的内容。生命与尊严的结合，可以理解为人的"体面地生存的权利"。尊严权是二战结束后新出现的人权子族，在生存权理论上它被认为是人的生命的外围屏障。如果一个人的生命是在屈辱状态中被保全，那么它的生命至多是奴隶式的动物形式，其生存的价值不在自己而在屈辱施加者。尊严权是从法西斯主义践踏人的尊严的教训中反刍出来的人权。人权体系中有无它的规定，是判断一国人权是否现代化的根据之一，也是判断一国保障人的生存权是否全面的标准之一，其意义可与生命权并列。

二、财产是实现生存权的物质条件

与近代人权规范不同的是，为求生存而获得财产不以生存者履行义务为前提，而以财产所有人履行义务为前提，国家具有接受生存请求的责任。失去生存能力的人有权向国家提出获得必需的物质帮助的权利，国家通过强制财产所有人履行义务实现自己向生存请求者提供物质帮助的义务。在保障生存者获得物质条件的方法上，社会主义国家与资本主义国家有根本性的差别。社会主义国家向生存者提供的是创造社会财富的生产资料，资本主义国家向生存者提供的是赖以生存的生活资料。现阶段，社会主义国家以解决人民的温饱问题为解决生存权的首要问题，资本主义国家则已超越这一标准而进入实施福利政策阶段。

三、劳动是实现生存权的一般手段

随着劳动者的生存决定着全社会生存的认识在立法上得到肯定，劳动者在现代人权法上受到了特殊保护。劳动是财富的源泉，保障劳动者获得劳动权，不仅使劳动者本人在创造财富的过程中有取得劳动报酬的资格，而且也为不能参与财富创造的人准备了提留后的份额。劳动权的内涵则较之过去丰富得多，劳动就业权、职业选择权、报酬权、劳动保护权、休息权、交涉权、争议权，管理决定权、劳动保险权等正随着劳动者价值的提高而成为劳动权族中日益重要的组成部分。生存权问题最早是由劳动者引起的，解决了劳动权问题也就等于解决了社会多数人的生存权问题。

四、社会保障是生存权的救济方式

如果说生存者是通过"劳动—财产—维持生存"的定式完成了生存权的自我实现的话，那么另一种定式"物质请求—国家帮助—维持生存"就是一些例外的人实现生存权的救济方式。对社会的多数成员来说，生存权是通过第一种定式而得到保障的，第二种定式只适用于具有生存障碍的社会弱者。分析一个国家的生存权制度是否完备，在现代具有三个尺度，一是看生存的保障义务是否由国家履行；二是看国家是否制定了与其经济状况相一致的生存标准；三是看国家是否有使低于生存标准的人达到这一标准的具体措施。这三个尺度联系着的共同内容，就是社会保障制度。在现代社会化大生产的过程中，即使有生存能力的劳动者也避免不了随时都可能发生的意外灾难，社会保障制度对他们具有生存的救济预备意义。而对于老、弱、病、残、妇、幼等社会弱者来说，社会保障是他们须臾不可离开的护身符，社会保障制度无时不在消除他们的生存障碍。从社会保障与弱者生存的关系考察，甚至可以这样认为，受社会保障权就是社会弱者的生存权。这种形式的生存权对于社会强者只有在他是强者时才不需要，而一旦他沦为弱者，受社会保障就是他原来生存权的自然延伸。

五、发展是生存权的必然要求

伴随新技术革命的进行，社会发展的步伐在 20 世纪 60 年代以来空前加快，社会向人提出的适应要求越来越高。生存权的设立，解决了适者生存、不适者也生存的问题，但是，生存权中并无限制适者生存得更好的平均因素。生存权可以确定生存的最低标准，而它却不反对社会强者对社会适应的更高追求。在没有上限的生存欲求中发展个人并使之与社会进步相一致，因适应社会要求而成为一种必然。例如，在一些新技术产业中，劳动者要么成为新技术的掌握者，要么被新技术淘汰而另就它业或失业。一旦出现后一种情况，其生存问题就随之产生。为防止类似的个人与社会差距拉大的问题出现，发展自己的权利开始被列入生存权的范围。个人发展的主要途径是享有受教育权。人自幼开始接受一般智能教育，国家承担培养高素质劳动后备军的义务。受教育者无偿获得知识与技术，这样才能使其在进入社会时解除后顾之忧。正是从保证人的生存角度考虑，"接受教育"才具有既是权利又是义务的双重性质。人在进入工作岗位后，为使自己不断与所在岗位要求相适应而接受的继续教育，也具有同样的性质。发展权中不限于受教育权一种，它还包括个人为显示自己能力所进行的各种自由追求。如公职竞争自由、兼职自由、职级晋升权等。生存权中包含发展权的内容，首先是社会发展的需要，其次也是人权中必须承认人的先天差别的需要。生存权中只确定生存的最低标准，这本身即蕴含着对人的发展权的肯定。

六、环境、健康、和平是生存权的当代内容

生存权是发展变化着的权利。在温饱问题解决之后，财富贫乏对人的生存的

威胁已降至次要地位，而人类在创造物质财富过程中对自然环境的破坏以及由此引发的各种疾病开始对人的行为进行报复。这种报复是当代人类生存最无情的敌人。它们呈立体形态全方位地向人类生存展开攻势。它们的肆虐导致一些现代病的出现。因此，创造良好的自然环境和保持身心的健康就成为替代人类衣食住行要求的新要求。这种要求在生存权上的表现就是环境权与健康权，诸如净气权、阳光权、稳静权、净水权、远眺权等都是它们的内容。

生存权的时代内容因不同国家对它的不同追求而分成两支；把环境与健康作为生存首要问题对待的是一支，把和平作为生存首要问题对待的是另一支。后一支以第二次世界大战为人类制造的惨祸为背景。人们注意到战争是生存的最大威胁，因而有了在和平环境中生存的要求，反战权、反核权、免除核威胁等成为和平生存权的内容。

七、国家职能的转换是生存权的保障

近代国家对公民的生存权只以旁观者的身份出现，现代国家则把自己变成了生存权的关系人。二战之后，重新修订宪法的西方各国都另行标定自己的性质，德国标榜自己是"社会联邦国家"，法国自称是"社会共和国"，意大利将自己定性为"以劳动为基础的民主共和国"。国家性质的重新表述，表明国家职能的转换，以保障生存权的名义全面干预经济即是资本主义国家在现代的新职能。

社会主义国家大都表明自己的人民性，这说明保障人民的生存权是社会主义国家的首要义务。没有国家的这种首要义务，也就没有人民生存权的"首要人权"。

第三节　生存权的制度保障原理

生存权在人权体系中的核心地位确立之后，人权制度随之发生了三方面的根本性变化。在人权内容上，传统的以自由权为构成基础的近代人权让位于以生存权为构成基础的现代人权。在人权目的上，传统的以社会成员个人对自由、幸福的追求变换为社会整体对平等、生存的追求，人权主体也因人权价值取向的转移而由有生命的个人扩展为具有复合性质的人的某类，集体的权利开始登上人权舞

台。[1] 在人权保障方法上，传统的只对人权侵害加以预防和在预防失灵时对侵害加以排除的消极保障方式开始变换为国家直接向人权主体提供人权实现条件和清除人权实现障碍的积极保障方式。公民对国家的抵抗和国家所必须保持的抑制为公民对国家的依赖和国家所必须进行的介入所取代，国家从不惊扰个人权利生活的守夜人变成了应公民请求而行的奉事者。人权制度的上述变化表明，作为现代人权标识而确立的生存权，其性质已不同于作为起始的人的解放符号的自由权。如果说自由是人的重要天性而承认人有与这种属性相适应的各种权利是文明在社会制度上的表现，那么，生存权就是给人的自由设置最合理的界限，而达到社会共同自由就是文明在制度上的最大发展。自由权强调的是人的个性的充分实现，生存权强调的是所有人共性的一般实现。生存权为自由权重新划定了界限，国家则在协调两种有冲突的基本人权的关系中发挥着任何其他社会组织无法取代的作用。国家对于生存权的实现具有决定性意义。

人权不同于一般私法关系上的权利的特征之一是，凡被称为人权的权利必定同国家发生联系。公民通过人权的中介同国家结成四种权利义务关系并形成四种地位。第一种是公民对国家的服从关系。在这种关系中，公民处于被动地位。他对来自国家的法律、政府的自由裁量、司法的裁决只有遵奉的义务而无讨价还价的权利。如果说在服从关系中，公民有不可侵犯的利益的话，那至多是公民对超量义务的拒绝权，但这种拒绝恰恰说明公民对国家履行了法定量的义务。第二种是公民对国家的抵抗关系。在这种关系中，公民处于消极地位。人权自产生那天起即以国家为防御对象。限制国家不干涉公民的权利生活，人权就能受到最大限度的尊重。在抵抗关系中，公民获得的是各种形式的自由。第三种是公民对国家的决定关系。在这种关系中，公民处于主动地位。只要承认主权在民是人权制度的基本原则，就必须承认公民有权决定国家的一切，公民因这种地位而获得广泛的政治权利。第四种是公民对国家的请求关系。在这种关系中，公民处于积极地位。国家应公民的请求为当为的行为而使公民受益，国家活动的内容受公民的请求所支配。公民的请求一旦得到满足，其结果就是实在化的权利。国家负有满足公民请求的法定义务，这种性质的权利就是生存权。

由生存权所表明的公民对国家的积极关系可以看出，生存权的实现方式已不同于公民处在其他地位上而获得的其他人权的实现方式。国家是否允许公民拥有提出请求的人权地位，允许公民占据请求者的地位而请求是否被国家接受，国家

---

[1] 在国际人权法中，集体权利又称集体人权。它最早出现于一战时期关于少数民族保护的双边条约，其形态是民族的权利。复合性质的"类"的权利与之不同，不能把具有相同弱者特征的一类人（如老人）所享有的权利称为"集体人权"。"类"中的个人仍是以个体形式成为人权主体的。

不接受公民请求是否为不作为违法，国家的不作为行为最终能否被公民纠正过来，这一组问题的解决就成了生存权有无切实可行的制度保障的原理所在。

首先，是否赋予公民在生存遇到来自自身的或社会的困难的时候向国家提出帮助请求的地位，直接决定着公民能否成为生存权的主体。如果像德国人权学者早期对《魏玛宪法》关于生存的条款所作的解释那样，只是把"共同生存"理解为国家活动的原则和纲领，那么生存的保障问题只不过是国家政治和道义上的责任，它的表现形态是政治规范而不是基本的人权。公民处在不能提出请求的地位，其对生存的希望只能是消极的等待。在国家遵循道义的纲领而施仁政的时候，公民的生存问题有可能被国家的具体措施所顾及，而一旦国家背弃政治原则，则公民的生存问题又有可能受到冷落。这样，即使国家有基本成型的福利制度，公民的受惠也带有很大的偶然性。这种状态的生存权，与其称为基本的人权，倒不如称其为特权更合适，因为它无法成为人人平等享有的权利，偶尔地享有，也只是恩惠式的例外。

其次，确认公民有向国家提出生存请求的法律地位，但同时又准许国家对公民的请求持自由态度——既可以接受，又可以不接受，这种性质的生存权仍是缺乏强制性义务作为保障的生存权。在 30 年代的德国和 50 年代末期的日本，人权理论界曾将请求权的生存权解释为抽象的权利，[1] 其含义是，公民有权向立法机关提出补救生存保障立法之不足和向行政机关提出纠正生存保障措施之不当的请求，但不能把请求转化为对物或劳动机会的索取。由于这种请求权不是具体的，而且带有政治色彩，所以称其为抽象的权利。抽象权利说比纲领说有两个明显的进步：一是承认生存请求权是公民普遍享有的权利，它比纲领说的"特权论"更接近平等的人权原则；二是赋予了公民生存权的主体资格，保障生存的责任不再是国家的道德义务而是法律责任。但是，抽象权利说也清楚地显示出其不足：一是它所承认的公民请求权缺乏操作性，公民排除生存障碍的请求得不到司法的保护；二是在抽象权利说中，公民的请求只被当做国家了解社会问题的窗口，公民请求解决的问题只有具有社会普遍意义的时候，请求才可能得到重视，而对于因人而异的个别请求，国家则可予以否定。抽象权利说的缺陷说明，生存权此时正处于抽象的被肯定和具体的被否定的矛盾之中。该说曾在很长一段时间内被国家作为规避具体义务的根据。生存权在这段时间内的实践还表明，抽象权利说是利于生存强者而不利于生存弱者的生存学说。

再次，法律是否允许公民对国家不接受公民的具体生存请求指责为不作为违法，是生存权向制度化保障靠拢的重要关口。理论上对这种靠拢作出强有力说明

---

〔1〕 〔日〕桥本公亘：《宪法原论》，有斐阁 1959 年版，第 238～239 页。

的是超越抽象权利说的具体权利说。具体权利说产生的背景是 20 世纪 60 年代开始的各国社会保障法的普遍化和依据社会保障法而出现的诸多生存权判例。该说从生存权实践所总结出来的原则中发展了抽象权利说。既然公民有对国家关于生存权的立法提出请求的权利，那么当立法机关出现立法侵害时，对消极的立法侵害，公民同样有权利按照宪法的监督机制对立法机关提出不作为违宪审查的程序以纠正立法的不法。具体权利说把生存权当成了违宪审查的标准，这就迈出了国家对保障生存权实现负有法律义务的关键的一步。具体权利说对国家行政机关所提出的制约甚至远远大于其对立法机关提出的制约。在生存保障有法可依的前提下，如果负有社会保障法实施之责的行政机关也以不作为方式漠视公民的生存请求，公民则可直接将行政机关作为诉讼上的控告对象。大凡建立行政诉讼制度的国家，在公民的行政诉讼诉由中都有行政不作为的内容，这是具体权利说对行政诉讼制度所产生的影响。在诉讼过程中，生存权是行政不作为行为被司法审查的基本标准。具体权利说赋予了生存权对立法、行政的约束力，使生存权成为当代立法的本源和行政措施的出发点。该说所证明的结论是，哪里的生存权不具有这种约束力，哪里的生存权就是不受保障的生存权。

最后，公民的生存请求能否转化为属于自己的生存利益或生存条件，是生存权是否具有法定性格的标志。比具体权利说更现实化的生存权理论是法定权利说。[1] 该说认为，生存权只有成为决定当事人利益的审判规范时，生存权才是终极意义上能够实现的人权，其法定权利的表现形态是在司法上获得救济。依据人权保障的一般原理，哪项权利不能提起诉讼，哪项权利就没有护卫屏障。司法救济是人权的防波堤，它的意义在于阻遏来自国家和社会的生存冲击。人权保障有积极、消极之分。生存权的积极保障在司法上的体现，即是依据司法上的命令，公民可向国家兑现适合社会一般生存标准的各种利益。它可以是物质的，也可以是行为的，还可以是某种机会。司法上对生存权的救济，是生存权保障的最后环节。

从上述生存权渐次获得法律上的效力可以看出，以请求权形态表现的生存权所最终要求的是国家在立法、行政和司法三个方面的积极性。有关生存权的规范如果能够对国家产生这样的制约作用，则生存权就是受法律保障的基本人权，否则，它只是主观意义的、在受到蔑视和侵害的时候无法获得实际保护的权利。展示生存权的保障原理在于强调国家的作用从而规约国家在法律上和物质条件上向生存权主体提供双重支持，消除国家的不作为因素和使公民能够获得由司法裁判命令支付的来自国家方面的物质利益是生存权保障的制度机制。

---

〔1〕 ［日〕芦部信喜编：《宪法Ⅲ人权（2）》（3），有斐阁 1981 年版，第 338 页。

第四节 生存权制度的理论问题

20 世纪，人权理论别开生面之处是生存权原理在世界范围内被普遍接受。不论对立着的东西方或南北方各国实际上是否认真对待了生存权，但还没有一个国家不承认生存权是人民的首要人权。生存权在不同国家拥有的共同地位向生存权的理论提出了共同的问题。在生存权尚处于发展、完善阶段的当今，回答这些问题仍是各国人权理论界的共同任务。

一、生存权产生的必然性

恩格斯在论证人权形成为制度的自然过程时指出："一旦社会的经济进步，把摆脱封建桎梏和通过消除封建不平等来确立权利平等的要求提到日程上来，这种要求就必然迅速地获得更大的规模，……这种要求就很自然地获得了普遍的、超出个别国家范围的性质，而自由和平等很自然地被宣布为人权。"〔1〕这说明，人权的最一般表现形态是自由与平等。它们的存在，表明的是人与经济的关系。

只要服膺马克思主义经典作家的经济决定论的唯物史观，就不能不拿它去分析自由和平等的关系。而一旦把自由和平等与经济原因相连接，就会立刻发现，自由和平等从胎动那天起就已陷入不可自解的矛盾之中。资产阶级的人权史实际上是一部自由与平等的矛盾斗争史。

自由的最大价值在哪里？从形式上观察，它在于通过法律拒绝来自国家对个人身心的束缚；但从实质上审视，它却是为资本和财产而准备的。有产者之所以始终把自由当做自己的宠儿，其原因就在于只有它才能实现资本与劳动最大限度的结合。资本与劳动结合得越充分，资本者由结合后产生的利益所体现的人格价值就越大，同时由结合而带来的两个后果也就越明显：结合前劳动者的自由变成了资本的奴隶——被结合的人的自由消失了；结合前契约上的平等变成了役使关系——被结合者的平等被吞噬了。尤其当资本形成垄断而使其他资本也难以自由的时候，甚至连有产者也会感觉到在自由问题上的不平等，于是最先认识到这种不平等的有产者也会像无产者一样反对不利于自己的自由。这时候，统治危机便会因统治者内部利益的均衡被打破而首先在本阶级中产生。自由资本主义时期出现的各种社会矛盾，就是自由埋葬平等的结果。在这种背景下，生存权走到人权的前台，承担了调处大资产者与中小资产者的矛盾（使中小资产者免于破产）

---

〔1〕《马克思恩格斯选集》第 3 卷，人民出版社 1972 年版，第 145 页。

以及有产者与无产者的矛盾（使无产者免于失业）的重任。它以限制财产权的绝对自由为出发点，试图恢复平等权昔日的光辉。从上述自由与平等的冲突中认识生存权，可以说，生存权是以自由权叛逆的身份出现的平等权的附属品，它是本来就难以协调的两种基本人权矛盾的必然产物。

生存权产生的另一个原因可以从资本主义生产过程中所制造的劳动者与有产者双方在生存欲望上的统一中得到说明。作为经济人的资本家，其生存的基础是在资本的运动中投入劳动力以使其变异为商品。维持劳动力生存的条件同时也是维持资本主义生产方式的条件。对劳动力的过度榨取，不但会因劳动力资源趋于枯竭而使商品生产难以为继，而且作为以自有资本为核算单位的资本家个人还要考虑劳动力价格提高而生产成本增加所造成的负担。把劳动力成本降低到最低限度的最经济的做法是既保持在资本周围形成一支失业常备军，又维持失业者随时出卖其体能的最低条件。这样，劳动者生存下去的欲望与资本家降低劳动成本的欲望在商品生产过程中统一起来。在业的劳动者以其所得维持生存，失业的劳动者以其从国家征收的社会生产总成本中的所谓的保障资金中求得生存。资本家以纳税方式缴于国家的资金，实质是其预投的劳动成本的一部分。让劳动者及其繁衍的后代享有维持生存最一般条件的权利，在长远上只是资本主义生产战略的计谋，劳动者的生存是为了使有产者更好地生存。

劳动者力量的增强和在生产过程中的反抗是生存权产生的阶级原因。社会化大生产在把劳动者通过分工和流水线组织起来的同时，也把他们统一为整体。当劳动者知道自己是被作为一个阶级受到榨取的时候，收回全部劳动成果的要求便会提出，[1] 但这种要求在私有制不变的前提下永远无法得到满足。于是，无产阶级整体对资本的对抗就是难以避免的社会问题。为此，资本方不得不作出让步。马克思曾指出："如果允许无限期地出卖劳动力，那就会使奴隶制立刻恢复起来。"[2] 首先从确定出卖劳动力的最大期限——劳动时间开始，劳动者的劳动权和劳动基本权[3] 渐次被资本方所容忍。劳动者的生存权是伴随其劳动等的权利一并法定化的。可以说，生存权的被肯定是劳动者阶级在百余年间通过市民社会的战场对有产阶级的胜利。

资产阶级政党斗争格局的改变是生存权产生的政治原因。政党政治以多党并

---

〔1〕 安东·门格尔所创设的"全部劳动收益权"的概念即指劳动者有收回自己所创造的一切劳动成果的权利。

〔2〕《马克思恩格斯选集》第 2 卷，人民出版社 1972 年版，第 179 页。

〔3〕 在人权理论中，劳动权与劳动基本权是有区别的两个概念。前者指劳动者在生产过程中的权利，如就业权、休息权、报酬权、受保护权等，后者指劳动者在生产过程以外的权利，如罢工权、争议权、团体结合权、集体交涉权等。

存、政党地位平等为原则。不管一国问鼎政权的政党有多少，其性质大致可分为主自由的和主平等的两类。自由和平等都是通向民主的桥梁。无论哪种性质的政党，其标榜的"来自人民、为了人民"的政纲都是相同的。在解决社会矛盾的策略上，各政党可以为争取选民而持针锋相对的观点，但成功与否最终要经选民民主程序的选择。在自由资本主义时期，主自由的政党一直占据政治上风，这种格局被认为是选民对自由铁律的公认。但是，对社会的多数成员来说，与其奔向自由王国还不如奔向食物王国更有实际意义。所以，当主张平等的政党首先提出生存的口号而争取民心时，原来的政治格局迅速瓦解，生存权的提案成了在野党爬上权力宝座的阶梯。这也正是生存权得以在规范上确立的政治原因。

综上分析，生存权是人权制度内部自由与平等矛盾运动的必然结果，是由经济的、阶级的、政治的原因共同促成的，其必然性即存在于社会各种矛盾的斗争之中。

二、两种生存权的差异

在西方的人权学说中，因生存权在获取方法上的差异而有两种不同的主张。"自上而下"获得生存权的方法认为，只要国家积极主动地为公民作出生存安排，公民就能获取生存权，它以公民的受益权为表现形态；"自下而上"获取生存权的方法则认为，生存权乃是劳动者及其受益人对劳动权和社会保障权的享有，国家应公民的请求而积极提供公民生存的条件。本章不拟对这两种观点的不同作进一步分析。这里所要探讨的是，两种社会制度下生存权形式相同而基础上却有实质的差异，这是具有现实意义的重要理论问题。

差异之一，资本主义的生存权以解决垄断阶段分化所导致的社会危机为目的，以对自由权进行改良和修正为方法，这两方面都不触动私有制的根本制度。而社会主义生存权则直接否定资本主义的生产关系，并以不同形式的生产资料公有制作为生存权的经济保障。

差异之二，资本主义生存权在调整与所有权关系时只以对其神圣不可侵犯的原则施以限制为其划定界限，所有权并不因附带义务而失去其最基本的人权的法性格，它始终处于人权体系恒星的地位上，生存权不过是由它决定的、在速度上服从它而在方向上围绕它的卫星。而社会主义的生存权则把其与所有权的关系颠倒过来，所有权在社会主义的人权族林中不再是基本人权。社会主义国家保障公民合法的收入和财产，但在方法上是把它作为私法关系上的权利对待的，这就决定了社会主义生存权的地位远在所有权之上。两种制度下生存权对所有权的关系截然不同。

差异之三，资本主义的生存权在把平等原则引入其中的同时，又无情地践踏了平等原则。生存权主体人格与法律地位的平等依赖于资本特权法律化的不平等，因特权的法律化而威胁平民生存权的条件依然存在。而社会主义的生存权则把平等的原则与实践统一起来，人人具有平等的生存条件，资本特权在生存权面前归于消灭，使生存权在事实上成为社会主义在法律上的表征。两种制度下生存权对平等关系直接对立。

差异之四，资本主义生存权以社会共同体为理论依据，[1] 这种理论认为，作为全体的国家和作为其成员的公民是有机结合的，国民个人的生存发展也是国家的生存发展，国家整体的向上进步也是国民个人的向上进步，在协同关系中，权力与生存合二为一、共存共荣。共同体论掩盖了在生存权问题上的阶级矛盾。而社会主义的生存权则以科学社会主义原理为理论依据，它主张剥夺剥削者以消灭差别，生存权主体具有相同的占有生产资料的机会，在平等的起点上共同富裕。两种生存权的理论根据迥然不同。

两种性质不同的生存权起到了不同的历史作用，资本主义的生存权缓解了资本主义的社会矛盾而使资本主义制度渡过危机并得以发展，社会主义的生存权则标志着被压迫被剥削人民的解放。在今后相当长的时期内，这些历史作用还将得到进一步发挥，特别是随着社会主义社会生产力的进一步发展，社会主义生存权的经济保障将更为充分和完善，两种不同的生存权也将展现出不同的历史命运。

三、生存权的效力

生存权作为多种权利的复合体，其性质具有多重性。它与自由权的相容说明其自身也具有自由权的效力，只是从根本上说生存权是最终通过公民的积极地位实现的权利，因而它具有对国家的强制力。强制与排斥是生存权对国家的第一类效力表现。

生存权对国家的第一类效力表现在对国家规定了作为和不作为两种责任。不是根据法律去判断生存权，而是根据生存权去判断法律，这是生存权对国家立法的约束力。以此为标准，立法机关既不能通过妨碍和取消生存权的立法，也不能制定使生存权落无实处的法律。消极不制定生存权的法律更为生存权所不容。这是生存权对立法权的强制表现。同理，生存权对行政机关和司法机关也有相同的要求，有违生存权的行政措施最终将被宣布为无效。生存权的请求权的性质强制国家积极履行作为义务，生存权的自由权的性质排斥国家对公民追求生存权的干涉。

生存权对国家的第二类效力表现在它是当代法律所遵循的共同原则。本世纪

---

〔1〕 〔日〕我妻荣：《新宪法和基本的人权》，有斐阁 1948 年版，第 110～117 页。

新兴的法律部门大多以生存权为立法原理，经济法的表征是调整经济关系，但其精神却是维持社会生存。环境保护法在归类上可以划为公法，但其保护的真正利益却是私法上的人格权，亦即人有免受对身体的、健康的、精神的、生活的侵害的权利。教育、科技、文化等方面的法具有管理社会事业的职能，但其实质却是为了人们适应时代的发展与进步，说到底是不致使人落伍而能文明地生存。当代新出现的诸多兼有生存权和自由权两种特征的人权如学习权、知识产权、知情权、信息调取权等无一不植根于生存权的基础之上。

生存权对国家的第三类效力表现在对司法原则的改变上。依传统的人权理论，国家对公民财富的依法征收（如纳税）以平等为原则，但依据生存权的原理，当公民被强制纳币或物之后生活清楚明白地无法维持时，司法不再支持平等原则，"清楚明白的标准"取代了平等原则。民事侵权赔偿责任在加害者支出应当支出的数额后生存受到威胁时，司法上可将赔偿责任转由国家偿付。各种诉讼的保全，以不妨害被保全人生产、生活资料的使用为限，这已成为各国民事诉讼的通例。司法原则因生存权的约束而发生的最大变化是"举证责任转移"。它是指在公害、产品等侵害生存权的案件中，权利主张者不再负有证明加害行为与其后果之间因果关系的举证责任，而只要加害方提不出反证，其加害即告成立的责任确定方式。司法制度的变化说明生存权对司法机关已产生了约束力。

生存权除了对国家的三类效力之外，对社会组织或个人也具有约束力。新的人权效力的理论对第三人效力的理论因生存权的产生而产生，它的意义在于指明个人与社会组织和个人签署的有违生存权的契约无效，社会组织制定的侵害公民生存权的内部规约违法。

四、生存权的界限

像人格权、尊严权、健康权等自然权只服从产生它们的主体的自身条件而不受法律制约一样，生存权在国家制定法中也呈现出无限性。自由权界限的原理在于确立个人自由与国家权力大小的比例关系，生存权界限的原理在于辨别国家对公民生存请求满足的积极与不积极的作为程度。

在国家为自由权明确界限时，一般以其与其他主体的权利相切接的最大外延为观察点，因之自由权在法律上往往只有上限而无下限。生存权的界限则正好相反，国家在为其确定界限的时候，一般以一部分主体与另一部分主体所享权利的差距为观察点，因之生存权在法律上只有下限而无上限。这个下限就是国家在综合了全体经济情况后为生存权主体确定的国民最低限度的生活标准。

维持生存权的最一般条件是经济条件，但仅把建立在由经济条件所决定的最低限度的生活标准理解为生物式的生存是不够的。人的文化欲求毫无疑问与人的生物式生存有着相互渗透的关联性。生存是文化适应于人的目的，文化与物质条件一样是人不同于动物般生存的条件，经济与文化都是确定生存标准的内在要素。

最低限度的生活标准既是抽象的又是相对的概念。抽象产生于对具体经济、文化生活的一般概括，这是国家应做的工作；相对则预示着标准的流动性变化，国家负有适应国民各种生活水平的提高而不断修改标准的责任。以下六种情况是国家确定生存权界限的主要根据：①国家的财政状况——不是根据预算来确定生存权，而是根据生存权决定国家预算；②国民的平均生活水平——不是强调生存权的平均主义，而是强调低于平均值的国民具有受保障的优先地位；③城乡生活差距——不是用同一标准适用一切人，而是用不同标准适用于不同的人；④国民生活感情与劳动倾向——不是鼓励人们争做惰者，而是鼓励公民蔑视坐食嗟来之食者；⑤强制保障受益人数——不是建立生存权的特惠制度，而是建立全民皆保险的保障体制；⑥国家对救助请求的满足程度——不是使请求人生活水平高于不曾提出请求者，而是使请求者获得生存的最低条件。当这些被国家通过技术处理为数字指标时，生存权的下限就是具体和明确的。由国家根据不同时期变化着的经济、文化等状况定期上调这个下限，生存权的界限又总是相对的。

既保障有生存自救能力的人不断创造适于自己的生存环境，又保障生存弱者不断依据国家确立的生活水平的最低限度提出帮助请求并满足其请求，生存权的界限以其两重性向法律和国家提出了不同的要求。对前者的界限，国家需以"合理性界限"对待之，对后者的界限，国家需以"明白性界限"对待之。它们分别与国家的不作为义务和作为义务相对应。

第十一章
发 展 权

以人权的本位为标准，人权运动史可以分为自由权本位的人权、平等权本位的人权和发展权本位的人权三个历史阶段。自由权本位的人权运动意欲造就自由的政治制度；生存权本位的人权意欲造就平等的经济、社会、文化制度；而发展权的主题则是联结公民权利、政治权利与经济、社会、文化权利，连接东方世界和西方世界，实现人类的共同进步与繁荣。发展权历经 30 余年的论证和实践，现已得到了国际社会的广泛认同和关注。发展权思想的诞生为人类的自我塑造及自我价值的实现提供了全新的理念平台和广阔的延伸空间；发展权的实践运动与立法活动的展开必将为世界各国的繁荣、一国内特定区域的发展乃至作为个体的人的自我完善提供更为可靠的依据和路径。

第一节 发展权的权格定型历程

根据辞海的解释，发展是指事物由小到大、由简到繁、由低级到高级、由旧质到新质的运动变化过程。事物的发展过程在宏观上可分为两大类：一类是事物独立自在的发展；另一类是事物在人为计划与控制下的发展。作为事物独立自在的发展的概念更为贴切的表达词是"进化"。比如作为社会进化主义流派经典理论家的斯宾塞（Spencer）、迪尔凯姆（Durkheim）、滕尼斯（Tonnies）、摩尔根（Morgan）等人，他们对社会的发展的研究就是从"社会自我进化"的视角入手的。而在当今社会，发展尤其是被作为权利来追求的发展显然大大超出了"进化"之所指。在很大程度上，发展是与"进化"相对而言的。就人类思想史而言，发展与进化分野的时刻正是发展权思想的发轫点，由此点到发展要求的普遍化阶段，再到发展要求的权利化阶段经历了一个漫长的过程。

发展权虽然因循人权的成长逻辑位列自由权、生存权之后被定位为第三代人权的主题，但是其思想源头却暗含于一般人权思想的渊源之中。近现代人权思想的张扬是文艺复兴、宗教改革、罗马法的复兴——即著名的"三 R 运动"的直接产物。"三 R 运动"的目的是恢复人的应有尊严和价值。人人生而自由，人人生而平等，人人有权追求幸福等思想在"三 R 运动"中合乎逻辑地被推演了出来。人类中世纪以前的历史是否认人的权利、压抑人的权利的历史，所以，"三R运动"对权利的追索必然会局限于"恢复"上。正因如此，夏勇先生认为，文艺复兴时期人文主义者的主要功绩"在复兴，不在创造；在继往，不在开新；在普及，不在建树"。[1] 这一时期的思想家虽然没有明确将人的发展与人的权利相联结，也就是说，缺乏对人的发展的法理论证，但是却为人的发展提供了道德哲学上的根据。因为在人文主义者那里，恢复人应有的本性仅是其思想的潜在一环，更有意义的环节却是人的个性与意志的自由发展。从但丁对人的高贵的赞美中，从彼特拉克对"凡人的幸福"的要求中，从"我们愿意成为什么，就成为什么"[2] 的呐喊中，我们分明感受到了人的强烈的发展欲求。

十七八世纪是资产阶级人权思想的奠基时期。这一时期的人权思想是以自然法学说为理论前提的。自然法学派的代表人物在展开其理论构设前，均假定人类在进入文明社会以前，曾经存在过一个自然状态，在其中人人享有自然权利，人人是自由平等的，人们组织政府的目的在于更好地保障自由与权利。由于资产阶级革命的历史需要和局限，这一时期的人权思想和要求主要侧重于对自由、平等及财产的"消极"追求上，对个性充分自由发展的认识尚未成为系统化的权利要求，但这并不意味着他们没有认识到个性充分的发展问题。资产阶级启蒙思想家所提出的自由、平等及天赋人权等思想与发展权思想是密不可分的，前者是后者必要的前提和条件。所以，我们不能因为在他们的著述中没有出现"发展权"一词，就认定他们从未关注发展问题。在许多资产阶级启蒙思想家那里，已经出现了明确的发展要求。比如，斯宾诺莎就曾主张，在一个自由的国家中，每个人都可以自由思想，人人生来赋有自由，他指出："政治的目的绝不是把人从有理的动物变成畜牲或傀儡，而是使人有保障地发展他们的心身，没有拘束地运用他们的智慧。"[3] 所以，在经典作家那里，虽然由于特定历史阶级的使命使然，他们均将注意力集中在了自由、平等等第一代人权思想的启蒙上，但是人的有保障的自由发展无疑是未被言明的必然的可推演命题。

发展作为人类的当然要求显然是与人性的复苏历程相伴而生的，但是发展上升为一项权利要求却是最近几十年的事情，且首先是作为一个国际领域的问题被提出来的。二战结束到20世纪60年代末是发展权的权利萌芽期。在这一时期的国际性及区域性人权文件中，发展权尚未作为一项独立人权类别被表述，但发展的要求已成为实现一系列权利要求的必然环节。《联合国宪章》第55条就规

---

〔1〕 转引自夏勇：《人权概念起源》，中国政法大学出版社1992年版，第130页
〔2〕 转引自夏勇：《人权概念起源》，中国政法大学出版社1992年版，第128页。
〔3〕 ［荷］斯宾诺莎：《神学政治论》，温锡增译，商务印书馆1963年版，第272页。

定：为造成国际间以尊重人民平等权利及自决原则为根据之和平友好关系所必要之安定及福利起见，联合国应促进：……（子）较高之生活程度，全民就业及经济与社会进展。《世界人权宣言》（联大 1948 年 12 月 10 日通过）第 22 条规定："每个人，作为社会的一员，有权享受社会保障，并有权享受他的个人尊严和人格的自由发展所必需的经济、社会和文化方面的各种权利的实现。"第 26 条第 2 款规定："教育的目的在于充分发展人的个性并加强对人权和基本自由的尊重。"《经济、社会、文化权利国际公约》和《公民权利和政治权利国际公约》（两公约均为联大 1966 年 12 月 16 日通过）第 1 条均规定："所有人民都有自决权。他们凭这种权利自由决定他们的政治地位，并自由谋求他们的经济、社会和文化的发展。"前者还规定："本公约缔约各国承认，人人有受教育的权利。它们同意，教育应鼓励人的个性和尊严的充分发展。"《儿童权利宣言》（联大 1959 年 11 月 20 日第 1386（XIV）号决定宣布）原则二规定："儿童应受到特别保护，并应通过法律和其他方法而获得各种机会与便利，使其能在健康而正常的状态和自由与尊严的条件下，得到身体、心智、道德、精神和社会等方面的发展。"原则四规定："儿童应享受社会安全的各种利益，应有能健康地成长和发展的权利。"由上面的规定可以看出，发展作为一项权利已初具雏形：一是自由权、平等权、生存权的保障、实现和发展密不可分；二是发展既包括作为群体的人民、妇女、儿童的发展，也包括作为个人人格的发展；三是国家与社会应为主体的发展创造条件、提供保障。

第一个明确提出发展权概念的是塞内加尔法学家卡巴·穆巴依（Keba M'Baye）。他于 1972 年在法国斯特拉斯堡国际人权研究院演讲时指出："发展，是所有人的权利，每个人都有生存的权利，并且，每个人都有生活得更好的权利，这项权利就是发展权，发展权是一项人权。"[1] 而对发展权作出巨大推动贡献的则是联合国前教科文组织法律顾问卡雷尔·瓦萨克（Karel Vasak）。瓦萨克广为人知的"三代人权"理论认为：第一代人权形成于美国和法国大革命时期，主要是指公民权利和政治权利；第二代人权形成于俄国革命时期，主要是指经济、社会及文化权利；第三代人权是对全球相互依存现象的回应，主要包括和平权、环境权和发展权。[2] 瓦萨克根据公民与国家的不同关系样态将第一代人权定性为消极的人权，将第二代人权定性为积极的人权，而将第三代人权定性为连

---

〔1〕 转引自徐显明主编：《法理学教程》，中国政法大学出版社 1994 年版，第 377 页。

〔2〕 沈宗灵、黄枬森主编：《西方人权学说》（下），四川人民出版社 1994 年版，第 282 页。

带的权利（the solidarity rights）[1] 这种理论可以十分令人信服地解答不同历史阶段人权运动的新趋向和主题，特别是社会连带性为发展权提供了坚定的理论和道德根基。首先，尽管发展权自提出至今其存在与否仍受着多方面的怀疑，但毋庸置疑的是，发展权的连带性超越了第一代人权的消极性和第二代人权的积极性，更为妥当地表明了在当今世界中人权发展与国家及社会的关系。虽然从性质取向来看，公民权利及政治权利趋向于要求国家的消极性，但在今天离开了国家的积极行动是断难实现的；而经济、社会及文化权利虽趋向于要求国家的积极性，但在经济、社会及文化权利发展的许多领域却要求国家的消极性。发展权概念的提出就很好地解决了消极性与积极性的关系。其次，发展权概念反映了世界政治、经济秩序的结构性缺陷、回应了全球一体化的发展趋势。"发展"是二战后主要适用于广大殖民地国家的一个词语，自上世纪 60 年代始先后实施了数个"发展十年战略"，而"发展十年战略"的主题是发展经济、改善生活水准。但是经过几十年的发展，广大第三世界国家的境况并未获得根本性的变革，国际政治经济秩序仍处于重重矛盾之中。历史教训和经验逐渐使人们认识到了国际社会相互依存的必然性和进行国际合作的必要性。发展权概念将发达国家与发展中国家联结在了一起，这是与最近数十年国际间加强国际合作、促进共同发展的愿望相一致的。最后，发展权概念的提出在人权发展史上第一次赋予了人权以动态发展的观念。不管是消极性的第一代人权还是积极性的第二代人权都是静态意义上的人权。也就是说，人们认为社会中存在着关于公民权利、政治权利、经济权利、社会权利、文化权利的相对普适稳定的标准，人权运动的目标就是通过各种途径改善人权状态，使之接近或达到这些标准。而发展权的内涵显然不同于第一、二代人权，它所关注的并不是与传统的公民权利、政治权利、经济权利、社会权利、文化权利并行的一种人权，而是关注此诸类人权在质与量上的全面提升。可见，发展权概念的贡献不仅在于为人权家族又增加了新一类人权，还在于彻底改观了传统的静态人权观念。

发展权概念成型后，迅速得到了国际社会的广泛认同。尤其是在第三世界国家的不懈努力下，发展权在国际人权舞台上的地位日益扩大和巩固。《社会进步和发展宣言》（联大于 1969 年 12 月 11 日通过）明确表达了政治、经济、社会文化发展的相互依赖性和整体发展战略的重要性，并具体拟定了社会进步与发展的原则、前提条件及国家的责任，提出了国内区域发展平衡等问题。该宣言第 8 条

---

〔1〕 将人权划分为三代，容易给人造成第一代人权、第二代人权已经过时的误解，因此，也有人对人权的三代划分法提出了不同的看法。但我认为，将人权划分为三代表达的是人权的发展历程、人权体系的日臻丰富，而非后一代人权取代前一代人权。

规定:"每个国家的政府的首要任务和根本的责任在于确保其人民的社会进步和福利,拟定作为全面发展规划的一部分的各种社会发展措施,鼓励、调整或集结全国的力量以达此目的,以及引导社会结构中的必要的改变。在拟定社会发展措施中,每个国家内部发展中地区和发展地区之间以及城市地区和农村地区之间需要的不同应受到适当的注意。"1979年联合国大会通过了《关于发展权的决议》,该决议重申了公民权利、政治权利与经济权利、社会权利、文化权利相互依存的思想,强调"发展权利是一项人权,平等的发展机会既是各个国家的特权,也是各国国内个人的特权"的思想(第8条),1986年联合国大会又通过了《发展权利宣言》,该宣言系统阐明了发展权的思想框架:a. 发展权利是一项不可剥夺的人权;b. 发展权的主体既包括个人,也包括集体;c. 对个人发展权而言,国家是义务主体;对一国的发展权而言,其余各国是责任主体(第2、3条);d. 所有人权和自由都是不可分割和相互依存的,各国应采取措施扫除发展的障碍,确保所有人平等地享有社会发展的成果及参与社会的发展。发展权在国际一级主要体现着发展中国家的要求与主张,因而该宣言虽然以压倒多数的146票赞成、1票反对、8票弃权获得了通过,但值得注意的是,反对票与弃权票均来自主要的发达国家。他们与发展中国家的主要分歧在于,发展权首先是个人人权还是集体人权及发展援助是否是发达国家的一项国际法义务等方面。但是,不管怎么说,宣言以如此的压倒性优势获得通过本身就说明发展权的思想已经深入人心,已经向着取得国际法地位的方向迈出了具有决定意义的一步。随着时间的推移,它对人权运动的巨大推动力量必将得到进一步加强。

第二节 发展权的构成要素

任何一项权利要获得法律的承认,必须满足权利主体明确、权利内容具体、义务主体特定等条件,发展权亦不例外。对发展权存在与否的论争也起源于对上述三个问题的论争。

发展权的主体论争是第三代人权的一个核心问题。发展权的主体是个人还是集体,是发达国家与发展中国家的主要分歧所在。这些分歧一方面反映了由不同的文化传统和政治、经济、社会状态所决定的对人权的不同理解,另一方面也反映了在国际政治经济舞台上由不同的发展水平所决定的不同的政治、经济要求。在国际人权舞台上,任何国家要做的工作往往是努力寻求不同权利要求的交叉点而不能奢望别的国家会最终接受自己一厢情愿的人权标准。而发展权的主体问题要取得突破性的进展,世界各国及各国人民必须确立如下三个前提:①发展权的主体应依其所在的层级来确定。在国际层面，发展权的主体主要是国家，有时甚至包括一些国家联盟，比如 2001 年成立的非洲联盟；在国家一级，发展权的主体主要是个人，有时也包括一些特定区域（如中国西部）及特定群体（如妇女、儿童）。②个人是发展权的基本而首要的主体。集体发展权是国际政治斗争需要与人权法律保障需要相结合的一个产物。集体发展权最终还要落实为每个个体的发展。因为"人是发展的主体，因此，人应成为发展权利的积极参与者和受益者"（《发展权利宣言》第 2 条）。③集体发展权是个人发展权实现的重要保障。发展权不仅在复杂多变的国际政治舞台上单凭个人难以实现，即使在国内，由于政治制度、经济状态等原因的限制，单凭个人也同样是难以实现的。虽然集体人权一词存在着概念上的逻辑矛盾，但我们不能否认的是，迄今为止的人权运动史主要是一部集体争取人权的历史。根据上述前提，我们可以对发展权的主体作出如下判断：

1. 个人是发展权的基本主体。之所以说个人是发展权的基本主体，主要根据就在于个人是发展权的最终受益者。正如美国的一位人权专家所指出的那样："不管给发展权下什么样的定义，都得考虑人权是由个人行使的。"[1] 正因为此，我们注意到《发展权利宣言》开篇即申明"人是发展的主体"。个人是发展权的基本主体这一判断的价值在于使我们牢记发展权不能背离第一代、第二代人权的灵魂——抵御强权（主要来自于国家）对个人权利与自由的侵犯，正如罗兰德·里奇（Roland Rich）所言："不能有任何损害个人人权的人权。"强调个人作为发展权的基本主体可以形成对国家发展权、团体发展权的必要制衡，以有效预防国家发展权、团体发展权的异化。

2. 团体（groups）是发展权的具体主体形式。纵观人类的人权运动史，即使在特别重视个人人权的第一代人权运动时期，即使在具有悠久的重视个人人权历史的西方国家，人权往往是以团体的形式表达并实现的。发展权，由于其诞生的特定社会历史背景，使其在表达形式上就更为借重团体。其原因有二：一是能够引起社会广泛关注、能够造成惨烈践踏人权案件的往往是团体案件，尤其是残疾人、妇女、儿童、土著人、处于弱势的种族、民族最易受到人权侵害；二是上述主体要实现保障自己的人权往往必须借助于团体的力量。因此，国际人权法已经把团体作为人权的重要主体。比如，《消除一切形式种族歧视国际公约》、《妇女政治权利公约》、《消除对妇女一切形式歧视公约》、《联合国少年司法最低限度标准规则》等国际公约中均将少数人团体列为人权主体。团体是发展权的具体形式这一判断的价值在于使我们牢记借助团体实现发展权的必要性。

---

[1] 刘升平、夏勇主编：《人权与世界》，人民法院出版社 1996 年版，第 309 页。

3. 特定区域亦应成为发展权的主体。在国际层面和国家层面立法中，特定区域尚未成为发展权的主体。但是，笔者认为特定区域的发展应该能够成为集体发展权的一种形式。当今，发展权理论既然承认作为地域性的国家是发展权的主体，特定种族、民族是发展权的主体，那么在一国法域内，指涉特定地区与特定群体（如少数民族、土著人）的区域亦可成为发展权的主体。这既可从《发展权利宣言》所指出的发展权利平等的原则中获得根据，也可从国内立法中找到证明。在我国现行宪法第三章第六节"民族自治地方的自治机关"中，第 122 条第 1 款明确规定，"国家从财政、物资、技术等方面帮助各少数民族加速发展经济建设和文化建设事业。"1984 年颁布的《中华人民共和国民族区域自治法》第 55 条更明确规定，上级国家机关从财政、物资和技术等方面，帮助各民族自治地方加速发展经济建设和文化建设事业。上级国家机关在制定国民经济和社会发展计划的时候，应当照顾民族自治地方的特点和需要。这些立法都是与发展权思想契合相通的。区域成为发展权的主体价值有二：一是保障一国内区域间的发展平衡；二是有利于在特定区域内实现政治、经济、社会、文化权利的协调进步，最终保障和实现特定区域内的人民的权利和自由。在美国历史上的西部拓殖过程中，通过立法促进发展、巩固发展的成果是其成功的重要保障。因此，尽快制定我们自己的《西部开发法》不仅是加快西部地区发展的当务之急，而且是我国实现发展权的重要举措。

4. 在国际政治与人权舞台上，国家是发展权的首要主体。国家是集体人权主体涵盖范围最大的一种，它可以借助其主权性行动为本国人民谋求发展权利。虽然在国家层面，国家往往是诸类人权防范的对象，但是在国际层面，人权唯有借助于国家的主权行动才能得以切实的维护。《发展权利宣言》第 4 条规定："为促进发展中国家更迅速的发展，需要采取持久的行动。"第 7 条规定："所有国家应促进建立、维护并加强国际和平与安全，并应为此目的竭尽全力实现在有效国际监督下的全面彻底裁军，并确保将有效的裁军措施腾出的资源用于发展，特别是发展中国家的发展。"在 1974 年联大通过的《建立新的国际经济秩序宣言》和《行动纲领》中，国家更是被作为国际经济合作的受益主体来看待的。国家是发展权的主体之一这一判断的价值在于，使我们认识到国家的主权行动在国际层面维护一国整体发展权利的重要性和必要性。

5. 发展中国家是发展权的特定主体。在国际人权领域，主权国家之间平等互惠是国际合作的前提和首要原则。但是，由于在国际层面，发展权问题主要是针对第三世界国家的发展问题而提出来的，因而发展中国家已被习惯地认为是发展权的特定主体，而且近几十年中通过的一系列有关发展问题的国际性人权文件也都认可了这一点。比如，发展援助权作为当前国际领域促进发展权实现的首要形式只有发展中国家才能享有。发展中国家是发展权的特定主体这一判断的价值在于，强调发展中国家在国际人权发展中的优先性。这种优先性可以从国家发展权的构成内容上获得认证。

国家发展权在人权实践上是一个具有特定性的概念，它的特定性就表现在它往往是由发展中国家所主张而有赖于发达国家才能实现的一种权利。这一权利主要包括下述内容：

1. 享有对本国自然资源和财富的充分完全主权是实现发展权的基础。一国的自然资源和财富是一国发展的基础。在一国不能对本国的自然资源和财富享有充分主权的情况下，谋求本国的发展是根本不可能的。殖民地时期的历史以及后殖民时代呈现的问题均说明了这一点。所以，《关于发展权的决议》尤为关注由"拒绝承认民族自决权和各国对其财富和自然资源行使充分主权的基本权利"造成的局势；《发展权利宣言》还特别忆及"各国人民有权在关于人权的两项国际公约有关规定的限制下，对他们的自然资源和财富行使充分和完全的主权"。

2. 主权平等是实现发展权的前提。造成国际贫富差距的原因是多方面的，但在国际层面的原因主要是不公正的国际政治经济秩序，而旧的不公正的国际政治经济秩序是建立在主权不平等基础之上的。所以，要建立新型的国际经济秩序就必须遵行主权平等的原则。《发展权利宣言》指出，各国有义务在确保发展和消除发展的障碍方面进行合作，且应着眼于主权平等。1974 年通过的《建立新的国际经济秩序宣言》原则之一指出"各国主权平等，一切民族实行自决，不得用武力夺取他国领土，维护各国领土完整，不干涉他国内政"；原则之二指出："国际大家庭的一切成员国在公平的基础上进行最广泛的合作，由此有可能消除世界上目前存在的差距，并保证大家享受繁荣。"原则之五指出："每一个国家对自己的自然资源和一切经济活动拥有充分的永久主权。为了保卫这些资源，每一个国家都有权采取适合于自己情况的手段，对本国资源及其开发实行有效控制……这些权利是国家充分的永久主权的一种表现。任何一国都不应遭受经济、政治或其他任何形式的胁迫，以致不能自由地和充分地行使这一不容剥夺的权利。"

3. 国际合作是实现发展权的关键途径。世界格局的变化一再说明：发达国家的利益同发展中国家的利益是密不可分的，发达国家的繁荣和发展中国家的增长与发展是紧密相连的，整个国际大家庭的繁荣取决于它的组成部分的繁荣。由国家间发展的这种连带性所决定，在发展方面开展平等而广泛的国际合作应是所有国家的共同目标和责任。因此，《发展权利宣言》申明"进行有效的国际合作是至关紧要的"。

4. 不对等优惠是实现发展权的重要原则。发展中国家的贫困如前所述在国际一级主要是由不公正的国际经济秩序造成的，所以，发展中国家要求发达国家给予必要的单方面优惠不仅是出于连带发展的必要，还是一种道义责任，并且也有法理可寻。在发达国家给予发展中国家贸易优惠方面、国际金融组织在对贫困国家采用的优惠待遇方面，就不适用对价、效率等原则。

5. 维护国际和平与安全是实现发展权的环境保障。新殖民主义、种族主义、霸权主义、军事侵略、统治、武装占领及由此引起的动荡是阻滞发展的重要因素。没有和平安定的国际环境，就根本谈不上发展。所以，《发展权利宣言》第7条申明："所有国家应促进建立、维护并加强国际和平与安全，并应为此目的竭尽全力实现在有效国际监督下的全面彻底裁军，并确保将有效的裁军措施腾出的资源用于发展，特别是发展中国家的发展。"（第7条）由此可见，和平权是发展权的前提性权利，或者说就是发展权的必要组成部分。

6. 发展援助是实现发展权的基本形式。在国际层面，国家发展权实践的首要方式就是发达国家或国际组织为发展中国家提供发展援助，虽然最初援助国不承认提供发展援助是一种国际法上的义务，但是随着实践的发展，西方各国正逐渐将发展援助置于全球的连带关系上，这就为施援与受援向权利义务关系演进奠定了基础。综上所述，国家发展权主要是指一种基于全球连带关系，在不对等优惠原则之下，通过发展援助这一方式实现的一种"弱国权"或"弱族权"。

虽然发展及发展权问题在国际人权舞台上首先是围绕国家，特别是发展中国家而提出来的，但国际层面的发展权问题最终要落实为国内法的问题，也就是说，国家抑或民族的发展权最终要还原为个人的发展权。个人发展权与集体发展权在内容上有许多不同。其一，自由权与生存权是个人发展权的基础和保障。所有人权和基本自由是密不可分、紧密关联的思想是一切国际性人权文件的一项重要原则。公民权利、政治权利与经济、社会、文化权利是相互依存的。《发展权利宣言》的序言申明"增进、尊重和享受某些人权和基本自由不能成为剥夺其他人权和基本自由的理由"。因此，限制公民权、政治权的发展权，只会是侵犯发展权的借口。其二，个人潜能的自由开发与个性的充分发展是个人发展权的核心内容。个人潜能犹如国家的财富与自然资源是个人发展的先天资本；个性是指个人的能力、气质和性情以及与之相关的对现实的态度、趋向和选择，它犹如每一个国家都有自己的文化传统与特质一样要受到社会充分的尊重。由于个人的遗传因素不同、个人的社会生活经历不同，个体的个性心理特征和个性倾向必然各不相同。人们对良善社会的第一要求就是个性的被尊重。善法之所以为善法的第一标志——将人作为人来看待——就意指承认并保障每一个体的个性。个性的自由发展是社会发展的推动力；个性的充分发展是社会发展的最终目的。个性的发展权表现为"人的稳定的性格受到尊重、处事方式的自我选择、人生目的的自我确立、思想创造的不受限制、情操良心的自主保存"[1] 等多个方面。其三，发展机会均等是发展权的必然要求。起点的不平等是造成发展失衡的主要原因。制造社会不公的最恶方式就是对人进行等级区分并为之提供不平等的发展机会和发展条件。《发展权利宣言》认为各国在国家层面为实现发展权应采取的必要措施就是确保所有人获得基本资源、教育、保健服务、粮食、住房、就业、收入公平分配方面的机会均等。尤其是在当今的信息技术社会，一个人要获得充分的发展就必须获得对社会发展的平等参与权、对社会发展成果的平等享受权，获得与社会发展同步的知识获取权及信息获取权。各国应鼓励民众在各个领域的参与。综上所述，个人发展权就是个体机会均等地参与社会政治、经济、文化生活，个性获得充分发展并平等地享受发展成果的权利。

区域发展权尚未明确见诸国际法和国内法。但它是被内含于国际人权法和国内立法之中的。比如，美国在 20 世纪曾制定过《阿巴拉契亚区域开发法》、《联邦受援区域及受援社区法》、日本于 1950 年制定了《北海道开发法》、德国于 1965 年制定了《联邦区域规划法》。所谓区域发展权主要是指一国内的特定地方应享有与其他地区平等的发展机会和从国家或其他兄弟地区获得援助的权利。这些立法实质上承认了一个国家与其特定区域之间的施援与受援关系是一种法律上的权利义务关系。从我国宪法和民族区域自治法以及正在推进的西部大开发政策中，我们可以推导出区域发展权的一些内容：其一，中央的立法与政策优惠是实现区域发展权的重要保障；其二，国家援助是促进落后地区发展的重要途径；其三，省际间的援助是落实落后地区发展的重要补充；其四，落后地区的受援权包括经济受援权、教育受援权、文化受援权等多个方面。

前述国家发展权、区域发展权、个人发展权在权利内容上既有交叉又各有特点，并反映了不同关系领域的权利义务关系和不同的发展价值取向，因而正确理解三者之间的关系就成为构筑发展权理论框架的一个重要命题。其一，国家发展权、区域发展权、个人发展权之间具有连带性，是互促共进的关系。三者只有实现最佳的价值配置，才能取得最大的权利与利益增量。其二，在三者当中，个人发展权是发展权的最终目的性权利。无论是强调国家的发展权，还是强调区域的发展权，都不能以克减、损害个人的发展权为代价。其三，国家发展权与区域发展权的关系是整体与局部的关系。区域发展权必须服从于国家的整体发展。区域的优先发展只能在国家的整体发展战略与立法范围内进行，国家的整体发展又必须兼顾特定区域的发展，不能以侵犯特定区域的发展权为代价。

---

[1] 转引自徐显明主编：《法理学教程》，中国政法大学出版社 1994 年版，第 380 页。

第三节 发展权的价值

从发展权的主体和内容上，我们可以把发展权分为特殊发展权和一般发展权。所谓特殊发展权，是指由于特定原因使处于弱势地位的特定主体由弱变强的权利。而对于一般发展权而言，其主体既包括弱势主体也包括强势主体，是指所有主体均有充分发展自身的能力和自由、使自己生活得更好的权利。这种权利主张既反映了人性解放的必然要求，也反映了人类生活一体化的时代趋势，还反映了人权运动的规律。我们对发展权价值的分析也必须由此出发。

一、发展权的诞生标志着人性解放要求进入了权利化阶段

根据进化论，如果说由猿变人是人类发展史上的第一次质变——物质上的质变的话，那么所谓的人性的复苏就是人类发展史上的第二次质变——精神上的质变。此次质变发轫于欧洲文艺复兴时期，展开于二战以后。在文艺复兴以前，人类总体上是生活于自我不觉之中的。一部分人的身体处于被奴役之中，另一部分人则在精神上处于被奴役之中。自欧洲的"三 R 运动"揭去蒙蔽人类精神与心智的层层雾障开始，人类精神与心智的发展便达到了一个前所未有的高度。人性本质"向善"是在古希腊时期就已确立的人类命题，而只有到了"三 R 运动"时期，人类才真正着手解决何为"向善"、如何"向善"的问题，这一问题的实质就是德性和知性的充分自由的发展。在人类的物质生活尚处于较低阶段时，人生追求的目的往往被局限于生活的富足和生理的满足上；唯有人类的物质生活达到了较高阶段，人类才能将人生价值的实现定位于个性的充分自由发展上。所以，人性的解放、个性的发展很长时期以来仅停留于文学与诗歌的意境中，徘徊于人类精神的深处，尚不能进入物质世界的建设过程，更遑论成为法定权利了。这一点可以从人性解放、个性发展欲望的强烈程度与物质生活水准的正比关系中获得浅显而朴素的证明。随着人类物质世界的逐步丰裕，人类的精神世界必将逐步拓广，而发展权的成型则是人类制度世界对前二者的必然回应和证明。

二、发展权反映了人类生活一体化的时代趋势

当今，主要的发展权论者均将发展权原理置于社会连带理论之上。社会连带理论最早是由法国的社会学家杜尔克姆和莱翁·布尔茹阿创立的。莱翁·狄骥将社会连带理论引入法学研究，创立了社会连带主义法学。他认为社会连带是构成社会的基本要素，"人们有共同需要，这种需要只能通过共同的生活来获得满足。

人们为了实现他们的共同需要而作出了一种相互的援助，而这种共同需要的实现是通过共同事业而贡献自己同样的能力来完成的。"[1] 狄骥的社会连带理论中有以社会连带否定个人自由价值的倾向，但是其对社会连带性的阐述却反映了社会的真实。特别是在当今全球经济信息一体化成为不可逆转的历史潮流的影响下，人类生活正在向着越来越"整齐划一"的一体化方向发展。一方面，在一体化的信息与技术支持下，人类生活一体化的趋势日益加深。每个社会主体，不管是弱者还是强者，在这种一体化进程中都有随时落伍的危险，弱者可能变得更弱，强者可能沦为弱者。另一方面，人类生活的一体化内含着侵犯文化的多元性与个性多样性的危险。发展权正是基于社会连带考虑，对此种危险作出的回应。一方面，个体有适应社会的发展而发展的权利；另一方面，个体有依照自己的意愿充分开发自己的潜能、自由发展自己个性的权利。

三、发展权的诞生标志着不可推卸的国家责任的确立

人权与发展问题提出之初并无直接的关联。传统人权仅限于个人对国家主张的公民权与政治权，最初的发展问题也仅仅局限于发展中国家对发达国家及国际社会主张的不对等优惠政策和发展援助行动。但在最近几十年的国际人权运动中，人权与发展的概念却在不断扩大、相互靠拢。人权的主体由个体扩展到了集体，人权的内容由公民权与政治权领域扩展到了经济、社会及文化领域；发展的主体由国家主体扩展到了每一个个体，发展的内容则由单一的经济领域扩展到了公民权利、政治权利以及经济权利、社会权利、文化权利领域。这就为发展上升为人权提供了理论与社会实践条件。这也意味着个人对国家提出发展的要求将转化为国家的不可推卸的法定职责。国家之于人权的责任方式，一是"尊重"，"尊重"意味着国家的消极与不作为，以自由权为核心的第一代人权的享有主要依赖于国家对人权的"尊重"；二是"保障"，"保障"则要求国家的积极与作为，以社会权为核心的第二代人权的获得主要有赖于国家对人权的"保障"。然而，国家之于发展权的责任方式与第一代人权和第二代人权有所不同。实现以发展权为核心的第三代人权对国家提出了更高的要求。发展权的实现必须将"尊重"和"保障"融为一体，也就是说，在各项人权的不可分割、相互依存的密切关联中，在"尊重"和"保障"的交错、互补中，国家不断提升各种人权的水平，只有所有自由和人权都能充分实现，才能最终实现发展权。

---

[1] 转引自吕世伦、谷春德编著：《西方政治法律思想史》（下），辽宁人民出版社 1987 年版，第 361 页。

四、发展权体现了各代人权的不可分割性，确立了全面综合发展人权的理念

发展权的理论核心是公民权利、政治权利与经济权利、社会权利、文化权利随着社会的发展而全面发展。政治权利与经济权利何者优先至今仍是人权运动中最激烈的论争话题。在人权实践中，强调经济权利的发展往往成为克减政治权利的借口；而强调政治权利又往往成为忽视经济权利、社会权利、文化权利的借口。这两种理念和实践都不是推动人权发展的最佳模式。因此，可以说，发展权为消除种种限制、阻碍、克减、侵犯人权全面发展的种种现象和借口提供了法定的依据。基于各种人权之间的不可分割性与相互依存性，发展权问题独立专家阿尔琼·K. 桑古塔用人权"矢量"的改进来说明发展权，人权"矢量"由不同的要素组成，代表不同的经济权利、社会权利、文化权利以及公民权利和政治权利，发展权就是这些权利的集合体。需注意的是，将《发展权利宣言》列于联合国人权文件汇编"社会福利、进步和发展"这一节之下，可能是基于技术性的方便考虑，不应当理解为发展权利只是属于"社会"和"福利"类别。[1] 发展权的实现意味着"每个人和所有各国人民均有权参与、促进并享受经济、社会、文化和政治发展，在这种发展中，所有人权和基本自由都能获得充分实现"（《发展权利宣言》第1条第1款）。

五、发展权概念体现了人权的动态性，这就为人权水平的提高提供了根据

无论是第一代人权还是第二代人权都具有明显的静态特征。尤其是在第一代人权倡导者那里，人权是"天赋"的，因而有一个人权的标准存在，人权运动的目的就是实现这个标准的人权，或者说是从统治者那里索取被剥夺了的人权。而就发展权而言，"天赋"的人权中还应包括一条"自己创造人权"的权利。以发展权为视角去回视第一代人权、第二代人权，我们就会发现无论是公民权利、政治权利，还是经济权利、社会权利、文化权利都应当是动态的权利。随着社会的发展，上述诸项权利的标准也在不断向上提升。由此可见，发展权并不是表现为类似传统人权种类的一项单项权利，而是一项要求不断提升各类人权质量的权利。发展权的动态性进而体现了人权的进程性。实现发展的结果以及实现发展的方式构成了一种发展的进程，而这一进程即被视为发展权。"发展权作为一种发展进程权，不只是一项总括性的权利或者一组权利的总和。它是一种在发展进程

---

[1] Shadrack Gutto：《发展权的法律性质和增强发展权的约束性》（E/CN. 4/Sub. 2/2004/16），第13段。

中增进个人的能力和自由以改善其福利和实现其理想的权利。"[1] 因此，"发展权不仅仅包括享受发展进程结果的权利，即进一步实现各种人权；同时，也包括享受这一进程的权利。"[2] 可见，各种人权水平不断提高的过程，就是发展权实现的过程。

综上所述，发展权的诞生是人类不可遏止的个性发展欲望的必然产物，是人权运动自身逻辑演进的必然结果，反映了人类不可逆转的生活一体化的必然要求。徐显明教授曾从自身利益、道德标准与社会和谐三个角度剖析过人权的价值，指出："人权是人的利益的度量分界"，"人权是人关于公共权力评价的道德标准"，"人权是人和人和谐相处的共同尺度"[3] 发展权作为人权发展史上最高阶段——第三代人权的标志，在体现着自身独到价值的基础上，也在向前推进着上述一般人权价值。

第四节　发展权的实现

作为第三代人权的发展权，其实现与公民、政治、经济、文化、社会权利的实现有所不同。第一代人权与第二代人权之间各自独立、能够分别实现，而且实践中二者往往存在一定冲突，甚至不能兼得。发展权的任务在于连带、整合第一代人权和第二代人权，真正体现人权的不可分割性、相互依存性。因此，发展权的实现乃是立足于人权之不可分割、相互依赖，最终充分实现人的各种基本权利和自由。同时，发展权的实现依赖于发展，但发展并不必然带来发展权的实现。如何通过发展真正实现发展权是一个关键问题。长久以来，人们普遍认为，发展的基本出发点是尽可能提高人均国民生产总值，实现经济增长，以此来带动社会发展，而人的发展只是作为发展的衍生目标或者结果出现的。现代国际社会已经普遍认识到人权与发展之间的相关性与相互依赖性。"发展权将人的发展这一角度融入以人权为基础来实现发展这一原则。它不仅仅是接受将人的发展作为发展目标以及用这样的目标来评估有利于实现这些结果的不同形式的社会安排。它将这些目标转化为个人的权利，并按人权标准确定所有责任者的责任。"[4] 人权不

---

〔1〕 发展权问题独立专家阿尔琼·K. 桑古塔先生根据人权委员会第 2001/9 号决议提交的第 4 份报告（E/CN. 4/2002/WG. 18/2），第 3 段。

〔2〕 发展权问题独立专家阿尔琼·K. 桑古塔根据人权委员会第 2003/83 号决议提交的第 6 份报告：《在目前全球化背景下执行发展权》（E/CN. 4/2004/WG. 18/2），第 3 段。

〔3〕 徐显明主编：《法理学教程》，中国政法大学出版社 1994 年版，第 391 页。

〔4〕 发展权问题独立专家阿尔琼·K. 桑古塔先生根据人权委员会第 2001/9 号决议提交的第 4 份报告（E/CN. 4/2002/WG. 18/2），第 8 段。

仅是发展的目标，也成为发展的标准，诸如参与、公开、程序、公平、透明、不歧视、责任等成为发展的内容和具体标准。由此以来，人权必然成为"普照的光"，成为支配经济、社会、文化发展的规范基础。因此，发展权的实现还依赖于以人权为基础和标准的发展。我们认为，所谓发展权的实现，就是在充分享有参与发展进程的权利的同时，能够公正享受发展进程带来的成果，最终充分实现各种人权。

发展权的实现还依赖于发展权规范的有效性。法规范的效力问题涉及三个方面：一是法律形式上的效力，二是法规范的现实效力，三是法规范的道德效力。以此分析目前国际社会的发展权问题，可作如下基本判断：作为发展权的主要根据，《发展权利宣言》不具有法律形式上的拘束力，但是具备道德上的效力，而且经过几十年的实践推动，已经被国际社会普遍接受，具备了普遍的现实效力。但是，如此断言《发展权利宣言》不具备法律的形式效力可能是有问题的。如果说1986年通过《发展权利宣言》由于美国的反对致使发展权的实现进程暂时搁浅，那么1993年世界人权大会通过的《维也纳宣言和行动纲领》则标志着国际社会普遍接受了发展权，从此，发展权的实现进入了一个快速发展阶段。因此，由于发展权被普遍接受和广泛实践，《发展权利宣言》已经逐渐演变为国际习惯，具备了法律形式上的拘束力。而且，《联合国宪章》第55条被普遍认为是《发展权利宣言》的直接渊源，《发展权利宣言》也就被作为是对《联合国宪章》第55条的权威解释。这使得发展权获得了具有普遍拘束力的《联合国宪章》的支持。

综合几十年来发展权的理论和实践，发展权的实现需要遵循以下原则：

一、整体性原则

作为所有人权综合发展过程的发展权，其构成元素即各项人权之间是不可分割、相互依存的。"如果一项权利受到侵犯，另一项权利便无法享有，这两项权利即为不可分割。如果一项权利的享有程度依赖于另一项权利的享有程度，则这两项权利相互依存。"[1] 对此，国际社会早有关注。人权两公约将公民权利、政治权利与经济权利、社会权利和文化权利分割的做法引起了争议。因此，1968年国际人权会议通过的《德黑兰宣言》申明"人权及基本自由既不容分割，若不同时享有经济、社会及文化权利，则公民及政治权利决无实现之日"（第13段）。1986年《发展权利宣言》第6条第2款明确规定："所有人权和基本自由

---

[1]　发展权问题独立专家阿尔琼·K. 桑古塔根据人权委员会第2001/9号决议提交的第4份报告（E/CN. 4/2002/WG. 18/2），第25段。

都是不可分割和相互依存的；对实施、增进和保护公民、政治、经济、社会和文化权利应予以同等重视和紧急考虑。"1993 年世界人权会议通过的《维也纳宣言和行动纲领》重申"一切人权均为普遍、不可分割、相互依存、相互联系"（第一部分第 5 条）。发展权之所以被广泛接受，乃基于世界各国对各种人权之相互依赖、不可分割的深刻体认。这要求我们在制定发展政策时，要高度关注各种权利之间的相互依存性、不可分割性。但是，发展权的实现，又不可能从整体上全部推进每一项人权的改善，由于受各种条件的限制必然有所选择。但是，当改善或者增进一项人权时，不能侵犯或者减损另一项人权，因为所有人权都是不可侵犯的，没有任何一项人权优于另一项人权。因此，由于各项人权之间是不可分割、相互依存的，不可能出现某些人权的实现程度非常高，而其他人权的实现程度非常低的现象。发展权的最终实现，便是"所有人权和基本自由都能获得充分实现"之时。国际社会当前着力消除贫困、促进男女平等，是建立在发展权的整体性原则和理念基础上的。尽管不同国家对各项人权的侧重和强调会有所差异，但都要基于整体性原则，不能专注于经济权利、社会权利、文化权利的实现而漠视公民权利和政治权利的享有，反之亦然。

二、参与原则

所谓参与原则，即实现发展权所涉及的所有受益人和行为人均有权参与发展过程，对发展政策和具体方案的制定具有参与权、自主权，并促进发展，享受发展成果。只有实现参与原则，才能使每个人和所有各国人民"促进"发展，并"享受"发展成果。而且，"参与能够增强人们的掌控感，发展人的能力和个性，并且能够使人们更好地掌握自己的命运。"[1]《发展权利宣言》十分强调参与的重要性。序言第 2 段和第 2 条第 3 款规定"全体人民和所有个人积极、自由和有意义地参与发展"；第 1 条第 1 款重申"每个人和所有各国人民有权参与、促进并享受经济、社会、文化和政治发展"；第 2 条第 1 款规定"人应成为发展权利的积极参与者和受益者"。参与原则在国际社会层面的要求是，基于全球化之连带关系日益加强，各国积极、主动地参与国际政治、经济等各项事务，实现可持续发展，最终充分实现各项人权和基本自由，特别是发展中国家不能成为资源、技术的被动受援者，以及游戏规则的被动接受者，而应该积极参与到国际社会中去，成为全球化进程的主体。参与原则在一国内的要求是，要遵守机会均等原则，保证每一个人参与国际政治、经济和文化发展，并促进发展、享受发展成果。"在政治领域，人的发展权表现为公平的公职竞争自由和政治派别选择自由

---

[1] Shadrack Gutto：《发展权的法律性质和增强发展权的约束性》（E/CN. 4/Sub. 2/2004/16），第 18 段。

及职级晋升权利等。在经济领域，人的发展权表现为职业选择自由，经济活动自由及兼职自由等。在文化领域，人的发展权表现为智力成果权、学术自由及发现自由等。"[1]

三、公正原则

如果说参与原则体现在发展进程中，那么公正原则的意图则在于"发展及其带来的利益的公平分配"（《发展权利宣言》序言第 2 段、第 3 条第 2 款）。《发展权利宣言》第 8 条第 1 款规定："各国应在国家一级采取一切必要措施实现发展权利，并确保除其他事项外所有人在获得基本资源、教育、保健服务、粮食、住房、就业、收入公平分配等方面机会均等。"当然，公正原则要求平等分配利益，并不意味着不能优先照顾社会中处于弱势和边缘地位的群体。

人是发展权的中心主体、核心主体。不论是国际社会、民族国家、社会组织还是个人，努力的最终目标是推动个人发展权在一国的实现。民族、国家等集体发展权的落脚点或根据是个人发展权，个人发展权构成了集体发展权的合法性根据。那么，如何实现发展权？

首先，国家是实现个人发展权的主要责任主体。一个国家的政治、经济、社会和文化发展是实现个人发展权的基础条件，因为只有在此基础上，个人的各项人权和基本自由才能实现。而政治、经济、社会和文化发展需要进行一系列的体制改革，需要制定切实可行的发展政策。然而，与经济增长相伴而生的可能是两极分化，经济增长并不必然带来发展权的实现。因此，经济发展政策和计划应该以人权得以实现为目的并按照人权标准来指导和管理经济增长。"着眼于权利的发展方案对发展进程施加了额外的限制，诸如在一切方案中符合透明、问责、平等和不歧视的原则。"[2] 因此，国家"需要制定和执行发展方案，订明各项促进、保护、便利、实现和给予人权的政策和措施"，要实现这一方案，"必须确定适当的指标和基准，以监测每项权利的实现状况，而且必须建立一种机制来评估各项指标之间的相互关系。"[3]

其次，加强国际合作，实现民族、国家等集体发展权是实现个人发展权的关键。在全球化、现代化的背景下，一个国家不可能孤立存在。发展权正是发展中国家对西方主导的全球化、现代化进程的一种正面的积极回应。"人权运动将发

---

〔1〕 徐显明主编：《法理学教程》，中国政法大学出版社 1994 年版，第 381 页。

〔2〕 E/CN. 4/2002/WG. 18/2，独立专家阿尔琼·K. 桑古塔根据人权委员会第 2001/9 号决议提交的第 4 份报告，第 38 段。

〔3〕 E/CN. 4/2002/WG. 18/2，独立专家阿尔琼·K. 桑古塔根据人权委员会第 2001/9 号决议提交的第 4 份报告，第 36、37 段。

展权界定为一项人权的一个主要出发点便是要在发达国家与发展中国家之间的国际经济关系中建立平等和自主。"[1] 因此，发展权的实现当然离不开国际社会的合作和努力。《发展权利宣言》申明了《联合国宪章》中有关促成国际合作的原则后，第 3 条第 3 款规定："各国有义务在确保发展和消除发展的障碍方面相互合作。各国在实现其权利和履行其义务时应着眼于促进基于主权平等、相互依赖、各国互利与合作的新的国际经济秩序，并激励遵守和实现人权。"第 4 条特别指出："作为发展中国家努力的一种补充，在向这些国家提供促进全面发展的适当手段和便利时，进行有效的国际合作是至关紧要的。"第 6 条第 1 款进一步规定："所有国家应合作以促进、鼓励并加强普遍尊重和遵守全体人类的所有人权和基本自由，而不分种族、性别、语言或宗教等任何区别。"《维也纳宣言和行动纲领》第一部分第 10 条第 4 款也规定："各国应互相合作，确保发展和消除发展障碍。国际社会应促进有效的国际合作，实现发展权利，消除发展障碍。"

再次，联合国是发展权实现的积极推动力量。近年来，联合国在推进发展权实现方面做了大量工作。2000 年联大第 55 届会议通过关于发展权的决议（A/RES/55/108）明确指出："《世界人权宣言》已通过 50 多年，要求加强努力将各项人权、在这方面特别是发展权置于全球议程的首位。"而且对《发展权利宣言》做出了明确定位，即"《发展权利宣言》通过拟订一种将经济、社会和文化权利与公民权利和政治权利结为一体的全面构想，成为《世界人权宣言》与 1993 年 6 月 25 日世界人权会议通过的《维也纳宣言和行动纲领》之间不可或缺的环节"。根据人权委员会第 1998/72 号决议，确立了发展权问题不限成员名额工作组和发展权问题独立专家的双重机制，最初期限为 3 年。后来根据人权委员会第 2003/83 号决议，工作组的期限延长 1 年。发展权问题工作组在 2004 年 2 月第五届会议上同意建议人权委员会在工作组范围内设立落实发展权问题高级别工作队，根据人权委员会第 2004/7 号决议，落实发展权问题高级工作队成立，成员包括工作组主席与各区域成员国集团磋商后提名的 5 位专家，以及指定的国际贸易、金融和发展机构的代表，在 2006 年 1 月第七届会议上建议人权委员会将工作组和工作队的任期再延长 1 年。独立专家的任务是向工作组每届会议提交一份研究报告，说明在实现发展权方面的进展现况。根据人权委员会第 1998/72 号决议，联合国人权事务高级专员要对此提供行政和实质性的支持，并每年向人权委员会提交关于发展权的报告，并且向发展权问题不限成员名额工作组提交临时报告。根据该决议，联合国人权事务高级专员努力与联合国发展集团、开发计

---

〔1〕 E/CN.4/2002/WG.18/2，独立专家阿尔琼·K. 桑古塔根据人权委员会第 2001/9 号决议提交的第 4 份报告，第 45 段。

划署、人居署、教科文组织、儿童基金会、卫生组织等展开合作，在联合国系统内落实发展权，在发展权的主流化方面取得了一定进展。

最后，一定区域内各国加强合作，积极采取行动，有助于在区域层面推进发展权的实现。相对于国际社会直到 1993 年《维也纳宣言和行动纲领》才普遍承认发展权，相对于目前国际社会仍把制定和通过一份具有法律形式上拘束力的发展权公约作为一个长期目标，早在 1981 年《非洲人权和民族权宪章》中发展权便得到了法律上的确认和规定，《非洲人权和民族权宪章》因此成为唯一具有法律形式约束力、承认发展权的国际人权条约。《非洲人权和民族权宪章》第 22 条规定："①所有国家的人民都有权享有适当顾及其自由和特性的经济、社会和文化发展，并有权平等享受人类共同遗产；②国家有义务单独或共同确保发展权得到行使。"2003 年通过了《非洲人权和民族权宪章关于非洲妇女权利的议定书》，第 19 条明确规定了"妇女应当有权充分享受可持续发展权"，并规定了一系列具体措施。

第 十 二 章

人权的国内保护

人权的国内保护有广义与狭义之分。广义的人权国内保护，是指主权国家在其属人和属地范围内，为促进、尊重、实现和保护人权，根据本国国情，确立相应的政治、经济、社会、法律制度，选择本国人权发展模式，通过各种方式实现人权和保障人权不受侵害的行为。狭义的人权国内保护，仅指主权国家在其属人和属地范围内，通过立法、司法和行政等方式，保障人权不受侵害的行为。广义的国内人权保护要求国家不仅要对公民权利采取消极的不干预、不侵害的态度，而且需要采取积极的行为，提供各种条件，保障人权的实现。狭义的人权国内保护，只是针对侵害人权的行为而言的，不包括国家主动采取措施实现人权的行为。伴随着人权理论的发展，国际社会成员对人权理念的认同感提升，对人权的国家保护趋向于采广义说。

人权国内保护的主体是主权国家。现代人权理论赋予国家在人权保护方面更多的责任和义务。由于不同国家有着不同的人权文化传统和复杂、具体的实际国情，在对人权的理论认识和保护的措施选择上，会有很大的不同。

实现国内人权保护，需要健全国内层面的保护机制，包括立法、行政、司法等方面的内容。人权的国内保护要求在立法方面规范立法主体，健全立法程序，完善人权方面的法律制度。这不仅需要做到有法可依，还需要做到良法之治。权利需要有救济，因而人权的落实还需要完善便捷的司法保护机制。司法的人权保护功能不仅体现在惩治侵犯人权的行为上，同时还表现为及时、公正的救济机制，使正义得以伸张，受侵害的人权得到保护，并尽快得到补偿。行政机关的行政行为应严格依照法律规定运行，在经济、社会和文化权利方面能够采取积极措施，促进人权保障水平的提高。

第一节　人权国内保护的基本理论

人权的国内保护首先基于主权国家对国内人权事务独立的、优先的管辖权。拥有管辖权的国家以什么方式处理人权事务，首先并且主要是该国的内部事务。但是，历史经验和现实实践证明，以宪政的方式管理国家、处理国内人权问题是公认的最佳、最现实的选择。保护人权既是主权国家基于人民赋予的权力对人民应负的国内义务，也是主权国家基于国际人权公约、国际习惯法和强行法的要求所负的国际义务。

一、国家主权理论与人权保护

国家主权是指国家对内的最高权和对外的独立权。[1] 当今国际社会主要由主权国家组成，对主权国家的承认和尊重，是国际法的基本精神，是落实人权保障的基础性环节，因此也与国际人权法的精神相吻合。当然，面对全球化的发展以及对人权普遍性的认同，当一国境内发生严重侵犯人权的情况，而该国不能制止侵害，提供对基本人权的保障，甚至参与这种侵害时，启动国际人权保护措施，也符合国际人权法的规定。此种情况下，国家主权不能成为抗拒国际人权保护措施的理由。国家主权在人权的国际保护中也会受到一定限制。

（一）国家主权原则是国际法的基本原则

国家主权作为国际法的一个基本概念，最早是作为国内法的概念提出的。让·博丹在 1577 年发表的《论共和国》中阐述："主权是在国家中进行指挥的绝对的和永久的权力。"随着资本主义生产关系的发展，卢梭的人民主权说应运而生。他在《社会契约论》（1762 年）中指出："为了确保自己的自由，每个公民应把自己置于代表公共意志的至高无上的主权支配之下。主权就是公共意志的运用。因此，主权是不可转让的，主权是不可分割的，主权是完全绝对的、完全神圣的和完全不可侵犯的。"从国际法角度看，格劳秀斯在 1625 年的《战争与和平法》中也提出了国家主权的思想，他认为"国家是自由的人为享受权利和谋求共同福利而联合起来的一个完善的结合"，"凡行为不从属其他人的法律控制，不因为他人意志的行使而使之无效的权力，称为主权。" 1758 年法泰尔在《万国法》中指出："国家自产生以来就是独立和自主的；除非国家自己表示服从，对于其他任何国家都是绝对自由和完全独立存在的。"国家主权原则还体现在一些重要法律文献中：1776 年美国《独立宣言》、1789 年法国《人权与公民权利宣言》、1795 年法国的《国家权利宣言草案》均强调了国家主权的原则。国家主权在 18 世纪后逐渐成为国际法的一项基本原则。二战以后，《联合国宪章》把主权独立和平等看做是国际法律秩序的核心。联合国 1970 年通过的《国际法原则宣言》、1974 年的《各国经济权利和义务宪章》也将互相尊重国家主权列为首要原则。二战后，由于广大发展中国家的倡导，国家主权进一步扩大到经济方面，并且几乎所有的国际文献都确认这一原则。主权是现代民主国家形成的基本标志，

---

[1]　曹建明等主编：《国际公法学》，法律出版社 1998 年版，第 44 页。

是国家的基本属性之一，是一国固有的处理国内和国际事务而不受他国干预或限制的最高权力。主权原则是现代国际法的基本原则，也是国际关系的基础。

国际社会对国家主权尊重的要求，使之成为国际法上一项最重要的基本原则。它主要体现在以下几个方面：其一，《联合国宪章》第 2 条规定了各会员国应当遵守的国际法原则，明确把国家主权平等原则列为各项原则之首。从中足见宪章对国家主权原则的特别重视，也是宪章对联合国和各会员国所规定的义务。其二，国家主权原则已经获得国际社会的公认，为国际社会全体接受。其三，国家主权原则适用于国际法的一切领域。国家主权原则成为对国际关系各个方面都具有指导作用的行为准则，它是超越国际法个别领域并具有普遍意义的全面性原则。其四，国家主权原则构成了国际法的基础与核心。它不仅是各国交往的基本行为准则，也是判断其他国际法原则、规则和制度是否符合国际法的基本标准。1969 年《维也纳条约法公约》第 53 条规定："条约在缔结时与一般国际法强制规律抵触者无效。就适用本公约而言，一般国际法强制规律指国际社会全体接受并公认为不许损抑且仅有以后具有同等性质之一般国际法规律始得更改之规律。"该条款表明，国际社会公认国家主权原则已经成为具有强行法性质的国际原则。

（二）主权国家拥有国内人权事务之管辖权

主权国家作为国际法主体，有权参与制定人权保护条约，决定人权保护内容。国家是公认的国际法主体，是国际社会的组成单位。国家的参加和同意是建立国际法治、奠定国际秩序的前提，也是国际人权保护的基础。国家间进行谈判协商，根据主权原则独立自主地决定是否参加人权条约、人权条约的内容以及对人权条约的保留事项。而国家一旦成为人权条约的缔约国，即承担了国际义务，应当促进和保证人权的实现。同时个人作为国家的组成要素，只有在国家主权的范围内，在国家充分享有完全主权的条件下，才能够真正实现人权。从《联合国宪章》对人权的表述及效力看，联合国对人权的国内保障是建议性的。它并不直接对个人赋予权利，而是委托各主权国家。各国在人权保障方面也不承担强制性义务。如《联合国宪章》第 2 条第 7 款规定宪章所包含的任何规定，均不得授权联合国干涉在本质上属于任何国家国内管辖之事项，且不要求成员国将该事项提请解决。由此可表明，国际社会肯定人权问题是属于一国国内问题，人权本质上属于国内管辖事项，人权的法规和实施都是由国内法制定和保护的。自从人权作为一个明确的法律范畴出现的时刻起，人权即为一国国内的事务。《大英百科全书》指出，在传统的国际法里，主权国家对自己的国民的待遇有自行决定的权利，不论外部干涉正确与否、方式如何，总是片面的，始终未被国际法所承认。显然，一国国民享有的各项人权，都应当由该主权国家通过自己的立法来加以确定，并由该国法律予以保障。所以，许多国家都高举"人权"大旗，将其视为统治合法性的来源。

强调国家对人权的管辖，并不意味着忽视人权的国际保护，而是说人权的国际保护应建立在尊重国家主权的基础之上。对此，许多人权问题的国际性文件都进行了确认。"国家应是人权最佳保护人……但是，当事实证明国家不配完成这项任务的时候，国际社会，也就是国际组织，不管是地区性的还是世界性的，就必须对未完成其使命的国家实行接管。"[1]不可否认，国际法对人权问题起着一定的沟通、协调作用，但在当代国际秩序中，国际法只是影响各国承认、接受国际人权，促使各国的宪法和法律反映此人权内容，并通过国内制度保证人权的实现。"每个国家保障人权获得具体实现的方式和方法及其程度不应该导致侵犯国内宪法的权威从而产生对人权的实质侵犯。"[2]

（三）国内保护是人权保护的基础

广义而言，人权的国内保护是人权受到保护并得以实现的基础和前提。因为，尊重人权、维护人权和保障人权归根结底都要通过主权国家来实现。没有国家付出努力、承担义务，人权就很难得到保障，也很难实现。1952年联合国大会通过的《关于人民与民族自决权的决议》规定，人民与民族应先享有自决权，然后才能保证充分享有一切基本人权。1955年的《亚非会议最后公报》规定"自决是充分享有一切基本人权的先决条件"，认为主权独立和经济自主是最大的人权。如果失去了国家主权和经济独立，也就从根本上失去了人权。《卢萨卡宣言》指出"对民族独立和国家主权的侵犯是对基本人权的侵犯"[3]这是为近代一切殖民地和半殖民地的历史一再证实了的。自鸦片战争以来，由于西方列强的瓜分和压迫，中国大地百业凋敝、满目疮痍，亿万百姓流离失所、饿殍遍野，连生存权都不能保证，哪里谈得上其他权利？争取国家的独立权、人民的生存权和发展权，保障绝大多数人的根本利益是长期以来我国政府在人权问题上的出发点。

在现代社会，国内保护仍处于优先地位。一般来讲，国际人权法是拘束国家而不能直接拘束国内机关和人民的法律。如果国际条约要在国内发生效力，则必须通过国家采取措施，制定国内法把公约条款的规定转化为国内法，确保国际人权得以普遍、充分实现。当出现人权问题时，最先起作用并最终产生效果的是国内法。毕竟，主权原则是国际人权法必须遵守的基本原则。另外，由于人权保护的特殊性，国家对于本国公民各项人权的保护范围和保护程度有所不同，可以而

---

〔1〕　王逸舟：《当代国际政治析论》，上海出版社1995年版，第219页。

〔2〕　莫纪宏："论国际人权公约与国内宪法的关系——对普遍人权的释义"，载刘海年等主编：《人权与宪政》，中国法制出版社1999年版，第235页。

〔3〕　转引自韩德培等：《人权的理论与实践》，武汉大学出版社1995年版，第94页。

且必须在主权范围内制定切合本国现实客观条件的人权保护制度和标准。所以，不管在哪个国家，人权的国际保护归根到底还要依赖于主权国家及其国内法来实现。无论是集体人权还是个体人权，都必须以主权为后盾。在国内，人权保护是通过宪法或国家立法及相应措施来实现的；在国际范围内，它是通过缔结国际条约，由主权国家承担相应的义务来实现的。总体来说，人权在本质上属于一国内部的管辖事项。没有主权国家的国内保护就谈不上人权的国际保护。

（四）人权对主权之限制

强调主权国家在人权国内保护中的地位和作用，并不意味国家可以任意作为。国际社会承认国际人权法在人权事务上对主权国家的约束力。从国内人权保护发展到国际人权保护，是人类文明发展史上的伟大进步，表现了全球合作的愿望和对人类解放的不懈追求。《世界人权宣言》第 30 条、联合国《公民权利和政治权利国际公约》和《经济、社会、文化权利国际公约》两公约的第 5 条第 1 款都明确指出，其条文不得解释为任何主权国家有权以任何活动或任何行为，破坏其所确认的权利或自由。没有这种对国家主权合理合法的限制，国际人权保护就只能是一纸空文。

那么，对于人权事务的国内专属管辖与国际社会合法干预的界限在哪里？依据是什么？一般认为，人权在多大程度上属于国内管辖事项，或国际干预事项，须完全依据国际人权法的具体规定来确认。《国家权利义务宣言草案》第 2 条规定，各国对其领土以及境内之一切人与物，除国际法公认豁免者外，行使管辖之权，就体现了这一精神。[1] 根据联合国大会通过的有关决议案的规定，并结合当今国际关系的现实情况来看，国际社会针对人权采取行动的范围常基于以下几个方面：①侵略战争构成的侵犯人权的严重行为；②种族灭绝、种族隔离、贩卖奴隶、制造驱赶和迫害难民以及进行国际恐怖活动等；③殖民主义、霸权主义行为；④奴隶制度；⑤严重违背对保护人类环境有根本重要性的国际义务。当主权国家对本国或别国的人权进行大规模的侵犯，以致违背国际社会根本利益时，就构成严重的国际罪行，需要承担国际责任。只有在上述行为客观存在的前提下，才能启动在联合国框架内建构的人权国际保护机制，任何国际人权保护行动都必须预先获得联合国的同意或授权，并在联合国监督下进行。否则，任何国际干涉行为都会被认为是干涉别国内政、打压异己民族或异己力量的霸权主义行为。

二、宪政理论与人权保护

宪政是建立在法治基础上的以保障人权为主要宗旨的民主政治，是以保障人

---

〔1〕 谷盛开："从国际人权法看不干涉内政原则"，载《河北学刊》1997 年第 4 期。

民的权利和公民的权利为目的的创制宪法、实施宪法、维护宪法、发展宪法的政治行为的运作过程。对公民权利的保障是宪政的首要价值和终极追求，人权的产生和发展是宪政的精神动力。[1]因此，资产阶级革命胜利后，就把人权保护法律化，以防人权被侵犯和践踏，而人权保护法律化最有效的形式就是用宪法这一国家的根本法来确认人权。人权在宪法规定的内容中居于核心和统帅地位，可以根据宪法中体现的人权精神来判断一个国家的人权保护水平。

（一）宪政是现代人权国内保护的形式

宪政的实质应该是"限政"，即对政治权力进行有效的限制，防止它被滥用，尤其要防止它被用来侵犯人权和人的自由。因此，宪政的意义就是限制政治权力与公共权力，保障公民权利，促进公共福利。宪政所奉行的原则是：政府权力有限，必须遵照宪法和法律治理国家。宪政的实质不仅仅体现为几个条条框框的原则，更多体现为一种精神的追求。让人成其为人，是现代宪政的核心理念。这个理念表明个人自由权利是神圣的，主张任何政治秩序必须有分权制度，任何权力都必须受到限制等，这是个体尊严和价值的呼求。正如康德所说："每一个人都应该被作为一种目的来对待，而决不应仅仅被作为一种手段。"

在社会契约论、民主理念和人权思想这三大宪政理念的支柱中，政治思想家们设定人权价值的优越性，力求把公共权力的范围限制在实施规则上，把自由目标的追求留给个人去选择。它们强调的是对权力的限制即限权政府，强调权力的归属即人民主权，并且要求在当代的政治和国家政体的理论和实践中，实施最大多数人参与的民主。离开民主、人权谈宪政，宪政将成为无源之水。当代理想的政治必然是建立在宪政、法治的基础上，体现和尊重民意，以人权保障为终极追求的立宪民主政治。民主宪政实际上指的就是：以立宪为起点，民主为内容，法治为原则，人权为目的的政治形态和政治过程。

（二）民主是现代人权国内实现的机制

与保护人权的要求最相符合的国家政治制度是民主制。斯宾诺莎认为："在所有政体中，民主政治是最自然、与个人自由最相合的政体。"[2]孟德斯鸠把共和的民主政体当做人权的保障，认为"在共和国，人人平等是因为每一个人'什么都是'；在专制国家，人人平等是因为每一个人'什么都不是'"。[3]共和制理论把实行民主政治视作人权的本质要求。在当代，民主成了"一种宗教，一种政府形式，一种哲学，一种生活方式"。[4]现代宪法的各种民主理论尽管表现

---

〔1〕 李步云主编：《宪法比较研究》，法律出版社1998年版，第235页。

〔2〕 ［荷］斯宾诺莎：《神学政治论》，温锡增译，商务印书馆1963年版，第226页。

〔3〕 ［法］孟德斯鸠：《论法的精神》（上册），张雁深译，商务印书馆1961年版，第76页。

〔4〕 ［意］马斯泰罗内：《欧洲民主史》，黄华光译，社会科学文献出版社1990年版，第258页。

形式不同，然其内在精神却完全一致。基于人的尊严及随之而来的政治参与权利的至上性，所有成年公民都有参与政治生活的同等权利，以进行高度的政治自治；公民积极通过行使各种政治权利，进而保护所有其他权利，充分发挥人的潜能，促进人性的自我表现和自我发展，从而体现和保障人权。由于现代国家实行直接民主条件的局限，各国通常采取间接的代议民主，这就可能产生多数人的专制、极端民主以及议员侵犯选民权利的情形，使少数人的权利受到威胁。这就要求人权的保护，不仅要从公民积极行使政治权利的肯定方面进行，而且还必须从限制、规范和保障民主权利的否定方面进行，使被转让的权利不至于反过来侵犯人权。为了防止民主的消极影响，必须有某种抗衡措施将民主置于宪法及道德的控制之下，以更充分地保障人的权利。

现代宪政通常与分权、制衡制度相联，分权与制衡成为宪政国家的一项基本原则。它要求在政府内部建立相对分散与独立的权力中心，以实现不同部门之间的相互制衡。为了保护人权，必须对国家权力实行制约，以权力制约权力，以国家的一部分权力制约国家的另一部分权力，是防止国家权力扩张与滥用的有效方式。启蒙思想家们没有停留在"人权不可侵犯，国家和政府有义务保护人权"的初步理念上面，他们在实践中意识到，对人权最严重的威胁是滥用权力。为使国家权力不被滥用，必须从国家权力的内部寻找制约机制，必须建构以权力制约权力的社会形态。[1] 因为，如果立法权和行政权集中在同一个人或者同一个机关之手，自由便不复存在；如果司法权不同立法权和行政权相分离，自由也就不存在了；如果司法权同立法权合而为一，将对生命和自由施行专断；如果司法权同行政权合而为一，法官便握有压迫者的力量。[2] 孟德斯鸠系统地提出了三权分立的理论，并成为西方政治制度及保障人权的普遍模式。宪法是人民与政府签订的最大的契约。[3] 用分权机制构建宪法，保护人权和实行法治，使资本主义进入了政治文明的时代。[4]

由于政府权力结构本身的复杂性，分权也是一个复杂的概念。它至少包含两个维度：纵向和横向。"纵向分权"是指中央和地方政府的权力分配关系。由于实际限制，特定的权力单元只有在一定的人口和地域内，才能有效行使其权力。任何疆土辽阔、人口众多的现代国家，都必须根据实际需要或历史传统划分地域，分而治之。而纵向分权所处理的就是更高层次的政府与基层政府之间的权力关系，是一个国家在制度建构中首先必须解决的问题。"横向分权"是指同一个

〔1〕 ［法］孟德斯鸠：《论法的精神》（上册），张雁深译，商务印书馆1961年版，156页。
〔2〕 ［荷］斯宾诺沙：《神学政治》，温锡增译，商务印书馆1963年版，第226页。
〔3〕 ［美］路易斯·亨金：《权利的时代》，信春鹰等译，知识出版社1997年版，163页。
〔4〕 ［荷］亨利·范·马尔塞文：《成文宪法的比较研究》，陈云生译，华夏出版社1987年版，第2页。

政府内部不同职能机构之间的权力划分，例如美国是联邦制。美国的联邦与各州之间的关系是纵向分权问题，而联邦政府内部或某个州政府内部的权力划分则是横向分权的问题。在西方国家，横向分权一般就是指三权分立，即立法、司法和行政权的分立。

（三）以人权保障为基石构筑宪政之路

人权的发展推动宪政的发展。现代西方宪法从承认性别歧视、财产歧视、文化歧视到废除这些歧视，从只规定和保护公民的政治权利到进一步规定和保护公民的经济权利、社会权利和文化权利，这些都是人权理论发展和人权观念影响的结果。随着人权内涵的深化和人权范围的扩大，越来越多的人权条款写入宪法，进而带来了宪法权利的不断发展。宪政事实上已成为保护个人权利的同义语。这一结论简明地道出人权与宪政的内在关系。人权对于宪政的意义是其他任何东西都不能代替的，是宪政本身不可分割的内容，是宪政理论和宪政实践的应有之义。人权的实现和发展同宪政的建设和发展是一个过程的两个方面。宪政在发挥众多功能、追求多方面价值的同时，始终围绕着保障人权这个中心。宪政是国家依据一部充分体现现代文明的宪法进行治理，以实现一系列民主原则与制度为主要内容，以厉行法治为基本保证，以充分实现最广泛的人权为目的的一种政治制度。充分保障人权是宪政的基本要素之一，也是其根本目的。[1]

强化对公民基本权利的保护是当代宪法和宪政的发展趋势。宪法作为根本法涉及国家生话的各个方面，但国家权力与公民权利的关系总是宪法的基本问题，国家权力的正确行使和公民权利的有效保障仍是宪政的主题。就这两者关系而言，公民权利的有效保障居支配地位是立宪的基本出发点，扩大公民权利的范围，强化对公民权利的保护，成为当代宪法和宪政的一种发展趋势。首先，公民权利的范围扩张表现在：宪法规定的公民权利由单一的政治权利自由扩展到文化教育方面；以家庭、婚姻、社会保障为核心内容的宪法权利向社会权利方面扩展；环境权入宪，改善人类生存和发展的环境，成为人类揭示人权内涵的重要新成果。其次，现代宪法在设定公民基本权利的同时，还对权利的实现规定了保护措施。立宪和宪政源于人权保障的需要，以此为出发点，人权保障是立宪和宪政的基本原则和根本目的。英国没有完整的成文宪法，其宪法是由各个时期颁布的宪法性文件和宪法性判例构成的。《自由大宪章》（1215 年）是世界上最早的宪法性文件，后来的《权利请愿书》（1628 年）、《人身保护法》（1679 年）、《权利法案》（1689 年）等宪法性文件都是权利保护法案，其基本精神就是限制国王

---

〔1〕 李步云："宪政与中国"，载张文显、李步云主编：《法理学论丛》，法律出版社 1999 年版，第 589页。

专断的权力。虽然这些文件中规定的权利还不是现代意义上的人权，其设定初衷主要是保障贵族的权利不受王权非法侵害，但这无疑成为现代人权的历史渊源。美国的《独立宣言》（1776 年）是人类历史上第一个人权宣言，也是一个充满宪政精神的政治宣言。人类历史上的第一部成文宪法——美国 1787 年宪法，是以"我们人民"的名义颁布的，但并没有涉及人权。1791 年，美国第一届国会专门通过了"人权法案"，即宪法的前 10 条修正案，弥补了这个历史的缺陷。法国制宪会议通过的《人权与公民权利宣言》（1789 年）在人类历史上第一次提出：凡权利无保障和分权未确立的社会，就没有宪法。1791 年，该宣言被法国第一部宪法用作序言，成为宪法文件，直到现在，它还作为附录保留在法国宪法中。历史发展到今天，世界各国都用宪法的形式表述人权理念和规定人权条款。宪法对于人权的宣告，实质上就是在公共权力与人权之间划定界限，规定政府应当做什么，不能做什么，以此明确国家权力的宗旨，以此尊重和保障人权。制定和实施现代宪法意味着确立现代宪政制度。宪政制度的发展寓于人权的发展之中。

三、国家义务理论与人权保护

国家是人类社会迄今为止最为重要的社会组织形式，是人类步入文明社会的重要标志，也必将继续深刻地影响着人类的经济生活、政治生活等诸多方面。至于产生国家的目的，古今中外的许多学者给出了多种解释，这其中就有"人们联合成为国家和置身于政府之下的重要和主要的目的，是保护他们的财产"[1]。社会公权力的代表者国家是以保障公民权利为目的而存在的。因此，国家负有尊重和保护人权的义务。

（一）国家义务以人民权利需要为目的

洛克的社会契约理论以公民权利视角分析国家义务，他认为，自然法赋予人们各种权利，但自然状态是有缺陷的。为了保护自己的生命权和财产权，人们互相订立契约，组成国家。根据该理论，国家的义务应当是满足权利的需要，这同时说明了满足权利的需要是国家及其权力存在的正当理由；国家义务的内容是由权利的需要决定的，也就是说，权利的需要是国家义务的依据。洛克具体提出了人们的立法需要、司法需要和国防需要等三种需要，并将这些需要同特定的国家机关及其职责联系起来，后来发展成为西方三权分立国家之中的立法、司法、行政三种职责。因此，可以说根据洛克的理论所形成的"权利的需要决定国家义务"的观点，实际上被西方法治国家所验证。

权利的需要是不断变化的，国家的义务也应当随之变化。在美国宪法制定之

---

〔1〕 ［英］洛克：《政府论》（下册），叶启芳、瞿菊农译，商务印书馆 2004 年版，第 77 页。

时，人民对政府职能的要求是对商业进行有限度的管理。人们的权利需求是明确而又简单的。亚当·斯密认为管得最少的政府是最好的政府。但是，随着市场经济的发展，市场失灵出现了，公民产生了反不正当竞争、控制垄断等新权利的需求。于是，宏观调控和市场管理就成为政府的职能。权利的需要产生和决定了国家的义务，新的需要进一步扩大了国家义务的范围。同样，国家保护人权义务的内容也发生了变化，基于自由国家的基本理念，最初国家的人权保护是指对自由权的保护义务，表现为国家的消极义务。但是，从自由主义国家向社会福利国家转变后，对人权保护的综合性义务，表现为道德与法律的综合。一般分为尊重的义务、保护的义务、满足的义务和促进的义务四个方面。对这种分类，日本学者大沼保昭教授作了解释。他认为，尊重人权的义务是指国家避免和控制其自身对个人自由的侵犯；保护人权的义务是指国家防止和阻止他人对个人权利侵犯的义务；满足人权的义务是指国家满足个人通过努力不能实现个人所需、希求和愿望的义务；促进人权的义务是指国家为在整体上促进上述人权实现应采取一定措施的义务。[1]

为了履行尊重人权的义务，国家既负有消极的义务，同时也要负积极的义务。在自由权领域，国家尊重人权主要表现为国家负有消极的义务，控制国家权力对自由权的侵犯。在社会权领域，国家尊重和保护人权的义务主要表现为满足与促进、积极而适度地干预公民的生活。因此，国家尊重人权的义务是全面性的、综合性的义务，不能片面地强调其中某一项内容。自由权与社会权保护义务的相对化，客观上要求国家保护义务的多样性与综合性。

（二）国家保护人权的国际义务

国家对尊重和保护本国人权承担着国际义务。

1. 履行已经签署的国际人权公约的义务。自联合国成立至今，国际社会已通过了 70 多个与人权相关的国际文件。人权公约被视为一种跨文化的法律，我们可以用它来作为验证人权确实存在的共同标准。[2]这种共同标准是实施人权保护的准则和尺度，是各国人权立法、人权司法以及其他人权保护措施应努力达到的目标，是人权的共性在人权领域的基本体现。[3]这些公约是基于对人的价值与尊严的普遍认同，反映了全人类在人类领域存在共同利害关系及利益追求。如果主权国家批准了某些人权公约，遵循"条约必须遵守"的国际法原则，就应履行公约规定的义务，并且应当对公约确定的权利给予保护。尽管不同的文化会

〔1〕　〔日〕大沼保昭：《人权、国家与文明》，王志安译，三联书店 2003 年版，第 215 页。

〔2〕　〔英〕R. J. 文森特：《人权与国际关系》，凌迪等译，知识出版社 1998 年版，第 7 页。

〔3〕　王家福、刘海年等主编：《中国人权百科全书》，中国大百科全书出版社 1998 年版，第 481 版。

导致不同的人权理论,各个国家由于其所处的社会历史阶段不同,在人权价值的排列以及人权实现的方式上会呈现不同的特点和个性。但是各国对公约规定的禁止种族歧视、禁止恐怖主义等核心价值,应当予以遵守,并在国内执行。

国际人权公约的基本内容是保证国家采取多种措施保护其公民的人权以及协调促进在人权保护方面的国际合作。国际人权公约的调整对象不是一般的国际法意义上的国家间的关系,而主要是国家行为与个人之间的关系,强调的是国家行为的个人后果,即国家行为是否对个人人权造成侵犯。国际人权公约所调整的权利义务是以国家与人权享有者之间的权利义务关系为基础,即每一缔约国都有权利要求其他任何缔约国承担人权义务,同时该缔约国自身也承担着同样的人权义务。[1] 人权公约设立的目的不是在缔约国之间交换权利义务,而是通过对国家人权保护义务的约束,保障所有国家中个人的人权。国际人权公约规定了个人的基本权利以限制政府权力的行使,设定了国家对个人的义务。在此意义上,国家通过自愿承担人权公约的义务而直接影响了个人的利益。[2] 国家通过缔结和参加国际人权公约,将国际人权公约的规定直接适用于在其领土内和受其管辖的个人,个人在某些情况下可以在国际性机构或法庭上对国家提出申诉或诉讼。

国家在国际人权公约下针对个人的义务具体可以分为承认、尊重、促进和提供、保护的义务。承认是指缔约国在国内法律制度中承认人权是实在法上的权利;尊重是国家的消极义务,它要求国家不去妨碍个人行使权利或不为侵犯特定权利的行为;促进和提供是国家的积极义务,指国家通过积极的行为提供人们获取资源的条件和增强人们享有这种权利的能力,这一义务主要涉及个人的经济、社会、文化权利;保护的义务是一项程序上的义务,指国家为人权受到政府或其他私人的侵犯提供救济。保护义务是最重要的义务,如果在国际人权条约中对于人权被侵犯时的救济不加以规定或这些救济不能得到实施,则整个国际人权公约在很大程度上将落空。国家为人权提供救济既可以针对个人人权受到本国政府的侵犯,也可针对人权受到其他私人的侵犯。如果国家不提供及时、有效的救济,将构成对侵犯人权行为的纵容甚至是鼓励,国家将承担间接责任。[3]从保护的方式看,国家为人权提供司法救济是最终的救济手段。从法律制度上看,相对于政府的保障责任而言,唯一可以从平等性和穷尽性来保障法律上人权的实然性的只有诉权,也就是法律制度应当保证个人可以享有自由地陈述保障人权要求的权利。这种权利相对于其他法律上的人权是基础性的,也是绝对的。[4]

---

[1] 孙世彦:"论国际人权法下国家的义务",载《法学评论》2001 年第 2 期。

[2] Malcolm N. Shaw, *International Law*, Cambridge University Press, 1997, pp. 198～200.

[3] Provost, *International Human Right and Humanitarian Law*, Cambridge University Press, 2002, p. 62.

[4] 莫纪宏:"论人权的司法最终救济性",载《法学家》2001 年第 3 期。

2. 履行国际习惯法和强行法义务。国际人权公约一般只能对其缔约国发生效力。但条约中的某些规定如果本身是国际习惯法规则，那么，对国际社会的其他成员（非缔约国）将在国际习惯法意义上产生约束力，国际社会的成员不能以非条约缔约国为理由来拒绝对其适用。《国际法院规约》第 38 条明确规定，要成为国际习惯法，必须要有通例和被接受为法律（法律确认）两个要素。通例是指国家之间普遍的、一致的、重复性的行为或实践，这是形成国际习惯的客观要素或实体性要素；法律确认是指国家承认通例形成的规则有法律拘束力，而使国家受其约束，它是形成国际习惯的主观或心理要素，也是使国际通例转变成国际习惯法的决定性因素。如《世界人权宣言》等国际法文件规定的是普遍的、一致的、重复性的行为规则，也被世界各国承认，是国际习惯法，应具有普遍约束力。一项国际习惯法规则已经确立，即对现存所有国家或至少在该项规则形成阶段未明确表示异议的国家具有拘束力。

关于强行法的概念，其起源可以追溯到罗马法，意思是"私人的契约不能改变公法"。[1] 现在几乎所有国家的法律中都有强行法规则，即个人不得以特别协议加以背离的原则或规则。国际法借鉴了国内法上强行法的概念。1969 年《维也纳条约法公约》第 53 条规定："条约在缔结时与一般国际法强制规律抵触者无效。一般国际法强制规则指国际社会全体接受的，并公认为不许损抑，且仅有以后具有同等性质的一般国际法规则始得更改之规则。"[2] 可以看出国际强行法具有国际社会全体接受、国际社会公认为不可损抑、非以后有同等性质的国际法强制规则不得予以更改的特征。国际强行法是以保护国际社会公共利益或维护人类共同利益为基础的，而违反国际强行法的行为几乎都构成国际犯罪行为。[3] 因此，受国际强行法保护的人权与惩治国际罪行有着密切的联系。一般来说，这些特定的人权是通过防止及惩治违反国际强行法规则的国际罪行得到保护的。我们可以把违反国际强行法的国际罪行分为两类：一类是直接侵犯人权的国际罪行，包括灭绝种族、种族隔离、大屠杀、战争罪、反人道罪、破坏和平罪、酷刑和有辱人格待遇、实行奴隶制、奴役和强迫劳动、贩卖妇女和儿童；另一类是其他国际罪行，包括海盗、空中劫持、绑架人质以及恐怖主义爆炸。对直接侵犯人权的国际罪行加以防止和惩处，是对相关人权的直接保护。

（三）国家人权保护的国内义务

国家对尊重和保护人权承担着国内义务。首先是对自由权利的消极保障义

---

〔1〕 李浩培：《条约法概论》，法律出版社 1987 年版，第 286～288 页。

〔2〕 王铁崖、田如萱编：《国际法资料选编》，法律出版社 1982 年版，第 715～716 页。

〔3〕 王铁崖：《国际法引论》，北京大学出版社 1998 年版，第 244～246 页。

务。强调国家以不作为的方式保护公民的自由权利，这主要是针对国家权力往往构成对公民权利的最大威胁而言的，不作为也意味着国家在不侵害公民自由权的同时，通过承认其权利的合法地位而给予保护。所谓一切国家权力都来自于人民，是因为每个社会成员都让渡了自己的部分权利，以构成国家以及政府的权力。因此，权力来源于权利。在这个意义上，作为代表国家行使权力的政府只有保护公民权利的义务而没有侵犯公民权利的特权。对待公民赖以生存和发展的自由和财产，政府更要给予尊重和承认，要时刻警惕，看管好自己手中的权力，不能越"雷池"半步。

政府作为社会的公共管理和公共服务机构，在充分尊重和承认每一个公民权利的合法地位的同时，为了公共利益的需要，也将经常面临着个人利益与群体利益、少数人利益与公众利益之间矛盾的权衡、判断与选择。其尊崇的应当是正当性原则，而非像"少数服从多数"这样的漠视少数人利益的做法。而"正当性"属于价值判断，存在诸多主观因素，如何做到客观、公正是民主政府面临的巨大难题。即使社会的公共利益是正当的，政府在征收、征用公民的财产时，也必须予以合适的、恰当的补偿。"合适"、"恰当"也是带有浓重的价值判断色彩的字眼。

在市场经济中，国家也会作为平等的民事主体参与经济活动。一切经济活动都应当尊崇意思自治、契约自由的原则，应当符合经济运行的基本规律，国家不得利用其手中的权力，使公民等其他民事主体做出违背其真实意愿、不符合其根本利益的行为。在这个意义上，国家必须防止自身权力的膨胀或滥用。在财产面前，所有的人和组织都是平等的，国家对于公民的私有财产权并不享有任何优势，国家的经济利益不能凌驾于公民的合法经济利益之上。"社会法律的设定，绝不是为了使弱者更弱，强者更强，恰恰相反，而是为了保护弱者以抵御强者，保障他们获得全部权利。"[1] 当国家作为裁判者，被请求对民事纠纷作出裁决的时候，其态度应当是客观、公正、中立的，国家的裁判不能有所偏袒，否则就是滥用了其手中的权力。在公民与公民之间、公民与法人之间的民商事活动中，国家并不主动参与到财产的流转等具体活动中去。虽然上述两种情况都属于国家的消极状态，均为了保护公民的财产权，但其消极态度和角色是有着明显区别的。

其次是对社会经济权利的积极保障义务。积极性义务要求国家重视以作为的方式保障公民经济社会权利的实现。经济社会权利已经超出了传统的公民财产权利的保护范围，强调的是经由宪法和法律，对社会成员所享有的财产权利给予充分承认和必要的保护。国家应当主动采取措施保障人们能够实现这样一种权利，

---

[1] ［法］泰·德萨米：《公有法典》，黄建华、姜亚洲译，商务印书馆1982年版，第286页。

促进社会保持稳定的秩序与和谐的状态，推动经济发展与社会进步。对此，国家应当保障其公民不会因为各种原因导致物质匮乏而无法生存下去，进而国家还应当对公民实现其享有财产的权利给予有力的支持。在此过程中，国家需要运用其权力，主动参与到财产的再分配活动中去，对财产再分配的形式和程度进行调控。其目的在于，使那些在经济上处于贫困状态的人们能够维持基本的生活水准，实现他们的利益诉求。因为，人们只有"体面地生活"，才能"自由地思想"，实现人格尊严和人格独立。这是人权发展的内在要求，国家在其中扮演着平衡利益格局、回应利益诉求的角色。

社会经济权利是一项概括性权利，国家应采取多种措施，履行其积极义务。首先是保障适当生活水准权。享受适当生活水准权意味着免于匮乏和维持满意的生活水准的权利。享受适当生活水准权，暗含个人尽其能力范围内的一切措施确保适当生活水准的前提。同时，作为一项有效的权利，意味着特定相对人对提供特定货物、服务或保护的要求，尤其是缺乏自助能力的弱势群体对特别扶助的要求。在此，国家作为社会权利的代理者，承担尽其资源能力，尊重和确保生存权的义务。一方面，国家负有渐进性义务以提供能够享受适当生活水准权的环境；另一方面，国家负有即时性义务以确保个人特别是弱者的最低生活水准权。以住房权为例，所有人不论其收入或经济来源如何都享有住房的权利。国家应当承担尊重、保护和实现公民住房权的义务。国家应实施住房战略，采取立法、行政、政策等手段以最大限度的资源确保个人，尤其是弱势群体权利的实现。再如受教育权。受教育的目的和宗旨在于充分发展人的个性和尊严，使人人切实参加自由社会。受教育权的平等享有和真正实现，促进了社会阶层的良性流动，从而在最大程度上实现其财产权利。一方面，通过国家积极的实现义务，向所有人提供教育；另一方面，国家承担具体义务通过立法和其他措施促进教育机会和待遇的平等。另外，弱势群体的社会经济权利应当受到特殊关注和保护，如果基本的经济权利得不到保障，人类最基本的衣食住行需要都将无法满足，其他类型的人权更无从谈起。

第二节 人权的国内保护机制

在人权国内保护的基本理论指导下，国家应当建立并逐步完善实现人权、保障人权的机制。主要体现在对人权的立法保护、行政保护、司法保护等方面。这就需要完善人权保障方面的法律制度，不仅做到有法可依，还要做到良法之治；需要行政机关依法行政，采取积极措施；需要完善、便捷的司法实施机制；还需要注重利用非营利性组织、企业等社会组织的力量，发挥它们的优势，推进国内人权保障的发展。

一、国内人权的立法保护机制

人权的立法保护，是指国家通过制定法律、法规和行政规章的方式，认可和确立人权的内容、范围及其实现和保护的程序的活动。立法主体不仅限于立法机关，司法机关甚至行政机关在一定范围内也享有某些立法职能。立法主体需要按照规范、理性的方式吸纳国际人权法并科学立法，才能为人权的国内保护提供法律基础。

(一) 人民通过民主的方式行使立法权

人民通过民主方式行使立法权以保障人权。民主是一种议事和决策的程序和规则，这种规则既是人权的重要内容，也是实现人权的保障。人权的实现在一定程度上取决于公民参与政治的规则。现代民主应该在尊重多数人权利的同时，关注和保护少数人的权利。多数裁定是民主的首要规则。多数裁定制强调的是以多数人的意见形成决议，它是当今民主国家宪法和法律普遍确认的民主原则，是国家机关、尤其是国家代议机关运行的基本规则。从个人独裁到多数裁定是人类政治文明的巨大进步，但多数裁定原则无论在理论上还是实践上都存在着某种缺陷。多数裁定原则意味着多数人的利益优于少数人的利益，多数人利用公共权力侵犯少数人的权利是合理的。而现代民主和人权则要求平等地保护所有人的权利，不仅追求机会平等，而要追求结果平等。我国"文化大革命"的教训表明，没有法律规范制约的群众运动只能是对人权的践踏。正是基于以上原因，现代民主国家在实行多数裁定原则的同时，也制定了一系列的法律，创设了一整套制度来保护诸如少数民族、贫困群体、妇女儿童、难民等弱势群体的权利，使他们的声音得以表达，他们的正当利益得到特殊的保护。可以说，从片面强调服从多数原则到多数裁定与保护少数相结合，关注少数人权利的特殊保护，是当代世界人权事业发展最重要的成果之一。因此，保障人权就是人民行使立法权的基本价值取向。

(二) 人权公约在国内效力的确认

根据《维也纳条约法公约》的规定，人权国际公约的签署国有义务在本国范围内落实条约。从签署人权国际公约之日起，签署国实际上就已经承诺遵守该公约的法律和道德义务。从世界各国的实践来看，国际准则在国内法上的适用，可大致归纳为宪法性规定模式和法律性规定模式两种典型模式。

1. 宪法性规定模式。宪法性规定模式又称为并入、采纳、接受、直接执行模式等，是指由国家在其宪法性文件中作出适用一切公认的国际法规范的原则性规定。通常情况下，采用这种模式的国家一般在其宪法性文件中作出如下原则性规定：国际法律规范在其国内发生效力，不需要专门通过立法对其予以确认，即国际法律规范在其国内可以直接适用。采用宪法性规定模式的国家主要有美国、法国、俄罗斯、日本、墨西哥、巴拉圭、阿根廷、韩国、荷兰、瑞士、奥地利、比利时、乌拉圭、洪都拉斯、厄瓜多尔、尼加拉瓜和菲律宾等。在承认条约的国内效力的国家中，其效力同国内法的效力相比也不尽相同，荷兰承认条约的效力优先于宪法的效力；法国明确规定条约的效力优先于法律的效力，但又规定，不得缔结与宪法相抵触的条约；奥地利则规定，依照制定或修订宪法时所适用的表决手续，经国民会议通过的条约与宪法具有同等效力，依照制定法律的表决手续而获得承认的条约则与法律具有同等效力；厄瓜多尔、尼加拉瓜明确规定，违宪条约在国内不发生效力；菲律宾承认条约具有低于宪法的效力；美国虽无明文规定，但判例表明，它承认条约的效力低于宪法而与一般法律具有同等效力。[1]

2. 法律性规定模式。法律性规定模式又称为转化、间接执行模式等，是指国际法律规范在国内的效力，必须通过国内立法才能取得。在这种模式下，国际条约在国内不能直接适用，国家不承认其具有国内效力；国际条约要在其国内发生效力，需要通过专门立法对其予以确认，即国际条约须从国内立法上得到它们在国内法律上的效力。国家在国内适用国际法律规范的有关规定时，所依照的不是国际法律规范，而是依照其国内法。采用这种方式的国家主要有英国、德国、意大利、爱尔兰等，在这些国家中，国内法中关于承认条约的国内效力的规定，就具有创设的效果。也就是说，有了这种规定，条约才具有国内效力。换句话说，这种规定具有把条约全面地"纳入"国内法中使之"国内法化"的效果。

（三）国家保护人权的自主立法

国家立法对人权保护、享有和实现具有至关重要的影响：一方面，适当的立法可以为人权的保护、享有和实现提供国内法的基础；另一方面，不适当的立法可能构成对人权的侵犯和践踏。从各国立法实践上看主要有三种保护人权的立法模式。

1. 绝对保障立法模式。绝对保障立法模式是对宪法所规定的基本权利，其他法律规范不能加以任意限制或规定例外情形的方式。美国宪法对于基本人权的保护可以视为这种模式的典型，其宪法修正案第 1 条明确规定："国会不得制定有关下列事项的法律：确立限制宗教或禁止信教自由、剥夺言论自由或出版自由，或剥夺人民和平集会及向政府要求伸冤的权利。"从现代各国宪法适用状况来看，采取该模式的国家一般都实行违宪审查制度。通过这种制度，可以排除其

---

〔1〕　日本国际法学会编：《国际法辞典》，世界知识出版社 1985 年版，第 34 页。

立法机关对于基本权利可能施加的、逾越了该基本权利内在制约的限制。

2. 相对保障立法模式。相对保障立法模式是指允许其立法规范对宪法所规定的基本权利加以直接有效的限制或客观上存在这种可能的方式。所以有些宪法本身就规定或默示对自身所确认的某些权利可以予以限制，如规定宪法权利"其内容由法律规定"以及"非依法律不得限制"等。由于相对保护模式通过普通法律而非宪法自身来实现对宪法权利的保障，故又称为"依法律的保障"模式。相对保障模式与"法律保留"观念和制度息息相关，旨在制约国家权力对公民权利的肆意侵害，将国家权力对基本权利的限制"保留"在法律上，只容许通过国家立法机关制定的法律对基本权利作出限制。

3. 混合保护立法模式。混合保护立法模式是指介于绝对保障型模式和相对保障型模式之间的立法模式。在一些国家的宪法中，既存在绝对保障基本权利，同时也存在相对保障基本权利，出现了介于绝对保障和相对保障之间的类型。采用这种模式的国家一方面存在具有时效性的违宪审查制度，另一方面其宪法本身又将某些基本权利的保障委之以普通法律。

（四）立法程序中的人权保障

1. 人权保障是立法程序的价值追求。立法程序是一切法律规范得以产生的前提。因此，立法程序应当立足于以人为目的的尊重人、关心人的价值理性，制定的法律能准确、清晰地表达出人的各项现实需要和希望，使公民能够在此基础上建构一种理想生活图景。立法程序的这一价值追求可以通过民主合意的方式来实现。立法在本质上被视为立足利益博弈的国家对社会资源与权益进行权威性分配的活动，法律程序必须彰显其利益分配的正义性，在此基础上形成正义的社会秩序，这是社会价值观对立法活动的渗透，也是人类对社会公正、制度公正不懈追求的结果。因此立法程序也要遵循任何人均不得担任自己案件的法官的原则；当立法可能使个人权利减损时，应当有一个正当法律程序，给予他/她公平听证的机会。[1]

2. 应当遵循立法程序的正当标准。立法程序的正当标准是一个综合的标准。其一，程序本身的公正品质。这也是立法程序正当性的最基础的、最低的标准。"公正程序乃是'正当过程'的首要含义。"[2] 判断程序正当性的最低标准是：公民的权利义务将因为决定而受到影响时，在决定作出之前，他/她必须有行使

---

[1] Peregarry Jin Johnv Rees, 1970, CH 345, AT 399, [1969] 2A11 ER 274, p. 306.

[2] William O. Douglas, "A Comment in Joint Anti‐Fascist Refugee Committee v. McGrath", *United States Supreme Court Reports* (95Law, Ed. Oct 1950 Term), The Lawyers Co‐orperative Publishing Company, 1951, p. 848.

陈述权和知情权的公正的机会。[1] 其二，程序的技术理性。程序的技术理性是能促成公正结果产生的基本技术，而程序的技术理性也是保证立法产品公正性的基本条件。追求结果的公正不能离开实现结果的合理的程序。其三，程序的社会理性，即立法程序蕴含的内在价值与社会上流行的规范和价值一致。程序是社会制度的重要组成部分，要反映特定时代的价值追求。程序的公正又为社会制度的整体公正增添力量，社会整体制度的公正是靠一个个具体的制度来维持的。其四，程序的经济理性，即程序要有效率，能以最低的成本提供最大的效益，或者提供固定的效益而消耗最低的成本。它包括作出决定的成本是否经济；所设定的程序能否以最少的投入获得最多数人最大程度的参与；程序规范是否具有可操作性；所设定的步骤、手续是否切实可行。

3. 保持立法程序正当的制度安排。立法程序只有体现民主、科学、公正、效率等价值，才具备"正当性"的根据。同时立法程序的正当性是一个开放的体系。随着社会经济的发展，正当性的要求也就越来越高。为进一步完善立法正当程序，需要在以下方面作出更多的努力。其一，立法公开，满足社会公众的知情权。立法公开是将立法程序的各个阶段及其阶段性成果向社会公开，其具体内容包括：立法性文档的公开和立法会议的公开；逐步扩大公民参与立法旁听、查阅资料的范围，简化公民了解信息的手续；国家尽快制定新闻法，对公民知情权给予充分的保障。其二，确立立法回避制度，保障立法公平。回避原则的法理基础是普通法上的自然公正原则。[2] 立法回避制度要求任何参与立法的人员不得与该法涉及的利益集团、利益群体有利益关系或者存在个人偏见，不得参加与本部门、本团体有直接利益关系的法律的立法过程，以保证立法的公正。其三，建立立法听证制度。即在立法过程中为获取立法信息资料，邀请政府官员、专家学者、当事人、与法案有利害关系的人等对法案陈述意见，为立法机关审查法案提供依据和参考。立法听证程序是"自然公正原则"、"正当法律程序"在立法领域中的发展和基本要求。

二、国内人权的司法保护机制

在现代法治国家，司法保障是人权国内保障最重要的方式。国内法院的正常功能发挥是实现国际人权法案的最有效的方式。[3] 司法保障机制的重要性历来被国际人权公约所强调，它是衡量一个国家法治化程度高低的基本标志，也是人

〔1〕　季卫东："程序比较论"，载《比较法研究》1993 年第 1 期。

〔2〕　〔英〕彼得·斯坦等：《西方社会的法律价值》，王献平译，中国人民公安大学出版社 1990 年版，第 97 页。

〔3〕　北京大学法学院人权研究中心编：《司法公正与权利保障》，中国法制出版社 2001 年版，第 79 页。

权保障水平的基本标志。

（一）司法独立是人权保障的前提

司法的独立性被视为司法公正的前提，也是人权保障的前提。孟德斯鸠从保障人权的角度首先提出司法独立的概念："如果司法权同立法权合二为一，则将对公民的生命和自由实行专断的权力，因为国家是立法者。如果司法权同立法权合二为一，国家将握有压迫者的力量。"[1] 虽然世界各国由于历史文化传统和现实国情不同，各个国家司法机关的权力范围相异。但是，一般都把司法独立看做是法治社会的真谛，被认为是人权保障的先决条件。"法院的中立和独立与其说是法院出于它本身的考虑所享有的特征，不如说是法律消费者的一项人权。"[2] 司法独立的具体制度应包括以下原则和规则：各国应保障司法机关的独立，并将此项原则正式载入宪法或者基本的法律之中；司法机关应不偏不倚，以事实为根据，并依据法律规定来裁决其所受理的案件，不应受任何约束，也不应为任何直接或间接的不当影响、怂恿、压力、威胁甚至干涉所左右；司法机关应对所有具有司法性质的问题享有管辖权，并应以绝对权威作出决定。此项原则不影响有关当局根据法律对司法活动所进行的监督。司法机关独立的原则授权并要求司法机关确保司法程序公平进行，以及各方当事人的权利得到尊重。向司法机关提供充足的资源，以使之适当地履行职责，是每一会员国的义务。[3]

司法独立才能真正履行人权保障的功能。首先，独立乃公平解决纠纷之必需。在法官不独立而受制于他人或受到不当影响的情况下，往往会按照那些控制法院或给法院不当影响的人的意志审理案件，结果自然是对各当事人不公。如果纠纷得不到中立公正的解决，秩序便无法有效地运行，人们不再相信和尊重司法制度，对整个社会制度也有不利影响。其次，法院要前后一致地阐明法规也需要司法独立，不管这些规定是源于法令、行政法规或宪法规定，还是完全出自法官之手。不独立的法官将受其他利益的左右，见风使舵，破坏法律的统一性。再次，法院要公平有效地保护法定权利，需要司法独立。权利可以被写在纸上，但在现实世界中，权利常常被有义务尊重它的人所忽视。纠纷当事人不能期望自行裁决其权利，而应诉诸法院以作出裁决。独立的法院可以站在中立立场上，公正地裁决，使受侵害的权利得到恢复和补偿，使侵害方受到制裁并悔改。不独立的法院实际上是难以发挥其在保护权利方面应有的作用的。最后，约束政府的擅权、非法行为，也需要司法独立。"法治"概念的核心要件是政府受法律约束，

---

[1]　[法] 孟德斯鸠：《论法的精神》（上册），张雁深译，商务印书馆1961年版，第154～156页。

[2]　[瑞典] 尤纳斯·格："司法制度的原则：欧洲人权法院判例中的司法独立"，载北京大学法学院人权研究中心编：《司法公正与权利保障》，中国法制出版社2001年版，第145页。

[3]　北京大学法学院人权研究中心：《司法公正与权利保障》，中国法制出版社2001年版，第86～87页。

不受约束的政府是对自由和秩序的一种威胁。如果我们希望政府有法律的约束，那么法院就必须独立，并在相应的案件中享有独立的权力来裁定政府是否违反了法律规制。

（二）通过司法审判保护人权

司法是社会正义的最后一道防线，因此，司法也是人权保障的最后救济手段。人权保障的司法救济主要体现在司法程序的公正上。审判活动应当遵守正当法律程序。"法庭公开性、申辩权和法官的公正性——构成令人满意的司法审判的重要因素。这些因素共同构成了一套我们称之为正当法律程序的思想。"[1] 这既阐明了司法机关作出裁决过程的特别之处，也明确了正当法律程序的基本构成要素是公开性、申辩权和法官的公正性。任何现代国家，都应该有它们自己的正当程序制度，从而使它们的法律和司法符合可计算性、可预测性的要求。虽然它们也许不使用"正当程序"的名称，或者在正当程序的具体内容上有些细微的差异，但是均坚持合法原则、公开原则、平等原则、中立原则、申辩和上诉原则等共同原则。

正当程序起源于英国的普通法。英国 1215 年的《大宪章》第 39 条规定："任何自由人不得被逮捕、监禁、侵犯财产、流放或以任何方式杀害，除非他受贵族法官或国家法律的审判。"法国《人权与公民权利宣言》第 7 条、美国《权利法案》第 5 条（即美国宪法第 5 条修正案）、1867 年美国宪法第 14 条修正案都有类似的规定。正当程序和人权保障密不可分、相辅相成，伴随着对人的自由和权利的保障的不断增长而发展。正如美国著名大法官 F. 弗兰克夫特所说："自由的历史基本上是奉行程序保障的历史。"[2] 无论司法机关还是其他国家机关都享有作出决定的权力，同时也担负着作出决定的职责。不过，司法机关作出决定的过程、方式、方法与其他国家机关有着根本区别。司法裁决与其他机关决定的区分因素并不是决定什么，而是谁决定和如何决定。"司法部门比其他任何国家机关更倾向于追求形式合理性，力争形式与内容的统一，即不仅要获得正确的结果，而且在处理的程序、手段和形式上也要使人无懈可击。"[3] 司法机关的决定是建立在正当程序的基础之上的。如果司法过程不遵循正当程序的原则，司法与立法、行政就没有什么区别，司法也就不可能成为人权保障最重要的和最后的手段。

---

〔1〕 ［英］P. S. 阿蒂亚：《法律与现代社会》，范悦等译，辽宁教育出版社 1998 年版，第 63 页。
〔2〕 转引自季卫东：《法治秩序的建构》，中国政法大学出版社 1999 年版，第 9 页。
〔3〕 季卫东：《法治秩序的建构》，中国政法大学出版社 1999 年版，第 222 页。

（三）通过司法审查保障人权

1. 司法审查维护宪法权威，保障人权。在宪政体制下，一切政治的权力的运作要服从于宪政的安排。具体社会制度的设计可以而且应当考虑到本国的历史文化及其面临的实际问题，但对人的自由和平等权利的保护不能克减。在立宪政体下，公共权力机构和公民一样，都必须服从宪法和法律。[1] 只有宪法得到全社会的普遍尊重、重视和实施，人民的权利和自由才能得到切实的保障；只有政府的权力受到实际的制约和监控，社会才能实现自由、平等、稳定和发展，才能谈得上宪政。[2] 司法审查通过宪法制约立法权和行政权的扩张，在公权主体的行为互动中平抑立法权和行政权对宪法设定的权力分配格局的挑战，维护宪法的至上地位，保障人权。

2. 司法审查促使立法法治化，保障人权。立法的法治化是宪政国家立法基本原则的核心内容。立法活动，尤其是行政立法受到某种高位阶规范的约束，避免"阶级立法"或法律实证主义的弊端，使基本人权的正义理念能在现实的制度安排中得以具体化。立法法治化的关键在于制定一部合乎正义的宪法，然后要切实保障宪法作为根本规范的最高效力，对国家各种活动的合宪性进行审查和监督。二战后，越来越多的国家对立法的合宪性审查成为法治发展的主要驱动力。司法审查是实现立法合法化最为高效的制度设计。法治社会要解决的核心问题是对权力的控制，使权力走到法律之下。控制权力最重要的途径是司法。即便在推崇议会主权的英国，也有学者认为："为了人民的权利，应该对政府和议会的政治权力和立法权力施加某种限制，但是，问题是谁来确定这些限制。惟一可行的选择方案就是将这一权力交与法官。"[3]

3. 司法审查监督依法行政，保障人权。在国家权力体系中，行政权是唯一主动地行使其权力干预社会生活的权力分支。为了防止行政权的运作损害公民的合法权益，必须强调对行政权力的行使加以严格的法律限制。对行政行为的司法审查是规制行政权力有序运作的制度基础。司法通过对行政权力配置资源、安排利益的审查，保证行政权力的运作、资源和利益的分配符合正义标准。通过司法监控实现社会正义，已成为公共权力领域一项重要的法治准则。这一准则推动着行政的合法化，提高了行政行为的规范程度和约束力，实现了对自由、平等、人权等多元价值的关注、尊重和保障，避免了行政的独裁、专制和压迫。因而司法审查制度被视为法治行政最可靠的制度保障。

---

[1] 沈宗灵：《比较宪法——对八国宪法的比较研究》，北京大学出版社 2002 年版，第 6 页。

[2] 张文显："世纪之交的修宪"，载《法制与社会发展》1999 年第 3 期，第 3 页。

[3] [英] P. S. 阿蒂亚：《法律与现代社会》，范悦等译，辽宁教育出版社 1998 年版，第 172～173 页。

（四）通过司法解释保障人权

司法解释是指有权的国家司法机关对法律所作的具有权威性和约束力的解释与说明，一般指法院的解释活动。它是一种创造性立法活动的继续。[1]在英美法系国家，关于法律解释的定性是明确而简约的，因为一个典型的法典中几乎没有一条法规不需要作解释。而且法官可以在判决中创造一项新的法律规则，所以法官有权对案件所适用的法律进行解释。可见，司法解释是司法权的一个必要组成部分，而且被当作法官适用法律的一种方法。和英美法系不同，大陆法系国家以制定法作为主要渊源，它们更注意追求成文法的完善与权威，将法官对法律的解释视为对立法权的侵犯，认为法官不是立法者，解释法律的权力就不能属于法官。但是，再完美的立法也无法囊括一切社会问题，也无法为一切诉讼纠纷提供明确的答案。所谓"无所不包的立法"的美丽幻想最终破灭，现代大陆法系国家也承认了法院的司法解释权。

法律解释的本质不仅是对法律文本意义的探究，更是对复杂多变的社会行为的探索。法律解释的目的就在于寻求案件裁判的法律方案，落实保障公民权利的立法本意。其一，对确定性程度高、操作性强、概念较为简明的法律规范直接作出理解和判断，实现宪法和法律保障人权的目的。法院在具体适用法律裁判案件的过程中，必然隐含着对相关法律条文的识别和推理。即使法院适用法律像自动售卖机一样是一个机械的过程，它也必须首先判断该法律的合宪性，这是司法的必经阶段。正是从这个意义上说，适用法律就是适用宪法，司法与司宪是同一过程。其二，当法律规定与人权保障现实脱节、法律之间出现竞合或冲突时，法院必须作出权衡和取舍，通过解释宪法和法律来解决冲突，为人权保障设立新的标准。司法实践中，各种权利之间的冲突与不平衡也司空见惯的。如何在冲突的权利间平衡不同的利益，对法律规定之间的灰色地带加以解释就成为司法的必然职责。其三，在权利保护中发生无法可依的争议时，应该根据宪法条文和宪法的精神对立法漏洞进行填补。在扩张解释、甚至适用法律原则都无法解决立法的不足时，适用宪法便成为最后的救济手段。在争议发生时，法院应当予以受理，即使没有法律依据，也可以以解释的形式使问题得以明朗化。在所有法治国家都存在这样一个需要法官创制规则去填补的"空缺结构"。[2]客观地讲，三种解释方式在所有法院及法官的审判活动中都普遍存在，法院及法官都在自觉或不自觉地以各种形式和名义实施、解释宪法，保障人权。

---

〔1〕　张文显主编：《法理学》，高等教育出版社 1999 年版，第 325 页。
〔2〕　〔英〕哈特：《法律的概念》，张文显等译，中国大百科全书出版社 1996 年版，第 134～135 页。

三、国内人权的行政保障机制

国家行政权力对于管理公共事务，维持公安秩序，发展经济，健全社会保障，都不可或缺。毋庸置疑，国家行政权在实现人权、保障人权的过程中必须并且能够发挥积极主动的作用。同时，由于这个权力过分强大，在社会管理过程中也完全可能被滥用，成为侵害人权、阻碍人权实现的"祸害"。[1] 为此，行政权力的运行要遵守法律优先、法律保留和比例原则，把行政权力限制在法治精神之内，以保障人权的实现。

（一）依法行政，保障人权

行政行为首先要遵守法律优先原则。法律优先原则要求行政行为应当受现行法律的约束，不得采取任何违反法律的措施。法律优先原则被誉为"法治的精髓和灵魂"，[2] 并在限制行政权的滥用、保障公民的基本权利等方面发挥着重大作用。在当代，民主的目的要求行政权的行使服从代表人民意志的立法机关所制定的法律，由此防止行政权的滥用并维护社会成员的基本人权。行政权的行使应服从代表人民意志的立法机关所制定的法律，包含着行政机关在制定行政规章时也必须服从以宪法为顶点所构成的法律体系的要求。这也是保障与实现公民基本权利的必然要求。宪法和法律构成的法律体系，通过下位法服从上位法的方式，保证宪法和法律所具有的民主性延伸至行政法规范体系，避免行政法规范缺乏上位法的规范依据。[3]

法律保留原则要求行政行为必须有法律的依据，即行政机关只有在法律有明确规定的情况下才能作出积极的行政行为，否则就构成违法。这一原则已经为许多国家和地区所确认。[4] 就立法而言，重要的事项应由法律规定，不经法律授权，行政机关不得以行政立法代为规定。人民制定法律的根本出发点和最终归宿都在于对公民基本权利和自由的保障。但这并不是说，法律规定的权利就是绝对的或无边界的。《世界人权宣言》对此有全面表述："人民行使权利及自由时，仍应受法律所规定之限制，且此种限制之唯一目的，应在确认及尊重他人之权利与自由，并符合民主社会中道德、公共秩序及一般福利所需要之公允条件。"法

---

〔1〕 恩格斯认为，国家最多也不过是无产阶级在争取阶级统治的斗争胜利以后所继承下来的一个祸害。参见恩格斯："《法兰西内战》1991 年单行本导言"，载《马克思恩格斯选集》第 2 卷，人民出版社 1972 年版，第 336 页。

〔2〕 黄锦堂："依法行政原则"，载台湾行政法学会：《行政法争议问题研究》，五南图书出版公司 2000 年版，第 39 页。

〔3〕 朱芒："依法行政：应依何法行政"，载《法学》1999 年第 11 期。

〔4〕 王名扬：《法国行政法》，中国政法大学出版社 1989 年版，第 96～198 页。

律保留原则对公民基本权利的保障，对一国宪政体制的进一步完善具有重要意义。

行政比例原则要求行政主体在实施行政行为时，不但要努力实现行政目标，还应该尽量避免给行政相对人及社会带来不必要的损失。比例原则包括了妥当性、必要性、均衡性三层内容。[1] 比例原则之所以能得到普遍认可，并且上升为一个公法上的原则，源于宪法规定的基本权利。国家权力是人们为了实现自身权利而实施的一种手段，所以它存在和运作的目的是为了公民的权利和利益。在宪政体制下，虽然基本权利可以在以公益为考察和衡量标准的情形下受到限制，但是不能用此作为挡箭牌，而任意行使国家权力。因此，如何确定权力行使的限度和标准，便成为公法领域中的重要课题。由于行政国家的出现，作为一种典型公权力体现的行政权力大肆膨胀，行政职能大为增加，渗入社会生活的每个角落。然而，权力的行使应当负载着对人的尊严的尊重。因此，如何确保在达成行政目的的前提下行使行政权所采取的手段对公民权益的侵害或限制最小，便成为公法领域研究课题的重中之重。

（二）积极发展经济，维护经济秩序以保障人权

没有充足的物质供应，没有相应的经济基础，不仅经济、社会、文化权利无法实现，而且公民权利和政治权利也难以实现，就作为积极人权的经济、社会、文化权利而言，国家不仅应当制定法律、政策，而且必须提供财力、物力等资源以保障其实现，这是不言而喻的。而作为消极人权的公民权利和政治权利，虽然从理论上说只要国家不干预、不侵犯就可以实现，但实际上，保障这些权利仍然需要花费相当的资源，例如，公民的选举权和被选举权，即使在我国，每次人大代表选举都要花费相应的经费。有些权利的保障需要更多的资源，例如，为满足《公民权利和政治权利国际公约》规定的获得律师帮助的权利，政府应当设立法律援助机构，使法定的需要律师帮助的人可以获得免费的法律援助，而这些费用都是由政府承担的。如果国家不能提供足够的经费，那么能够提供法律援助的机构和律师在数量上和质量上可能都不能满足需要，获得律师帮助的权利的实现程度就可能达不到公约的要求。因此，在推动和实现人权的过程中，需要积极发展本国经济，积累财富，并通过再分配的方式保障公民权利和经济、社会、文化权利的实现。《经济、社会、文化权利国际公约》第2条就明确要求缔约国尽最大努力，采取各种步骤，发展经济，包括国际合作和援助，以达到这些权利的充分实现。因此，各国政府都有义务发展经济，不断提高人民的生活水准。同时，在

---

〔1〕 〔印〕P. M. 塞夫：《德国行政法——普通法的分析》，周伟译，台湾五南图书出版公司1992年版，第212页。

不间断地逐步实现经济、社会、文化权利的同时，不断提高其标准，以与不断发展的经济、社会条件相适应。

由于各国发展条件和发展阶段的差异性，主权国家可以根据具体国情制定本国的人权政策，并决定给予本国公民什么程度的经济权利的保证。"权利永远不能超出社会的经济结构以及经济结构所制约的社会的文化发展。"[1] 马克思经典地揭示了经济结构与权利内涵的关系，揭示了经济发展与社会文化发展之间的关系，也揭示了经济发展与权利保障及权利实现之间的关系。因为，权利的实现离不开经济基础，离不开物质力量。人权标准制定得再好、再高，没有实现的能力也只能成为空谈。例如，我国改革开放以来，致力于经济体制改革，扩大与民生相关的农业、轻工业产品的生产，以解决温饱问题，即生存权问题。改革开放30年来，人民生活水平极大提高，经济社会文化权利的实现得到国内、国际社会的很高评价。

国家在发展经济的同时，还需要稳定经济秩序，以保持可持续发展，保障社会成员的平等竞争。市场经济本身的缺陷以及缺乏信息宏观把握的特点，决定了政府需要有效地进行制度规制。美国著名经济学家萨缪尔森和诺德豪斯指出，市场失灵都会导致生产和消费的无效率，从而要求政府具备治疗这些疾病的职能，市场经济必须依靠政府看得见的手来干预。市场和政府这两部分都是必不可少的，没有政府和没有市场的经济都是一个巴掌拍不响的经济。[2] 政府伸出手来干预市场主要体现在政府的经济职能上，行政行为就是这种经济职能的实现方式之一。经济自由、有序、健康发展，离不开政府以行政方式提供有利信息，积极引导。从维护市场秩序的功能这一角度考虑，政府的经济职能可分为：市场主体资格控制权、市场行为调节权和非法行为取缔权。市场主体资格控制权是指在某些特殊市场经营领域需要以许可的方式对申请的市场主体进行特别授权，授予那些符合特殊要求的市场主体从事该领域活动的权利，这些许可权的实行能够控制市场投资的流向和市场行业的经营规模，实现地区平衡；另外，采用进出口许可、外汇许可等方式可以防止国外市场对国内市场的冲击。这些行政规制行为对于市场经济秩序的形成具有开局性的奠基作用。政府行使对市场行为的调节权主要体现在：确认市场经济权利的归属，起到定分止争的作用。市场经济的建立和发展离不开政府的积极作用，而行政行为即是市场经济顺利运行必不可少的因素。只有经济活动稳定有序地进行，人权才有可能得到保障和实现。

---

〔1〕 马克思："哥达纲领批判"，载《马克思恩格斯选集》第3卷，人民出版社1972年版，第12页。
〔2〕 ［美］保罗·A. 萨缪尔森、威廉·D. 诺德豪斯：《经济学》（第12版），高鸿业等译，中国发展出版社1992年版，第78～79页。

（三）稳定社会秩序，维护社会治安以保障人权

稳定的社会秩序，良好的治安环境，是实现人权的基本要求。政府有义务在社会公共安全领域采取有效措施，维护公共安全，保障人民安居乐业。对稳定的社会秩序的要求，是公民生存和发展的基本要求，也是公民实现社会经济文化权利和政治权利的基础和前提。创造有利于人民和个人发展的社会安全条件，促进社会的全面进步和发展，确保每一个人的生命和财产安全，在许多国际文件中被宣示为每个国家的主要责任。参与、促进并享受安全的社会环境也被宣示为一项不可剥夺的人权。

为了促进和实现社会安全，政府应当制定和实施相关的刑事法律、刑事政策以及社会安全计划方案和目标，并采取其他一切适当的步骤、措施和方法，实现制度习俗等方面的转变，创造有利于社会稳定的政治和法律等方面的环境和资源，消除贫困、饥饿、失业、文盲等发生犯罪的社会根源，确保国内社会全体成员自由、有效地参与发展进程，公平地分享发展成果。对于已经发生的犯罪行为，要在法律规定的程序内及时、迅速处理，不仅要保障被害人的人权，还要保障犯罪嫌疑人的人权。

政府在必要时应当采取临时的特别措施，以确保妇女、儿童等特殊群体的社会安全权利。采取这类措施不应当被视为歧视，而是视为对特殊群体的特殊保护。在社会安全方面，应当普及和发展教育事业，减少和消除由于缺乏教育而导致的贫困失业犯罪，更为重要的是通过教育普及人权意识、传播人权知识。这样做有助于公务人员熟悉国内和国际人权标准，加强和促进人权保护；有助于公民培养权利意识，从而在社会成员之间形成相互理解、宽容、友好、和平的尊重人权的观念；也有助于国家公务人员和民众了解人权的价值内容、国家的人权义务和履行的情况，减少个人与国家之间的误解和分歧，创造一个人权良性发展的社会环境。

（四）完善社会保障制度以保障人权

现代国家依法建立政府主导实施的社会保障制度，旨在为社会成员在遭遇各种生存风险、个人及家庭难以维持基本生活时提供基本的生活保障。社会保障以促进社会的公平与正义为基本目标和理想，以维护社会成员作为人的尊严为道德底线，使社会成员能够在最低生活标准之上维护做人的体面。任何社会成员都应当与其他社会成员平等地享有获得物质帮助的权利。对于国家及其各级政府来说，提供相应的社会保障是其基本的责任和义务。作为现代政治核心概念之一的公民权利应该成为社会保障的理念基础，而社会保障制度的建立和发展则是促进

和实现公民权利的一个基本手段。[1]

公民的社会保障权利的内容主要包括获得足以维持生计的收入（失业补偿、低收入补偿、养老金、残疾人救济金等），拥有工作，获得健康服务，拥有能够满足基本需要的住房，享受基本的义务教育等。现代社会保障制度之建立和发展的直接目的，是为了确保满足和实现这些被载入法律法规而获得确认的公民社会权利，这也是国家及其各级政府落实政府责任承诺的行为。社会保障支撑和维护的不仅仅是公民的社会权利，对公民权利也是一个有效的支持。这并不仅仅因为社会权利是公民权利的有机构成部分，更主要的是，由社会保障制度所直接满足的社会权利是和基本的法律权利和政治权利紧密相关的，甚至可以说构成了法律权利和政治权利的有机环节。法律作为游戏规则，有时对游戏中的某一方更为有利。[2] 劳动合同是一个典型的例子：如果缔约的一方必须为生存而劳动，而另一方却可以选择缔约对象，并且可以随意雇佣和解雇他们，则自由和平等何在？尽管法律和宪法承诺他们享有公民的基本权利，当个人的生活时刻受到贫穷和恐惧困扰时，宪法权利就只能是一项空洞的许诺，甚至更为糟糕——它们会变成为厚颜无耻的借口，用来掩盖享受特权者存在的事实。[3] 直接满足和落实公民的社会权利的社会保障制度实际上所支持的是整个公民权利体系；反过来，公民权利的观念则为社会保障制度提供了正当性来源，为后者的不断发展和完善提供了价值动力。

四、违宪审查与人权保障

违宪审查在一定意义上也是一种司法审查，司法审查中也包含着违宪审查，但二者不完全是一回事。因为，违宪审查包含了司法以外的审查方式，而司法审查也涵盖了违宪以外的内容。就人权保障而言，违宪审查无疑是一项带有根本性的制度。因为"宪法就是一张写着人民权利的纸"。宪法是民主事实法律化的基本形式，是公民权利的保证书。如果宪法无法保护人权，那么人权保障就是一种空想。而实际上，并非有了宪法就意味着所有文本上的权利都能得以实现，只有针对宪法赋予公民的权利设计具有实效性的救济途径才能实现国家对人权的尊重和保障。纵观国际宪政实践，多数宪政国家都依赖违宪审查制度来保障人权的实现，并取得了良好的实效。

---

[1] Isin Engin and Bryan Tumer ed., *Handbook of Citizenship Studies*, London SAGE Publications, 2002, pp. 131~188.

[2] ［英］拉尔夫·达仁道夫：《现代社会冲突》，林荣远译，中国社会科学出版社2000年版，第54页。

[3] ［英］拉尔夫·达仁道夫：《现代社会冲突》，林荣远译，中国社会科学出版社2000年版，第55页。

（一）以保障人权为目的的违宪审查制度

违宪审查模式的不同主要表现为违宪审查主体以及违宪审查权力的分配与运作之间的区别。综观各国相关法律制度，违宪审查主要有司法机关审查、宪法法院审查和专门委员会审查三种模式。

1. 法院审查模式，也称司法审查模式，或普通法院审查模式。普通法院在审查具体案件的过程中，对该案件所适用法律的合宪性进行审查和判断。其特征是由以最高法院为首的司法机关在普通司法程序中，采取附带审查和事后审查的方式，审查和裁决立法、行政是否违宪。这种模式首创于 19 世纪初的美国，也称"美国模式"、"分权型违宪审查"。两个世纪以来，该模式已为加拿大、澳大利亚、挪威、丹麦、瑞典、日本、印度、智利、洪都拉斯、玻利维亚和哥伦比亚等 60 多个国家所采纳。从表面上看，美国普通法院审查模式的确立完全出于偶然因素，是马歇尔大法官运用高超的智慧解决联邦党人和共和党人党派纷争不经意间产生的意想不到的效果，[1] 但实际上却有深远的思想和制度渊源，是水到渠成的产物。殖民地时期，美国深受英国普通法优先思想浸染，依据对英国及美国法影响深远的柯克的见解，国王和国会都必须受到普通法的制约，国会制定的法律是否违反普通法，应由普通法法院来判定。于是，殖民地时期形成了"有些根本法优于殖民地议会制定法的理念"。[2] 而且，在有些州已经发生过州议会所制定的州法规因违反州宪法的规定而被宣告无效的实例，为日后司法审查制度的确立提供了经验。另外，当时美国深受分权理论的影响，认为司法权是三权中最弱的，既无强制又无意志，因此应加强司法权；而对议会可能走向专横则深为忧虑，强调立法权应当受到限制。这样，司法审查便成为一种现实的制度选择，甚至认为宪法之所以没有规定司法审查，是因为制宪代表把这项权力置于普遍原则的地位，因而没有特别规定的必要。[3] 虽然对司法审查制度存在着诸多理论上的争议甚至诘难，但在多年的司法实践中，美国联邦最高法院确实通过司法审查对维护宪法权威、保障宪法实施发挥了重要作用。

2. 宪法法院审查模式。宪法法院审查模式也称"欧洲模式"或"集权型违宪审查"，即由独立于普通法院的宪法法院行使违宪审查权的一种模式。现在由宪法法院行使违宪审查权的主要有奥地利、德国、意大利、挪威、希腊、西班牙、俄罗斯等 40 多个国家，其中德国的宪法法院制度颇具特色，成为宪法法院审查模式的典型。其主要特征是由专设的宪法法院通过专门的审查程序并采取主

---

〔1〕 李鸿禧：《违宪审查论》，元照出版公司 1999 年版，第 38～39 页。
〔2〕 张千帆：《西方宪政体系》（上册），中国政法大学出版社 2000 年版，第 98 页。
〔3〕 何华辉：《比较宪法学》，武汉大学出版社 1988 年版，第 310 页。

动审查和抽象审查的方式展开违宪审查。法律明确规定立法机关所立之法是否违宪的审查权不属于普通法院，而属于专设的宪法法院。如果普通法院在审理案件的过程中认为某项立法与宪法相抵触，则应中止诉讼，将争议呈请宪法法院裁决。宪法法院对于一切有违宪嫌疑的法律、法令都有审查权。宪法法院的决定不仅可以使法律或其特定条款对具体案件无效，而且也可以使它对所有将来的案件无效。

由宪法法院行使违宪审查权，宪法法院既能受理宪法控诉以保护公民权利，又能行使抽象审查权，兼具有议会审查和普通法院审查的优点，保障了违宪审查权的统一。其基本理念是：随着政治实践的发展，需要打破国家权力的传统分类，去寻找一种凌驾于行政权、立法权和司法权之上的新的制衡力量即第四种权力，负责监督前三种权力，以确保它们在宪法的范围内运行。同时，将违宪审查这一关乎宪政法治命运的重担赋予一个相对独立且较为专业的宪法法院，可以避免普通法院不愿积极介入政治纷争而采取的司法审查消极主义态度。其管辖事项的特定性与专业性，也是普通法院无法比拟的。"宪法法院一个个判决，催生了人们对宪法和基本人权的尊重，这种尊重以前根本就不存在。就是现在，缺乏一种有效的违宪审查制度的国家，这种尊重仍付阙如，尽管它们也口口声声宣布宪法至上。……现代民主国家的宪法，必须得有宪法至上和违宪审查的内容。"[1]

3. 专门机关审查模式。专门机关审查模式是指违宪审查权由法院之外的专门机关来行使的宪法监督模式。法国 1799 年通过的《共和国八年宪法》设立了护法元老院，并赋予其撤销违宪法律的权力，这可看做是这种模式的开端。1958年法国宪法规定设立一个完全独立的宪法委员会负责违宪审查权的行使。宪法委员会审查组织法、议会内部规章和普通法律是否违宪，一经宣布违宪即不得公布生效。这是一种典型的事先审查。宪法委员会的违宪裁决是终审的，不得上诉，对公共权力机构、一切行政机关和司法机关都有拘束力。

法国宪法委员会的政治性极强，在某种意义上，它只是立法机关的一个特定的监督部门，而不是司法机关。首先，在组织上，它独立于司法机关，其组成成员的政治色彩远大于专业背景。其次，在职权行使上，它不是通过具体案件进行违宪审查，而是进行"抽象的原则审查"或预防性审查。各项法律在颁布以前都要提交宪法委员会审查，以裁决其是否符合宪法。宪法委员会的审查是立法中的一道必经程序，这种违宪审查权实质上属于立法权而非司法权。再次，从程序上看，宪法委员会主要进行内部审查，只有各个委员才有权参加；最终不作判决而作政治决议，也不给个人、团体或公众提供正式的解决具体问题的任何途径。所

---

[1] ［美］路易斯·亨金等：《宪政与权利》，郑戈等译，北京三联书店 1996 年版，第 54 页。

以，有的学者认为，法国宪法委员会从性质上是政治代表机构，"简直就不是一个正宗的法院"。[1] 然而，宪法委员会审查毕竟是一种适合法国的违宪审查模式，自其成立以来，宪法委员会通过解释宪法进行违宪审查，维护了议会和政府的权力平衡，保障了公民的权利和自由。

任何一种制度的建立绝非空中楼阁，都需要有与之相适应的思想和社会基础，违宪审查制度也不例外。"企图对所有可能的宪法提出统一的解决方式……是不可能的，违宪审查必须根据每一种宪法各自的特点来组织。"[2] 不同国家之所以选择不同的违宪审查模式，是每个国家自身的传统与文化使然。20 世纪后期以来，以世界范围的宪政改革为契机，不同的违宪审查模式之间呈现出相互借鉴和相互融合的态势，特别是在制度运作的终极价值目标上日益显示出同质性，即通过对违宪行为的纠正与制裁以实现对人权的尊重与保障。

（二）通过违宪审查保障人权

1. 违宪审查制度是实现宪法人权保障价值的基础。对于法治的理解，历代法学家和政治哲学家都有着不同的论述，但在其中最为经典的论述当属古希腊哲学家亚里士多德的"良法之治"。他认为，法治应当包含两重意义：已成文的法律必须获得普遍的服从，而大家所服从的法律本身应该是制定良好的法律。由此我们可以看到，真正的法治应该是宪政的法治。在宪政法治中既强调通过宪法和法律确认宪法和法律的至上权威，也强调通过现实有效的法律程序来保障一切违宪和违法的行为受到切实的追究。维护宪法权威、实现宪政必须要构建一种机制，让宪法这静态的宪政从文本中走到现实生活中，成为动态的宪政。违宪审查机制所追求的价值也就在于赋予宪法权利以救济的程序，惩治任何违宪并危害公民人权的行为，从而树立宪法权威，实现民主宪政。由此可见，违宪审查机制追求的终极价值在于宪政的实现，而宪政的实现又是人权保障得以实现的基础。二战中，反人类的德国法西斯主义就是在没有强有力的违宪审查机制监控的前提下，一步步违反宪法，在对宪政体制进行了极端破坏的政治现实中对人权进行肆意践踏。历史已经证明，如果宪政无法实现，宪法的人权保障功能将不堪一击；宪政无法实现，公民的基本权利在受到侵犯和剥夺时将无法得到制度上的保障和司法上的救济。由此可见，只有建立良好的违宪审查机制并实现其应有的价值，才能实现宪政；而只有实现了宪政，才能使人权保障得以实现。

2. 违宪审查制度能够制约权力，保障人权。近现代人类社会对权力资源的

---

[1] Michael H. davis, "The Lal Politics Distinction, The French Counsel Constitutional and The Us. Supreme Court", *The American Journal of Comparative Law*, 1986, 34（1）45，p. 92.

[2] Hans Kelsen, "La Garantie Juridictionnelle de La Constitution," *Revue du Drpit Public et de Science Politique*, 1928,（45），197，p. 257.

配置和使用就是以权力的分立和动态制衡为主要特征，而违宪审查制度建立的核心就是权力制衡。权力只有受到制约才有界限。孟德斯鸠说："一切有权力的人都容易滥用权力，这是万古不易的一条经验。有权力的人使用权力一直到遇有界限的地方才休止……从事物的性质来说，要防止滥用权力，就必须以权力制约权力。"[1] 而违宪审查制度建立的核心就在于其对权力制衡所产生的作用。宪法就其设置的根本目的来看可以说是一部控权法，旨在控制国家权力的运行并保障公民私权利不受国家公权力的非法侵害。违宪审查制度就是将宪法予以落实，使宪法中对于权力的有效制约和规范产生实效性。一方面，它可以成为国家横向权力分立结构的制衡机制，从而促进立法和行政的平衡。虽然宪法在其文本中对各权力的行使疆域有具体的规定，但由于近代社会经济的飞速发展和政治元素的多方影响，权限的冲突仍然不可避免。在良好的违宪审查机制下，这样的权限冲突将归入其审查的范围之内，通过具体的机构和程序作出裁决。违宪审查机制实际上就成为了对立法和行政等权力资源进行平衡的调节器。另一方面，违宪审查机制也是国家公权力与普通公民私权利之间的制衡机制。国家机关与每个国民之间的平衡，需要通过审判的场合来协调。通过法院进行的违宪审查制度就弥补了议会制度由于代表结构的失衡而给某些特定的少数阶层或者阶层利益可能造成的不公平。违宪审查为公民私权利在受到公权力侵害时提供了一个便捷可行的申诉途径，从而使受损的私权利得以恢复，使肆意滥用的公权力受到限制。实际上人权保障的主旨也在于对公权力的限制和对私权利的保护。倘若一部宪法没有诸如违宪审查之类的相应申诉机制，那就意味着在这种宪法保护下的人们权利受到侵害时没有宪法救济途径，也就意味着这里的权利没有保障。违宪审查制度是对国家权力实施的监控，通过具体的审查程序保证各种权力在应有的限度内运行，同时纠正和控制被滥用和越出宪政轨道的国家公权力，保证宪法所赋予公民的权利得以实现，这正是人权保障的核心所在。

---

[1] ［法］孟德斯鸠：《论法的精神》（上册），张雁深译，商务印书馆1961年版，第154页。

第 十 三 章

人权的国际保护

　　人权的国际保护主要是指第二次世界大战结束以后兴起的由国际社会在国际法的基础之上对"全体人类的人权和基本自由"进行的保护。人权的国际保护以所有人的人权为对象，以促进对这些人权的普遍尊重、保护和实现为核心目的，以《联合国宪章》确立的宗旨和原则、众多普遍性和区域性的国际人权公约和有关国际习惯为主要根据，以监督国家履行其承担的国际人权法律义务为基本措施。与人权的国内保护相比，人权的国际保护的主体、对象、根据和方式都超出了一国的范围，具有明显的"国际性"。尽管如此，二者仍然具有十分密切的联系：一方面，人权国内保护的发展为人权国际保护的兴起及其作用的有效发挥奠定了重要的物质基础；另一方面，人权的国际保护通过监督国家履行其所接受的国际人权法律义务，为人权的国内保护提供了重要的指导和补充。实践中，二者既彼此依存和促进，又相互影响和制约，在促进人权的普遍和充分的尊重、保护和实现方面共同发挥着不可替代的重要作用。

第一节　人权国际保护的概念和理论基础

一、人权国际保护的概念

　　人权的国际保护（international human rights protection, international protection of human rights）有时也被称为国际人权保护，[1] 是与人权的国内保护（也称国内人权保护）相对应的一个概念。广义上，人权的国际保护既包括第二次世界大战结束以后兴起的由国际社会在国际法的基础之上对"全体人类的人权和基本自由"进行的保护，即现代的和当代的人权国际保护，也包括在此之前由个别国家或国际组织对某些国家的某些个人或群体的某些权利进行的保护，即早期的或近代的人权国际保护。这两个阶段的人权国际保护的主体、对象、根据和方式都超

---

〔1〕 例如，朱奇武先生认为："国际人权保护就是人权的国际保护，只是措辞不同，内容一样。"参见朱奇武：《中国国际法的理论与实践》，法律出版社 1998 年版，第 294 页。另见李步云主编：《人权法学》，高等教育出版社 2005 年版，第 341～368 页。

出了某一特定国家的范围，因而都具有不同于人权国内保护的明显的"国际性"。尽管如此，二者在这些方面仍然存在若干重大区别。简而言之，近代人权国际保护的主体限于少数国家、国际组织和国际机构，其对象限于某些国家或地区的某些特定个人或群体（例如宗教、种族和语言方面的少数者、奴隶、妇女、儿童、劳工、难民和战时受难者）的某些种类的权利，其根据主要是保护国的政策、实力和少量的国际条约，其基本措施是个别国家或国家集团的单方面的干涉和个别国际组织（如国际劳工组织）的监督，其主要目的是推行保护国自身的价值和维护保护国自身的利益。[1] 相比之下，现（当）代人权国际保护的主体包括世界上的所有国家和众多的国际组织和国际机构，其对象包括世界所有国家和地区的所有个人和有关群体的广泛的权利；其根据是《联合国宪章》确立的宗旨和原则、数量众多的普遍性和区域性的国际人权公约和有关的国际习惯；其基本措施是有关国家、国际组织和国际机构对国家履行国际人权义务的情况所作的监督；[2] 其核心目的是促进对所有人的人权的普遍尊重、保护和实现。从历史发展的角度来看，近代人权国际保护为现代人权国际保护的兴起和发展提供了宝贵的经验和教训，其某些机制（如国际劳工组织的有关机制）在现（当）代人权国际保护的实践中继续发挥着较为重要的作用，但总体上已经不符合现（当）代人权国际保护的要求。此外，从地理区域的角度来看，与普遍性的人权国际保护相比，美洲、欧洲、非洲等区域范围内的人权国际保护尽管在具体的保护主体、对象、根据和机制等方面各自具有若干明显特征，但其基本原理并无二致。为此，本章在适当顾及近代和区域人权国际保护的前提下，将主要说明现（当）代普遍性人权国际保护的有关问题。

二、人权国际保护的理论基础

人权国际保护的核心思想和内容是使国家在保护个人（尤其是本国人）权利的问题上接受国际社会的监督，这与大多数国家传统上奉行的人权保护以及与

---

〔1〕 详见本书第一章第三节关于"人权国际化的萌芽阶段"的说明。

〔2〕 现任联合国酷刑问题特别报告员曼弗雷德·诺瓦克（Manfred Nowak）教授将国际人权"保护"（protection）或"执行"（implementation）与"促进"（promotion）和"预防"（prevention）区别开来。他所列举的"保护"方式包括个人控诉、国家间控诉、国家报告、质询与调查、实况调查、人权现场检测、谴责、制裁和人道主义干涉；"促进"的方式包括制订标准、咨询服务和人权教育；"预防"的方式包括早期警告和行动、解决冲突、对拘留场所的预防性的视察、预防性地布置民事的和/或军事的现场人员和国际刑法。参见 Manfred Nowak, *Introduction to the International Human Rights Regime*, Martinus Nijhoff Publishers, 2003, p. 28. 按照中国学者的一般理解，人权国际保护的措施不仅包括对侵犯基本人权行为的惩治，也包括对这种行为的防止，还包括对实现基本人权的某些方面进行合作和保证。参见王铁崖主编：《国际法》，法律出版社1981年版，第251页。

之相关的国家主权的理念和实践大相径庭。第二次世界大战结束之前，各国对人权的保护基本上限制在本国的领土范围以内，不同国家保护人权的措施、对象、范围和程度存在很大差别。从传统国际法的角度来看，理论上，个人作为国际法的客体，不能直接根据国际法享有权利并受到保护；实践中，个人作为国家的管辖对象，其权利义务问题原则上受其国籍国法律的调整，各国如何对待本国国民在本质上属于各国的国内管辖事项，而不是国际社会可以合法干预的对象。在这一背景之下，近代出现的有限、分散、自利、单向而随意的人权国际保护的正当性和合法性一直受到广泛的质疑。第二次世界大战结束之后，人权问题受到了国际社会的普遍关注，通过国际合作促进全体人类人权的尊重、保护和实现的必要性和正当性迅速得到了广泛的认可，人权国际保护的法律基础也逐渐得以建立和巩固。半个多世纪以来，尽管有关国家和个人对于人权国际保护的具体范围、程度和方式等问题一直存在不尽相同的理解和认识，但这并未妨碍国际社会就人权国际保护的必要性、正当性和合法性等问题达成基本的共识。

（一）人权国际保护的必要性

从权利保护的角度来看，人权国际保护的必要性在于弥补人权国内保护的不足。正如中国政府发表的第一份关于人权问题的白皮书所言，各国人权状况的发展要受到本国历史、社会、经济、文化等条件的制约。因其历史背景、社会制度、文化传统、经济发展状况存在巨大差异，各国对人权的认识往往并不一致，对人权的实施也各有不同。[1] 实践证明，一国国内人权问题的存在，一方面是由于该国在客观上缺乏必要的资源，另一方面则是由于该国在主观上没有足够的意愿。针对这两方面的原因，为了在一国国内保证人权得到充分的尊重、保护和实现，就需要其他国家和国际组织提供支持和监督，以帮助该国获得必要的资源，或促使该国形成足够的意愿。尤其是当一国政府在其国内恶意地、大规模地严重侵犯人权时，更需要国际社会对受害人及时提供有效的救济。

从人权保护的实际影响来看，一国国内的人权状况不仅关涉本国国民的利益和本国国内社会的稳定、福利和发展，而且关涉其他国家、国际社会乃至整个人类的生存、和平与发展。第二次世界大战结束之际成立的联合国"重申基本人权，人格尊严与价值，以及男女与大小各国平等权利之信念"，将"增进并激励对于全体人类之人权及基本自由之尊重"明确列为该组织的宗旨之一，并将与联合国合作达成该项宗旨规定为会员国的一项义务，[2] 这显然是出于对法西斯国家（尤其是德国）在战争爆发之前和战争期间践踏本国人民和其他国家人民人

〔1〕　参见国务院新闻办公室：《中国的人权状况》，中央文献出版社 1991 年版，前言。
〔2〕　参见《联合国宪章》序言第 3 段和第 2、55～56 条。

权的直接危害的反思以及对国际社会合作增进人权的普遍尊重的重要意义的认识。在此基础上，1948 年通过的《世界人权宣言》不仅在开篇进一步明确宣示"对人类家庭所有成员的固有尊严及其平等的和不移的权利的承认，乃是世界自由、正义与和平的基础"，而且同时表明，"使人权受法治的保护"是"使人类不致迫不得已铤而走险对暴政和压迫进行反叛"的必然要求。[1] 上述两个重要的国际法律文件关于人权国际保护必要性的认识在此后通过的大量普遍性和区域性的国际人权文件中反复得到重申，并获得了世界各国政府和人民的一致认可。[2] 随着各国之间经济、社会、文化、政治交往的日益密切和彼此依赖的不断加强，一国管辖范围内的人权状况会对其他国家的政府和个人产生更为直接的影响，因而更需要受到国际社会的监督。

（二）人权国际保护的正当性

人权国际保护的正当性在此是指其道义上的合理性。这一合理性不仅可以通过上文所述的人权国际保护的必要性和下文所述的人权国际保护的合法性得到一定程度的证明，而且还可以从人权本身具有的内在属性及其共同的思想基础获得进一步的支持。众所周知，近代西方出现的人权观念强调人权本源的固有性、人权价值的目的性、人权主体的普遍性、人权地位的重要性（不可任意限制、剥夺和让与）以及与此相应的国家和政府的工具性。这种人权观念以承认人的价值和权利需求为思想基础，而世界各大文明均在不同程度上含有体现此类思想基础的价值观念。在第二次世界大战的惨痛教训之下，"基本人权、人格尊严与价值，以及男女与大小各国平等权利之信念"得到了《联合国宪章》的重申，[3] "人类家庭所有成员的固有尊严及其平等的和不移的权利"获得了国际社会的公认，因"对人权的无视和侮蔑"所导致的"野蛮暴行"被认为"玷污了人类的良心"，"一个人人享有言论和信仰自由并免予恐惧和匮乏的世界的来临"被宣布为"普通人民的最高愿望"，"促进对权利和自由的尊重"并"使这些权利和自由在（联合国）各会员国本身人民及在其管辖下领土的人民中得到普遍和有效的承认和遵行"被宣示为"所有人民和所有国家努力实现的共同标准"，要求使这些权利和自由能够获得充分实现的社会秩序和国际秩序被确认为每个人的权利。[4] 在《联合国宪章》和《世界人权宣言》的基础之上，经过世界各国政府

---

〔1〕 参见《世界人权宣言》序言第 1、3 段。

〔2〕 《维也纳宣言和行动纲领》第一部分第 6 段宣示："联合国系统争取所有人的人权和基本自由得到普遍尊重和遵守的努力，能依据《联合国宪章》促进在国与国间发展和平友好关系所需的稳定和福利，有助于改进和平与安全以及社会和经济发展的条件。"

〔3〕 参见《联合国宪章》序言第 3 段。

〔4〕 参见《世界人权宣言》序言第 1、2、8 段和第 28 条。

和人民几十年的努力，人权观念得到了进一步的发展，人权主体的普遍性、平等性和非歧视性、人权内容的开放性和发展性、各种权利之间的不可分割和互相依存性、人的权利与义务或责任的不可偏废性、人权保护和促进措施的多样性和灵活性、国家与人权有关的义务和权力的均衡性等基本的价值观念获得了日益广泛的认同，以这些价值观念为基础的法律的、政治的、经济的、伦理的规范和制度也已在国际、区域、国家和地方层面上得到不同程度的确立和遵守。20 世纪末期，"所有人的一切人权和基本自由"的固有性和普遍性得到了各国政府确定无疑的承认，"促进和保护人权"已被公认为"国际社会的一件优先事项"、"联合国的一项首要目标"、"各国政府的首要责任"以及世界人民和所有联合国会员国的"全球任务"和共同使命。[1] 由此可见，人权的国际保护早已超越了狭隘的国家私利的考虑，具备了充分的道义基础。

（三）人权国际保护的合法性

《联合国宪章》将增进对全人类的人权和基本自由的尊重列为联合国的一项宗旨以及联合国大会和经社理事会的重要职权，并将与联合国合作实现该项宗旨规定为会员国的一项义务，[2] 从而为联合国组织和会员国以研究、讨论和建议等方式促进人权的普遍尊重奠定了国际法律基础。与此同时，《联合国宪章》将"会员国主权平等"和不干涉"在本质上属于任何国家国内管辖之事件"规定为联合国组织和会员国应当遵行的原则。[3] 长期以来，一些国家不断援引这两项原则，将之作为禁止或限制针对本国或他国的人权国际保护的国际法律根据。围绕人权是否在本质上属于国内管辖事件、是否主要属于一国主权范围内的问题、是否高于主权以及国际社会对一国人权状况的关注或干预是否构成对该国内政的非法干涉等问题，有关国家和个人之间一直存在不同的理解和认识。[4] 关于人权国际保护的合法性的争论在很大程度上受到有关各国政治、经济、外交乃至军事利益的影响，具有强烈的意识形态因素和国家利益之争的色彩。从国际法的角度来看，人权的国际保护与国家主权原则和不干涉内政原则之间并不存在内在的不可调和的矛盾。根据《联合国宪章》的有关规定，联合国组织及其会员国自然不得以"保护人权"为理由干涉"本质上属于任何国家国内管辖事件"的人权问题，或者侵犯任何国家的领土完整和主权独立，但与此同时，任何会员国也

---

〔1〕 参见《维也纳宣言和行动纲领》序言第 1~2、14~15 段，第一部分第 1、4 段。

〔2〕 参见《联合国宪章》第 2、13（1）、55~56、62（2）和 68 条。

〔3〕 参见《联合国宪章》第 2 条第 1、7 款。

〔4〕 关于对这些问题的不同主张，可参见中国人权发展基金会编：《人权与主权》，新世界出版社 2003 年版；Henry J. Steiner and Philip Alston ed. , *International Human Rights in Context*：*Law*，*Politics*，*Morals*，Second Edition，Oxford University Press，2000，pp. 573~591.

不得以"主权平等"或"不干涉内政"为理由不履行其依《联合国宪章》所担负的义务,包括"采取共同及个别行动"与联合国合作以促进"全体人类之人权及基本自由之普遍尊重与遵守"的义务。从联合国机关行使职权的角度来看,联合国大会、经社理事会和后者设立的"以提倡人权为目的之各种委员会"有权就增进人权的普遍尊重和遵行的问题进行研究、讨论和建议,安全理事会也有权针对足以威胁或破坏(国际)和平的人权局势采取维持或恢复国际和平及安全的措施。[1] 此外,从1970年《关于各国依联合国宪章建立友好关系及合作之国际法原则宣言》的规定可见,各国主权平等原则的一项内在要素和基本含义便是"每一国家均有责任充分并一秉诚意履行其国际义务",而"合作促进对于一切人民人权及基本自由之普遍尊重与遵行"则是"各国依照宪章彼此合作之义务"和"各民族享有平等权利与自决权之原则"的一项重要内容。[2]

事实上,当今世界各国都已根据《联合国宪章》、公认的国际法原则、规则和与人权有关的国际条约在不同程度上承担了尊重、促进和保护所有人的一切人权和基本自由的国际法律义务。从这些义务的内容以及对这些义务的接受和实施等方面来看,国家的主权、意志和利益都得到了比较充分的考虑和尊重。仅就国际人权公约的情况而言,各主要的普遍性和区域性国际人权公约在强调个人和群体的权利以及国家义务的同时,也允许国家对个人和群体行使若干权利的行为加以必要而适当的限制,或在紧急状态下克减其负担的某些国际义务,在鼓励国家接受相关国际监督机制的同时,也承认国内救济措施的首要地位和国际合作措施的重要作用。从根本上来看,对国际人权公约所规定的义务和机制的接受仍然以有关国家的自由同意为基础和前提。毫无疑问,促进和保护所有人的人权和基本自由的进程必须符合《联合国宪章》的宗旨、原则和国际法的要求,而在联合国的宗旨和原则的框架之下,促进和保护所有人的人权的确也已经成为国际社会根据国际法予以关注的对象。[3]

第二节　人权国际保护的国际法律根据

《联合国宪章》为联合国组织和会员国提供了合作增进人权的普遍尊重和遵行的国际法律根据,并为人权国际保护的发展奠定了国际法律基础。在这一基础

---

〔1〕　参见《联合国宪章》第2、13(1)、39~42、62(2)、68条。
〔2〕　参见1970年《关于各国依联合国宪章建立友好关系及合作之国际法原则之宣言》宣示的第四、五、六项原则。
〔3〕　参见《维也纳宣言和行动纲领》第一部分第4、7段。

之上，大量与人权有关的国际条约相继获得缔结、通过并生效，一些与人权有关的国际习惯规则也逐渐形成，二者共同构成了人权国际保护的主要国际法律根据。

一、与人权有关的国际条约

国际条约具有相对明确的形式、内容、效力范围和比较灵活的缔结程序，在现代国际实践中得到了广泛运用，已经成为国际法最为重要的渊源之一。联合国成立以来，以联合国大会和经社理事会为首的联合国机关主持缔结或通过了许多专门规定人权问题的国际公约和议定书。其中，1965 年《消除一切形式种族歧视国际公约》（简称《消除种族歧视公约》）、1966 年《公民权利和政治权利国际公约》（简称《公民和政治权利公约》）、1966 年《经济、社会、文化权利国际公约》（简称《经社文权利公约》）、1979 年《消除对妇女一切形式歧视公约》（简称《消除对妇女歧视公约》）、1984 年《禁止酷刑和其他残忍、不人道或有辱人格的待遇或处罚公约》（简称《禁止酷刑公约》）、1989 年《儿童权利公约》、1990 年《保护所有移徙工人及其家庭成员权利国际公约》（简称《移徙工人权利公约》）、2006 年《残疾人权利公约》和 2006 年《保护所有人免遭强迫失踪国际公约》（简称免遭强迫失踪公约）被认为是联合国系统内"核心"的或主要的人权公约（core or major UN human rights conventions）。这些公约不仅为缔约国确定了人权方面的行为准则和法律义务，而且规定了一系列监督缔约国遵守此类准则和履行此类义务的国际机制。与这些核心人权公约几乎同样重要的是其中一些公约的议定书，包括 1966 年《公民权利和政治权利国际公约任择议定书》、1989 年《公民权利和政治权利国际公约旨在废除死刑的第二任择议定书》、1998 年《消除对妇女一切形式歧视公约任择议定书》、2000 年《〈儿童权利公约〉关于买卖儿童、儿童卖淫和儿童色情制品问题的任择议定书》、2000 年《儿童权利公约关于儿童卷入武装冲突的任择议定书》、2002 年《禁止酷刑和其他残忍、不人道或有辱人格的待遇或处罚公约任择议定书》和 2006 年《残疾人权利公约任择议定书》。其中，《公民和政治权利公约第二任择议定书》和《儿童权利公约》的两个任择议定书分别为这两个公约的缔约国增设了具体的人权义务，其余的议定书则进一步丰富和加强了有关核心人权公约规定的监督机制。除此之外，联合国机关还主持制定或通过了许多关于保护种族群体及其成员、禁止奴隶制和类似奴隶制的制度和习俗以及保护地位不利的个人或群体的公约和议定书。[1] 以上专门性的人权公约和议定书为有关缔约国、国际机构和个人在国际层面开展促进和保护人权行动提供了直接的和主要的国际法律根据。

在联合国机关主持制定或通过的国际人权公约之外，还有大量的国际条约在不同程度上涉及人权的尊重和保护问题。这些条约大致包括以下五类：第一类是有关政府间国际组织的组织文件，特别是 1919 年《国际劳工组织章程》、1945 年《联合国教育、科学及文化组织组织法》、1945 年《联合国粮食及农业组织章程》、1946 年《世界卫生组织组织法》、1948 年《美洲国家组织宪章》、1967 年《修订美洲国家组织宪章的议定书》、1949 年《欧洲理事会规章》、1992 年《欧洲联盟条约》、1997 年修正《欧洲联盟条约》的《阿姆斯特丹条约》、2001 年修正《欧洲联盟条约》的《尼斯条约》、2007 年修正《欧洲联盟条约》和《欧洲共同体条约》的《里斯本条约》、1963 年《非洲统一组织宪章》、2000 年《非洲联盟组织条例》和 2007 年《东南亚国家联盟宪章》；第二类是联合国主持缔结或通过的关于禁止、打击和惩治某些犯罪行为的公约；[2] 第三类是联合国相关专门机构通过的专门性国际公约；[3] 第四类是保护战争和武装冲突受难者权利的人道主义公约；[4] 第五类是区域性国际组织主持缔结或通过的与人权有关的公约和议定书，特别是欧洲理事会通过的 1950 年《保护人权和基本自由的欧洲公约》（简称欧洲人权公约）及其 13 个议定书，1961 年《欧洲社会宪章》（1996

---

〔1〕 第一类公约包括 1948 年《防止及惩办灭绝种族罪公约》、1973 年《禁止并惩治种族隔离罪行国际公约》和 1985 年《反对体育领域种族隔离国际公约》；第二类公约和议定书包括 1953 年《关于修正 1926 年 9 月 25 日在日内瓦签订的禁奴公约的议定书》和 1956 年《废止奴隶制、奴隶贩卖及类似奴隶制之制度与习俗补充公约》；第三类公约和议定书包括 1949 年《禁止贩卖人口及取缔意图营利使人卖淫的公约》、1951 年《关于难民地位的公约》、1967 年《关于难民地位的议定书》、1952 年《妇女政治权利公约》（又译《妇女参政权公约》）、1957 年《已婚妇女国籍公约》、1962 年《关于婚姻的同意、结婚最低年龄及婚姻登记的公约》、1951 年《关于无国籍人地位的公约》、1961 年《减少无国籍状态公约》、1993 年《跨国收养方面保护儿童及合作公约》、2000 年《〈联合国打击跨国有组织犯罪公约〉关于预防、禁止和惩治贩运人口特别是妇女和儿童行为的补充议定书》和 2000 年《〈联合国打击跨国有组织犯罪公约〉关于打击从陆地、海上和空中偷运移民的补充议定书》。

〔2〕 例如 1968 年《战争罪及危害人类罪不适用法定时效公约》、1979 年《反对劫持人质国际公约》、1997 年《制止恐怖主义爆炸事件的国际公约》、1999 年《制止向恐怖主义提供资助国际公约》、1998 年《国际刑事法院规约》及 2000 年《联合国打击跨国有组织犯罪公约》等。

〔3〕 国际劳工组织自 1946 年成为联合国第一个专门机构以后，已先后通过了禁止强迫劳动、防止就业歧视、保护结社自由、保护妇女、儿童、土著和部落民族和其他有关内容的 100 余项涉及劳工权益的公约。联合国教科文组织也曾于 1960 年通过了《取缔教育歧视公约》。

〔4〕 主要是 1949 年通过的《关于战俘待遇之日内瓦公约》、《关于战时保护平民之日内瓦公约》、《改善战地武装部队伤者、病者境遇之日内瓦公约》、《改善海上武装部队伤者、病者及遇船难者境遇之日内瓦公约》和 1977 年通过的这四项公约的两项附加议定书。

年修正）及其 1988 年和 1995 年的两个附加议定书和 1991 年的修订议定书，欧洲联盟成员国 2000 年通过的《欧洲联盟基本权利宪章》，美洲国家组织通过的1969 年《美洲人权公约》及其 1988 年关于经济、社会和文化权利的附加议定书和 1990 年关于废除死刑的议定书，非洲统一组织通过的 1981 年《非洲人权和民族权宪章》（简称"非洲人权宪章"）和 1997 年《关于建立非洲人权和民族权法院的非洲宪章议定书》[1] 上述条约中，有关政府间国际组织的组织文件或是将促进和发展人权确立为本组织的宗旨或原则之一，或是对某些方面的人权问题作出了或具体或原则的规定，为本组织及其会员国在人权领域开展活动奠定了重要的法律基础。其余四类条约分别为缔约国设定了具体的尊重和保护人权的国际义务，有些条约还规定了监督缔约国履行义务的国际机制，从而为有关国际组织、国际机构、国家和个人在相关领域开展人权国际保护的行动提供了重要的国际法律根据。[2]

二、与人权有关的国际习惯

与人权有关的国际条约虽然为人权国际保护提供了主要的国际法律根据，但其作用要受到许多因素的影响和制约。例如，这些条约原则上只对各自的当事国有约束力，但并非所有国家都已成为主要国际人权条约的当事国。[3] 而且，这些条约的当事国既可以通过消极的行动（如不发表接受条约规定的监督机构的有关权限的声明）和积极的行动（如提出保留）来缩小自己承担义务的范围，也可以根据（或借口）条约本身的"克减条款"（the derogation clause）在一定期间内不履行其已经承担的某些条约义务。这些因素在很大程度上限制了条约在人

---

〔1〕 区域组织通过或主持订立的其他与人权有关的条约还包括但不限于：欧洲理事会通过的 1972 年《欧洲社会保障公约》及其 1994 年议定书、1977 年《欧洲打击恐怖主义公约》、1977 年《欧洲移徙工人法律地位公约》、1983 年《欧洲暴力犯罪受害者补偿公约》、1987 年《防止酷刑、不人道或有辱人格的待遇或处罚的欧洲公约》及其 1993 年的两个议定书、1992 年《欧洲地区或少数民族语言宪章》、1995 年《欧洲保护少数民族框架公约》、1996 年《欧洲儿童权利行使公约》、1997 年《欧洲人权和生物药品公约》和 2003 年《欧洲儿童契约公约》；欧洲联盟成员国通过 1989 年《工人基本社会权利联合宪章》；美洲国家组织通过的 1985 年《美洲国家间防止和惩治酷刑公约》、1994 年《美洲国家间被迫失踪人士公约》、1994 年《美洲国家间防止、惩治和根除针对妇女的暴力的公约》和 1999 年《美洲国家间关于消除对残疾人一切形式歧视的公约》；非洲统一组织通过的 1969 年《关于非洲特殊方面的难民问题的公约》和 1990 年《非洲儿童权利和福利宪章》。

〔2〕 联合国建立之前便已存在但迄今仍然有效的一些国际公约，例如 1926 年《禁奴公约》、1937 年《防止和惩治恐怖主义公约》和国际劳工组织于 1945 年以前通过的若干公约，在当代人权保护中也可以发挥一定的作用。

〔3〕 例如，美国还不是《经社文权利公约》和《儿童权利公约》的当事国，而中国也还没有批准公民和政治权利公约。

权国际保护方面应有作用的发挥。

与人权有关的国际条约本身的局限在一定程度上可以通过国际习惯规则得到弥补。目前，关于禁止侵略、歧视（特别是种族歧视）、种族隔离、种族灭绝、奴隶和奴役、压制民族自决、大规模严重侵犯人权、酷刑以及其他若干保护个人生命、平等、人身自由的规则已经具备了国际习惯规则的性质。[1] 这些规则不仅被许多与人权有关的国际条约所明确规定，而且被联合国通过的众多宣言、决议、准则、原则、行为守则、最低标准规则所反复重申，同时还得到了国家、国际组织和国际机构的普遍认可。作为与人权有关的国际条约的重要补充，这些国际习惯规则既可以由这些条约的缔约国以及有关国际组织和机构在这些条约之外独立地加以适用，也可以对这些条约的非缔约国产生法律约束力。它们尽管没有直接规定人权国际保护的机制，但显然可以为许多已有的人权国际保护机制的运行提供重要的法律支持。

第三节　人权国际保护的主体和对象

如前所述，与人权的国内保护相比，人权国际保护的主体和对象均具有超越一国领土范围的"国际性"。就世界范围而言，相对于近代人权国际保护十分有限的主体和对象而言，现（当）代人权国际保护的主体和对象都具有明显的广泛性和开放性。

一、人权国际保护的主体

促进人权和基本自由的普遍尊重和遵行是包括联合国在内的许多政府间国际组织的宗旨，是联合国所有会员国和有关国际人权公约的缔约国负担的国际法律义务，也是各有关国际组织和国际机构的重要职责，更是所有人民努力实现的共同愿望，因此，国际社会的所有成员在不同程度上都有义务、责任和权利促进人权的保护和实现。[2]

从国际社会的结构来看，相对于国际组织和机构而言，国家与个人之间显然具有更为直接而密切的联系。实践中，对人权的侵犯行为也主要发生在各国的领

---

〔1〕 关于对保护个人权利的国际习惯规则所作的更广泛的理解和说明，可参见人权事务委员会第24号一般性意见第8段，载联合国：《各人权条约机构通过的一般性意见和一般性建议汇编》，*HRI/GEN/1/Rev.*7，2004年5月12日，第163～164页。

〔2〕 1999年《关于个人、群体和社会机构在促进和保护普遍公认的人权和基本自由方面的权利和义务宣言》（"人权卫士宣言"）序言第3段强调："国际社会所有成员必须共同地、分别地履行其促进和鼓励尊重所有人的人权和基本自由的庄严义务。"

土及其管辖或控制的其他范围以内，人权的尊重、确认、保护、促进和实现在很大程度上取决于各国政府的意愿和能力。在人权的国内保护方面，国家无疑应当负担首要的责任和义务。[1] 在人权的国际保护方面，各国在符合《联合国宪章》的宗旨和原则、国际法的要求和有效国际人权条约的规定的前提下，不但有义务与拥有人权保护职能的有关国际组织和国际机构合作，而且也有权利利用有关国际监督机制，个别或集体地采取人权国际保护的行动。

作为现（当）代国际社会的另一类重要成员，包括联合国在内的许多普遍性和区域性的政府间国际组织在人权的国际保护方面同样负有重要的职责。同样是在符合《联合国宪章》的宗旨和原则、国际法的要求和有效国际人权条约的规定的前提下，这些国际组织的有关机关以及根据这些国际组织主持缔结或通过的国际人权公约所建立的国际机构有权应有关方面的请求或主动地采取相关的人权保护行动。尽管与国家相比，这些国际机关和机构在人权的尊重、保护、促进和实现方面只能发挥补充的作用，但在监督、促进和保证国家履行其所承担的国际人权法律义务方面，这种作用仍然是不可缺少和不可替代的。

在国家和政府间国际组织之外，作为各项人权的基本享有者的个人以及由个人组成的相关群体（groups）、社团（associations）、机构（institutions）和非政府组织（NGOs）有责任更有权利在国家层面和国际层面促进和争取对人权和基本自由的尊重、保护和实现。[2] 为此，在国家层面和国际层面，每个人都有权单独地或与他人一起从事促进和保护人权和基本自由的行动，特别是有权按照可以适用的国际文件和程序，不受阻挠地同有权受理关于人权和基本自由的来文的国际机构进行联系和通信。[3] 实践证明，在消除对各民族和个人的人权和基本自由的一切侵犯方面，包括对这些人权和基本自由的大规模、公然或系统的侵犯方面，个人、群体、社团、机构和非政府组织作出了十分有益的贡献，其作用已经获得国际社会的一致认可。[4] 有鉴于此，各国应当为个人、群体、社团、机构和非政府组织促进和保护人权的行动提供便利和保护，并与之合作，以便为在国

---

〔1〕　1993 年《维也纳宣言和行动纲领》第一部分第 1 段第 3 款以及 1999 年《关于个人、群体和社会机构促进和保护普遍公认的人权和基本自由方面的权利和义务宣言》（"人权卫士宣言"）序言第 7 段和第 2 条第 1 款以大致相同的措辞肯定了国家在保护、促进和实现一切人权和基本自由方面所应负担的首要责任和义务，现行有效的主要国际人权公约也几乎都把国家在国内尊重、确认、保护、促进和实现人权的义务作为各自的主要内容加以规定。

〔2〕　参见"人权卫士宣言"序言第 8 段、第 1 条和第 18 条 3 款。

〔3〕　参见"人权卫士宣言"序言第 5 ~ 13、16 ~ 18 条。

〔4〕　参见"人权卫士宣言"序言第 4 段和第 16、18 条。

家、区域和国际各级确保所有人充分和有效地享受人权创造有利的条件。[1]

二、人权国际保护的对象

(一) 受到国际保护的人权的主体

从权利主体的角度来看，不论是在国内领域还是在国际领域，人 (the human person) 都是人权和基本自由的中心主体 (the central subject)，因而应是这些权利和自由的主要受益者 (the principal beneficiary)。[2] 根据各主要的普遍性和区域性国际人权文件的规定，任何人只要生而为人，不论其种族、肤色、性别、语言、宗教、政见或其他主张、民族、门第、财产、出生或其他身份有何区别，也不论其所属的国家或领土的政治、行政或国际地位有何不同，都有资格享有国际人权法所确认的基本权利和自由。[3] 就某一特定国家而言，受到保护权利主体包括在该国领土内以及受该国管辖的一切个人。[4] 这可以称为人权国际保护权利主体的普遍性原则和非歧视原则。[5] 在这一原则的基础上，考虑到有关权利的性质和有关国家的经济发展情况，在例外情况下，可以对不同国家的个人给予一定程度上的区别对待。[6] 此外，妇女、儿童、残疾人、老年人、难民、无国籍人、移徙工人及其家属、土著人、被拘禁者、战争和武装冲突的受难者以及种族、民族、语言、宗教方面的少数者由于在社会中经常处于不利地位，因而属于应当受到特殊保护的权利主体。

在个人之外，包括人民 (people)[7]、种族 (race)、民族 (ethnic group)、宗教或语言群体、少数者群体 (minority)、土著居民/民族 (indigenous popula-

---

[1] 参见 "人权卫士宣言" 第 12 条 2～3 款、第 14～15 条；《维也纳宣言和行动纲领》第一部分第 13 段。

[2] 参见《维也纳宣言和行动纲领》序言第 3 段。

[3] 参见《世界人权宣言》第 2 条、《公民和政治权利公约》第 2 条 1 款、《经社文权利公约》第 2 条 2 款、《美洲人权公约》第 1 条、《非洲人权宪章》第 2 条、《欧洲人权公约》第 14 条、《欧洲社会宪章》序言等。

[4] 参见公民和政治权利公约第 2 条 1 款。

[5] 这一原则可以从各主要国际人权文件使用的 "人人" (everyone or every human being)、"所有人" (all persons)、"一切个人" (all individuals) 和 "任何人" (any one, no one) 等措辞中得到充分的体现。

[6] 例如，根据《公民和政治权利公约》第 25 条、《欧洲人权公约》第 16 条、《美洲人权公约》第 23 条、《非洲人权宪章》第 13 条的规定，只有缔约国的 "公民" (citizens) 才能享有该条所载的选举权、被选举权和担任本国公职权。另据《经社文权利公约》第 2 条 3 款的规定，发展中国家缔约国在适当顾及人权及国民经济的情形下，可以决定保证非本国国民享受该公约所确认的经济权利的程度。

[7] "people" 一词还经常被译为 "民族"。关于该词的不同译法和含义，参见徐显明主编：《国际人权法》，法律出版社 2004 年版，第 415 页注 1 和第 420～422 页。

tion/people)、部落居民/民族（tribal population/people）、家庭、工会等一些群体、团体或组织有时也可以集体的名义受到国际保护。[1] 这些"集体"的权利往往与其成员的权利密切相关,[2] 其国际保护措施与个人权利的国际保护措施则有所不同。[3]

（二）受到国际保护的人权的内容

从现行有效的主要国际人权公约的规定来看，受到国际保护的人权的内容十分广泛，从权利主体的"名义"角度可大致分为"个人人权"（individual human rights）和"集体（或群体）人权"（collective or group human rights）两大类。其中，集体人权包括上文所述的某一群体、团体或组织以集体名义享有的权利，尤其是 1966 年两个国际人权公约第 1 条共同确认的"人民自决权"（right of peoples to self-determination）。[4] 个人人权既包括公民和政治权利公约确认的生命权、免受酷刑权、免受奴役权、人身自由与人身安全权、自由迁徙和择居权、公正审判权、法律人格权、隐私权、名誉权、良心和宗教或信仰自由权、持有主张与表达自由权、和平集会权、自由结社权、婚姻家庭权、选举和被选举权、担任本国公职权、法律地位平等和受法律平等保护权等公民和政治权利（civil and political rights），也包括经社文权利公约确认的工作权、享受公平与良好的工作条件权、休息权、组织与参加工会权、罢工权、享受社会保障（包括社会保险）权、享受适当生活水准权、免受饥饿权、健康权、受教育权、参加文化生活和享受科学进步及其利益权和科研与创作自由权等经济、社会和文化权利（economic, social and cultural rights）。[5] 以上个人权利"均为普遍、不可分割、相互依存、相互联系"，各国不论政治、经济和文化制度如何，都应予以充分的尊重、保护、促进和实现，国际社会也应在全球范围内给予这些权利以同等重要的对待

〔1〕 参见《公民权利和政治权利国际公约》第 23 条和《经济、社会、文化权利国际公约》第 8 条第 1 款乙、丙两项。

〔2〕 有学者认为："相对于个人人权而言，集体人权仅是一种手段性的权利。……强调集体人权意在保障个体人权，而且只有在保障个体人权的意义上，集体人权才具有合理性。"参见曲相霏："人权主体论"，载徐显明主编：《人权研究》第 1 卷，山东人民出版社 2001 年版，第 36～37 页。

〔3〕 例如，只有个人才能利用人权事务委员会的个人来文程序。

〔4〕 《非洲人权宪章》第 19～24 条对民族自权利作了更为系统和广泛的规定。关于人民/民族自决权含义的理解和讨论，参见徐显明主编：《国际人权法》，法律出版社 2004 年版，第 415 页注 1 和第 422～424 页。

〔5〕 两类个人权利之间的这种划分并不绝对。有学者认为，工会权、财产权、教育权和文化权等个人权利可能同时具有两类权利的特性，也可以被归入任一类别，参见 Asbjφrn Eide, Catarina Krause and Allan Rosas·ed., *Economic, Social and Cultural Rights: A Textbook*, Martinus Nijhoff Publishers, 2001, Second Revised Edition, pp. 4～5, 191～192, 252.

和保护。[1]

在上述个人权利和集体权利之外，包括"和平权"（right to peace）、"环境权"（right to environment）和"发展权"（right to development）在内的一些所谓的"第三代人权"（the third generation of human rights）[2] 得到了许多普遍性的国际决议、宣言和若干区域性人权公约的确认，[3] 但尚未得到任何一个普遍性国际人权公约的确认。关于这些"权利"的性质、主体、内容和实施方式，有关政府、组织和个人之间仍然存在广泛的分歧。

第四节　普遍性的人权国际保护机制

通过国际机制监督并保证各国履行其所承担的国际人权义务是现（当）代人权国际保护的基本方式。实践中，包括联合国在内的许多普遍性政府间国际组织和许多与人权有关的国际条约分别建立了监督和保证有关国家履行其国际人权义务的机构和程序，在此基础上形成了一套十分复杂的人权保护机制。这些机制下的有关机构的性质、组成、职能、权限、活动方式、工作程序和实际运作情况不尽相同，但都在不同程度上发挥了监督和保证有关国家履行其国际人权义务的积极作用。

一、根据《联合国宪章》建立的人权保护机制

《联合国宪章》规定人权问题的最初目的只是在于"增进"人权和基本自由的普遍尊重和遵行，但在多年的实践中，联合国已经在这些规定的基础上发展出一套以联合国主要机关和若干专门附属机构和其他机构为核心的人权"保护"机制，即通常所称的"以宪章为基础的机制"或"宪章机制"（Charter-based mechanisms）。

---

〔1〕　参见1966年两个国际人权公约的相同序言和《维也纳宣言和行动纲领》第一部分第5条。

〔2〕　根据最早由卡莱尔·瓦萨克（Karel Vasak）提出的"三代人权"的概念，第一代人权是个人的公民和政治权利，第二代人权是个人的经济、社会和文化权利，第三代权利有时被称为"连带/团结权"（solidarity rights）或集体权利。关于对"三代人权"说法的批评和质疑，参见 Asbjфrn Eide, Catarina Krause and Allan Rosas ed., *Economic, Social and Cultural Rights: A Textbook*, Second Revised Edition, Martinus Nijhoff Publishers, 2001, pp. 4, 119~120, 252.

〔3〕　参见1972年《人类环境宣言》第1项、1978年《为各社会共享和平生活做好准备的宣言》第一部分第1条、1979年《关于发展权的决议》序言和第8项、1984年《人民享有和平权利宣言》第1项、1986年《发展权宣言》第1条、1993年《维也纳宣言和行动纲领》第一部分第10段、《非洲人权宪章》第22~24条和1988年《美洲人权公约附加议定书》第12条。

（一）联合国主要机关的人权保护职能

联合国的主要机关尽管不是专门的人权促进或保护机关，[1] 但实际上都拥有某些促进或保护人权的职能，并且在人权的促进和保护方面发挥了不同程度的作用。

1. 联合国大会（联大）。根据《联合国宪章》的规定，联合国大会有权为促进全体人类人权及基本自由的实现而发动研究并提出建议，并有权设立行使职务所必要的辅助机关。[2] 实践中，联合国大会连同其六个主要委员会（特别是第三委员会，即社会、人道和文化委员会）对许多一般性的和涉及某一国家的具体性的人权问题进行了审议并提出了建议，通过了包括《世界人权宣言》和联合国核心人权公约在内的大量国际人权文件，设立了许多促进人权的方案、基金、研究与培训机构和包括联合国人权事务高级专员办事处（另一中文译名为"联合国人权事务高级专员办公室"，简称人权高专办）在内的其他一些实体，以及拥有人权促进和保护职能的常设性的人权理事会和若干临时性的附属机构，还与托管理事会一起促成了非战略性托管领土居民的自治和独立。[3]

2. 经济暨社会理事会（经社理事会）。经社理事会是《联合国宪章》规定的负责增进人权的主要机关。根据《联合国宪章》的规定，经社理事会有权为增进全体人类人权和基本自由的尊重和维护而提出建议，并有权设立以提倡人权为目的的委员会，还有权对与人权有关的经济、社会、教育、文化、卫生和其他有关事项进行研究、作出报告和提出建议，并在这些问题上与联合国其他机关、专门性国际组织和非政府组织建立联系。[4] 实践中，经社理事会讨论了一系列与人权有关的问题，设立了十个与人权有关的职司委员会，[5] 建立了审议个人关于大规模严重侵犯人权的指控的"1503 号程序"，并时常设立由联合国会员国代表、会员国政府任命的专家或以个人身份行事的专家组成的临时委员会。1978年~1985 年，经社理事会还曾一度履行过审议经社文权利公约缔约国提交的履

---

〔1〕 联合国人权事务高级专员办事处的官方网站并未将联合国主要机关列为根据《联合国宪章》建立的人权机构，而是把它们称为涉及人权促进和保护的其他联合国机构。

〔2〕 参见《联合国宪章》第 10~15、22 条。

〔3〕 托管理事会是《联合国宪章》间接赋予一定增进人权职能的联合国主要机关。根据《联合国宪章》第76、85、87~88 条的规定，托管理事会负责协助联合国大会履行促进非战略地区托管领土居民的人权和基本自由的尊重及其逐渐实现自治或独立的职能。由于所有托管领土均已取得自治或独立，托管理事会于 1994 年11 月1 日停止运作，其与人权有关的职能事实上已告终止。

〔4〕 参见《联合国宪章》第 62~64、68、71 条。

〔5〕 其中，人权委员会、妇女地位委员会、预防犯罪和刑事司法委员会与人权保护的关系最为直接和密切。

约报告的职能。[1]

3. 安全理事会（安理会）。安理会作为主要负责维持国际和平与安全的联合国机关，并没有任何明确的保护人权的职权。尽管如此，由于在对国际和平与安全的威胁和破坏与对人权的系统性的、大规模的严重侵犯之间具有直接而紧密的联系，实践中安理会维持国际和平与安全的行动也日益体现出强烈的"人权"色彩。不论是针对南罗德西亚（津巴布韦的旧称）、南非、伊拉克、索马里、海地、前南斯拉夫、东帝汶、塞拉利昂、阿富汗等国采取的执行行动，还是在柬埔寨、圣萨尔瓦多、危地马拉、海地、塞黑、科索沃、东帝汶和塞拉利昂等国实施的维和行动，不论是决定建立前南斯拉夫国际刑事法庭、卢旺达国际刑事法庭和塞拉利昂特别法庭，还是决定采取打击恐怖主义的措施，安理会的这些行动即使极少使用"人权"的措辞，但实际上都在很大程度上服务于保护人权的目的，尽管这种目的的实现效果并非总是十分理想。[2]

4. 国际法院。作为联合国的主要司法机关，国际法院与安理会一样，同样未被《联合国宪章》明确赋予人权保护的职权。不过，通过审议争端当事国共同同意提交的诉讼案件或者应联合国机关或专门机构的请求就有关法律问题发表咨询意见，国际法院可以对与人权有关的国际条约作出解释，并对与人权有关的国家行为的合法性作出权威性的判断，从而在事实上为人权的促进和保护作出贡献。[3]

5. 秘书处。作为联合国的行政机关，秘书处尽管也没有被《联合国宪章》明确赋予促进或保护人权的职能，但与联合国其他机关的职能都有不同程度的联系。[4] 实践中，秘书处在人权促进和保护方面主要发挥协调和服务的作用。20世纪末期联合国机构全面改革之际，人权被重新界定为一个交叉性的问题，并被纳入人道主义事务、和平与安全、发展以及经济和社会事务这四个执行委员会的工作领域。此外，1993年联合国大会决议设立的人权高专办虽然形式上是秘书处的一部分，但拥有极为广泛而重要的促进和保护人权的职能。

---

[1] 经社理事会审议经社文权利公约缔约国履约报告的职能规定在公约第四部分当中。为履行该职能，经社理事会于1978年决定设立公约执行情况政府专家会期情况工作组，该工作组后为1985年决定设立的经济、社会和文化权利委员会所取代。

[2] See Manfred Nowak, *Introduction to the International Human Rights Regime*, Martinus Nijhoff Publishers, 2003, pp. 130 ~ 131, 307 ~ 337; Julie A. Mertus, *The United Nations and Human Rights*, Routledge, 2005, pp. 115 ~ 141.

[3] 关于国际法院在促进人权法的发展方面发挥的作用，参见 Shiv Bedi, *The Development of Human Rights Law by the Judges of International Court of Justice*, Hart Publishing, 2007.

[4] 参见《联合国宪章》第98 ~ 99条。

（二）联合国专门人权机构的人权保护职能

如前所述，联合国大会和经社理事会都设立了专门负责促进和保护人权的附属机构和其他机构，即通常所称的"以宪章为基础的机构"或"宪章机构"（Charter-based bodies or Charter bodies）。这些机构的建立在形式上都以《联合国宪章》的有关规定为根据，但其中的一些机构的职权和实际工作已经在这些规定的基础上取得了重大的发展。

1. 人权委员会（Commission on Human Rights，简称 CHR）。人权委员会是经社理事会于 1946 年设立的第一个专门负责处理人权问题的职司委员会，也是联合国在其成立后 60 年内设立的最重要的政府间人权机构。[1] 委员会成立后的前 20 年间只拥有促进人权的职能，其工作主要是拟订人权标准和提供咨询服务。但在反对南非的种族隔离制度和非殖民化的背景下，根据经社理事会于 1967 年 6 月 6 日通过的第 1235（XLII）号决议和 1970 年 5 月 27 日通过的第 1503（XLVI-II）号决议，委员会先后被授权对世界各国发生的持续性或系统性的严重侵犯人权的一般情势（general situations of a consistent or systematic pattern of gross violations of human rights）进行公开的和秘密的审议和研究。[2] 为便于自身职能的履行，委员会在 1947 年设立了一个由 12 位（后来增至 26 位）以个人身份行事的独立专家组成的防止歧视与保护少数者小组委员会（1999 年更名为促进和保护人权小组委员会），作为自己的主要附属机构。该小组委员会设有来文、当代形式的奴役、土著人口、少数者、跨国公司和执法等六个工作组，协助人权委员会开展研究、评估国别情势、起草标准并向人权委员会提出建议。此外，自 20 世纪 60 年代末以来，人权委员会先后建立了一系列的国别机制（country-specific mechanisms），由委员会任命的国别工作组（working groups）、独立专家（independent experts）或特别报告员（special repporteurs）对某一特定国家的人权情势进行调查，或者开展技术合作或提供咨询服务。与此同时，委员会还先后建立了一系列的主题机制（thematic mechanisms），由委员会任命的主题工作组、特别报告员、特别代表或其他专家负责处理世界各国存在的某一特别严重的具体人权问题，包括在紧急情况下对个案的解决进行干预，以及查明世界范围内的某一具体

---

〔1〕委员会由经社理事会选任的一定数量的联合国会员国组成，成员国代表以政府代表的身份行事。

〔2〕See *Economic and Social Council Resolution* 1235（XLII），42 U. N. ESCOR Supp.（No. 1）at 17, U. N. Doc. E/4393（1967），paras. 2 ~ 3；*Economic and Social Council Resolution* 1503（XLVIII），48 U. N. ESCOR（No. 1A）at 8, U. N. Doc. E/4832/Add. 1（1970），paras. 5 ~ 8. 经社理事会 2000 年 7 月 16 日通过的第 2000/3 号决议扩充了人权委员会根据第 1503（XLVIII）号决议拥有的职能，并在第 1503（XLVIII）号决议规定的秘密程序和第 1235（XLII）号决议规定的公开程序之间建立了联系。参见 *Resolutions* 2000/3, adopted by the Economic and Social Council at its resumed organizational session for 2000.

人权问题的严重程度和根本原因，并就防止人权侵犯行为或减轻其程度的途径和方法提出建议。[1] 人权委员会在其存在的 60 年间，促成了人权国际标准的确立和人权国际保护框架的建立，同时也为人权标准在全球范围内的接受和执行作出了重要贡献，但其工作中浓厚的政治因素也一直饱受批评。2006 年 3 月 24 日，人权委员会决定终止工作，其部分职能和机制被转移给新成立的人权理事会。[2]

2. 妇女地位委员会（Commission on the Status of Women，简称 CSW）。妇女地位委员会是经社理事会于 1946 年设立的专门负责促进妇女权利和平等的职司委员会，也是联合国专门处理妇女权利问题的主要政治机构。委员会由经社理事会选任的一定数量的联合国会员国组成，[3] 其最初的职能是就促进妇女在政治、经济、社会、教育领域内的权利问题向经社理事会提出建议和报告，并就需要立即关注的紧急的妇女权利问题向该理事会提出建议。20 世纪 80 年代末以来，委员会的职能范围不断扩大，目前其职能包括促进平等、发展与和平等目标的实现；监督促进妇女进步的措施的执行；审议和评价国内、次区域、区域和全球范围内的进展情况；开展第四届世界妇女大会的后续行动并定期审议《北京宣言和行动纲领》关注的重要领域；促进联合国行动中的社会性别视角的主流化；鉴别影响男女平等的新的问题、趋势和解决问题的方法。实践中，通过拟订关于妇女权利的国际标准、筹备有关国际会议和监督有关政策和计划的执行，委员会在提高国际社会对妇女权利的承认以及促进妇女权利和男女平等的实现方面发挥了十分重要的作用。[4]

3. 人权理事会（Human Rights Council，HRC）。人权理事会是联合国大会于 2006 年 3 月 15 日决定设立的一个附属机关。理事会由大会选举的 47 个联合国会员国组成，负责增进对不加任何区别并以公正和平等的方式保护所有人的一切人权和基本自由的普遍尊重。理事会的工作遵循普遍、公正、客观、无选择、建设性国际对话和合作的原则。[5] 其具体职能包括：对侵犯人权的情势，包括系统性地严重侵犯人权的情势，进行处理并提出建议；促进联合国系统内人权的有效协调和主流化；在与有关缔约国协商并取得其同意的情况下，促进人权教育和学习、咨询服务、技术援助和能力建设；作为所有人权专题的对话论坛；向联合国

---

〔1〕 关于人权委员会建立的国别机制和主题机制的具体情况，详见 http：//www2. ohchr. org/english/bodies/chr/special/visits. htm.

〔2〕 See Commission on Human Rights, *Procedural Resolution on the Closure of the Work of the Commission*, E/CN. 4/2006/L. 2, 24 March 2006.

〔3〕 妇女地位委员会最初有 15 个成员国，目前已有 45 个成员国。

〔4〕 关于妇女地位委员会的全面说明，参见 http：//www. un. org/womenwatch/daw/csw/.

〔5〕 See *United Nations General Assembly Resolution 60/251*, A/RES/60/251, 3 April 2006, paras. 4, 5（e）（f）, 12.

大会提出关于人权领域国际法进一步发展的建议；促进各国所承担的人权义务的充分实施；开展实现联合国会议和首脑会议确定的促进和保护人权的目标和承诺的后续行动；定期普遍审查各国履行其人权义务和承诺的情况；以对话和合作的方式协助预防侵犯人权行为的发生并对紧急的人权情势作出迅速反应；承担人权委员会与人权高专办有关的作用和责任；在人权领域与各国政府、区域组织、国家人权机构和市民社会进行密切合作；提出关于促进和保护人权的建议。[1]　根据联合国大会第 60/251 号决议的规定，人权理事会于 2006 年 6 月 19～30 日召开了第一届会议。2007 年 6 月 18 日，理事会通过了第 5/1 号决议，对定期普遍审查机制、特别程序、人权理事会咨询委员会、控诉程序、工作的原则、议程、框架程序和方法以及程序规则等问题分别作了规定。[2]　同年 9 月 21 日，理事会通过了定期普遍审查机制第一个四年周期的工作日程，并确定了 2008 年的审议次序。人权理事会的建立表明，国际社会已经把人权与发展、和平和安全一起作为"联合国系统的支柱和集体安全与福祉的基础"。[3]

4. 联合国人权高专办（The Office of the United Nations High Commissioner for Human Rights，简称 OHCHR）。联合国人权高专办是联合国大会于 1993 年 12 月 20 日决定设立的负责全面协调整个联合国系统内的人权事务的机构。办事处由一名地位相当于联合国副秘书长的人权事务高级专员（简称人权高专）主管。人权高专是在秘书长指导和授权之下对联合国人权行动负主要责任的联合国官员，其具体职责主要包括：促进并保护所有人切实享有一切公民、文化、经济、政治和社会权利，包括发展权，并为此目的执行联合国系统内人权领域的主管机构委托的任务；应有关国家或区域人权机构的请求，提供咨询服务以及技术和资金援助，以支持人权领域内的行动和计划；协调联合国在人权领域内的相关教育和公共信息计划；积极消除充分实现一切人权所面临的障碍，防止世界范围内人权侵犯行为的持续发生；与各国政府进行对话，以确保对一切人权的尊重；加强为促进和保护一切人权的国际合作；协调整个联合国系统内促进和保护人权的行动；促使联合国人权机制更加合理、适合、有力和顺畅，以增强其效率和效力。[4]　实践中，人权高专办在人权高专的领导之下，与各国政府、立法机关、法院、国家人权机构、区域性的和普遍性的政府间国际组织、联合国系统内的人

---

〔1〕　See *United Nations General Assembly Resolution 60/251*, A/RES/60/251, 3 April 2006, paras. 2, 3, 5.

〔2〕　See *Human Rights Council Resolution 5/1: Institution-building of the United Nations Human Rights Council*, 18 June 2007.

〔3〕　See *United Nations General Assembly Resolution 60/251*, A/RES/60/251, 3 April 2006, preface, para. 6.

〔4〕　See General Assembly, *High Commissioner for the Promotion and Protection of All Human Rights*, A/RES/48/141, 20 December 1993, para. 5.

权机构紧密合作，在国际、区域、国家和地方各个领域极大地发展和加强了依国际标准保护人权的能力。

二、根据联合国人权公约建立的人权监督机制

在现有的 9 个联合国核心人权公约中，除经社文权利公约之外的 8 个公约都明确规定了监督缔约国履行公约义务的机构，即人权事务委员会、消除对妇女歧视委员会、儿童权利委员会、禁止酷刑委员会、消除种族歧视委员会、保护所有移徙工人及其家庭成员权利委员会（简称"移徙工人权利委员会"）、残疾人权利委员会和强迫失踪问题委员会。经社文权利公约本身尽管没有关于监督机构的规定，但经社理事会于 1985 年决定设立的经济、社会和文化权利委员会实际上发挥了该公约监督机构的作用。这些通常所称的"以条约为基础的机构"或"条约机构"（treaty-based bodies or treaty bodies）由数量不等的以个人身份行事的独立专家组成，分别根据有关人权公约和议定书所规定的职能和方式开展工作。在这些人权公约和议定书规定的基础上，形成了包括审议缔约国履约报告、处理国家控诉、审议个人来文、调查和定期查访在内的多种人权监督机制，[1]这些机制通常被称为"以条约为基础的机制"或"条约机制"（treaty-based machinery/mechanisms）。[2]

（一）报告机制（reporting mechanism）

报告机制是有关国际组织和主要国际人权公约广泛采用的一种基础性的监督机制，也是联合国各核心人权公约和有关议定书共同规定的唯一强制性的监督机制。[3] 在这一机制之下，各核心人权公约和有关议定书的缔约国应在公约或议定书对本国生效后的 1~2 年内向有关条约机构提交首次报告，此后应在每 2~5 年内向这些机构提交定期报告，或者按照这些机构要求的时间提交报告，全面说明本国在遵行依公约或议定书所承担的义务方面所采取的措施、取得的进展和面临的问题。各条约机构一般通过与缔约国代表进行"建设性对话"（constructive

---

〔1〕 除上述 5 种主要的监督机制外，免遭强迫失踪公约第 30 条还对查找和保护失踪者的紧急行动问题作了规定。

〔2〕 在联合国人权公约之外，与人权有关的其他许多国际条约也建立了监督和保证有关国家尊重、保护和促进人权实现的国际机制。例如，国际劳工组织建立了普遍适用于其通过的所有劳工公约的报告制度、特别适用于结社自由领域的个人控诉制度和国家控诉（实况调查与和解）制度，联合国教科文组织规定了国家报告程序和控诉程序，《国际刑事法院规约》也建立了审判被指控犯有种族隔离、反人道和战争等国际关注的最严重罪行的个人的常设国际刑事司法机制。

〔3〕 除联合国核心人权公约外，1973 年《禁止并惩治种族隔离罪行国际公约》第 9 条规定设立由兼任该公约缔约国代表的 3 名人权委员会委员组成的小组，负责审议缔约国提交的履约报告。该小组已于南非种族隔离制度结束后停止工作。

dialogue）的方式公开审议缔约国的报告，并在此基础上针对缔约国报告发表没有法律约束力的结论性意见（concluding observations/comments），在肯定缔约国为履行条约义务所采取的措施和取得的进展的同时，对缔约国履行义务方面存在的问题表示关切，并就缔约国应当进一步采取的行动提出意见和建议。条约机构的结论性意见被纳入各机构的届会报告或年度报告，并通过为各机构提供服务的人权高专办和妇女促进处的官方网站以及联合国官方文件集等方式向公众发布。各条约机构还要求缔约国在国内公布其结论性意见，并采取后续行动执行其提出的建议。为了帮助缔约国更好地履行报告义务，各条约机构都先后拟订了报告指南，[1] 并发表了关于解释条约相关条款的含义的一般性意见或建议（general comments/recommendations）。[2] 从已经生效的核心人权公约的报告机制的实际运行情况来看，这些公约的大部分缔约国都已向该公约设立的监督机构至少提交了一份履约报告，但仍有一些国家没有提交任何报告，还有很多国家没有及时提交报告。由于各条约机构的成员数量和工作时间有限，缔约国提交的许多报告未能得到及时的审议。

（二）国家控诉机制（inter-state complaint mechanism）

《公民和政治权利公约》第41、42条、《禁止酷刑公约》第21条和《移徙工人权利公约》第76条分别规定了缔约国通过条约机构互相监督彼此履行条约义务的任择性斡旋与和解机制。据此，公约缔约国可随时发表声明，承认依公约成立的监督机构有权接受并审议一缔约国指称另一缔约国不履行公约义务的来文。在发表同样声明的缔约国之间，如果一国认为他国未实施公约的有关条款，可在一定条件下将这一事件提交本公约的监督机构。在查明用尽可以采用的国内救济办法之后，该监督机构或和其指派的专设和解委员会可就此进行斡旋。相比之下，消除种族歧视公约第11～13条规定的类似机制具有强制性质，[3] 而免遭强迫失踪公约第32条的相关规定则十分简单。[4] 此外，根据公民和政治权利公约第二任择议定书第4条的规定，除非公约缔约国在批准或加入该议定书时作出相反声明，否则其根据公约第41条发表的接受人权事务委员会斡旋与和解权限的声明将自动扩大适用于该议定书的各项规定。

---

〔1〕　See *Compilation of Guidelines on the Form and Content of Reports to be Submitted by States Parties to the International Human Rights Treaties*，HRI/GEN/2/Rev. 2，7 May 2004.

〔2〕　See *Compilation of General Comments and General Recommendations Adopted by Human Rights Treaty Bodies*（《各人权条约机构通过的一般性意见和一般性建议汇编》），*HRI/GEN/1/Rev. 7*，12 May 2004.

〔3〕　消除种族歧视公约的缔约国可自动援引该公约规定的斡旋与和解程序，而无需事先声明承认消除种族歧视委员会的相关权限。

〔4〕　该条只是规定缔约国可随时声明承认强迫失踪问题委员会有权接受和审议一缔约国声称另一缔约国未履行该公约义务的来文。

除公民和政治权利公约和经社文权利公约之外，各主要的普遍性国际人权公约几乎均含有仲裁和司法解决条款。据此，某一人权公约的缔约国在一定条件下可以或应当将彼此之间因该公约的解释、适用或执行而引起的争端交付仲裁或提交国际法院审理和裁决。以上两种国家控诉机制具有较大的敏感性，在实践中尚未被任何一个国家援引。

（三）个人来文/控诉机制（individual communications/complaints mechanism）

《公民和政治权利公约》第一任择议定书、消除种族歧视公约第14条、《禁止酷刑公约》第22条、《消除对妇女歧视公约》任择议定书、《移徙工人权利公约》第77条、《残疾人权利公约任择议定书》和《免遭强迫失踪公约》第31条分别规定了有关个人通过条约机构维护自身权利、促使国家（特别是本国）履行国际人权义务的任择性个人来文机制。[1] 根据这些议定书或公约条款的规定，一国可以通过成为有关议定书的缔约国，或者按照有关公约的规定发表声明，承认一条约机构有权接受并审查该国管辖下的声称为该国侵害公约所载任何权利的受害者的个人来文。在此基础上，在该国管辖之下并声称其依公约享有的任何权利遭受该国侵害的个人，在用尽所有可以运用的国内补救办法后，可以向该条约机构提出书面申请。条约机构在认为来文符合接受条件的情况下，[2] 可以参照来文者和被指控缔约国提出的一切书面材料，对来文进行不公开的审理，并在审理结束后对来文者和被指控国提出意见。为避免对声称被侵权的受害者造成可能无法弥补的损害，《消除对妇女歧视公约任择议定书》第5条、《残疾人权利公约任择议定书》第4条和《免遭强迫失踪公约》第31条第4款授权各自设立的委员会在收到来文后并在确定是非曲直之前，可随时要求被指控国紧急考虑采取必要的临时措施。此外，为保证个人能充分行使其来文权利，《消除对妇女歧视公约任择议定书》第11条还明确要求缔约国采取一切适当步骤，确保在其管辖下的个人不会因为根据该议定书同委员会通信而受到虐待或恐吓。实践中，《公民和政治权利公约第一任择议定书》规定的个人来文机制得到了最为广泛的运用。消除种族歧视委员会、禁止酷刑委员会和消除对妇女歧视委员会都已接受并

---

〔1〕《公民和政治权利公约第二任择议定书》第5条规定，除非公约第一任择议定书的缔约国在批准或加入该议定书时作出相反声明，否则人权事务委员会接受和审议个人来文的权限将自动扩大适用于该议定书的规定。

〔2〕条约机构接受并审议个人来文的条件一般包括：被指控的国家已接受该机构受理个人来文的权限；来文者（在指控事实发生时）在被指控国的管辖之下；来文者的指控涉及该机构负责权限内的公约或议定书确认的任何一项权利；来文指控的同一事件不在另一国际调查或解决程序的审查之下；来文者已在被指控国用尽所有可以运用的国内补救办法；来文应当署名；来文者没有滥用来文权。此外，《消除对妇女歧视公约任择议定书》第4条第1款 c 项和《残疾人权利公约任择议定书》第5条第2款还要求来文不得明显没有根据或证据不足。

审议了数量不等的个人来文。

（四）调查机制（investigation mechanism）

《禁止酷刑公约》第 20 条和第 28 条、《消除对妇女歧视公约任择议定书》第 8 ~ 10 条和《残疾人权利公约任择议定书》第 6 ~ 8 条分别规定了由条约机构对缔约国履行公约义务的情况主动进行监督的任择性调查机制。根据禁止酷刑公约的有关规定，除非一国在批准或加入该公约时发表了不承认禁止酷刑委员会调查职权的声明，否则委员会在收到似乎能充分证明在一缔约国境内存在系统性地施行酷刑的可靠情报后，可以指派一名或多名委员展开秘密调查，包括在该缔约国同意的情况下对其领土进行访问，委员会在对调查结果进行审查的基础上可就有关情势提出适当意见或建议。消除对妇女歧视公约任择议定书和残疾人权利公约任择议定书规定的调查机制分别适用于可能存在的某一缔约国严重或系统地侵犯公约所规定权利的情况，且都含有要求有关缔约国对调查采取后续行动的内容。相比之下，《免遭强迫失踪公约》第 33 条关于调查的规定比较简单，但似乎含有某种强制的因素。实践中，禁止酷刑委员会和消除对妇女歧视委员会都已对若干国家启动了调查机制。

（五）定期查访机制（periodic visit mechanism）

为了防范酷刑和其他残忍、不人道或有辱人格的待遇或处罚，禁止酷刑公约任择议定书决定建立一个由独立国际机构和国家机构对存在被剥夺自由者的地点进行定期查访的制度。该制度由两部分内容组成，其一是由国际性的禁止酷刑委员会防范酷刑和其他残忍、不人道或有辱人格的待遇或处罚小组委员会（简称防范小组委员会）进行的查访，其二是由缔约国国内设立、指定或保持的一个或多个防范酷刑和其他残忍、不人道或有辱人格的待遇或处罚的查访机构（简称国家防范机制）进行的查访。其中，防范小组委员会的具体职权主要包括：查访存在被剥夺自由者的地点，并就保护被剥夺自由者免受酷刑和其他残忍、不人道或有辱人格的待遇或处罚向缔约国提出建议；就国家防范机制的设立、能力建设和工作提供咨询、协助、训练和技术援助，并与之保持直接联系（包括必要时的秘密联系）；在一般范围内防范酷刑，并为此目的与有关的联合国机关和机制以及国际、区域和国家机构或组织合作。[1] 缔约国有义务与防范小组委员会合作，尤其是应为其进入查访地点、获取有关信息、询问有关人员、联系国家防范机制提供便利和保证，研究防范小组委员会的建议并就可能的执行措施与防范小组委员会进行对话。[2] 在缔约国拒绝合作或拒绝接受防范小组委员会建议的情况下，

---

[1] 参见《禁止酷刑公约任择议定书》第 11 条。

[2] 参见《禁止酷刑公约任择议定书》第 12、14 条。

禁止酷刑委员会可以应防范小组委员会要求，在给该缔约国提供机会表示自己的意见后，以委员的过半数票决定就该事项发表公开声明或公布防范小组委员会的报告。[1]

第五节　区域性的人权国际保护机制

在普遍性人权国际保护机制逐渐形成与发展的过程中，欧洲、美洲和非洲的人权保护机制也先后得以建立并运行，对各自区域内人权的尊重、保护和实现发挥了积极而重要的促进、监督和保障作用。与此同时，有关方面也为建立亚洲和环太平洋地区的人权保护机制进行了一些有益的尝试。

一、欧洲人权保护机制

欧洲人权保护机制主要由欧洲理事会、欧洲联盟和欧洲安全与合作组织等三个区域性国际组织之下的人权保护机制构成，是最先建立、最为复杂和最为有效的区域人权保护机制。

（一）欧洲理事会之下的人权保护机制

1949 年成立的欧洲理事会将维护和促进人权和基本自由的实现明确规定为自己的一个目标和会员国应当遵守的一项原则，并将为促进理事会目标的实现而采取行动的权利赋予了部长委员会。[2] 理事会于 1950 年通过的欧洲人权公约规定了由欧洲人权委员会和欧洲人权法院组成的监督机构及其职权和工作程序。为适应迅速而有效地处理不断增加的个人申诉的需要，1998 年 11 月 1 日生效的欧洲人权公约第 11 号议定书取消了欧洲人权委员会，改由单一的欧洲人权法院负责受理一缔约国对另一缔约国提出的指控和有关个人、非政府组织或私人团体对某一缔约国提出的申诉，促进有关问题在当事各方之间的友好解决，或者在不能实现友好解决的情况下对案件进行公开审理并作出有终局效力的判决。该单一法院还可以应部长委员会的请求就与该公约及其议定书的解释和适用相关的法律问题发表咨询意见。[3]

在欧洲人权公约之外，欧洲理事会成员国于 1961 年缔结的《欧洲社会宪章》

---

〔1〕　参见《禁止酷刑公约任择议定书》第 16 条 4 款。

〔2〕　参见《欧洲理事会规约》第 1 条第 2 款、第 3 条和第 15 条。

〔3〕　参见经第 11 号及第 1、4、6、7 号议定书修订的《欧洲人权公约》第 19～51 条关于欧洲人权法院所作的全面规定。欧洲人权法院的判决可见于 http://www.hudoc.echr.coe.int/。

规定了颇为复杂的报告机制。[1]　为了促进该宪章保障的社会、经济和文化权利的有效实施，加强国际和国内雇主组织、工会和其他非政府组织在这方面的作用，该宪章1995年的附加议定书设立了由这些组织启动的集体申诉机制。[2]1996年修正后的《欧洲社会宪章》不仅对上述两种机制予以确认和加强，而且扩大了这些机制保护的权利的范围。[3]

此外，1987年《防止酷刑、不人道或有辱人格的待遇或处罚的欧洲公约》建立了预防性的查访机制，1992年《欧洲区域或少数民族语言宪章》和1995年《欧洲保护少数民族框架公约》建立了缔约国的报告机制，欧洲理事会成员国缔结的其他一些与人权有关的公约也建立了各自的监督机制。

（二）欧洲联盟之下的人权保护机制

20世纪50年代旨在建立欧洲经济组织的《巴黎条约》和《罗马条约》都没有明确规定人权问题，直到1992年《欧洲联盟条约》（《马斯特里赫特条约》）才将尊重欧洲人权公约所保证并源于各成员国宪法传统的基本权利规定为欧洲联盟（欧盟）的一般原则。[4]1997年修正《欧洲联盟条约》的《阿姆斯特丹条约》将尊重人权和基本自由原则与自由、民主、法治等原则一起列为欧盟的建立基础和非成员国申请加入欧盟的条件，[5]并授权欧洲理事会（European Council）暂停严重并持续违反这些原则的成员国因适用《欧洲联盟条约》而享有的某些权利。[6]2001年修正《欧洲联盟条约》的《尼斯条约》将欧洲理事会的上述权力修改为对存在严重违反这些原则的明确危险的会员国提出建议。[7]2007年修正《欧洲联盟条约》和《欧洲共同体条约》的《欧洲联盟职能条约》（《里斯本条约》）进一步将尊重人权与尊重人的尊严、自由、民主、平等和法治并列为欧盟的基础价值，将促进这些价值的实现作为欧盟的目的之一，将采取任何适当措施保证履行依《欧洲联盟条约》、该条约和联盟机构制定的法案所承担的义务规定为成员国的义务，宣布承认2000年通过并于2007年12月12日修改的《欧盟基本权利宪章》宣布的权利、自由和原则，决定以欧盟的身份参加欧洲人权公约

---

〔1〕　参见《欧洲社会宪章》第21～29条。

〔2〕　See *Additional Protocol to the European Social Charter Providing for a System of Collective Complaints*, Strasbourg, 9. XI. 1995.

〔3〕　See Parts I, II and IV, *European Social Charter* (revised), Strasbourg, 3. V. 1996.

〔4〕　参见《欧洲联盟条约》第1编第6条。

〔5〕　这些原则在《欧洲联盟条约》的序言中被宣布为发起国的信念。

〔6〕　参见《阿姆斯特丹条约》第1编第9条第3款。作为欧盟主要机关之一的欧洲理事会（European Council）主要由欧盟成员国的国家元首或政府首脑组成，不同于作为欧洲第一个区域性国际组织的欧洲理事会（Council of Europe）。

〔7〕　参见《尼斯条约》第1编第1条第1款。

并以该公约和成员国共同宪法传统所确认的基本权利作为联盟法律的基本原则。[1] 与此同时，该条约明确并加强了欧洲议会、欧洲理事会、（部长）理事会、欧洲委员会和欧盟法院等欧盟主要机构在保证实现欧盟价值、目的、利益及其公民和成员国的利益方面的职权。据此，除欧洲议会享有一般性的立法、财政、政治控制和协商权以及部长理事会享有一般性的立法、财政、决策和协调权之外，部长理事会还有权保证《欧洲联盟条约》、该条约和联盟机构依这两项条约所采取措施的适用，并有权监督欧盟法的适用；欧盟法院则有权通过解释和适用《欧洲联盟条约》和该条约的方式来保证法律得到遵守，包括有权对成员国、联盟机构和自然人或法人提起的诉讼或《欧洲联盟条约》和该条约规定的其他案件作出裁决，并有权应成员国法院或法庭的请求，就欧盟法的解释或欧盟机构通过的法令的效力作出初步裁决。[2]《欧洲联盟职能条约》不仅极大地拓宽了欧盟尊重、促进和保护人权的范围，加强了欧盟的相关机制，而且与欧洲人权公约及其机制建立了密切的联系，对于欧洲乃至世界其他地区的人权尊重、促进、保护和实现都将产生重大影响。

（三）欧洲安全与合作组织之下的人权保护机制

欧洲安全与合作组织（欧安组织）的前身是始于1975年赫尔辛基会议的一系列欧洲安全与合作会议。[3] 那些会议曾通过了若干与人权有关的文件，并建立了包括自由选举办公室（1990年）（1992年改名为民主机构与人权办公室）、少数民族事务高级专员（1992年）、专家和报告员使团以及国家控诉程序（1989年和1991年）在内的监督机构和程序。1995年1月1日改组成立的欧安组织建立了自己的常设机构，设立了媒体自由代表，并在一些危机地区部署了长期使团。1999年伊斯坦布尔首脑会议通过的《欧洲安全宪章》将尊重人权作为实现地区和平与安全的一个保障条件，使之成为欧安组织全面安全概念的一个组成部分，极大地淡化了早期人权原则和行动中的政治因素和冷战色彩。[4]

二、美洲人权保护机制

美洲人权保护机制主要由《美洲国家组织宪章》和《美洲人权公约》之下的两类人权保护机制组成，是在欧洲人权保护机制之外较早建立且较为发达的另

---

[1] 参见《欧洲联盟职能条约》第1条第3款、第4款第1项、第8款第1～3项。

[2] 参见《欧洲联盟职能条约》第1条第15～20款。

[3] 该组织的成员除欧洲国家外，还包括部分美洲国家和中亚国家，因此并不是严格意义上的"欧洲"区域组织。

[4] See Manfred Nowak, *Introduction to the International Human Rights Regime*, Martinus Nijhoff Publishers, 2003, pp. 215～231.

一区域性的人权保护机制。与欧洲人权保护机制相比，美洲人权保护机制建立和运行的背景更为复杂，面临的任务也更为艰巨，机制本身也有待进一步完善。[1]

（一）《美洲国家组织宪章》之下的人权保护机制

1948 年通过的《美洲国家组织宪章》第 5 条将"个人的基本权利"宣示为美洲国家组织的原则之一，同时通过的《美洲人的权利和义务宣言》（简称美洲人权宣言）对该宪章宣示的"个人的基本权利"作了权威性的解释。1959 年的外长协商会议决定设立美洲国家间人权委员会（简称美洲人权委员会），负责促进对这些权利的尊重。1967 年通过的《布伊诺斯艾利斯议定书》使该委员会成为美洲国家组织负责促进对人权的尊重和保护的一个主要机关。根据 1979 年通过的新的委员会规约的规定，委员会有权向美洲国家组织的所有成员国就采取有利于人权的渐进措施和促进尊重人权的措施提供建议，进行必要的研究并拟订报告，要求成员国政府提交关于其在人权方面采取的措施的报告，回答成员国就人权事项提出的询问并在可能的情况下向其提供咨询服务，经有关成员国同意或应其邀请对该国进行现场观察。对于不属于《美洲人权公约》缔约国的成员国，委员会还有权特别关注其保障美洲人权宣言所宣示权利的情况，审议其提交的来文和任何其他可以获得的信息，并在适当情况下向其提出更有效地保护基本人权的建议。对于属于《美洲人权公约》缔约国的成员国，委员会则可以根据该公约的有关规定履行自己的监督职能。[2] 此外，根据《美洲人权公约》的规定，美洲国家间人权法院（简称美洲人权法院）同样拥有监督美洲国家组织成员国对人权的尊重和保护的职责。

（二）《美洲人权公约》之下的人权保护机制

作为美洲地区最重要的国际人权公约，《美洲人权公约》将美洲人权委员会和美洲人权法院作为促进、监督和保证缔约国履行公约义务的主管机关。其中，美洲人权委员会除了履行上文所述的适用于美洲国家组织所有成员国的职能外，还有权接受并审查有关个人或非政府组织提交的谴责或控诉某一缔约国违反公约的请愿，接受并审查声明承认委员会权限的一缔约国提出的关于另一发表此类声明的缔约国侵犯公约所载人权的来文，向美洲人权法院提交案件，就该公约或有关美洲国家保护人权的其他条约的解释与该法院进行磋商。美洲人权法院有权受理和裁决承认法院管辖权的各缔约国和人权委员会提交的有关公约各项规定的解释和实施的案件，就本公约或有关美洲国家保护人权的其他条约的解释与美洲国

---

〔1〕　See Manfred Nowak, *Introduction to the International Human Rights Regime*, Martinus Nijhoff Publishers, 2003, pp. 189～190, 198～201.

〔2〕　See *Statute of the Inter – American Commission on Human Rights*, Arts. 18～20, 1979.

家组织成员国和该组织各机构进行磋商，并应成员国的要求就该国任何国内法律与这些国际文件是否一致的问题向该国提供意见。法院在认定该公约保护的一项权利或自由受到侵犯的情况下，应裁决被指控的国家确保受害人享有其被侵犯的权利或自由，在适当情况下，还应裁决对构成侵犯该项权利或自由的措施或情势而产生的后果进行补救并对受害方给予公正补偿。[1]

三、非洲人权保护机制

非洲人权保护机制是建立较晚和较不发达的一个区域人权保护机制。1963年通过的《非洲统一组织宪章》尽管将"从非洲根除一切形式的殖民主义"确立为非洲统一组织的宗旨之一，但并未对人权作出明确规定。[2] 直到2000年通过的《非洲联盟组织条例》才将"促进和保护人权和民族权"明确规定为该组织的一项宗旨，并将尊重人权、促进社会性别平等以及在战争罪、种族灭绝和反人道罪等严重情势下对成员国的干预规定为该组织应当遵循的原则。[3] 根据该条例的规定，作为联盟最高机关的联盟大会有权监督联盟决定和政策的执行，确保其得到成员国的遵守，就冲突、战争和其他紧急情势的处理和恢复和平等事项向执行理事会作出指示，并有权决定对不遵守联盟决定和政策的成员国采取政治或经济性质的制裁措施。[4]

非洲统一组织成员国于1969年通过的非洲人权宪章建立了以非洲人权和民族权委员会（简称非洲人权委员会）为核心的监督机制。根据该宪章的规定，非洲人权委员会负责促进人权和民族权，并确保这些权利得到保护。为此，委员会有权采取任何适当的调查方法，有权接受和审议一缔约国指称另一缔约国违反宪章规定的书面来文，有权审议其他方面提交的有关人权和民族权的来文，并就来文显示的存在一系列严重和大规模侵犯人权和民族权的特殊情况采取进一步的行动，还有权应缔约国、非洲统一组织机关或经该组织承认的其他非洲组织的请求对该宪章的任一条款作出解释。此外，该宪章还规定了缔约国定期提交履约报告的义务。[5] 鉴于委员会的保护职能比较有限，非洲统一组织成员国于1998年通过的非洲人权宪章议定书决定设立非洲人权和民族权法院（简称非洲人权法院），以对委员会这一方面的职能进行补充。根据该议定书的规定，非洲人权法

---

〔1〕 参见《美洲人权公约》第33、41～51、61～69条。

〔2〕 该宪章只是在规定促进国际合作的宗旨时顺便提及对《联合国宪章》和《世界人权宣言》给予应有的尊重。

〔3〕 See Arts. 3 (h) and 4 (h, l, m) of *Constitutive Act of the African Union*, 2000.

〔4〕 See Arts. 9 (1) (e, g) and 23 (2) of *Constitutive Act of the African Union*, 2000.

〔5〕 参见《非洲人权宪章》第30～62条。

院对非洲人权委员会、有关缔约国、非洲政府间组织、非政府组织和个人提交给它的涉及非洲人权宪章、该议定书和有关国家批准的其他任何人权文件的解释和适用的所有案件和争端都有管辖权，还有权应非洲统一组织及其成员国、机关和经它承认的非洲其他组织的请求，就涉及非洲人权宪章和其他任何人权文件但与非洲人权委员会正在审议的事项无关的任何法律问题发表咨询意见。[1]《关于建立非洲人权和民族权法院的〈非洲人权和民族权宪章〉议定书》于 2004 年 1 月 25 日生效。2006 年 7 月，非洲联盟第七届首脑会议通过决议，决定成立非洲人权与民族权法院。但法院的实际作用还需要接受时间的检验。

四、亚太地区人权保护机制的建立问题

亚洲和环太平洋地区迄今既没有一个综合性的人权公约，也没有一个全面的人权保护机制。在过去的几十年里，联合国的相关机构和亚太地区的各级非政府组织在促进亚太人权区域合作框架的建立方面采取了积极的立场和行动。许多亚太国家的政府也在日益积极地开展人权领域技术合作的同时，对在该地区缔结人权公约/宪章和建立人权合作和监督机制的问题给予了不同关注，且在区域和次区域层面进行了一些有益的尝试，[2] 为该区域人权合作框架的建立奠定了重要的物质基础和一定的思想基础。尽管如此，全面而有效的亚太人权合作框架的建立仍然面临很大障碍。客观上，亚太地区拥有众多的国家、辽阔的领土面积和庞大的人口数量，许多国家在政治、经济、社会、文化、法律、历史、习俗等方面存在广泛差异，在人权领域面临许多问题和挑战。主观上，该地区各国政府对建立亚太人权合作框架的意义、方式、内容、程序、标准、原则等问题尚不具备全面、深刻和统一的认识，在缔结综合的区域人权公约和建立相关（监督）机制方面更是缺乏必要的政治意愿。基于多种历史和现实的原因，该地区许多国家的政府一贯强调国家主权、社会稳定、经济发展、政府权威、个人义务、温和外交等"亚洲价值"以及与此相关的各种区域的和国家的特性，这使得它们在实践中更加注重与人权相关的经济、社会、文化等领域的技术合作，也更容易在某些具体人权问题上开展较为深入的合作，而难以在全面的区域人权公约和监督机制方面采取切实有效的行动。可以认为，在未来一段时间里，亚太人权区域合作框

---

[1] See Arts. 3 ~ 5 of *Protocol to the African Charter on Human and People's Rights on the Establishment of an African Court on Human and People's Rights*, June 9, 1998.

[2] 例如，在西亚地区，阿拉伯联盟 1994 年通过的《阿拉伯人权宪章》第 40 ~ 41 条规定应设立一个"人权专家委员会"，负责审议当事国提交的报告，阿拉伯联盟人权常设委员会 2004 年通过的《阿拉伯人权宪章草案》第 45 条将相应机构改称为"阿拉伯人权委员会"；在东亚地区，东南亚国家联盟 2007 年通过的《东南亚国家联盟宪章》第 14 条也规定设立负责人权促进和保护的人权机构。

架仍将以技术合作为主要形式，在若干具体人权问题上的合作会进一步加强，次区域的合作可能会有突破性的进展。如欲建立与联合国大会和原人权委员会的最初期望相符并与欧洲、美洲和非洲现存的区域人权机制相似的亚太区域人权机制，还需本地区各国政府与非政府组织、个人和联合国有关机构共同作出长期、艰苦而真诚的努力。

第十四章

非政府组织与人权保护

非政府组织，即 Non-Governmental Organizations（简称 NGOs），自产生以来就一直致力于推动和参与人权保护的相关事务，然而非政府组织的活动被有意识地、越来越广泛地引入联合国人权保护体系的运作，二者间建立有效的联系与合作机制却是最近二三十年内才逐步形成的。其中的主要原因是，长期以来非政府组织的阵营虽然庞大，但力量薄弱，得不到政府、政府间组织和国际社会的认可。第二次世界大战以后，人权成为了全世界讨论的核心议题，在人权监督、人道主义援助、环境保护、消除贫困、和平和安全事务中，非政府组织的作用日渐凸显，且在近些年来规模不断扩大，影响日益深刻。非政府组织逐渐成为了人权保护领域的重要主体。这一点不单单体现在非政府组织在国际公约和体制框架内所进行的参与性、协商性活动，还体现在非政府组织正在积极主动并创造性地开展工作这一方面。总之，以人权保护为核心，非政府组织成为了目前极为重要的人权行动主体。当然也要承认，非政府组织正面临着诸多争议和问题，但从尊重和保障人权的角度观察，非政府组织的地位还会得到进一步巩固，其在保护和促进人权方面将成为各国政府、政府间国际组织都无法替代的重要力量。所以，非政府组织与人权保护是有待深入研究的一项人权法学的新课题。

第一节　非政府组织的兴起和内涵

一、非政府组织的历史发展

非政府组织虽然作为一种历史的产物，早在 17 世纪就已经出现，但直到 20 世纪中后期才真正开始发展起来，成为了具有广泛影响力的重要人权保护主体。

学者们对第一个非政府组织成立时间的看法并不一致，较为权威者如斯科耶斯贝克教授（K. Skjelsbaek）及雅各布森教授（Harold K. Jacobson）都认为玫瑰十字会（Rosicrucian）是第一个非政府组织。[1] 怀特教授（L. C. White）则认为 1855 年成立的世界基督教青年联盟（World Alliance of Young Man Christian Associations）是最早的非政府组织。[2] 利昂斯教授（F. Lyons）折中地判断 1849 年前已经有四个重要的非政府组织产生。[3] 此外，国际组织年鉴（Yearbook of International Organizations）的统计数据显示，1909 年之前成立的非政府组织共有 176 个（参见下页表 1）。所以，无论根据哪一种看法，我们都可以肯定地说，现代意义上的 NGOs 至少在 19 世纪就已经出现在国际舞台上。

伴随着女权运动、贫穷救助、无酒精协会、经贸组织等，非政府组织的影响终于在 20 世纪初期在国际上得到初步展露（当时就有 132 个非政府组织相互联结）。[4] 此后，非政府组织在数量和规模上开始发生了巨大变化，从表 1 我们可以看出：1909 年到 1951 年的 42 年中，非政府组织从 176 个增加到 832 个，年平均增长 15.6 个；而在 1951 年到 1989 年的 38 年中，非政府组织的数量就增长到了 14 333 个，平均每年有 355 个新成立的非政府组织出现，是前一阶段年平均增长数的 23 倍。可见在二战结束后，非政府组织取得了长足的发展。而从表 2 我们可以看出，从 1989 年到 1991 年仅两年时间，非政府组织的数量就增长了 1780 个，平均每年有 870 个新组织成立。之后，非政府组织的数量虽有所减少，但是 1995 年之后，其增长势头依旧不减。从 1993 年到 1999 年，年平均增长数量是 719 个，还超过了二战结束后的快速增长时期。而按照国际协会联盟（Union of International Associations）提供的数字，1909 年 NGOs 有 176 个，1954 年有 1008 个，1962 年有 1552 个，1970 年有 3379 个，1981 年为 13 232 个，1992 年为 27 190 个，2000 年为 45 647 个。这些数字表明 NGOs 的发展速度惊人，在整个 20

---

[1] 玫瑰十字会是一个根植于西方神秘传统的秘密传教团，以玫瑰和十字作为它的象征。该会一直保持秘密，不为外人知晓。直至 17 世纪初，有人匿名在德国发表了三份关于该会的宣言，外人才知道它的存在。它致力于研究神秘的、哲学的和宗教的教义，并把这些教义应用到现代生活中去。参见王杰等主编：《全球治理中的国际非政府组织》，北京大学出版社 2004 年版，第 125 页。

[2] 在美国、英国和法国，从事废奴运动的团体——它们可以被视为今日人权组织的先驱——早在 18 世纪后期便开始出现，如"费城废奴协会"成立于 1775 年，英国"废除奴隶贸易协会"成立于 1787 年，还有 1839 年成立的国际废奴社（the Anti-Slavery Society）。因而，1846 年成立的世界新教联合会（the World's Evangleical Alliance）和 1855 年成立的基督教青年联盟都属于继废奴运动之后成立的国际非政府组织。

[3] Peter Willetts ed., *The Conscience of the World: The Influence of NGOs in the UN System*, London: Hurst and Company, 1996. p. 15.

[4] Peter Willetts, *What is a Non-governmental Organization?*, Article for *UNESCO Encyclopedia of Life Support System*, http://www.staff.city.ac.uk/p.willetts/CS–NTUKS/NGO–ART.HTM, 2007–9–7.

世纪，增长了 250 倍。[1] 另据 2003 年出版的《国际组织年鉴》统计，在现有的 48 350 个国际组织中，NGOs 占 95% 以上，至少在 46 000 个左右。

表 1：1909～1989 年国际组织所有类型数量表[2]

年份（Year）	1909	1951	1964	1972	1978	1985	1987	1989
A～G 类 NGO 数量（Total A to G NGO）	176	832	1718	2795	8347	13768	14943	14333

资料来源：UIA，*Yearbook of International Organizations*，1909/1999，URL：http//www. uia. org.

表 2：冷战后国际非政府组织的增长

年份（Year）	1991	1993	1995	1997	1998	1999
A～G 类 NGO 数量（Total A to G NGO）	16 113	12 759	14 274	15 956	16 586	17 077

资料来源：UIA，*Yearbook of international organizations*，1909/1999，URL：http//www. uia. org.

我们再具体考察一下专注于人权保护的非政府组织的发展情况。目前共有 412 个人权国际非政府组织的建立年代是明确的，直到 1998 年这些组织都仍存在；其中有 30 个是在 1945 年之前成立的，从 1945 年到 1975 年，有 77 个组织产生，从 1975 年到 1998 年则有 305 个组织建立；[3] 可以说，"在 1983 年到 1993 年期间，人权国际非政府组织的数量翻了一番，它们的预算和成员也大幅度增加"。[4] 所以，从 20 世纪 70 年代中期开始，人权国际非政府组织才真正得到了长足发展。

当然，非政府组织的兴起和壮大具有诸多复杂的原因，如人权观念的普及、

---

〔1〕　Union of International Associations，*Yearbook of International Organizations* 2000～2001，vol. 3，K. C. Saur Munchen，2000.

〔2〕　《国际组织年鉴》中的非政府组织，与联合国经社理事会对非政府组织的界定相类似，即两者都认为非政府组织首先应是国际组织。因此，这里的非政府组织（NGOs）是指国际非政府组织，包括了 A～G 类型。

〔3〕　Kiyoteru Tsustui and Christine Min Woripka，"Global Civil Society and the International Human Rights Movement：Citizen Participation in Human Rights International Non-Governmental Organizations"，*Social Forces*，Vol. 83 No. 2，December，2004. pp. 587～620.

〔4〕　Margaret E. Keck and Kathryn Sikkink，*Activists Beyond Borders：Advocacy Networks in International Politics*，Ithaca，NY.，Cornell U. Press，1998，p. 90.

国家政府和市场失灵、国际法行动主体地位的确认、全球化进程的影响等，但从根本上来说，是由于经过了不同历史阶段，非政府组织的地位和作用得到了不断巩固和提升，尤其是非政府组织 1968 年在联合国取得了咨商席位，并与之建立了紧密的联系与合作机制，可以说这是一个转折点。事实上，在第一次世界大战以后，NGOs 在国际联盟（Leagues of Nations）中就经常被提及，并被形容为"一种民间私有的沟通机构"（liaison with private organizations），正因为如此，那时的数量也就非常有限。NGOs 开始活跃于国际舞台上的时间正是 1945 年联合国创立之时，原因在于当时许多非政府组织参与并支持了这一政府行为，因而受到了世界各国的重视。此外，二战的可怕经历使人们认识到，不准人民享有人权是造成多种冲突的根源，因而迫切需要建立以联合国为中心的国际人权保护机制。非政府组织便和各国政府代表一道，制定出《联合国宪章》中有关人权、基本自由以及其他经济、社会和文化领域事务的条款。鉴于非政府组织作出的卓越贡献，《联合国宪章》第 71 条赋予非政府组织权力，使其通过"咨商地位"（consultation status）继续在联合国经济和社会领域事务中发挥作用。1968 年 5 月，经济暨社会理事会通过了 1296 号决议，对非政府组织的咨商地位问题作出了详细阐述。1996 年经社理事会对 1296 号决议进行了修改，并通过了经社理事会1996/31 号决议，进一步加强了非政府组织对联合国工作的参与性。自此，非政府组织与联合国的密切联系和合作机制完整建立，这无疑更加树立了 NGOs 的威信，也极大推动了 NGOs 的建设。

20 世纪 70 年代中期以后，非政府组织开始获得飞速发展，其活动也越来越频繁和积极。冷战的结束，全球化进程的不断加快以及信息技术的飞速发展，特别是互联网技术的日益普及，使得非政府组织在进入 20 世纪 90 年代以后，一跃成为世界政治领域引人注目的焦点之一。例如，1997 年在由分布于世界五大洲的 1000 余个非政府组织所组成的"国际禁止地雷运动"组织（International Campaign to Ban Landmines）的努力下，122 个国家在渥太华共同签署了禁止使用对人地雷的国际条约，该组织因此获得该年度的诺贝尔和平奖；1999 年度的诺贝尔和平奖再次被授予一个名为"无国界医生"（Doctors Without Borders）的非政府组织；同年，在第 3 届世界贸易组织西雅图部长级会议召开期间，1300 多个劳工、环保等领域的国际非政府组织齐聚西雅图，抗议 WTO 所代表的全球经济一体化，抗议所引发的骚乱导致会议草草收场，无果而终；2001 年 9·11 事件后，美国打着"反恐"的旗号，在世界上到处滥捕嫌犯超过 8.3 万人，仅美军在阿富汗、伊拉克就关押了 8.24 万人，另有 700 人被送到了关塔那摩（Guantanamo Bay）美军基地。四年多的时间里，美国并没有对他们进行任何指控或审讯，到

2005 年 3 月已有 108 人在被拘押中死亡，当时仍有约 1.45 万外国人被美国关押。[1] 此举引起了美国国内及大赦国际等人权组织的极力批判和多起诉讼。

二、非政府组织的内涵

经过了两个多世纪的历史性发展，虽然非政府组织本质上的公益性特征并没有改变，但其在概念界定、外延范围和具体类型等方面却因时而异，经历了不断的调整，如今的非政府组织尽管依然没有统一的定义，但其外延得到扩展，种类更加丰富，在国际、区域和国家治理中正成为举足轻重的角色。

（一）非政府组织的概念与特性

从历史上看，"非政府组织"这一术语是 1945 年首次在联合国被使用的，[2] 最早给出非政府组织概念的是联合国经社理事会（ECOSOC），它在 1950 年 2 月 27 日第 288（X）号决议中将非政府组织定义为："任何不是依据政府间协议建立起来的国际组织均应称为国际非政府组织"。事实上，由联合国牵头使用的非政府组织一词十分模糊，很容易引起误解，且范围过窄，仅限于国际组织，因而后来人们不断对此进行重新界定。联合国经社理事会 1968 年 6 月 25 日第 1296（XLIV）号决议扩大了非政府组织的范围："包括那些接受政府指派官员而不影响其观点自由表达的组织"。后来，根据联合国经社理事会 1994 年的定义，非政府组织是"一个非营利机构，其成员是一个或多个国家的公民或公民的联合，并且其行动是由其成员的集体意志根据成员的需要或一个或多个与其合作的团体的需要而决定的"。[3] 直到 1996 年 7 月 25 日，联合国经社理事会在《联合国与非政府组织咨商关系决议》（Consultative Relationship between the United Nations and Non-Governmental Organizations）[4] 中，最终把非政府组织的范围扩大至包括国家的、区域的、地方的三个层面。[5] 因此，目前联合国关于非政府组织的定义是：在地方、国家或国际级别上组织起来的非营利性的自愿公民组织；它们提供各种各样的服务和发挥人道主义作用，向政府反映公民关心的问题、监督政策和鼓励在社区水平上的政治参与；它们提供分析和专门知识，充当早期预警机制。

---

〔1〕 参见国务院新闻办公室 2006 年 3 月 9 日发布的《2005 年美国的人权纪录》。

〔2〕 1945 年联合国成立时通过的《联合国宪章》第 71 条规定：经济暨社会理事会得采取适当办法，俾与各种非政府组织会商有关本理事会职权范围内之事件。此项办法得与国际组织商定之；并于适当情形下，经与联合国会员国会商后，得与该国国内组织商定之。

〔3〕 UN. Doc. E/AC. 70/1994/5（1994）.

〔4〕 UN. Resolution 1996/31.

〔5〕 非政府组织按其活动的区域可以分为国际非政府组织、区域性非政府组织以及地方非政府组织。由于上述三类非政府组织均在不同程度上参与人权保护活动，因此，我们统一使用"非政府组织"而不作区分。

学术界对于联合国和欧洲公约关于非政府组织的概念一直持批评态度，认为修正后的定义让政府间国际组织与非政府组织之间的界线变得更加模糊。因此，学者们批判的同时，还提出了许多不同的定义，不过目前就非政府组织一词还是没有一致的看法。我国国际法学者将非政府组织定义为"各国民间的团体、联盟或个人，为了促进在政治、经济、科学技术、文化、宗教、人道主义及其他人类活动领域的国际合作而建立的一种非官方的国际联合体"。[1] 而美国著名非政府组织学者杰勒德·克拉克（G. Clarke）认为："非政府组织是私人的、非营利的职业组织，有着独特的法律特点，关心公共福利目标。在发展中国家，非政府组织包括慈善基金会、教会发展机构、学术智囊团和其他主要致力于诸如人权、社会性别、保健、农业、社会福利、环境以及土著民族这些问题研究的组织。其他如私立医院、私立学校、宗教团体、体育俱乐部以及半自主的非政府组织（QUANGOS）除外。"他还参阅了两个非政府组织研究者卡罗尔（T. F. Carroll）和科藤（David Korten）的研究成果，认为非政府组织与组织并动员其成员拥护集体福利目标的民众组织（People's Organizations）以及地方的、非营利的、建立在成员关系基础上的社团是不同的。[2] 然而，美国另一位该领域的著名学者莱斯特·萨拉蒙（Lester M. Salamon）却将克拉克排除在外的那些组织包括在非政府组织之内。他主持的约翰·霍布金斯大学（John Hopkins University）非营利组织比较项目研究中心推荐的"结构—运作"定义法有较大的影响。具体来说，非营利组织应该包括以下几个方面：①它们不代表政府或国家的立场，而是来自民间的诉求，即非政府性；②它们把提供公益和公共服务当做主要目标，而不以获取利润当作追求，即非营利性；③它们拥有自己的组织机制、管理机制和独立的经济来源，无论在政治上、管理上，还是在财政上，都在相当程度上独立于政府，即独立性；④它们的成员参加组织完全出自自愿而不是迫于无奈，即自愿性；⑤它们还有非政党性和非宗教性的特征，即不以取得政权为主要目标（不卷入推举公职候选人），也不从事传教活动（活动不是为了吸收新教徒），因而政党组织和宗教组织，不属于非政府组织的范围。[3]

正因为理论研究上难以形成对"非政府组织"的共同看法，在现实生活当中对 NGOs 便演绎出接近 50 种不同称谓，如第三部门、非营利组织、公民社会

---

〔1〕 王铁崖主编：《国际法》，法律出版社 1995 年版，第 565 页。

〔2〕 [美] 杰勒德·克拉克："发展中国家非政府组织与政治"，载何增科主编：《公民社会与第三部门》，社会科学文献出版社 2000 年版，第 357 页。

〔3〕 See Lester M. Salamon, *The Emerging Sector*, The John Hopkins University Press, 1994. 以及 [美] 萨拉蒙等：《全球公民社会——非营利部门的视界》，贾西津、魏玉等译，社会科学文献出版社 2002 年版，第 495～498 页。

组织、独立部门、慈善部门、志愿者部门、免税部门、草根组织等。这些说法虽然表述不一，但实质上却类似或者相同，都是指那些独立于政府体制和市场体制之外的组织。我们认为，非政府组织是公民自愿结社成立的以公益为目的的非营利性独立组织，广泛存在和活跃于国家、地区和国际社会中间。同时，非政府组织是具有以下一些共同属性的组织：即组织性、民间性、非营利性、自治性（或独立性）、志愿性、非宗教性、非政治性、公益性和合法性（正当性）。

（二）非政府组织的类型化分析

在把握了非政府组织的含义和特征之后，我们对其进行类型化分析。法学中所称的"类型"，是一种"类"思维的方法论原则。[1] 事实上，对非政府组织按照不同的标准可以作不同的划分，但在本章中我们将从人权保护的角度来观察，发掘各种类型的非政府组织在积极投身人权事业的共同目标下，其活动范围、关注对象、行为方式等方面具有的殊异特点。作出这些分类的目的是把握它们的共性和个性，以便更好地发挥非政府组织在人权国内、国际保护中的作用。

1. 依据关注的权利对象不同，非政府组织可以分为普遍性的非政府组织和专门性的非政府组织。普遍性的非政府组织以国际人权宪章为准绳，涵盖的范围极为广泛，关注于各个领域的人权问题，从事各种不同类型的人权事务。这类组织有"大赦国际"、"人权观察"、"国际人权联合会"等。专门性的非政府组织将注意力集中在人权的某一个领域，针对专门性的人权问题。这类组织包括"国际同性恋者权利委员会"、"难民国际"等。

2. 依据开展人权保护的范围不同，非政府组织可以分为全球性非政府组织、区域性非政府组织、国家非政府组织、国内非政府组织和本地非政府组织。全球性非政府人权组织主要关注全球所面临的主要人权问题，如"保护人权反奴役协会"、"国际营救委员会"、"国际拯救儿童联盟"、"红十字国际委员会"等。而区域性的非政府人权组织则主要集中处理本地区所面临的人权事务，如"非洲权利"、"阿拉伯人权联合会"、"亚洲人权委员会"、"北美事业"等。国家非政府组织如"马拉维法律资源中心"。国内非政府组织如"美国南部贫困法律中心"。本地非政府组织如"戈尔威难民支持群体"。

3. 依据开展人权保护的方式不同，非政府组织可以分为参与型和研究型两种。前者参与程度高，积极组织会员进行各种以人权为主题的活动；而后者自己

---

〔1〕 当抽象和一般概念及其逻辑体系不足以掌握某生活现象或意义脉络的多样表现形态时，大家首先会想到的补充思考形式是"类型"。今日许多学科都利用此种思考形式，虽然对它的理解未必相同。将之引入社会学的是马克斯·韦伯（Max Webber），将之引入一般国家学的则是格奥尔格·耶利内克（Georg Jellinek）。参见 ［德］卡尔·拉伦茨：《法学方法论》，陈爱娥译，商务印书馆2003年版，第337页。

并不参与具体的人权活动，而是以提供详细的人权信息及开展人权教育为自己的主要目的。参与型的典型代表有"大赦国际"、"人权观察"等；研究型的主要有"人权网络"、"人权情报文献系统"等。

4. 依据人权理念和人权实现的侧重点不同，非政府组织可以分为西方非政府组织和发展中国家非政府组织，或者称为北方非政府组织和南方非政府组织。两类非政府组织各自关注的重点不同，维护人权和权利的倾向也有所不同。传统的西方发达国家认为公民权利及政治权利才是真正的人权，而广大的发展中国家更侧重于维护社会、经济和文化权利，民族自决权及发展权，认为唯有这些权利的改善才更加有利于社会的发展。

5. 依据非政府组织活动属性的不同，非政府组织可以分为实施性非政府组织和倡议性非政府组织。前者主要目的在于设计和执行发展相关人权议题，更倾向于开展各种具体的人权活动；后者主要目的在于捍卫或促进人权事业并影响政策的制定或实施，主要以游说、发放传单、提出倡议为主。

上述分类只是非政府组织众多分类中较为常见的几种。事实上，不同种类的非政府组织又并不是完全相对的，它们之间存在着不同程度的交叉和重合，甚至在适当时机出现时，某一非政府组织的类型会发生改变或者转换。

三、国际社会中典型的人权非政府组织

国际社会中的人权非政府组织通常是由热心人权事业的志愿者、宗教团体和人权研究者组成的，他们长期关心人权保护和进步。这些组织的成员往往并不局限于一国之内，而是分属于两国或两国以上。一方面，以人权保护为核心的非政府组织往往拥有着悠久的历史，如 1839 年成立的国际废奴社（Anti-Slavery Society）和 1864 年成立的红十字会，它们直到如今仍然具有广泛影响力。另一方面，近年来新成立的人权非政府组织与既有的非政府组织一起，在国际人权保护中成为了一支不可忽视的重要力量，在它们的倡议下，一些世界人权公约的实施与监督机制得到了进一步完善，联合国人权委员会（理事会）[1] 的工作也因它们的参与而得到加强。以下我们先了解几个典型的人权非政府组织，再对非政府组织本身的理论和实践问题进行深入解析。

---

[1] 长期以来，人权委员会存在严重的"信誉危机"。2005 年 9 月，联合国首脑会议决定创立人权理事会（UN Human Rights Council）。2006 年 3 月 15 日第 60 届联合国大会以压倒性多数通过了设立人权理事会的决议，正式宣告了这一新人权机构的诞生。为避免人权理事会重蹈人权委员会的覆辙，决议明确规定，人权理事会应以公正和非选择的方式处理人权问题，避免双重标准和政治化，促进人权领域建设性的对话与合作。随着拥有更高地位和更大权限的人权理事会取代人权委员会，联合国在人权领域的工作有望翻开新的一页。

（一）大赦国际（Amnesty International，简称 AI）

大赦国际现已成为当今世界上最有影响力的人权非政府组织之一，它成立于 1961 年 5 月 28 日，创立者是彼得·白恩森（Peter Benenson，1921 年 7 月 31 日~2005 年 2 月 25 日），总部设在英国伦敦，在联合国经社理事会享有普遍类咨商地位。其宗旨是"动员公众舆论，促使国际机构保障人权宣言中提出的言论和宗教自由"；"致力于为释放由于信仰而被监禁的人以及给他们的家庭发放救济等方面的工作"。截至 2005 年，大赦国际在全球 52 个国家和地区设立了分会（sections），在 21 个国家和地区设立了协调机构（structures），另外在 33 个国家和地区组织了活动团体，已有超过 220 万的成员活跃在全球 150 多个国家和地区。[1] 该组织在纪念《世界人权宣言》（Universal Declaration of Human Rights）诞生 30 周年时获联合国人权奖，1977 年获诺贝尔和平奖。大赦国际每两年召开一次理事会会议（International Council）。其资金来源于个人捐款、会费和当地筹款。

大赦组织的活动是"为良心犯寻求释放，即那些在各地因个人的信仰、肤色、性别、种族、语言和宗教在没有使用或鼓吹暴力的情况下而被拘禁的人；为所有政治犯争取公平迅速的审判，并为那些被指控有罪或审判而被拘禁的人代言；反对对任何因犯实施死刑和酷刑，或其他残忍、不人道或侮辱性的待遇或惩罚。"因而，其工作方式是公开一国藐视人权的案例，然后诉诸全球的舆论压力。大赦国际的出版物很多，有针对特定事件或特定地区的不定期报告，也有连续出版物，其中最重要的就是每年出版的关于全世界各地迫害男性、女性和儿童的人权年度报告（Amnesty International Report）。报告除回顾点评一年中国际人权最重大的事件外，最详细而争议也最大的部分就是列举各国政府侵犯人权状况的国别人权报告。

（二）国际人权联合会（International League for Human Rights，简称 ILHR）

国际人权联合会是很有影响的人权非政府组织，在联合国、联合国教科文组织、国际劳工组织、美洲国家组织、欧洲理事会中都享有咨商地位。其渊源可以追溯到 1902 年建立的法国人权联盟和 1922 年在欧洲成立的国际人权联盟。其宗旨为：保证实施《世界人权宣言》及国际人权公约规定的政治、经济和社会权利。该组织通过发表专门报告，拟定并向各政府和政府间机构提交书面指控，组织调查使团前往据报道严重侵犯人权的国家，派遣司法观察员出席审讯，与各国政府直接谈判，以及支持世界各地的公民自由团体等活动，并以此唤起人们对侵

---

[1]　参见大赦国际官方网站 http://web. amnesty. org/pages/aboutai-index-eng，访问日期：2007 年 9 月 7 日。

犯人权行为的注意。联合会还努力发展人权领域内官方的行为准则，并尝试改进国际上侵犯人权的审判程序。该组织是非营利性的，现拥有 3500 个个人和团体会员，并在 40 多个国家设有分支机构，它由会员会费、捐助、出版物销售及基金会捐赠提供资金。

（三）人权观察（Human Rights Watch，简称 HRW）

人权观察是一个独立的非政府组织，[1] 它依靠世界范围内的私人和基金会捐助而工作，不接受政府的直接或间接资助。其组成人员是对人权事业抱有坚定信念的普通世界公民。人权观察在全球有超过 180 名恪尽职守的专业人士提供服务，包括了律师、新闻记者和学者，还有来自不同种族不同背景的国家问题研究专家。常常与其他国家的人权组织为共同目标而进行协作。

人权观察的职责有：调查人员对发生在世界各地的人权恶行展开深入细致的调查，每年将调查结果发表在数十种书籍和报告上。由于在本地和国际媒体广泛报道，政府侵犯人权的丑事得以大暴于天下。人权观察在联合国、欧盟、华盛顿以及世界各国的首府与政府官员接触，促请其改变现行政策和方针。遇到情况极其严重者，人权观察将向各国施压，要求他们停止在军事上和经济上援助那些严重践踏人权的政府。在发生危机的时候，人权观察将提供冲突的最新消息，并通过难民的提供，来收集在战争中对平民过分伤害的证据。

（四）国际人权联盟（International Federation for Human Rights，简称 FIDH）

国际人权联盟是 1922 年成立的第一个国际性人权非政府组织，总部设在法国。FIDH 目前由 141 个人权非政府组织所组成，联盟成员遍布全世界 100 多个国家。FIDH 成立的主要目的是为了维持正义、自由和公平这三项重要价值。人权保护、受害人扶助、司法监督、刑事正义、对于其他非政府组织的协助、唤醒各国人权意识等，都是 FIDH 的优先工作目标。

FIDH 的宗旨是促进人权观念和普及人权思想，并援助全世界反对侵犯人权的斗争。1927 年，联盟提出将公民和政治权利与经济和社会权利连为一体。1948 年以来，联盟一直鼓励并寻求执行《世界人权宣言》。联盟以非政府的、非政治的和不结盟的行动为前提，由来自约 20 个国家的以国家为基础的团体会员组成。该联盟通过其设在巴黎的办事处协调团体会员的活动，收集和传播会员活动的信息，并担负其会员与联合国的联络职能。每一团体均需赞同法国和美国宪法以及《世界人权宣言》所载的基本权利与自由，并监督这些权利与自由在其

---

〔1〕 人权观察自 20 世纪 80 年代以后先后成立了"美洲观察"（1981）、"亚洲观察"（1985）、"非洲观察"（1988）、"中东观察"（1989）等，除了纽约总部之外，还在华盛顿、旧金山、洛杉矶、伦敦、莫斯科等地设立了十几个常设或紧急办事处。参见刘贞晔：《国际政治领域中的非政府组织——一种互动关系的分析》，天津人民出版社 2005 年版，第 246 页。

各自国家的执行。为此目的，各会员负有以下三方面职责：①保护因专制政府侵犯公民人权而受害的个人；②为实现在政府尊重人权方面的进步采取公开行动（如干预）；③研究人权问题，特别是人权与特定民族背景之间的关系。联盟经常派出使团考察因政治见解而被指控的个人案件，并向"人权受到压制或威胁"的国家派遣调查团。

　　FIDH 在许多国家，例如美国、泰国、日本、埃及等地方，进行国际死刑判决的事实调查任务（fact-finding mission）并出版个别国家报告（country report）。该组织一直致力于对于世界上保留死刑的国家进行实地的调查了解，以便协助及促成全世界死刑的早日废除。对于妇女权利以及受害人的正义伸张，FIDH 也是不遗余力地推动，并由 2003 年诺贝尔和平奖获得者莎琳·艾巴迪（Shirin Ebadi）博士领导，致力于实际执行联合国消除任何形式妇女歧视的协议文件。近年来，国际恐怖主义蔓延，对于可能造成的人权倒退问题，FIDH 也非常关注。另外，鉴于全球化趋势对于文化、社会所造成的冲击以及对劳工权益的影响，在劳工与跨国公司的诉讼中，FIDH 通常会给予协助。FIDH 还以观察员身份参与联合国教科文组织、欧洲理事会的永久委员会、国际劳工组织的工作，并以咨询委员身份参与非洲人权委员会的工作；此外，FIDH 也通过日内瓦及布鲁塞尔的常驻代表参与联合国及欧洲联盟的工作。FIDH 现任主席是西迪基·卡巴（Sidiki Kaba），秘书处设在法国巴黎，其主要的工作目标与重要事项的决议，则由 FIDH 3 年一次的世界代表大会上的 22 位成员决定。

　　（五）保护人权反奴役协会（Anti-Slavery Society for the Protection of Human Rights，简称 ASSPHR）

　　保护人权反奴役协会作为国际人权非政府组织，在联合国经济暨社会理事会享有 B 类咨商地位，它还为国际劳工组织和联合国教科文组织提供咨询服务。该协会是由 1839 年成立于英国的国际废奴社和 1909 年成立的保护土著居民协会合并而成，现有 110 多个会员，在 4 个国家设有分支机构。反奴役协会的目的是：消除包括强迫劳动在内的所有奴隶制形式，以促进幸福并保护被压迫和威胁的土著居民及其他人的利益，促进《世界人权宣言》规定的人权的实现。为此，它曾积极推动各国加入国际联盟通过的禁奴公约（1926 年），现在则根据联合国《禁奴公约》（1953 年）成立了当代奴隶制工作组。协会出版物有《反奴役报告者年刊》、定期年度研究报告，还就儿童劳动、土著人人权问题提供系列信息。

　　除了以上国际人权非政府组织外，还有总部设在比利时首都布鲁塞尔的国际人权委员会、国际人权律师委员会、国际法学家委员会（International Commission of Jurists），以及总部设在英国伦敦的国际笔会，总部设在法国巴黎的国际新闻工作者联合会，总部设在英国诺丁汉的罗素和平基金会，总部设在泰国曼谷的亚洲及太平洋法学家协会[1]等。值得注意的是，民间人权运动已经出现向互联网大规模发展的趋势，由此出现了一些著名的以网络为载体的数字化民间国际人权组织，如人权网络（Human Rights Internet）和人权情报文献系统（Human Rights Information and Documentation System），二者均是非营利性的、人们可以共享的全球信息资源网络。前者建立于1976年，它提供了一个世界范围内涉及人权方面资料的情报交换场所，它是一个无党派的独立机构，对任何支持《世界人权宣言》原则的人开放。它的主要目标是：收集和发布世界各地人权状况、人权组织的工作情况、国际法及国际组织的发展等信息；促进人权领域的教学和研究；促进人权团体的交流与合作。后者1979年创立于法国的斯特拉斯堡，由50多个国家的人权组织和对人权感兴趣的个人所创立，它也是一个国际性的人权情报文献交换场所。该组织考察、分析它所收到的人权信息并使之系统化，以有利于促进和保护人权。它还组织召开人权会议和学术讨论会，发表人权会议报告。该组织的期刊是《人权情报文献报道》。[2]

总之，非政府组织在人权保护方面历史悠久、数量庞大，而且正在不断扩大参与的类型和方式，如今的非政府组织显现出了深刻的影响力和奉献人类社会的强烈责任感，越来越受到全球瞩目，因而需要结合新的时代特征来观察分析非政府组织的功能地位及其监督管理。

第二节　非政府组织在人权保护中的地位和作用

非政府组织的成立有着各种不同的目的，大多数是为了推广其成员所信仰的政治理念，或实现其社会目标，尤其是以人权保护和促进为核心。因而，常见的非政府组织包括了环境保护组织、人权团体、照顾弱势群体的社会福利团体、学术团体等。非政府组织的大量存在和持续发展，也表明了任何一个成熟的社会，其政府、企业及非政府组织都要有均等的成长空间，特别是非政府组织的功能是不能被政府或企业取代的。这是因为政府的角色是实现共和民主，企业的角色是创造市场财富，而非政府组织的功能就是要用第三方角色，去完成促进保护人权的使命。

---

〔1〕　该会于1981年8月召开第6次会议，宣布成立亚太法学家协会人权委员会，建立东南亚法学家人权理事会并准备起草《亚洲人权宣言》。

〔2〕　关今华：《人权保障法学研究》，人民法院出版社2005年版，第315~316页。

一、非政府组织的核心价值使命——人权保护

非政府组织近 20 年来的发展比起之前的 80 年显得更加生机蓬勃，它们影响的层级和关注的领域，也在不断延伸和扩大。它们已经是国际社会中公认的重要行为者，甚至连国家的主权也因为非政府组织的跨越疆界和功能扩张而显得萎缩。这是继 1648 年《威斯特伐里亚条约》（Peace of Westphalia）开启近代主权国家体系后，国际关系领域的另一重要里程碑。非政府组织之所以成长迅速、地位显著、功能强大、影响深远，我们认为其中最主要的原因是非政府组织一直遵行的核心价值——人权保护。

从历史性上来看，最早的非政府组织应当是在废奴运动中建立起来的，当时国际社会的焦点是奴隶贸易的存废问题，如成立于 1775 年的美国"费城废奴协会"、成立于 1787 年的英国"废除奴隶贸易协会"，还有成立于 1839 年的国际废奴社。随着时代变迁，社会议题不断更新，现实矛盾日益凸显，非政府组织关心的对象和主体也逐渐扩大，但依然是以保护人权为核心。这表现在一方面，到 20 世纪末，为促进和发展人权为目的的非政府组织数目急剧增长，据估测，目前全世界已达 23 000 个，而参与到非政府组织工作当中的人员更是难以估计，这些都体现了以人权为中心的非政府组织所具有的广泛号召力和影响力。另一方面，今天这些为数众多的非政府组织，都是为解决不同的人权现实问题成立的，它们在和平运动、学生运动、反核抗议运动、少数民族的民族主义运动、同性恋者权利、妇女权利、动物权利、选择医疗、原教旨宗教运动、新生代运动、生态运动等各个领域发挥着重要作用。但毫无疑问，"生态运动和人权运动是它们最成熟最主要的两种运动形式"。[1]

从共同性上来看，这些非政府组织虽然在数量、成员、资金来源、组织程度、意识形态、关注范围、目标策略以及地理分布等方面互有不同，但它们的共同点也是非常显而易见的：它们都是民间团体，是由人们自愿动员起来组成的；它们认为现行的法律与制度存在着严重缺陷，所以要团结起来保护和捍卫一贯蒙受损害的权益；它们企图通过集体行动，掀起社会的根本变革和（或）扭转政治的大方向。[2] 因而，尽管非政府组织之间存在诸多不同之处，但内在特性是完全一致的，尤其体现在非政府组织成立的目的就是号召和影响人们尊重保护人权。可以说，正是这样一个共同的核心价值，成为了非政府组织历久弥新的源

---

〔1〕 ［德］劳伦斯·威尔德：《现代欧洲社会主义》，达特莫斯出版社 1994 年版，第 98~113 页。转引自叶宗奎、王杏芳主编：《国际组织概论》，中国人民大学出版社 2001 年版，第 52 页。

〔2〕 ［加］伊丽莎白·里德尔－狄克逊："社会运动与联合国"，冯炳昆译，载《国际社会科学杂志》1996 年第 2 期。

泉，进而愈加推动了非政府组织规模的不断壮大和持续发展。特别是在人权观念日益普及并得到广泛重视的这些年来，这一共同属性使得非政府组织在国际社会上的地位举足轻重，相信未来的非政府组织还会更加重要。

从正当性上来看，虽然人权是一个具有争议的概念，但作为一种观念意识，或者指称人的基本权利，则是能够得到全世界承认和理解的，因此，人权及其保护制度的建立与完善是检验一个国家民主、法治、文明的关键要素。可以说，人权就是论证国家社会具有正当性的基础。事实上，二战之后再也没有哪个现代主权国家在其宪法中公然宣称本国人民不享有基本权利，只存在宪法规范中的权利列举是否充分以及宪法实施中的权利内容是否实现的问题。也正基于此，非政府组织秉持人权这一核心价值，从一开始就具有了富有说服力的正当性基础。在此坚实的基础之上，非政府组织正在各国乃至世界范围内逐渐巩固地位，发挥着政府和企业都无法代替的巨大作用。当然，非政府组织这种特殊地位获得的普遍认可，也离不开它们履行保护人权职能活动的有效性和积极性，例如它们的劝说和咨询、宣传和教育等。然而，人权问题的确是聚讼纷纷，共识之外的冲突斗争随处可见，国际争端中将人权作为谈判砝码、制裁武器甚至出兵借口之事也屡见不鲜，因而对非政府组织的所作所为而言，它们所奉行的人权价值观不免也有令人怀疑之时，尤其是在结合非政府组织的资金来源、目标任务、行动策略等具体问题以后。虽然我们不能仅仅据此就排斥和打压非政府组织的发展，无视它们所具有的公益、自愿、民间和人权保护方面的特征，但是在达成统一的人权看法之前，我们仍然要注意具体分析非政府组织在人权价值观上存在的分歧。

从发展性上来看，非政府组织长久以来在促进人权信仰的成长、发展和传播方面作出了卓越贡献，不过，这主要表现为传统的非政府组织更专注于宣扬公民自由和政治权利，从很多方面看，这与国际人权保护制度所采用的方式相同。自从两大人权国际公约签订前的讨论被划分为两个人权议程开始，人权就一直被界分为公民权利和政治权利（第一代人权）以及经济、社会和文化权利（第二代人权）。前者引起了人们足够的重视，其主要原因在于人权制度的传统、制定和监督法律标准的可操作性；而后者则长期遭受冷落。但是，现代人权保护制度正试图通过强调经济、社会和文化权利来弥补这一点，尽管由于这些权利的内在制度规定及可诉性问题使得其实施仍然极为困难。但是可喜的是，非政府组织正成为努力推动实现这一类权利的重要力量。不仅如此，面对包括诸如全球变暖、灾害频发、资源滥用和匮乏、生态危机、可持续发展等人类面临的新问题，非政府组织也表现出舍我其谁的责任感，显示出了令人感佩的勇气。它们在国家、地区、国际和联合国等层次上将这些问题延伸至人权议程之上，并积极与环境和发展权利紧密结合，成为 21 世纪尊重和保护人权的开路先锋。

总之，在过去和现在，对人权的限制、威胁乃至侵害时有发生。然而根据马克思主义的观点，人的自由发展和创造性的充分发挥，乃是人的本质的真正体现。因此，以关注和保障人权为核心价值的非政府组织才能够得到广泛的认可和尊重，也才能够历久弥新，在近年来得到壮大发展。可以说，非政府组织是从事着伟大人权事业的研究者、实践者、开拓者。

二、非政府组织在人权保护中的地位

一般来说，非政府组织在人权保护中具有双重地位，其一是参与性地位，其二是创造性地位。很明显的是，前者比后者更能描述历史上和当前的非政府组织的状况，但是，相信今后的情况一定会有所改观。

（一）参与性地位

非政府组织的这种地位通常表现为对政府间的活动施加影响，即形成"压力集团和舆论"的活动，具体方法是通过合乎国际法准则的手段对国家、政府间国际组织制造舆论、施加压力，以期政策向有利于自己的方向转换。在这种活动中，非政府组织更多处于一种被动状态，因为无论它们如何摇旗呐喊，政策的决定权始终操纵在政府手中。[1]

根据联合国经社理事会的规则，凡进入联合国的人权非政府组织可以划分为三类：第一类包括"关心经社理事会所有活动并经表明能对联合国的成就作出贡献的人权非政府组织"；第二类包括"对经社理事会的某些问题具有专门知识与兴趣的非政府人权组织"；第三类包括"只关心公众舆论的发展与信息传播"的组织。这三类组织的地位从高到低，它们各自在联合国享有的权限和活动范围也不同。[2] 1996 年联合国前秘书长加利（Boutros Boutros-Ghali）还提出了一项"民主化议程"（Agenda for Democratization），他认为国际关系"不仅由国家自身发展，而且也由一系列不断增加的在国际层面上的非国家行为者而发展"。他还认为，长期以来，联合国只被认为是主权国家的论坛，但在很短的几年内，这种态度改变了。国际非政府组织现在被认为是国际社会的完全参与者（full partici-pants）。联合国不仅是政府之间进行协商的论坛，同时也是政府与国际非政府组

---

〔1〕　叶宗奎、王杏芳主编：《国际组织概论》，中国人民大学出版社 2001 年版，第 52 页。

〔2〕　联合国前秘书长加利曾将 1000 多个在联合国中活动的组织分为三类：第一类是代表许多国家内一些重要领域的人民的组织，它们参加各该领域的社会经济生活；第二类是在经社理事会的某些活动领域内具有特殊职能的国际组织；第三类是登记在册的被认为在某些场合可能对经社理事会的工作有用的组织。第一类虽与第二类组织同享有"咨商地位"，但第一类组织还有提出某些议案列入议程的特殊权利；第三类则只能派代表列席会议，参阅文件。

织进行协商的论坛。[1] 今天，几乎所有的国际组织都认为自己必须与非政府组织建立联系，目前在联合国有咨商地位的非政府组织数量的增加就可以证明这一点。迄今为止，已有2791个非政府组织获得联合国经社理事会确认的"咨商地位"，其中又有400多个为经社理事会下设的可持续发展委员会（Commission on Sustainable Development）所认可。[2]

非政府组织在政府间活动影响力的大小，往往取决于它能否说服联合国官员和各国在联合国会议及大会上的代表。他们一般会采取三种行动：其一，提供信息与咨询。一方面，非政府组织通过经社理事会直接介入联合国事务；另一方面，非政府组织通过国际性会议涉入政府间国际组织的决策过程。政府间国际组织的决策可视为一个立法过程，非政府组织则通过关系网，如会晤各国代表或联合国官员等，对政府施加影响，在政府间国际组织决策过程中发挥日益重要的作用。其二，举办非政府论坛。近20年来，每当联合国举行重要国际会议之际，同时举行非政府组织论坛已成为惯例。这种会议给非政府组织一个申明自己主张的场所，有助于非政府组织与国际组织之间的交流以及非政府组织彼此之间的交流。其三，游说各国政府。最有办法接近政府高层决策者的往往限于那些手中掌握王牌的团体。它们掌握为那些负责制定或批准政策决定的人们所需的各种条件，诸如金钱、专长、组织机构等，这样才能使它们的游说带有压力和说服力。但这样的非政府组织毕竟只占少数。

（二）创造性地位

非政府组织的这种地位表现为进行一系列独立的活动，即非政府组织作为自主活动者，进行自我创造的活动。

20世纪后期，由于国际交往创造的网络越来越密，各种目标不同的非政府组织也建立起了不同的国际网络，例如妇女组织与和平组织联盟、生态保护与发展援助团体联盟、保卫土著人权利运动与生态保护合作组织等。这些非政府组织不依靠政府政策提供的渠道，而在个人与组织、组织与组织之间进行信息交流和政治活动，创造了直接的、独立的、非政府的外交方式。在这些自我创造的领域内，议事日程由非政府组织控制，而对非政府组织的职能解释几乎没有限制。

由于在当前国际事务中，政府越来越难以驾驭来自各方面的信息，非政府组织便正是在分享信息这一关键方面发挥了作用，并对政府的影响越来越大。[3]

---

[1] Thomas G. Weiss and Leon Gordenker ed., *NGOs, the UN and Global Governance*, Lynne Rienner Publishers, 1996, p. 7.

[2] 参见联合国经社理事会官方网站 http://www.un.org/esa/coordination/ngo/, 2007-9-7.

[3] ［美］A. M. 克拉克："论非政府国际组织在国际社会中的影响"，王国荣译，载《国际政治研究》1996年第1期。

如非洲统一组织 1980 年采纳的《拉各斯行动计划》，将粮食自给与地区整合列为优先项目；又如欧共体采纳的《世界反饥饿特别计划》，提倡有关各国制定各自的全国性粮食策略。1990 年非洲的非政府组织与非洲政府及联合国联合签署的《非洲全民参与发展与改革宪章》，标志着非政府组织在重建非洲的作用方面获得了正式承认。

今天，政府与非政府组织的联系日趋紧密，甚至从表面来看，两者在相互接触、渗透。例如，联合国及其专门机构（世界银行、联合国开发署）、欧盟以及一些地区性政府间组织建立了专门委员会，以便与非政府组织联系。另外，一些非政府组织专门成立了若干国际计划的执行机构，尤其在经济发展以及救济难民、流离失所者和天灾受难者方面，这一点格外明显。因此，非政府组织的创造性地位必将不断提高，而不会仅仅停留在参与者和鼓吹者的层次上。

三、非政府组织在人权保护中的作用

在现代民主法治社会中，人权作为一种最重要的法律价值，不能简单地停留在宪法和法律的规定中，更重要的是，人权实现需要切实可靠的制度内和制度外的保障机制。而在这样的保障机制当中，与人权实现密不可分的因素就是非政府组织所发挥的重要作用，这体现在以下四个方面：

1. 非政府组织以游说或施压方式促进国家、国际组织通过立法或制定政策来建立和完善各项人权保障制度。任何国家首先都是通过制定宪法和法律的手段，把需要加以保障的各种形式和各种层次的人权加以具体化和规范化，将人权要求上升到人权规范，通过法律制度来保障人权的实现。同时，通过宪法和法律等国内法措施来保障人权的实现，这也是两大人权国际公约要求缔约国履行的公约义务。《经济、社会、文化权利国际公约》（*International Covenant on Economic, Social and Cultural Rights*）第 2 条第 1 款规定："每一缔约国家承担尽最大能力个别采取步骤或经由国际援助和合作，特别是经济和技术方面的援助和合作，采取步骤，以便用一切适当方法，尤其包括用立法方法，逐渐达到本公约中所承认的权利的充分实现。"《公民权利和政治权利国际公约》（*International Covenant on Civil and Political Rights*）第 2 条第 2 款也规定："凡未经现行立法或其他措施予以规定者，本公约每一缔约国承担按照其宪法程序和本公约的规定采取必要步骤，以采纳为实施本公约所承认的权利所需的立法或其他措施。"因此，通过立法手段来保障人权的实现是人权保障机制中最重要的步骤。

目前，所有主要的人权非政府组织都在联合国、欧洲委员会、美洲国家组织、联合国教科文组织和其他区域性或专业性政府间组织中具有各种形式的协商地位。这使它们的代表在某种条件和限制下可以向那些组织提交报告，出席其委

员会会议并发表意见，在某些场合还可以影响这些组织的工作日程。[1]

事实上，许多现代的人权文件最早都是由非政府组织提出建议和（或）起草初稿的，而且往往是非政府组织通过书面和口头干预才完成的，它们甚至还向关键的代表和代表团游说。最近几年来，有些非政府组织还对加强各种人权公约中规定建立的报告制度作出了很大的贡献。例如，《消除一切形式种族歧视国际公约》要求缔约国提交定期报告，来说明它们采取了什么行动来遵守它们根据这些条约所承担的义务。这些报告由这些公约所建立的专门委员会审查。一般来说，这些委员会对有关国家提交的报告中所包括的申诉的真实性缺乏调查的能力，这就促使一部分非政府组织起草它们自己国家的报告，它们的调查结果在有关的委员会成员与报告国的代表会晤以前就非正式地递交委员会成员。非政府组织所提供的这种情报使委员会的成员可以判断国家报告的真实性，把国家报告中所没有的材料记录下来。这种做法在处理封闭社会的国家的问题时特别有用。所以，非政府组织通过收集和公布世界各国的人权状况信息，以此评估一国的人权状况，并作为一种外部的压力，正影响着各国政府的人权政策、立法以及国际人权的发展趋势。

2. 非政府组织通过司法审判程序对实现人权提供有效的法律救济。在人权实现的保障机制中，基于诉权产生的司法审判程序是保障人权实现的最有效机制。许多国家都将司法审判程序作为本国国内法保障人权的最终环节，特别是一些国家还建立了专门审判人权案件的宪法法院和宪法审判程序。联合国经济、社会和文化权利委员会（Committee on Economic, Social and Cultural Rights）在第3号一般性意见第5项具体意见中也明确指出："除了立法之外，可被认为是适当的措施还包括，为根据国家法律制度属于司法范围的权利提供司法补救办法。"例如，委员会注意到，不受歧视地享有公认的人权往往可以通过司法或其他有效补救办法得到适当的促进。

所以，过去40年来许多政府间组织建立了法律机构，使个人、团体和非政府组织可以提交人权指控。非政府组织利用这种程序提出了许多指控，特别是涉及大规模人权侵犯的案件，在这里，非政府组织所处的地位通常要比个人好很多，它们可以收集可靠的情报，准备必要的法律文件。例如，援用联合国经社理事会1503号决议所规定程序的第一个申诉就是非政府组织提出的。非政府组织还曾向美洲人权委员会（Inter-American Commission on Human Rights）提出了很多指控，有的是根据《美洲人权公约》提出的，有的则是根据《美洲国家组织

---

[1]　[美] 托马斯·伯根索尔：《国际人权法概论》，潘维煌、顾世荣译，中国社会科学出版社1995年版，第150页。

宪章》中规定的投诉制度提出的。[1]

此外，非政府人权组织还对下面的做法起了带头作用。[2] 利用卓越的外国律师和法官充当审判时的观察员，这种审判是对被指控犯有政治罪行的个人或因政治罪行受审查的个人进行的。大赦国际和国际法学家委员会试图经常利用审判观察员来保证对被控诉的人适用正当的法律程序。外国律师只要作为审判观察员出席这种审判就足以制止一些法院滥用权力，有时还可以使法院宣布被控告者无罪。

3. 非政府组织帮助国际机构、各国政府提高在实现人权保障中的能力，并同时进行监督。早在《联合国宪章》起草的时候，就有几个非政府组织发挥了重要作用，因此，作为对非政府组织在保障和促进人权中作用的肯定，《联合国宪章》第71条规定："经济及社会理事会得采取适当办法，俾与各种非政府组织会商有关于本理事会职权范围之内的事件。"经社理事会也在1968年5月23日以1296号决议的方式通过了关于非政府组织具有三种咨商地位的决议。目前，非政府组织广泛地活跃在区域性和联合国的人权机构中，帮助有关的国际人权机构来审查缔约国提交的履行公约的报告。有些非政府组织还代表受害人向国际人权机构提交人权受到侵犯的指控。如美洲人权委员会在一份决议中指控美国允许处死未成年人，因此侵犯了生命权，这一决议就起源于美国公民自由联盟和国际人权法组织所提交的一份指控书。

非政府组织同时也致力于各国执行国际人权公约的法律和政治监督工作。由于对已得到多数联合国成员国签署和批准的六个主要国际人权公约在多大程度上，以及如何使它们具有法律效力方面存在着很大的争议，联合国作为一个政府间组织，尚未完全具备实施和监督这些公约的能力。在这种情况下，西方人权非政府组织自告奋勇地充当了实现世界人权的监督者。它们既参与国际人权公约的法律监督工作，更专注于公约的政治监督，通过实地调查和发表人权信息的方式谴责违反公约的国家。[3]

4. 非政府组织努力开展人权观念的舆论宣传和教育工作，进而推动人权保障事业。联合国从1948年通过《世界人权宣言》开始，就非常重视在全球范围内普及宣言所强调的人权保护精神。根据1993年维也纳世界人权大会的建议，

---

〔1〕 在美洲人权委员会1986年提交美洲法院的三个争议案件中，美洲人权委员会邀请最初提出这一案件的非政府组织的律师参加法律小组出席法庭。当人权委员会把这些案件提交法院后，委员会又请求非政府组织的律师参加它的法律小组，非政府组织的律师便参与了案件的法庭审理。参见关今华主编：《基本人权保护与法律实践》，厦门大学出版社2003年版，第155页。

〔2〕 尹奎杰：《人权法论》，吉林人民出版社2004年版，第290页。

〔3〕 黎尔平："西方国际非政府人权组织的作用及困境"，载《人权》2004年第1期。

联合国宣布自 1995 年 1 月 1 日起的 10 年为"联合国人权教育十年"。在联合国大会第 51 届会议和联合国人权委员会第 52 届会议上，联合国及人权委员会呼吁各国政府、联合国各机构和项目、国际和地区组织、国家机构、学术机构、非政府组织、公民社会和包括传媒在内的其他行为者，在人权宣传和人权普及教育方面进行充分有效地合作，以促进人权在全球范围内的普及。目前，世界上有许多以人权教育为宗旨的人权研究机构，如北欧国家的人权研究所、爱尔兰人权研究中心、法国的人权教育学院等，这些人权研究和教育机构积极从事国际人权教育事业，产生了深远影响。

第三节　非政府组织在人权保护中的局限与发展

尽管在传播人权思想、实现人权价值和构建人权制度等方面，非政府组织作出了积极贡献，但从总体来看，非政府组织的工作并不是完美无缺的。由于非政府组织概念和策略上的一系列困难，以及某些国家、国际组织和跨国大企业对非政府组织的种种不满，非政府组织如今面临的限制和挑战正逐渐扩大。因而，在怎样看待人权普遍标准、怎样打破政治社会经济文化限制、怎样调整促进人权的功能与策略、怎样深化跨层次合作和跨领域合作以及怎样巩固自身正当性等问题上，非政府组织都需要有所突破或加以明确，自身才能获得进一步发展。

一、非政府组织的局限性问题

（一）非政府组织的透明度和民主性问题

非政府组织如要有成效地致力于社会经济发展和人权保护活动，必须要在其所服务的对象、其本国政府以及其外国资助者面前享有信誉，具有作出承诺并且实现承诺的能力。非政府组织内部决策过程的民主性和健全的财务制度，是赢得这种信誉的基本条件，而组织活动的透明度则保证其活动的公开性并使之处于必要的监督之下。目前，许多非政府组织尤其是发展中国家的非政府组织在这方面是非常欠缺的。

（二）非政府组织的独立性和自主权问题

从名义和形式上看，非政府组织一般在决策和活动方面都是自主的。但实际上，非政府组织的自主性往往是有限的，一些非政府组织的缔造者或资助者，不论是本国政府、外国政府还是联合国的机构，都会在不同程度上限制非政府组织的自主决策权。有些非政府组织为了获得资助，在制订计划和实施发展项目时会试图迎合潜在的资助者，从而在实际上失去了自主权。[1] 例如，大赦国际被认为是一个完全独立于任何政府的组织，它向联合国人权委员会提供的人权信息内容限定在几个被公认的人权问题上，不参与大国之间的意识形态之争。然而，自冷战结束后，在选择建立何种世界新秩序的大背景下，要做到完全独立是不可能的，因为包含在西方人权标准里的几个重要指标实际上就是不同制度、不同世界秩序观之间的分歧。现在的西方人权非政府组织大都以西方人权标准——保护公民权利和政治权利——作为人权的核心内容，把多党制、自由选举和个人权利优先等作为人权标准的重要指标，这种人权标准必然与整个西方集团的利益有关联，与西方大国所希望的世界秩序相一致。另外，经费来源是保持组织独立性的一个重要因素，虽然大赦国际依然坚持不接受来于政府的任何捐助，但其他组织则并不在意活动经费的来源。同时，一些国家的政府也在设法通过各种渠道将资金转送给它们。这将大大削弱一些非政府组织的独立性。

（三）非政府组织的正当性和区域性问题

首先，非政府组织并不像民选的政府那样，对特定的选民负责，所以它既缺乏权力基础又没有监督机制。其次，非政府组织的目标具有全球性，但它往往需要在一些国家内建立总部，这样，它们本质上仍然是区域性的，仍要受制于这些国家国内的法律规范，[2] 这使它们的活动很可能与国家主权、国家利益相冲突，因此创造力会受到限制。

（四）非政府组织游说活动时的两难问题

联合国已是非政府组织主要的活动场所，欧盟和美国国会也是非政府组织游说的主要对象，如1995年俄罗斯平息车臣叛乱，设立在布鲁塞尔的人权观察办事处极力劝说欧洲委员会等机构制裁俄罗斯。而且还有专家乐观预测，人权非政府组织与联合国的联系将会进一步加强，对联合国的人权机制产生决定性影响，成为联合国人权委员会的核心。[3] 此外，目前西方非政府组织也比较注重技术上的相互帮助，如在日内瓦世界人权大会等重大场合和事件上互相合作，共同影响某一国或某一会议的决策，并力图向多层次、多样化、地方化和专业化方向发展。所以，非政府组织已成为当今世界游说于政府、议会和联合国之中，却游荡于各主权国家之外的一个不可忽视的角色，谁都承认"低估非政府组织能量和潜

---

〔1〕 赵黎青："非政府组织问题初探"，载《中共中央党校学报》1997年第4期。
〔2〕 迄今为止，比利时是惟一承认非政府组织在境内具有特权的国家。许多国家对设在国内的非政府组织较本国社团限制更严。
〔3〕 Thomas G. Weiss and Leon Gordenker ed. , *NGOs, The UN and Global Governance*, Lynne Rienner Publisher, 1996, p. 17.

力的国家，经常不自觉地给自己的手脚多绕了两道绳索"[1]。但此时就出现一个两难问题，因为非政府组织若想在重量级的国际组织当中更有发言权，就需要更深地介入到它们当中去，尤其是目前几个主要的西方非政府组织正试探可以通过什么样的方式加强对这些大的国际组织的影响，但问题是这种亲密接触反过来也会影响非政府组织的判断和行动，使得非政府组织的独立性相应地减弱。

（五）非政府组织同政府、政府间组织（Inter-governmental Organizations）之间的关系问题

非政府组织同政府、政府间组织的关系可归结为四种类型：①对立的、互不信任的关系。这可能是由于政府腐败，不热心于社会经济发展和人权保护造成的；也可能是由于非政府组织不热心于社会经济发展和人权保护，反而热衷于反政府活动而导致的。②非政府组织自行其是，不同政府发生关系。有些非政府组织不接受政府资助，不抵制但也不配合政府的工作。这类组织大多规模不大，影响也很有限。③非政府组织对政府有依赖关系。如果由政府建立非政府组织并进行经常性干预，或者政府是其主要资助来源，那么该组织就有可能在金钱、思想和资源上形成对政府的依赖，可能会在决策和行动上不同程度地失去自主性。④合作关系。当社会经济发展和人权保护是双方的共同目标时，政府和非政府组织会形成合作伙伴关系，相互尊重和相互信任。政府尊重非政府组织的自主权、独立性并倾听非政府组织的意见，非政府组织则协助政府实施国家计划、政策和规章。[2] 当前和未来非政府组织与政府、政府间组织之间究竟是对峙关系（competition）抑或合作关系（cooperation）是决定非政府组织发展趋向的关键因素。不过自从冷战结束后，我们一直见证着这样一种趋势，那就是一般由政府进行的援助工作正逐渐由非政府组织所替代。[3] 根据马克·杜菲尔德（Mark Duffield）的观点，这似乎是西方国家处理危机和暴力冲突时最受欢迎的做法。他认为，私营化（privatization）已经成为一种"新援助范式"，因为它更加关注福利、救济、以人为本的发展观和建立普遍支持的公民社会与民主等领域。但是，这种范式也被视为"内化"（internalize）和掩盖（contain）不稳定地区政治危机和冲突后果的一种企图。[4] 所以，今后非政府组织同政府、政府间组织的合作关系将具有极大可能性，同时也将具有相当有限性。

---

[1] 王逸舟：《当代国际政治析论》，上海人民出版社1995年版，第67页。

[2] 赵黎青："非政府组织问题初探"，载《中共中央党校学报》1997年第4期。

[3] Karin Aggestam, "Conflict Prevention: Old Wine in New Bottles?", in Heney F. Carey and Oliver P. Richmond ed., *Mitigating conflict: The Role of NGOs*, London: F. Cass, 2003, p.17.

[4] Mark Duffield, "NGO Relief in War Zones: Towards an Analysis of the New Aid Paradigm", *Third World Quarterly*, Vol.18, No.3, 1997, pp.527~542.

二、非政府组织的策略性发展

20 世纪后期以来，非政府组织在人权保护领域的作用日益引起全世界政府、组织和人们的关注。特别是 1993 年第二次世界人权大会后，世界人权运动可以说进入到第二个阶段，其标志正是大量的人权非政府组织和人权倡议运动出现在全球各地。新世纪开启之后，非政府组织仍然保持着急剧增长态势，但以人权保护为核心价值的非政府组织正面临着内外困境，迫切需要进行调整，而这样一种调整以及今后它们参与人权运动的方式，将深刻影响着未来人权理论与实践的发展方向。实际上，非政府组织无外乎要通过协调外部关系和促进自身建设两大方面进行调整和发展。

首先，从外部来看，非政府组织由于在联合国享有咨询和协商地位，进而能够参与到联合国的人权保护工作当中，并在很大程度上弥补联合国人权监督机制的不足。因此，在一些棘手问题上，联合国常常让非政府组织充当试探者或调停者的角色，如联合国不便随意批评和谴责一个国家的人权状况，那么在一些场合下则由非政府组织出面，直接批评该国。所以同样的，非政府组织也要更好地利用联合国发挥其作用，毕竟联合国是当今世界影响力最大的政府间组织。不过，虽然非政府组织的活动在发展教育、保护自然与人文环境、人权与和平领域作出了一定的贡献，但它们的被动状态仍没有改变，尤其是它们明显地带有从属关系的"咨商地位"给它们带来许多不利的后果：在已获得和尚未获得咨商地位的非政府组织之间出现歧视情况；由于政府间组织握有赋予（或撤销）这种"咨商地位"的权力，这增加了非政府组织对政府间组织的依赖性。同时，它们也遭受了诸多非议，说它们不过是政府间组织的"传声筒"。人们对于某些非政府组织产生怀疑，质问为什么它们要争取"咨商地位"，它们究竟想要得到什么。事实上，非政府组织与其他政府、政府间组织之间都有类似的质疑情况，所以我们认为，非政府组织在外部关系处理上的当务之急就是要考虑：如何既能够保持自身的独立自主，又能够对外有效地参与协作。

其次，从内部来看，非政府组织也有自己的一套人权保护机制，它们的惯常做法是，以通过收集和公布世界各国的人权状况信息、评估各国的人权状况作为一种外部的压力，影响各国政府的人权政策。[1] 由于非政府组织不是国际法的

---

[1] 非政府组织的惯常做法可以归纳为"3m"，即点名（name）、羞辱（shame）和谴责（blame）。

主体。[1] 它们便利用当今世界主权国家之间的无政府状态，不受任何国家或组织的有效控制，随心所欲地利用人权信息"羞辱"那些它们认为有侵犯人权现象的国家。但是目前看来，非政府组织显然过多地使用了政治监督方式，把这种政治舆论监督变成纯粹的政治行为，甚至成为干涉别国内政的工具，使人权对话与合作演化成对抗和争执。[2] 当今世界南方与北方、贫穷与富裕国家或地区之间依然分属于不同的政治疆界，若西方非政府人权组织坚持把公民权利和政治权利作为惟一的人权标准和追求的目标，那么发展中国家参与到全球人权保护机制中的积极性就仍然难以调动起来，因为这些国家更渴望将第三代人权纳入全球人权保护机制当中。[3] 所以我们认为，非政府组织本身的迫切之事在于，巩固其自身正当中立的基础，并主动而创造性地开展工作。

作为可能的结论，我们强调非政府组织今后可以在以下方面更多地发挥作用：创建人权标准；向更广泛的受众传播这些人权标准；要求政府为其人权记录负责。[4] 为了有效地发挥这个作用，政府必须对结社自由原则采取开明的态度。尽管对这种类型的自由进行适当的管理是必要的（比如为非法目的而创建的社团），但是总体而言，政府应当放开对这类自由的管制。因为只有允许它们的充分发展，以非政府组织这种形式整合的公民社会才可以创造出某些条件，在这些条件下，有关人权的讨论和人权价值观的渗透才能在公民社会中扎根。尽管某些时候有的非政府组织会与政府产生意见对峙，但某些时候它们也会与政府联合起来，促进人权标准的推广。因此，非政府组织在政府与公民社会之间的互动方面扮演着重要角色：它们要表达国家、区际和国际三个层次上人民的声音，它们要能够整合人权相关的议程和议题，它们要采取足够灵活的方式来实现人权价值

〔1〕 目前，只有 1864 年依据《改善战地陆军伤者病者境遇之日内瓦公约》即第一个日内瓦公约成立的红十字会具有国际法主体地位。该组织 1875 年改为红十字国际委员会（International Committee of the Red Cross），2007 年 1 月 14 日，国际红十字与红新月运动正式启用红水晶标志。红十字运动一百多年来，由于在战时及平时对人类社会都有卓著的贡献，所以共获得 3 次诺贝尔和平奖，加上创办人亨利·杜南（Jean Henri Dunant，1828 年 5 月 8 日～1910 年 10 月 30 日）于 1901 年获得的诺贝尔和平奖，红十字会总计获得四次最高的和平殊荣。
〔2〕 2006 年 11 月 20 日，人权观察发布了长达 94 页的报告，来分析萨达姆（Saddam Hussein）审判过程中的实体和程序缺陷，结论是阿杜杰（Ad Dujayl）审判不符合正义审判标准，因而整个判决缺乏可信度。但该报告一出便引起了很多争议，学者们指出尽管报告中指出的问题有些是存在的，很多批评是正确的，但报告本身却有大量事实和法律问题是错误的。参见 Eric H. Blinderman, "Judging Human Rights Watch", *Case Western Reserve Journal of International Law*, Vol. 39, No. 2, 2006～2007, pp. 99～154.
〔3〕 黎尔平："国际人权保护机制的构成及发展趋势"，载《法商研究》2005 年第 5 期。
〔4〕 孙世彦、〔爱尔兰〕威廉·莎巴斯主编：《中国人权年刊》（第 2 卷 2004），社会科学文献出版社 2006 年版，第 37 页。

目标。

总之，不可否认并且值得注意的是，21 世纪必将存在着一个日益发展的全球非政府组织社会。而难以回避的现实是，当代人权的发展方向深深地受到各种复杂、矛盾的人权运动的影响，在多种变量因素中，最不确定的恰恰又是非政府组织。这将表现为非政府组织对人权的具体形式和价值观内容，以及国际、国内人权保护机制产生的影响不仅是动态的，而且是实质性的。为此，非政府组织与人权保护这一重大问题的探讨将有必要更加深入、更加长远。

主要参考文献

1. 徐显明主编：《国际人权法》，法律出版社 2004 年版。

2. 夏勇：《人权概念起源——权利的历史哲学》，中国政法大学出版社 2001 年版。

3. 王铁崖主编：《国际法》，法律出版社 1995 年版。

4. 齐延平：《自由大宪章研究》，中国政法大学出版社 2007 年版。

5. 李强：《自由主义》，中国社会科学出版社 1998 年版。

6. 何增科主编：《公民社会与第三部门》，社会科学文献出版社 2000 年版。

7. 胡锦光、韩大元：《中国宪法》，法律出版社 2004 年版。

8. 尹奎杰：《人权法论》，吉林人民出版社 2005 年版。

9. 沈宗灵、黄枬森主编：《西方人权学说》（上、下），四川人民出版社 1994 年版。

10. ［美］汉密尔顿、杰伊、麦迪逊：《联邦党人文集》，程逢如、在汉、舒逊译，商务印书馆 1980 年版。

11. ［美］赫伯特·J. 斯托林：《反联邦党人赞成什么——宪法反对者的政治思想》，汪庆华译，北京大学出版社年 2006 年版。

12. ［美］科斯塔斯·杜兹纳：《人权的终结》，郭春发译，江苏人民出版社 2002 年版。

13. ［德］海因里希·罗门：《自然法的观念史和哲学》，姚中秋译，上海三联书店 2007 年版。

14. ［澳］菲利普·佩迪特：《共和主义———一种关于自由与政府的理论》，刘训练译，江苏人民出版社 2006 年版。

15. ［日］阿部照哉等：《宪法》（下册），周宗宪译，中国政法大学出版社 2006 年版。

16. ［英］温斯顿·丘吉尔：《英语民族史》，薛力敏、林林译，南方出版社 2004 年版。

17. 徐显明、曲相霏："人权主体界说"，载《中国法学》2001 年第 2 期。

18. 李步云："人权的两个理论问题"，载《中国法学》1994 年第 3 期。

19. 张文显："论人权的主体与主体的人权"，载《中国法学》1991 年第 5 期。

20. Heney F. Carey and Oliver P. Richmond ed. , *Mitigating conflict：The Role of NGOs*, London：F. Cass, 2003.

21. Manfred Nowak, *Introduction to the International Human Rights Regime*, Martinus Nijhoff Publishers, 2003.

22. Julie A. Mertus, *The United Nations and Human Rights*, Routledge, 2005.

23. Gudmundur Alfredsson, Jonas Grimheden, Bertram G. Ramcharan and Alfred de Zayas eds. , *International Human Rights Monitoring Mechanisms*, Martinus Nijhoff Publishers, 2001.

后　记

　　编写一本研究性的人权法一般原理性教材，以助推我国方兴未艾的人权法研究与教学，是人权法学界同仁的共识。编委会确定的编写方针是各章撰写者依据自己的研究成果与专长有重点地就人权法学中几个基础性的理论问题作出回答，撷要而不求体系宏大，深研而不求面面俱到。融入本书的成果有的已在《中国社会科学》、《法学研究》、《中国法学》、《文史哲》、《学习与探索》等刊物发表，特向支持我们的期刊及其编辑表示感谢。中国政法大学出版社李传敢社长为本书的出版付出了大量心血，亦表谢忱。

　　由于本教材的编写具有探索性，再加之时间紧张，在概念与范畴、体系与内容等方面错讹之处在所难免，希望读者能够不吝赐教，以便于我们适时修正、改进。

　　本教材由徐显明任主编，齐延平任副主编，具体分工如下：

徐显明　前言、第一章第三节、第二章、第五章、第六章、第十章

徐　爽　第一章第一节、第二节

孙世彦　第一章第四节

张立伟　第三章

曲相霏　第四章

张　翔　第七章

龚向和　第八章

杨春福　第九章

齐延平　第十一章

周　伟　第十二章

班文战　第十三章

腾宏庆　第十四章

编　者

2008 年 5 月

图书在版编目（CIP）数据

人权法原理 / 徐显明主编． —北京：中国政法大学出版社，2008.9
ISBN 978-7-5620-3293-9

Ⅰ.人… Ⅱ.徐… Ⅲ.人权 - 法的理论 - 中国 - 高等学校 - 教材　Ⅳ.D923.01

中国版本图书馆CIP数据核字(2008)第140255号

出版发行	中国政法大学出版社
出 版 人	李传敢
丛书编辑	张越 汤强 刘海光 彭江
经　　销	全国各地新华书店
承　　印	固安华明印刷厂

787×960　　16开本　　24.5印张　　465千字
2008年9月第1版　　2008年9月第1次印刷
ISBN 978-7-5620-3293-9/D·3253

印　数: 0001-5000　　定　价: 36.00元

社　　址	北京市海淀区西土城路25号
电　　话	(010)58908325（发行部）　58908285（总编室）　58908334（邮购部）
通信地址	北京100088信箱8034分箱　邮政编码 100088
电子信箱	zf5620@263.net
网　　址	http://www.cuplpress.com　（网络实名：中国政法大学出版社）
声　　明	1. 版权所有，侵权必究。
	2. 如有缺页、倒装问题，由本社发行部负责退换。
本社法律顾问	北京地平线律师事务所